21世纪高等院校教材

保险学教程

（第二版）

池 晶 编著

科学出版社

北 京

内 容 简 介

本书在内容体系上从理论、实务、经营管理三个层面顺序展开。全书共分三篇十五章。其中第一篇（第一至第五章）是保险学基本原理篇，主要介绍保险的概念，保险的本质、职能和作用，保险的发展历程，保险合同，保险的基本原则等，使读者对保险的基础理论和宏观层面有一个全面的认识。第二篇（第六至第十章）是保险实务篇，分别对财产保险、责任保险、信用保险与保证保险、人身保险、再保险等保险业务的产品种类和特性，以及业务方式作具体的阐述。第三篇（第十一至第十五章）是保险经营管理篇，阐述保险经营的特征、原则、原理，并按照保险业务的开展顺序，对险种开发、定价、展业、承保、理赔、保险投资进行专题研究，并阐述保险监管的一般知识。

本书可以作为高等院校保险学、金融学及其他经济类专业的本科教材，也可供保险公司从业人员和对保险感兴趣的读者阅读。

图书在版编目(CIP)数据

保险学教程/池晶编著. —2 版. —北京：科学出版社，2013
21 世纪高等院校教材

ISBN 978-7-03-037778-4

Ⅰ.①保…　Ⅱ.①池…　Ⅲ.①保险学–高等学校–教材　Ⅳ.①F840

中国版本图书馆 CIP 数据核字(2013)第 124111 号

责任编辑：林　建　张　宁/责任校对：刘小梅
责任印制：徐晓晨/封面设计：蓝正设计

科 学 出 版 社 出版
北京东黄城根北街16号
邮政编码：100717
http://www.sciencep.com

保定市中画美凯印刷有限公司 印刷
科学出版社发行　各地新华书店经销

*

2007 年 6 月第　一　版　　开本：787×1092　1/16
2013 年 7 月第　二　版　　印张：17 3/4
2018 年 2 月第十次印刷　　字数：404 000

定价：46.00 元
（如有印装质量问题，我社负责调换）

第二版前言

保险学作为对保险理论和实践的概括和总结的学问,是随着保险业的不断发展而不断丰富和完善的。近年来,我国出台了众多保险方面的法律与条例,如 2009 年修订的《中华人民共和国保险法》(简称《保险法》)、《机动车交通事故责任强制保险条例》,以及 2010 年中国保险监督管理委员会发布的《保险资金运用管理暂行办法》等,这些新法规丰富了保险理论,同时,保险业发展的新情况为保险实务增添了新内容。在这样的背景下,我们修订了本书。

本书在整体结构上没有变化,从理论、实务、经营管理三个层面按照三篇十五章的结构展开。其中第一篇(第一章至第五章)是保险学基本原理篇,主要介绍保险的概念,保险的本质、职能和作用,保险的发展历程,保险合同,保险的基本原则等,使学生对保险的基础理论和宏观层面有一个全面的认识。第二篇(第六章至第十章)是保险实务篇,分别对财产保险、责任保险、信用保险与保证保险、人身保险、再保险等保险业务的产品种类和特性,以及业务方式作具体详尽的阐述。第三篇(第十一至第十五章)是保险经营管理篇,阐述保险经营的特征、原则、原理,并按照保险业务的开展顺序,对险种开发、定价、展业、承保、理赔、保险投资进行专题研究,并阐述了保险监管的一般知识。

本书第二版较第一版在细节上有较大变化,主要体现在三个方面。

(1)第一篇保险学基本原理,根据 2009 年版《保险法》对保险合同和保险基本原则的相关内容进行了修改。

(2)第二篇保险业主要业务,根据 2008 年机动车交通事故责任强制保险(简称交强险)交强险条款增加了对交强险保险责任、保险金额、保险费率及赔款的计算等知识的阐述。在保证保险中增加了贷款保证保险的介绍。在人身保险中,根据 2009 年版《保险法》,修改和完善了人身保险合同的特殊条款。在健康保险中,增加了长期护理保险的介绍。

(3)第三篇保险业的经营管理,根据最新数据更新了美国、英国和中国寿险资产分布状况,增加了日本寿险公司的资产分布状况。

本书更加贴近保险实践和理论前沿,具有较高的参考价值。为了使读者方便地学习本书的内容,掌握每章的重点,本书在每章的开始都提出了该章的学习目的及要点。在每章结尾都归纳出关键概念和复习思考题。为使学生真正掌握和学会运用保险理论和实务技能，本书在复习思考题中，加入了案例分析题，可供教师组织学生进行课堂讨论，使保险学教学内容更加丰富和具有吸引力。

本书可以作为高等院校保险专业、金融专业及其他经济类专业的本科教材，也可供保险公司从业人员和对保险感兴趣的读者阅读。

本书第二版被列为吉林大学本科生"十二五"规划教材，得到了吉林大学的鼎力相助。

由于作者水平有限，书中难免有疏漏之处，敬请专家、读者予以批评、指正。

池　晶

2013 年 4 月

第一版前言

风险是人类社会一个永恒的话题，任何社会的发展都无法回避风险，现代市场经济社会尤其如此。国际经验表明，当一个市场经济国家人均 GDP 达到500～3000 美元时，往往进入了人口与自然、资源与环境、效率与公平等社会矛盾较为严重的时期，比较容易造成社会失序、经济失调、心理失衡等不稳定因素，形成诸多风险。我国目前已进入这一发展时期，自然风险和社会风险都比较突出。保险业作为以风险为经营对象的特殊行业，其本质是一种市场化的风险转移机制、社会互助机制和社会管理机制。保险是人类文明发展至今最为完善、最为科学和最为有效的分散风险、消化损失、安定社会的方法。它对于确保社会安定、化解自然风险和社会风险、促进社会和谐发展，有着不可替代的重要作用。

保险是经济社会发展的稳定器。保险在参与灾害、事故的预防、救助，特别是损失补偿方面具有不可替代的独特作用。它可以帮助被保险人尽快恢复生产和生活秩序，保障社会再生产的顺利进行和社会经济的平稳运行。

保险是社会发展的润滑剂。保险作为一种社会保障机制和矛盾疏导机制，通过提供养老保险、医疗保险、责任保险、信用保险等产品，提高社会保障整体水平，化解社会矛盾和纠纷，大大降低了社会运行成本。

保险是有效调节收入分配的重要机制。保险本质上是对国民收入中的一部分后备基金的分配和再分配活动，保险又是一种基于市场机制的互助共济行为。它能够起到效率与公平最大限度相容的作用，可以有效地调节和分配社会财富，进行社会收入再分配，协调社会矛盾冲突。

保险业具有调节资金供需的金融功能。在市场经济发达国家，保险业的业务范围不断扩展，保险公司拥有的保险基金数额不断增大。保险公司为了增强自身的偿付能力，活化资金、扩展业务，将部分资金投放于债券和股票，对资本市场起到了日益巨大的支撑和调节作用。

保险学作为对保险理论和实践进行概括和总结的学问，是随着保险业的不断发展而不断丰富和完善的。近年来，我国保险业在保持总量快速发展的同时，发展质量也在逐步提高，支持经济发展的能力也在不断增强。与此相适应，保险理论研究也在不断深入和拓展。为使本书能够准确、及时地反映保险理论和实务发展的最新成果，作者在总结自身多年保险学教学、研究成果的基础上，参阅了国内外保险书刊和网站文献资料，吸取了许多有价值的成果，在此向原作者表示感谢。

　　为了使读者方便地学习本书的内容、掌握每章的重点，本书在每章的开始都提出了该章的学习目的及要点；在每章结尾都归纳出关键词和复习思考题。为使学生切实掌握和学会运用保险理论和实务技能，本书加入了案例分析题，供教师组织学生进行课堂讨论。

　　本书是吉林大学"十五"规划立项教材。在编著本书时，我的研究生高媛、李志涛、张佳睿、刘威岩等在资料搜集和文字校对方面做了许多工作，吉林大学教务处教材科对本书的出版也给予了大力支持。在此一并表示谢意。

　　由于作者学术和业务水平有限，书中难免有疏漏之处，敬请专家、读者予以批评指正。

池　晶

2007 年 1 月

目 录

第一篇 保险学基本原理

第二篇　保险业主要业务

第三篇　保险业的经营管理

导　论

【学习目的】
1. 了解保险学的研究对象及学科性质。
2. 掌握商业保险与社会保险的区别与联系。
3. 明确学习保险学的意义。

保险是一种以经济保障为目的的制度安排，是人类社会处理风险的重要手段。保险业的发展，不仅促进了经济的发展和社会的进步，而且带动了人们对保险理论和实务的深入研究，由此形成了一门崭新的学科——保险学。保险学作为保险理论和实践的概括总结，对保险业的发展产生了巨大的推动作用。为了使大家对保险学这门学科有一个概括的认识，在学习保险学之前，首先应当明确以下四方面的问题。

一、保险学的研究对象

"保险"，是从英文"insurance"和"assurance"翻译而来的。"保险"在英文中的最初意思是"safeguard against loss in return for regular payment"，即"以经常性地缴纳一定的费用（保费）为代价来换取在遭受损失时获得补偿"。此话虽不能完全概括出保险的全部含义，但在一定程度上反映出保险的基本特征，即保险是针对生活中难以预料并造成损失的不幸事件而建立起来的一种经济补偿制度。

保险包括社会保险和商业保险，二者共同构成现代保险制度。广义保险包括社会保险和商业保险，狭义保险仅指商业保险。严格地说，社会保险是政府为实现社会公平而推行的一种再分配政策，属于公共管理学的一部分，不属于经营性的保险业。我们一般所说的保险是专指经营性的商业保险，或者说保险学是商业保险学的代名词。保险学所研究的主要对象是商业保险的理论及其实务。明确这一点，对我们学好保险学是十分重要的。

为了清晰地界定商业保险的内涵，我们有必要明确商业保险与社会保险在性质及经营手段等方面的区别。

（1）保险性质不同。商业保险是由专门经营保险业务的保险公司经办，在财务上实行独立核算，自负盈亏，以赢利为目的；而社会保险是政府为了社会经济生活的安定而实施的一项社会保障政策，虽然社会保险在运作上要借助于精确的计量手段，但不能以经济效益的高低来决定社会保险项目的取舍和保障水平的高低。如果社会保险财务上出现赤字，国家财政负最终责任。因此，前者是一种经营行为，后者是社会保障政策。

（2）实施方式不同。商业保险一般是自愿保险，它遵循"谁投保，谁受保；不投保，不受保"的原则。投保人根据自己的实际需要和交费能力作出投保选择。而社会保险是强制实施，即通过社会保险法律和法令，要求规定范围内的所有社会成员必须参加，并且对参加的项目和待遇标准等均没有选择和更改的权利。

（3）资金来源不同和保费负担原则不同。商业保险费由参加保险的单位或个人按照保险合同的约定缴纳，由单位或个人自己负担，强调等价交换和权利义务对等的原则，即投保人享受的权利是以"多投多保、少投少保、不投不保"的等价交换为前提。而社会保险费按照国家法律的规定强制征缴，一般由国家、企业和个人三方面负担，国家承担最终责任，不特别强调权利与义务对等；被保险人在一定的工资范围内按照同一比率缴纳社会保险费，工资高的要多缴纳一些，工资低的则少缴纳，而给付的金额是统一的，所以它具有一定程度的转移分配性质，对工资收入低者较为有利。

（4）保障对象不同。商业保险保障的对象是符合保险条件并缴纳了保险费的被保险人；而社会保险保障的对象是社会劳动者，有的国家甚至扩大到全体国民。

（5）保障程度不同。商业保险的保障程度取决于投保人缴纳保险费的多少和实际损失情况，可高可低，一般不受限制。社会保险的保障程度取决于经济发展水平和国家财力状况，并只能满足劳动者最基本的生活需求。国际保障协会关于社会保障标准的规定是，一个人退休后领取的养老金相当于缴费工资的40%，其保障水平在贫困线以上，一般生活水平之下。

（6）保险范围不同。商业保险的风险保障范围较广，不仅包括人身风险，还包括财产风险、责任风险、信用风险等，只要法律允许，保险公司可以赢利，商业保险就可以设计出相应的保险产品，满足社会多元化的保险需求。社会保险的保险范围目前公认的是"生、老、病、死、伤、残、失业"等领域，使劳动者在上述领域遭遇风险能获得帮助和补偿，以有利于劳动者的生存和延续。社会保险由三个部分构成：劳动保险、失业保险、养老保险。劳动保险进一步划分为生育保险、医疗保险和工伤保险。

综上所述，所谓商业保险是指通过自愿订立保险合同建立保险关系、由专门的保险企业经营、以营利为目的的保险形式。具体一点说，就是投保人根据保险合同向保险公司缴纳保险费，保险公司根据合同约定的保险事故造成的财产损失承担赔偿责任，或者根据保险合同当被保险人死亡、伤残、疾病或达到约定的年龄、期限时承担给付保险金责任。所谓社会保险，是在既定的社会政策指导下，由国家通过法律手段强制收取保险费，用以对其中丧失劳动机会或失去劳动能力的社会成员提供基本生活保障的一种社会保障机制。

世界各国保险发展的实际情况证明，社会保险与商业保险由于性质上有着本质的区别，功能定位不尽相同，所以在社会经济生活中的保障作用也不同。社会保险为社会公众提供最基本的生活保障，而商业保险为人们提供超过其基本需求的程度和范围的保障，以满足人们更高的保障需求，两者缺一不可。在我国，由于人口众多、生产力水平较低、国家财力有限，在相当长的时期内，国家只能并将继续实行"低水平、广覆盖"

的社会保险政策，保障水平难以迅速提高，这就给商业保险留下了巨大的发展空间。

保险学主要是以商业保险为研究对象，揭示其保险经济关系的本质及运行和管理的内在规律，阐述保险险种及经营管理实务知识的一门科学。

二、保险学的基本内容

在内容体系上，本书从理论、实务、经营管理三个层面上按照 3 篇 15 章的结构展开。其中第一篇（第一至第五章）是保险学的基本原理篇，主要介绍保险的概念，保险的本质、职能和作用，保险的发展历程，保险合同，保险的基本原则等，使学生对保险的基础理论和宏观层面有一个全面的认识。第二篇（第六至第十章）是保险实务篇，分别对财产保险、责任保险、信用保证保险、人身保险、再保险等保险业务的产品种类和特性，以及业务方式作具体详尽的阐述。第三篇（第十一至第十五章）是保险经营管理篇，阐述保险经营的特征、原则、原理，并按照保险业务的开展顺序，对险种开发、定价、展业、承保、理赔、保险投资进行专题研究，并阐述了保险监管的一般知识。

三、保险学的研究方法

由于保险关系的复杂性和保险业务的特殊性，在研究保险学过程中，在应用辩证唯物主义定性分析和定量分析时，应特别重视以下两点。

第一，多学科综合。保险涉及多个领域，保险既是一种商品交换的经济行为，又是一种合同行为。保险行为不仅需要遵循一般经济规律和法律原则，而且需要依据风险管理的原理和运用数理统计等各种技术手段。所以，保险学的研究涉及经济学、法学、统计学、风险管理等多学科知识，它们对揭示保险学原理和实务都是不可缺少的。保险学在充分吸收这些学科的研究成果上，才能获得发展。因此，在保险学的学习中，需要了解相关学科的基本知识及其发展状况。

第二，理论与实务相结合。保险是现代社会经济生活中的一个十分重要并不断拓展的领域，保险学是现代科学中的一门理论性和实践性都很强的学问。对保险的发展进行规律性概括与理论性研究，是推进保险学发展的重要任务。同时，保险学属于应用型学科，主要是为保险业的发展服务。如果保险学的研究成果不能应用于保险实践，并指导保险实践健康发展，其理论意义和社会价值将日益丧失。因此，保险学应坚持理论与实践紧密结合，并力求使其研究成果能够解决保险业发展实践中的具体问题。为此，在保险学教学中，既要重视理论分析，又要重视保险案例分析。保险案例对于提高对相关知识理论的理解和运用能力，对于保险理论、保险法律、法规、条款的理解，对于保险经营技巧、保险险种开发、承保及理赔方法等的理解和运用，都是十分必要和重要的，也是具有直观性和说服力的。

四、学习保险学的意义

现代经济是发达的市场经济，而市场经济又是难以驾驭和预测的风险经济。预防和减少风险的重要途径是进行多渠道、多方式的保险。因此，学习保险学的意义十分重大。无论从西方发达国家所走过的历程来看，还是从我国改革开放的经验来看，保险在建立和发展市场经济过程中是一项重要的系统工程。凡是市场经济发达的国家，保险业就兴旺发达，社会对保险的依赖程度也越高。保险在现代经济中的作用表现在以下几方面。

（一）保险是防范和转移市场风险的最有效措施，是社会发展的稳定器

从参与市场主体来看，属于不同所有制的企业都是自主经营、自负盈亏的经济实体，它们都要自担风险和自负盈亏。市场竞争、自然灾害和意外事故的不确定性，直接影响着它们各自的经济利益。为了应付各种风险，单靠企业本身的力量，需要大量的后备资金，这既不经济，也难以承受。通过保险，企业只需缴纳一定的保险费，把自己面临的风险转嫁给保险公司，由保险公司来承担风险和损失，从而以小额的固定支出就可以换取对巨额损失的经济保障。例如，假定一家保险公司通过对平均损失成本的计算，预测在一个有 1 万个被保险人所组成的人群中，每年的车辆事故损失加上相关费用是 50 万元，在这种情况下，每个被保险人只要缴纳 50 元（50 万元/1 万人）的保险费作为交换条件，就可以在遭受损失时从保险人那里得到补偿。为此，保险成为现代风险管理中最有效、最科学的方法。了解和掌握这一方法，无论是对企业、家庭或个人都是至关重要的。

（二）保险为国际贸易、资本投资、科技发展保驾护航，是社会发展的助动器

首先，保险是国际贸易的保护神。市场经济是外向型经济，离不开国际贸易。在国际贸易往来中，无论是进口还是出口都有风险，都需要办理保险。通过保险，一方面可以转移货物运输风险，使贸易双方的合法权益不至于因空运、海运、陆运以及多式联运中不可抗拒风险损失而受到侵害。另一方面通过保险可以转嫁出口商不能安全收汇的风险。而今，出口信用保险已成为各国政府促进本国贸易发展、维护本国企业利益的一项重要举措。当前，在激烈的市场竞争中，不少西方国家以非信用证出口的比重已达80％～90％，保险与国际贸易密切联系在一起。

其次，保险是在海外投资安全的重要保障。在经济走向全球化的当代世界，国际资本流动或海外投资，不仅是发达国家过剩资本寻求获利机会的最好途径，而且客观上有利于发展中国家的崛起和发展。从发达国家的海外投资实践来看，海外投资活动经常会遇到一些风险，诸如投资接受国基于本国公共利益的需要，对外国投资者的财产实行国有化或征收；投资接受国为维持本国国际收支平衡，对外国投资者实行外汇管制，禁止或限制外国投资者本金、利润的汇出；或者东道国发生战争、内乱，从而使外国投资者的财产遭受重大损失或经营不能持续进行等。这些风险均来自于投资接受国基于主权权力的行为，是由投资接受国社会或政府行为引发的，非投资者可以避免或可以制止的。这类风险的客观存在，影响了资本所有者海外投资的安全性和积极性。为了解除海外投资者的顾虑，促使其对外投资，西方发达国家纷纷建立起海外投资保险制度，承诺一旦投资者在东道国遇到这样的国家风险而导致投资损失时，由政府投资的保险机构进行补偿。例如，1979 年伊朗发生革命时没收了美国国际集团设在该国的子公司，黎巴嫩战

争亦曾经使得设在该国的美国烟草公司蒙受重大损失，至于因投资接受国实行外汇管制使海外投资损失的更不乏其例，但损失者大多从海外投资保险中获得了相应的补偿。我国为了创造更好的投资环境，也创办了为外商投资提供保障服务的投资保险。

最后，保险是高新技术发展的重要条件。当今已步入知识经济时代，高新科学技术对生产力的发展至关重要。而高新科学技术的推广、应用，离不开保险的保障作用。例如，海上石油开发，风险大、期限长、技术复杂，需要与之相配套的海上石油勘探保险支撑。同样，核电站的建设、商业通信卫星的发射等，风险巨大。例如，在航天卫星发射中，即使每个元件的可靠程度达 99.9999％，整枚火箭的成功率也仅为 37％。没有保险业的支撑，上述高新技术及其产业就难以发展。

总之，保险业的发展，增强了社会经济的保障力度，维护了市场经济的正常运行秩序，润滑了市场经济机制，对促进经济发展发挥了重要作用。

（三）保险是现代金融体系的重要组成部分

在现代市场经济中，金融是命脉。而保险业，作为金融体系的重要组成部分，正如银行业、证券业和信托业等一样，在国民经济发展中发挥着不可替代的重要作用，在金融市场发展中起着举足轻重的作用。保险公司特别是人寿保险业，有着长期稳定的资金来源。保险公司通过收取保费积聚起规模庞大的保险基金，这些资金从原理上说是为了赔偿被保险人的经济损失，但风险事故不可能每时每刻发生，各种风险也不可能同时发生，因而总有一部分保险基金处于闲置状态，保险公司可以将其用于投资，以利于保值增值，增强保险赔付能力。这样，保险公司就成为金融市场的重要机构投资者，而且其资金规模巨大。如 2001 年，美国寿险公司向资本市场提供了 32 690 亿美元的资金，成为资本市场上仅次于商业银行（68 760 亿美元）、私人养老金（41 620 亿美元）和共同基金（41 360 亿美元）的第四大机构投资者。截止到 2003 年年底，我国保险业的保险资金运用余额达 8739 亿元，保险公司持有的企业债券已占企业债券总量的一半，持有的证券投资基金占封闭式基金的 26.3％，保险公司正逐步成为资本市场的主要机构投资者。

由于保险在现代社会和经济发展中的重要作用，掌握保险的基本理论和实务知识已成为高等院校经济、金融、国际贸易、保险等专业的学生必须掌握的专业理论知识。学会如何利用保险来转移企业、家庭、个人及社会所面临的种种风险，是作为一个现代人应具备的基本素质。

关键词

保险　商业保险　社会保险　保险学

复习思考题

1. 社会保险与商业保险的区别和联系有哪些？
2. 保险学的研究对象和研究内容包括哪些？
3. 结合自身体会，简述学习保险学的意义。
4. 分析社会保险与商业保险之间的互补性。

第一篇

保险学基本原理

第一章

风险与保险

【学习目的】

1. 了解风险的内涵及其基本特征。

2. 掌握风险管理与保险的联系与区别。

3. 明确理想可保风险的条件。

现代保险业是经营风险与管理风险的特殊行业，风险是保险产生和发展的基础。保险产生和发展的根本原因就是为了规避和转移现实生活中可能发生的风险，取得稳定的社会经济条件。保险运行的整个过程就是承担风险、控制风险，转移和分散风险直至补偿风险损失的过程，简言之就是集中和分散风险的过程。因此，要认识保险的本质，首先要从界定保险的对象——风险入手，进而研究风险管理的方法，分析保险在风险管理中的地位和作用，在此基础上才能科学准确地认识保险的特征。

■第一节　风险概述

一、风险的概念

风险（risk）一词有多种含义，目前尚无公认的定义。不同专家学者在界定风险概念时侧重不同的方面。例如，风险是指一些难以预料并能造成物质损失或精神损失的不幸事件；风险是指实际结果相对于预期结果的偏差；风险是指损失的机会和可能性等说法。

最早提出风险概念的美国学者海恩斯（Haynes）在其著作 *Risk as an Economic Factor*（1895 年出版）中写道："风险一词在经济学和其他学术领域中并无任何技术上的内容，它意味着损害或损失的可能性。偶然性的因素是划分风险的本质特征，某种行为能否产生有害的后果以其不确定性而定。如果某种行为具有不确定性，则该行为就承担了风险。"

尽管上述观点对风险的表述不尽一致，但其共同点是把风险与不确定性和损失联系在一起。为此，保险界比较普遍接受的风险定义是，风险是损失的不确定性。这一概念包括以下两层含义。

（1）风险是损失的可能性。损失是指经济的或非经济的利益的减少或丧失。人们总是通过损失来感受风险的存在，并凭借损失的大小来评估风险的大小。没有损失，人们就感觉不到风险。人们只有受到损失或预感到损失有可能发生，才会确认风险的存在。

（2）不确定性的损失才是风险。虽然说没有损失就没有风险，但并不是说只要有损失就一定有风险。只有当损失发生概率在 0 和 1 之间时，才能称作风险。那些绝对不能发生的损失，即损失的概率为 0 时，自然无风险可言；而那些必然会发生或已经发生损失的事件，即损失概率为 1 时，也不是风险。

不确定性可以分为客观不确定性和主观不确定性两种。前者是指实际结果与预期结果的偏差，即风险是不以人的意志为转移的，是一种客观存在，它可以用概率统计等科学方法来衡量。后者是指个人对客观风险的评估，由于个人在知识、经验等方面的差别，不同人对同一客观事物或事件所造成的损失在认识或估计上存在差别。这种不确定性包括事故发生与否、发生时间、发生状况及后果的不确定性。

把风险定义为损失的不确定性解释了人们购买保险的原因，正是由于人们无法准确估算风险事件的发生概率，他们才购买保险。保险的作用就在于降低风险的不确定性和进行损失融资。保险公司专门从事的就是对风险的度量和分担工作，即通过集中大量风险，测定风险的发生概率，在此基础上对风险成本进行预测，以收取保险费形成保险基金，用所有被保险人的钱分担少数人的损失。被保险人以小额的固定支出换取对未来不确定损失的巨额保障。

二、风险的构成要素

风险是由多种要素构成的，这些要素共同作用决定了风险的存在、发生和发展。一般认为风险由风险因素（hazard）、风险事故（peril）和风险损失（loss）等要素构成。

1. 风险因素

风险因素是指那些引起风险事故、增加损失概率和损失程度的条件，是风险事故发生的潜在原因。例如，对易燃易爆品管理不当、消防设施不齐全、相关人员消防意识不强等都是引起火灾的条件。

风险因素一般分为有形风险因素和无形风险因素两类。

有形风险因素（physical hazards），是指那些看得见的、影响损失概率和损失程度的环境条件。位置、构造和用途等都是财产的有形风险因素。一座靠近消防队且具有良好供水的建筑物相对于地处偏僻、没有消防设施和供水的建筑物而言，遭受严重火灾损失的可能性要小得多；木结构的房屋总比砖混结构的房屋容易遭受火灾；厂区内的运输车比长途运输车的出险概率低得多。

无形风险因素（invisible hazards），是指观念、态度、文化等看不见的、影响损失可能性和损失程度的因素。主要的无形风险因素是道德风险因素（moral hazards），是指一方当事人通过合同或协议等方式转移风险后，趋利避害的动机大大减小的可能性。道德风险因素是普遍存在的。假设某家庭拥有两辆汽车，一辆"宝马"，是公车，工作单位可以报销所有的相关费用；一辆是经济适用的"奥拓"，是私车，所有成本都需自己负担，两者在性能、价值方面都相距甚远。假设因特殊情况车库只能容纳一辆车，另一辆车只能停在路边（遭受被盗、损毁的可能性高得多），该家庭很可能出于私人成本的考虑而将便宜的私车停放在车库内，这对于工作单位或社会而言就是一种道德风险。

在保险领域中，道德风险因素更为显著，它是指投保人或被保险人因为保险而降低防损、减损动机的可能性。道德风险的一种极端状态形式就是保险欺诈，即因恶意行为和不良企图，故意制造保险事故或促使保险事故发生或扩大损失、夸大损失，以骗取保险金。

2. 风险事故

风险事故又称风险事件，是指引起损失的直接或外在的原因，风险之所以会导致损失，是因为风险事故的作用，即风险事故的发生使得潜在的危险转化为现实的损失。因此，风险事故是损失的媒介，如火灾、暴风、爆炸、雷电、船舶碰撞、船舶沉没、地震、盗窃、人的死亡和残疾等都是风险事故。

3. 风险损失

风险损失是指非故意的（unintentional）、非计划的（unplanned）、非预期的（unexpected）经济价值减少的事实。例如，疾病风险难以预测，使人的身体遭受损害，并因疾病和医疗费用的支出而使家庭收入减少。损失通常分为直接损失和间接损失，前者是指风险事故导致的直接的有形损失，后者是指由直接损失进一步引发或带来的无形损失，包括额外费用损失、收入损失和责任损失等，如抢救的费用、利润的损失，对雇员造成的人身伤害及承担的其他法律责任（如由锅炉爆炸导致的消费者伤害）等。

三、风险的特征

1. 客观性

风险是人类发展的一个永恒主题，尽管人们可以发挥主观能动性改变风险存在和发生的条件，进而降低风险发生的频率和损失程度，但绝不可能消灭风险。一方面，各种自然灾害属于按照自然规律运行的客观现象，是人力不可抗拒的风险，如地震、洪水、台风；另一方面，各种人为事故虽然可以通过加强风险管理得以减轻，但无论如何也不可能完全消灭它，而且随着科技的进步和经济的发展，还会出现许多新的风险，如核电站的出现带来了核泄漏的风险、计算机的发明带来了计算机系统故障的风险等。表1-1列示了2011年世界上最大的10起保险损失情况。

表 1-1　2011年世界上最大的10起保险损失　（单位：亿美元）

保险赔款额/亿美元	死伤人数/人	事故发生日期	事故摘要	国家或地区
39	35	2010年年底～2011年1月	洪水	澳大利亚昆士兰
4.66※	1350	2011年1月5日	洪水、泥石流灾害	巴西里约热内卢

续表

保险赔款额/亿美元	死伤人数/人	事故发生日期	事故摘要	国家或地区
167.4	181	2011 年 2 月 22 日	地震	新西兰基督城
300	15 841	2011 年 3 月 11 日	地震、海啸	日本东北部海域
20～50	350	2011 年 4 月 25～28 日	超级龙卷风	美国南部、中西部和东北部地区
1.74※	300	2011 年 7～9 月	洪水	巴基斯坦南部
80～110	356	2011 年 7～10 月	洪水	泰国
55	43	2011 年 8 月 28 日	"艾琳" 飓风	美国
0.55～1.7	633	2011 年 10 月 23 日	地震	土耳其凡城
34 万※	957	2011 年 12 月 16 日	热带风暴 "天鹰"	菲律宾

※表示由于这些国家商业保险对巨灾无能为力，灾后救援只能完全依靠政策和国际救助，表中金额为救助金额或损失金额。

资料来源：刘玮.2011 年全球重大灾害回顾与启迪.中国保险报，2012-01-09，第 005 版

2. 可测性

风险是一种随机现象，从个别来看其发生是偶然的，即能否发生及损害的后果如何是人们事先无法预知的；但从整体来看，这些现象呈现一定的规律性，带有某种必然性。根据数理统计原理，随机现象一定要服从于某种概率分布。也就是说，根据以往大量统计资料，利用概率论和数理统计的方法，可以测算出风险事故发生的概率及损失幅度，并由此确定保险费率，进而科学地收取保险费。风险的可测性是保险体系成功运作的基础。

3. 可变性

风险的可变性是指风险的性质、数量、程度、种类等在一定条件下是可变的。

（1）风险的性质是可变的。例如，麻疹在几十年前曾是人类健康面临的基本风险，对人类生存威胁极大，由于麻疹疫苗的出现和普及，麻疹基本上被消灭，成为特定的风险。

（2）风险发生的概率和损失幅度随着人们认识的提高和防灾防损措施的完善而发生变化。例如，利用防火性能好的建筑材料，可降低建筑物火灾概率，安装了自动喷淋器可缩小损失幅度。

（3）风险的种类会发生变化。随着科学技术的发展、经济的进步，人们面临的风险也会发生变化，旧风险可能消失了，新的风险却产生了，不同历史时期的人们面临不同风险的考验。例如，在古代，人类面临的主要是自然灾害风险；随着机动车辆的发明，现代社会人类面临着频发的交通事故风险，而飞机的发明又使人类的风险从地面、海洋扩展到天空。

四、风险的分类

由于分类基础不同，风险有多种分类，比如威利特（Willet）、海恩斯（Haynes）等人将风险分为静态风险（static risk）和动态风险（dynamic risk）；库尔普（Kulp C.A.）将风险分为基本风险（fundamental risk）和特定风险（particular risk）；格林

(Green M. R.) 和道尔夫曼（Dorfman）等将风险分为主观风险（subjective risk）和客观风险（objective risk）；莫布雷（Mowbrag A. H.）将风险分为纯粹风险（pure risk）和投机风险（speculative risk）；还有按照损失对象将风险分为财产风险（property risk）、人身风险（personal risk）和责任风险（liability）等。下面介绍风险的主要分类。

（一）按照风险的性质分类，分为纯粹风险和投机风险

所谓纯粹风险，是指只会造成损害不会带来收益的风险。在现实社会中，纯粹风险普遍存在，它包括自然灾害、意外事故，如地震、洪水、火灾、车祸等，它们一旦发生，必然给人类造成损失，人类绝不可能从中获利。这类风险对社会发展是有害的，同时又具有一定的规律性，一般可以成为保险的经营对象。

所谓投机风险，是指既可能产生收益又可能造成损失的风险，如股票投资风险、企业经营风险等。投机风险的后果一般有三种：一是损失，二是无损失，三是赢利。人们为了获利甘愿冒这种风险。保险作为风险补偿机制不适合于投机风险。

目前保险关注的风险是纯粹风险，排除投机风险，其原因有两个。

第一，纯粹风险导致的损失是社会的净损失，减少的是社会的总财富。投机风险所导致的损失对整个社会而言是相对的，各经济主体之间得与失也是相对应的，一般不会形成社会净损失。

第二，纯粹风险的发生具有一定规律性、可重复性强。只要基本条件相同，就会重复出现，并服从概率分布，所以，运用数理统计技术能够测定其规律性，是可以测定的不确定性；投机风险的发生、发展规律性较差，通常无法重复出现，数理统计技术是不能准确描述其发展变化规律的，是不可测定的不确定性。

（二）按照风险所涉及和影响的范围分类，分为基本风险和特定风险

所谓基本风险，是指特定的社会个体所不能控制或预防的风险。它是由非个人的或个人所不能阻止的因素所引起的，损失通常波及很大范围，像失业、通货膨胀、战争、洪水、飓风等。由于基本风险主要不在个人控制之下，并且在大多数情况下它并不是由某个特定的个人的过错所造成的，同时其影响广泛，给社会带来相当大的损失，所以，应当由社会而不是由个人来应付它，通常政府会以某种方式介入，这就产生了社会保险存在的必要。

所谓特定风险，是指与特定的社会个体有因果关系的风险。它通常是由特定的因素引起，由个人或家庭、企业承担的风险，例如，火灾、盗窃、爆炸所引起的财产损失的风险，对他人的财产、人身伤害所承担的责任风险。由于特定风险通常被认为在个人的责任以内，所以，个人或企业应通过商业保险来应付这一风险。

（三）按照风险的损害后果分类，分为财产风险、人身风险、责任风险和信用风险

所谓财产风险，是指因财产发生毁损、灭失或贬值而使财产所有人及与财产有其他

经济利害关系的人发生损失的风险。例如，火灾、爆炸造成的建筑物损失，由盗窃造成的家庭财产的损失。

所谓人身风险，通常分为生命风险和健康风险。生命风险是指由人的早逝、年老而造成的收入损失和费用支出增多的风险。健康风险是指由疾病造成医疗、护理费用支出、收入损失，以及由疾病造成的残疾、死亡风险。

所谓责任风险，是指由人们的过失或侵权行为所造成的他人的财产损失、人身伤亡，从而在法律上承担经济赔偿责任的风险。例如，产品责任风险、雇主责任风险、公众责任风险、职业责任风险等。

所谓信用风险，是指在经济交往中，权利人和义务人之间一方违约或违法行为给对方造成经济损失的风险。

(四) 按照风险产生的环境分类，分为静态风险和动态风险

所谓静态风险，是指由自然力的不规则变动或人们行为的错误或失当所导致的风险。静态风险一般与社会的经济、政治变动无关，在任何社会经济条件下都是不可避免的。例如，雷电、风暴、火灾等自然界不规则变化，意外事故或人的故意侵害（如盗窃）或过失（如违章驾车）所导致的财产损失或人身伤亡风险。

所谓动态风险，是指由社会经济或政治的变动所导致的风险。例如，国民经济的繁荣与萧条、政权更替带来的骚乱，日益进步的技术导致的经济或社会后果的不确定性等。

■ 第二节　风险管理

风险管理（risk management）发源于 20 世纪 50 年代的美国。当时，美国大公司发生的重大损失使高层决策者认识到风险管理的重要性。其中一次工业灾难是 1953 年 8 月 12 日美国通用汽车公司在密歇根州底特律的一个汽车变速箱厂发生火灾，直接经济损失达 300 万美元。这次大火引起该公司汽车生产及其卫星厂的生产停顿了数月，导致间接经济损失 1 亿美元之巨。至此，第二次世界大战以来的技术至上的信条受到挑战，人们意识到利用新的科学和技术来开发新的材料、工艺过程和新产品时，也面临着风险和破坏生态平衡的问题。在社会、法律、经济和技术的压力下，风险管理运动在美国兴起，70 年代传播到欧洲、亚洲和拉丁美洲一些国家，风险管理也随之成为一门新兴的管理科学。在美国、英国、日本的一些大学开设了风险管理课程，风险管理教育在各大学风行起来，各大学的"保险学"更名为"风险与保险学"。1975 年美国成立了"风险与保险管理协会"（RIMS），该协会在 1983 年通过了"101 条风险管理准则"，使风险管理更趋规范化。在现代社会，风险管理已在越来越多国家广泛运用，风险管理部门已成为大企业中的一个重要职能部门，它与企业的计划、财务、会计等部门一起，共同为实现企业的经营目标而运作。

一、风险管理的概念与意义

(一) 风险管理的概念

1988年，美国当代风险管理与保险权威斯凯柏教授在其新著《国际风险与保险》(*International Risk and Insurance*) 一书中给风险管理下了一个简明又全面的定义：风险管理是各个经济单位通过对风险的识别、估测、评价和处理，以最小的成本获得最大安全保障的一种管理活动。

目前，我国理论界广泛接受的也是比较全面的定义是：风险管理是研究风险发生规律和风险控制技术的一门新兴管理学科，各经济单位通过风险识别、风险衡量、风险评价，并在此基础上优化组合各种风险管理技术，对风险实施有效控制和妥善处理所致损失的后果，期望实现以最少的成本获得最大安全保障的目标。该定义阐明了风险管理的内容、方法、程序和目标，其核心在于选择最佳风险管理技术组合。每一风险管理技术都有一定的适用范围，因此，各种控制技术的综合运用、优化组合是实现风险管理目标的重要环节，即通过选择最佳风险管理技术组合以实现以最小成本实现最大安全保障。风险管理对每个面临潜在风险的组织，包括商业公司、非营利组织、个人和家庭，都有积极意义。

(二) 风险管理的意义

1. 风险管理对微观经济主体的意义

在现实经济社会中，风险的存在严重影响着企业的经营活动和人们的日常生活。为了维持企业生产经营活动的正常进行和人们生活的安定，减少由风险所致的费用开支，风险管理是必要的和有效的。与此同时，风险管理还可以减少个人或企业对风险的恐惧与忧虑，从而调动人们的积极性和创造性。

2. 风险管理对宏观经济的意义

第一，社会由各经济单位构成，风险管理对单个企业、家庭或其他经济单位产生的种种积极效应，可使社会获得总体效应，避免社会经济波动。

第二，实施风险管理有利于减少社会资源的浪费。严重的自然灾害和意外事故必然会减少社会收入，严重的损失后果又是对社会生产性资源和社会收入的浪费。实施风险管理，采取有效的风险控制措施，进行合理的经济补偿，有助于在一定程度上减少社会资金和社会收入的浪费。

第三，不确定程度的减少及对风险损失的经济补偿，有助于改进社会资源的分配和合理利用。

二、风险管理的目标

风险管理的基本目标是以最小的成本获得最大的安全保障。这里所说的"成本"，是指实施风险管理所投入的人力、物力、财力，还包括放弃一定的收益机会所形成的成本，即机会成本；安全保障则是指风险管理的效果，是预期损失的减少和实际损失的经济补偿。最大安全保障就是要使预期损失减少到最低限度和实际损失能够得到最大限度的经济补偿。

在实际操作中，经济单位应该根据自身的实际情况制定具体的风险管理目标。风险管理的具体目标，可概括为损前目标和损后目标两大类。

（一）损前目标

损前目标是指风险事故发生前风险管理应达到的目标，它可以有多种具体目标。

1. 经济目标

所谓经济目标就是指要进行成本效益分析，尽量以最小的支出获得最大的安全保障，即获得最大的经济效益。但是费用的减少会影响安全保障程度。因此，如何使费用支出和保障程度达成均衡，就成了实现该目标的关键。风险管理活动是否实现了经济目标的常见评判标准是，在保障程度不低于行业平均水平的情况下，风险管理费用是否高于行业平均水平。

2. 安全保障目标

安全保障目标就是将风险控制在可承受的范围内。风险的存在及其可能造成的不利后果，不仅包括财产的损失，也包括使人们产生焦虑和不安从而影响各类决策。因此，风险管理者必须使人们意识到风险的存在，并给予其足够的安全保障，以减轻人们对风险以及潜在损失的忧虑。

3. 社会公众责任目标

社会化的大生产使得各种经济单位之间的联系十分广泛，因此，风险也存在着"社会化"的趋势。随着风险的社会化，一个经济单位受损，不仅会影响到其自身发展，还会殃及其他企业、个人，甚至使整个国家、社会遭受损失。因此，一个良好的风险管理计划，不仅要考虑到转嫁自身风险，同时还要以降低社会损失为目标。

（二）损后目标

风险管理不可能完全消灭风险，也不可能完全避免损失。因此，事先确定风险事故发生后的风险管理目标，也是十分必要的。损后目标主要包括以下几方面。

1. 生存目标

风险事故的发生可能会威胁到经济单位的生存，如企业可能因此而破产。损后的风险管理的最低目标，就是维持经济单位的生存，主要是应充分考虑风险事故对企业生存要素，如生产、市场、资金、管理等方面的影响程度。

2. 持续经营目标

持续经营是指经济单位不能因为发生风险事故而中断经营活动。经营活动中断未必导致企业破产，但会使单位丧失进一步发展的机会，以致在今后的竞争中处于劣势，进而使生存、发展受到威胁。风险管理应尽可能保障企业在损后仍能够持续经营。

3. 稳定收益目标

收益的稳定对于经济单位来说十分重要。稳定收益有利于增强投资者的投资信心，有利于经济单位的正常发展。

4. 持续增长目标

发展是每一类经济单位所追求的目标，但风险的存在增加了经济单位发展的难度。风险事故的发生，会给经济单位的持续发展带来打击。为了实现发展目标，必须进行有效的风险管理，使各类经济单位能在稳定的、相对确定的环境中持续、健康发展。

5. 社会责任目标

与损前目标中所强调的一样，经济单位在受损后应及时、有效地处理风险事故带来的损失，尽可能减少不利影响，减轻损失对社会的影响并保护各方利益，进而为自身的发展创造一个良好的环境。

三、风险管理的步骤

不论什么类型的风险，其管理过程一般都包括以下几个关键步骤。

1. 风险识别

风险识别（risk identification）是风险管理的基础。风险识别是对企业面临的现实和潜在的风险加以判断、归类和对风险性质进行鉴定的过程，即了解和寻找企业可能导致损失的所有来源，进而确定潜在的风险和性质，并把握其发展趋势。存在于企业自身周围的风险多种多样、错综复杂。有潜在的，也有实际存在的；有企业内部的，也有企业外部的。风险识别就是要找出企业存在的各种风险及其产生的原因，并进行归类，如可能发生的人员损失、财务损失、营业损失、费用损失、责任损失等。

风险识别主要包括感知风险和分析风险两方面。一方面，通过感知认识历史经验来判断潜在风险；另一方面，通过对各种客观的经营管理资料和风险事故资料进行分析、归纳和整理，寻找风险和损失的一般规律。风险识别方法主要有生产流程分析法、财务报表分析法、现场调查风险列举法和保险调查法等。

2. 风险衡量

风险衡量（risk measurement）是在风险识别的基础上，通过对所搜集的大量资料进行分析，利用概率统计理论，估计和预测风险发生的概率和损失幅度。风险概率是指在一段时间内风险发生的次数；损失幅度是指损失的货币价值。对风险分析定量化分析的目的，有助于风险管理者比较每一种风险的相对严重程度，从而选择最佳的风险管理方法。

3. 选择风险管理的方法

根据风险衡量的结果，为实现风险管理目标，选择最佳风险管理方法并加以实施，是风险管理中的关键环节。风险管理方法包括控制型方法（control method）和财务型方法（financial method）两大类。控制型方法是以避免、消除和减少意外事故发生的机会，限制已发生损失继续扩大的一种方法，其重点在于改变引起意外事故和损失扩大的各种条件，以降低损失频率和损失程度。财务型方法是通过事先的财务计划来筹措资金，以便对风险造成的损失进行及时而充分的补偿，其核心是将消除和减少风险的成本均匀地分布在一定时期内，以便减少因随机性的巨大损失发生而引起财务上的波动。通过财务处理，可以把风险成本降低到最低程度。

4. 风险管理评估

风险管理评估（management evaluation）是指持续地对公司的风险管理方法的实用性及收益情况进行分析、检查、修正和评估，实现以最小的风险成本取得最大的安全保障。

从经济效益角度来讲，所谓最佳管理方法，是指在各项可选择的方法中下述比值最大。

效益比率＝采纳某项方法后减少的风险（直接损失与间接损失之和）／（采取某项方法所支付的各项费用＋机会成本）

该效益比率以 1 为临界值，如果比率小于 1，则该处理方法不可取，否则方法可取。效益比率越大，说明该项风险管理方法越可取。但是，在风险管理的实践中，通常不仅要考虑经济性，还要考虑该项方法与整体管理目标的一致性、实施的可能性和有效性等，从而保证风险管理方法的最优使用。

四、风险管理的方法

风险管理的方法（也称风险管理技术）包括两大类：一类是控制型管理法，包括风险回避（avoidance）、损失控制（loss control）和控制型风险转移（transfer-control type）；另一类是财务型管理法，包括风险自留、保险（insurance）等。

（一）控制型管理法

控制型管理法，是指损失形成前预防和降低风险损失的技术性措施，其重点是改变引起风险事故和扩大损失的条件。这类方法包括以下三个方面。

1. 风险回避

风险回避是指在考虑到某一活动可能带来风险或潜在损失较大时，主动放弃或改变该活动，以避免与该项活动有关的风险暴露和潜在损失。风险回避是一种最为彻底的方法，它可以在事前、事中进行。在事前放弃某项活动，从而避免该活动可能带来的风险，或者在计划进行过程中变更某项计划，从而避免原计划可能带来的损失。例如，在不具备安全生产条件下，制造烟花爆竹有爆炸的风险，企业决策者应该放弃该产品的生产计划，以彻底消除生产该产品可能带来的产品责任损失。再如，假设上述企业由于考虑不周、论证不充分而仓促上马，在发现问题后，应立即停止生产。

然而，这种方法的适用性很有限，其局限性有三个方面。

首先，回避风险就意味着放弃从风险中可以获取的收益。在现代经济社会中，任何一种经济行为都存在着一定风险，风险与收益一般是成正比的，如新技术的开发和利用就是如此。

其次，许多风险是不能避免的。如果企业把一切风险完全回避了，企业就不能从事任何生产和经营活动了。

最后，回避了某类风险又会产生新的风险。

因此，此种方法通常在损失频率和损失程度非常高且处理风险的成本大于其产生的效益时采用。

2. 损失控制

损失控制是通过降低损失频率或减小损失程度来减少期望损失成本的行为。通常把在损失发生前全面消除损失发生的根源、降低损失频率的行为称为防损，而把在损失发生后减少损失程度的行为称为减损。例如，对飞机进行定期检查可以减少机械故障的发生，降低飞机坠毁的概率，这就是防损；在汽车中安装安全气囊，在大多数情况下可以降低伤害的程度，这就是减损。

3. 控制型风险转移

风险移转技术分为两大类：一是控制型风险移转；二是保险。

所谓控制型风险转移，是指借助降低风险单位的损失频率和缩小其损失程度的手段，将损失的法律责任转移给非保险业的另一经济单位的方法。它与风险回避方法所不同的是，风险回避方法是放弃或中止存在的风险单位，而风险转移技术则是允许风险单位继续存在，只是将损失的法律责任转移给其以外的第三者（保险业除外）。控制型风险转移与损失控制不同的是，损失控制直接对风险所致的损失频率和程度加以改善，而风险转移技术则是将风险转移给别人而间接达到降低损失频率和减小损失程度的目的。

控制型风险转移的具体形式包括三种。

（1）出售或租赁。通过买卖契约将风险单位转移给他人或其他单位。这一方式的特点是将财产所有权和与之有关的风险同时转移给受让人。例如，一批货物，从工厂主转移给买主后与这批货物有关的风险（可能遭受火灾、盗窃、市场价格暴跌等）也一同转移给买主了。

（2）分包。转让人通过分包合同，将他认为风险较大的工程转移给非保险业的其他人。显然，风险单位通过风险转移，其承担的风险将会减少。例如，对于一般的建筑施工队来说，高空作业风险较大，因此，他们可将其转移给专业的高空作业工程队。对于这种专业工程队来说，他们无论在经验、设备、技术等各方面都较强，相对来说风险较小，因而有利可图。

（3）开脱责任合同。通过这种合同，风险承受者免除转移者对承受者承受损失的责任。例如，外科医生在给病人动手术之前，往往要求病人（或家属）签字同意，若手术不成功，医生不负责任。在这份契约中，风险承受者（病人）免除了转移者（医生）对承受者（病人）承受损失的法律责任。在这种形式中，通过开脱责任合同，风险本身被消除了。

（二）财务法

财务型管理法，是指通过事先的财务计划筹集资金，以便对风险事故造成的经济损失进行及时而充分的补偿，其核心是将消除和减少风险的代价均匀地分摊在一定时期内，以减少巨灾损失的冲击，稳定财务支出和赢利水平。财务法分自留风险和投保保险两种。

1. 自留风险

自留风险，是指面临风险的企业或单位自己承担风险损失，并作好相应的资金安排，即将风险所引起的损失，在企业内部进行融资弥补。

一般来说，如果损失是能够预测的就可以自留。发生频率较高而严重程度较小的损失，属于可以预测的损失。自留的金额与该企业的损失承担能力有关，也与风险转嫁成本有关。实际上，企业更愿意对损失风险投保保险，只不过有时难以找到合适的保险公司或必须付出较高的保费而放弃保险。

自留风险的筹资方式包括三种。

（1）将损失摊入经营成本。将损失摊入经营成本是指在风险事故发生时，企业将意外损失计入当期损益，即吸收于短期现金流之中。这种办法通常适用于处理那些损失概率较高但损失程度较小的风险，这些风险可以视为企业不可避免的经常性支出，因此，识别这类风险后，可以直接包含在企业现金预算计划内。

（2）建立意外损失基金。意外损失基金又称自保基金或应急基金，是企业基于对所面临的风险的识别和衡量，并根据其本身的财务能力预先提取，用以补偿风险事故所致损失的一种基金。通常这种方法用于处理那些可能引起较大损失但损失又无法直接摊入经营成本的风险。建立意外损失专用基金，可以采取一次性转移一笔资金的做法，也可以采取定期交款长期积累的方式。基金的规模取决于企业净现金流的规模和分布。一般来说，意外损失基金的来源只能是税后利润，许多国家对这种基金是要纳税的，而缴付的保险费却在税前列支。

（3）组建自保公司（captive insurance company）。它是指由非保险母公司为保险目的而设立和拥有的保险子公司。它主要是向母公司及其子公司提供保险服务。这类公司20世纪70年代在美国兴起，发展迅速，目前美国有1500多家专业自保公司。美国500家最大企业中的49%建立了专业自保公司，而且集中在能源、石化、采矿、建筑材料等行业。世界专业自保公司已接近4000家。专业自保公司与商业保险相比具有以下优点。

其一，节省保险费开支。保险公司收取的保险费除了风险损失成本外，经营管理费用占了保险费的20%，其中包括代理人、经纪人佣金、保险公司的费用及利润。专业自保公司不通过保险代理人、经纪人展业，其费用只反映本公司本行业的损失成本，再加上可以自己运用闲置的准备金取得投资收入，从而可以降低保险费的水平。

其二，保险责任灵活可变。保险公司会因某种险种发生承保亏损而停止承保或改变承保条件，而专业自保公司可以根据自己的需要扩大保险责任，提高保险限额，采取比较灵活的做法。

其三，增加防灾防损工作的动力。由于发生损失是公司或行业自行补偿，损失会减少公司利润，所以自保公司非常重视防损工作。

其四，享受税收优惠。在自保公司参加保险，缴纳的保险费可以从母公司及其子公司的应税收入中扣除，因为自保交易被视为保险交易；同时，通过离岸建立自保公司还可以得到额外的税收优惠。如果自保公司的收入在发生的当年不用被母公司计入纳税收入，那么税收优惠就发生了。

其五，增加企业赢利来源。专业自保公司除了向母公司和其子公司提供保险外，也向其他单位提供保险业务，获取收益。

专业自保公司既有其优点，也有其不足之处。与商业保险公司相比，专业自保公司毕竟势单力薄，其保费收入有可能不敷赔款支出；一旦发生巨额风险，企业将陷入困境。

2. 投保保险

投保保险是企业一种风险损失的财务转移机制，即企业通过保险将自身的风险损失转嫁给保险公司，以固定的小额保费支出，换取对未来不确定的巨大风险损失的补偿，使风险损害后果得以减轻和消化。保险不是使风险离开了投保方，而是保险公司借助众人的财力为受损的被保险方赔偿，为规定的损失提供资金。保险是损失融资的重要途径。保险的重要性，突出表现在保险具有互助性质，通过这一机制，众多的经济单位联合起来，建立保险基金，共同对付不幸事故。面临风险的经济单位，通过参加保险，将风险转移给保险公司，以财务上确定的小额支出代替经济生活中的不确定性，对自身不能承担的风险损失进行管理。运用保险来管理发生频率低、损失程度大的风险更为有利。

风险管理者如何选择风险管理的方法，要根据风险的状况而定，可参照表 1-2。

表 1-2　风险管理的方法

风险类型	损失概率	损失程度	风险管理方法
1	低	小	自留风险
2	高	小	损失控制
3	低	大	保险
4	高	大	风险回避

五、风险管理与保险的关系

（1）风险管理的外延要大于保险。如上所述，保险是风险管理中的一种方法，它仅是针对潜在的损失概率较小而损失程度较大的风险而适用的一种风险管理方法，并不是任何风险都适于保险。因此，保险并不是风险管理的唯一方法，风险管理的外延要大于保险。

（2）保险是风险管理中最有效的方法。因为保险的基本作用是分散集中性的风险。保险公司通过收取保险费形成保险基金，把少数不幸者的损失在全体被保险人之间进行分摊，投保人以小额的固定支出可以换取对巨额损失的保障，而企业如果依靠本身的力量应付各种风险则需要大量的后备基金。在大多数场合，这样做既不经济也不能承受巨额损失。

（3）保险只适用于可保风险。并不是世界上的一切纯粹风险都可以通过保险的方法来解决。出于保险公司经营技术上的原因，更是为了体现保险稳定社会的作用，保险公司一般只承保符合保险人经营要求的纯粹风险，即可保风险。也就是说，只有符合保险人经营要求的纯粹风险才能成为可保风险。而风险管理所管理的是所有纯粹风险及某些投机风险。因此，无论从性质上还是从形态上，风险管理远比保险复杂、广泛得多。

■ 第三节　可保风险

"无风险，则无保险"。虽然保险起源于风险，但保险并非可以处理所有风险。保险能够处理的风险为可保风险，它属于纯粹风险的范畴。

一、可保风险的概念

可保风险，是指保险市场可以接受的风险，或者说是可以向保险公司转嫁的风险。在保险市场上，只有符合保险人经营要求的纯粹风险才能成为可保风险。当然，随着保险业的发展，实际保单的签订并不是在完全理想可保风险的条件下。为了理解保险的本质，我们列举理想的可保风险必须满足的条件。

二、理想可保风险的条件

构成保险市场可以接受的理想可保风险，必须具备如下条件。

1. 经济可行性

所谓经济可行性，是指对于投保人来说只有在可能发生的风险损失达到无法承受时购买保险才是经济的。对于保险公司来说，损失发生的频率必须是很低的，即损失发生的可能性并不大，风险损失才能够借助保险进行分散，保险经营才具有可行性。例如，对于航空旅客而言，飞机失事的概率是极低的，但一旦发生其损失是惨重的。只有这种损失潜在的严重性很大，但损失发生的可能性并不大的风险，才同时对保险双方具有经济上的可行性。

2. 风险必须是大量的、同质的和可测的

所谓风险是可测的，是指风险的损失概率能够被准确预测，而大量的、同质的风险的存在，又是准确预测风险损失概率必须具备的条件。因为损失概率是保险人计算保险费的依据，保险费的核心组成部分就是风险发生的损失概率，所以不可测的风险是无法确定保险费率的，从而也是不可保的。而要准确计算风险损失概率，必须具备的条件是，需要搜集大量的同质风险的损失资料并进行统计分析。大数法则是保险经营的数理基础。根据大数法则，对随机事件观察的数量越多，其实际结果就越可能接近预期结果。若某一类风险事故很少发生，其损失资料也很少，就无法准确地计算出风险的损失率，保险人就无法准确承保。当然，按照概率的基本公式，利用少数统计资料勉强算出风险发生概率和损失率也是可能的，但其精确性就很难保证了，保险公司的财务稳定性将受到影响。因此可保风险的一个重要条件是必须有某种同质风险的大量存在，进而使之可以根据概率论和大数法则将损失概率比较准确地测定出来。

3. 损失必须是意外的、被保险人无法控制的

一是风险不能在意料当中，不能是必定要发生的。例如，处于危险状态的财产是不能投保财产保险的，已经发病的人是不能投保健康保险的。如果要对这些损失保险，保险费应包括损失成本及保险经营管理费用之和。其结果将是高于原来费用的、不划算的保险费。二是风险事件是在被保险人的控制之下也是不可保的。如果是被保险人故意行

为所造成的，如故意纵火烧毁财产，是一种欺诈，有悖于公共原则，也违背了保险的初衷，因此是不可保的。如果意外发生后不采取施救措施而任其损失扩大，对扩大损失部分保险公司也是不可保的。但是，为了抢救被保险财产而不得不损坏一些当时灾害尚未波及的财产所造成的损失，保险人应予赔偿。

4. 损失必须是确定的和可测量的

损失必须是确定的和可测量的，是指损失在时间上、地点上可以被确定，在数量上可以用货币测量。在保险合同中，对保险责任、保险期限都作了明确规定，只有在保险期限内发生的、保险责任范围内的损失，保险公司才负责赔偿，且赔偿额以实际损失金额为限。所以，保险公司所予以赔付的损失必须是可鉴定的、确定的损失。否则，保险公司由于缺乏依据将无法履行其赔偿给付责任。例如，一份有效的海洋货物运输保险合同，就必须约定损失发生在哪一期间、哪一航行区域。而且一旦发生损失，可以鉴定损失金额。假如这些都是捉摸不定的，那么保险人的责任也是模糊不清的，如白蚁造成财产损失，在时间上很难确定。

关键词

风险　纯粹风险　投机风险　基本风险　特定风险　风险管理　可保风险

复习思考题

1. 简述风险的含义及主要特征。
2. 风险的分类对保险经营有何意义？
3. 风险管理的方法有哪些？
4. 如何理解保险在风险管理中的地位与作用？
5. 理想可保风险应具备哪些条件，为什么？

第二章

保险的本质与职能

【学习目的】

1. 了解保险学说的内容。

2. 掌握保险的内涵及其构成要素。

3. 明确保险的职能和作用。

保险之所以被社会认同并得以发展，在于保险制度本身所具有的损失分摊和补偿功能。但是，由于保险具有纷繁的内涵，各国学者往往从各自的研究角度来阐述保险，形成不同的流派。了解不同的保险学说，是我们认识保险本质的基础；分析保险的内涵和构成要素，是我们深入掌握保险制度本质的关键；保险的职能则是保险本质的客观反映。

■第一节　保险学说

保险是随着社会生产力的发展和经济活动的频繁而逐渐产生和完善的经济活动。现代意义上的保险迄今已有数百年的历史，在这一历史发展过程中逐渐形成了一系列保险学说。

一、损失说

损失说又称损害说。该学说以"损失"这一概念为中心，主要从损失补偿角度来阐述保险机制的特征，与保险产生的最初目的相符。损失说分为以下三个学派。

（一）损失赔偿说

损失赔偿说来源于海上保险，是最早产生的一种保险理论。其代表人物是英国的马歇尔（S. Marshall）和德国的马休斯（E. A. Masius）。他们从法律的角度认识保险，认为保险就是一种经济补偿性质的合同。马歇尔说："保险是当事人的一方接受商定的金额，对对方所受损失或发生的危险予以补偿的合同。"马休斯说："保险是约定当事人的一方，根据等价支付或商定承保标的物发生的危险，当该项危险发生时，赔偿对方损失的合同。"该学说影响颇大，1906 年美国颁布的《海上保险法》采用了该观点。该学说的不足之处：一是把保险本质仅归结为合同关系，即法律关系，而忽略了保险关系的本质——经济关系，因而不能揭示保险实质；二是损失赔偿仅解释财产保险，而对定额给付的人身保险，则不能给予合理解释。

（二）损失分担说

损失分担说从经济学角度来剖析保险，从损失在众多风险单位之间进行分担立论，因而把损失分担这一概念看成是保险的本质。其倡导者德国学者瓦格纳（A. Wagner）认为："从经济意义上说，保险是把个别人的由未来特定的、偶然的、不可预测的事故造成的财产上的不利后果，由处于同一危险之中但未遭遇事故的多数人予以分担，以排除或减轻灾害的一种经济补偿制度。"这个学说不拘泥于法律操作层面解释保险，而是从经济学层面上把保险理解为各个被保险人之间的互助关系。把保险纳入经济学范畴，阐述了保险的经济学本质，显然是一种进步。然而，事物的概念应反映事物的本质属性，分担损失是否是保险的本质属性？众多保险学者对此提出了质疑。

（三）风险转嫁说

风险转嫁说是从风险管理的角度来阐述保险，强调保险就是风险转移，保险赔偿是通过众多被保险人将风险转移给保险人实现的。其代表人物是美国学者魏莱特（A. H. Willet）。他说："保险是为了赔偿资本的不确定损失而积聚资金的一种社会制度，它是依靠把多数人的个人风险转移给他人或团体来实现的。"该学说与损失分担说一样，不能完全概括保险的本质属性。

二、非损失说

损失说的影响是巨大的，但也遭到一些人的批评。损失说的批评者认为，损失说不能解释人身保险。非损失说是在完全放弃损失概念的情况下来界定和阐述保险的性质，主要观点有以下几个方面。

（一）技术说

技术说立足于保险的数理基础，主张用数理技术来说明保险的本质。技术说认为，保险是通过把可能遭遇同样风险事故的风险个体集聚起来，测定风险事故的发生概率，并依据概率计算保险费率求得保险补偿金额的平衡。这种保险所具有的精算技术，是财产保险和人身保险的共同点。因此，技术说认为其观点摆脱了损失说不能合理解释人身保险的缺陷。主张技术说的费劳德认为，保险的特点就在于采用了保险费率的计算、保险基金的计算等特殊技术，这种特殊技术是保险机制能够顺利运行的保障，因此，保险的性质主要体现在技术方面。该学说仅仅把保险归结为一种特殊技术，忽略了保险的经济学特征，显然也是片面的。

（二）欲望满足说

欲望满足说从经济学的角度探索保险的性质，其核心是以人们的经济需要和经济欲望来解释保险的性质。其代表人物是意大利的戈比（U. Gobi）和德国的马纳斯（A. Manes）。该学说认为，保险是一种满足人们经济需要和金钱欲望的手段，并且这就是保险的性质。该学说对"欲望"作了最广义的解释：风险事故的发生会造成物质损失、利益损失、储蓄能力停止、紧急防止损失费用及其他不能用货币计量的损失，引起人们的金钱欲望。保险的目的就在于以共同、互助的补偿手段为保障，使人们能够以最少的费用来满足这种金钱欲望，获得所需要的资金和充分可靠的经济保障。

（三）相互金融机构说

相互金融机构说强调保险的资金融通功能，把保险视为建立在互助合作基础上的金融机构。其代表人物是日本的米谷隆三。相互金融机构说认为，当今的经济是货币经济，所有经济活动都是用货币收支来表现的。在保险中，保险费的收取和赔款的支付都是通过货币进行的，因此，保险作为应付经济不安定的善后措施，也主要是通过调整货币收支来进行的。保险是真正的金融机构，是以发生偶然事件为条件的相互金融机构。保险与银行信用社的区别就在于，它是以风险发生为条件的，是被保险人之间的资金融通行为。

三、二元说

二元说的代表人物是德国的爱伦贝格（V. Ehrenberg）。该学说认为人寿保险是一种保险，但损失补偿是不能说明其性质的。人寿保险应该是一种储蓄和投资，它与损失保险不能作统一的定义。因此，保险合同可分为两类：一类是损失赔偿合同，如财产保险；另一类是以给付一定金额为目的的合同，如人寿保险合同。两者只能择一，因此，二元说又称"择一说"。它强调保险的法律内涵，并且由于分别定义，具有实践指导意义和可操作性，对各国保险法都产生了影响。我国《保险法》关于保险的定义就采用了二元说。我国《保险法》第一章第二条指出：本法所称保险，是指投保人根据保险合同约定，向保险人支付保险费，保险人对合同约定的可能发生的事故因其发生所造成的财产损失承担赔偿保险金责任，或者当被保险人死亡、伤残、疾病或达到保险合同约定的年龄、期限时承担给付保险金的商业保险行为。这一规定显然将财产保险与人身保险给予了明确区分。

■第二节 保险的定义、性质及构成要素

一、保险的定义

关于保险的定义，各国学者历来众说纷纭，至今仍有争议。保险是从英文"insurance"和"assurance"翻译而来的，有人考证是日本人最先译为"保险"的，后来我国

借用。保险在英文中的最初含义是"safeguard against loss in return for regular payment"，即"以经常性地交付一定的费用（保费）为代价来换取在遭受损失时获得补偿"。

关于保险的定义，国内外有各种不同的表述。例如，"保险是指投保人根据合同约定，向保险人支付保险费，保险人对于合同约定的可能发生的事故因其发生所造成的财产损失承担赔偿保险金责任，或者当被保险人死亡、伤残、疾病或者达到合同约定的年龄、期限时承担给付保险金责任的商业保险行为"（我国《保险法》第二条）；"保险是以集中起来的保险费建立保险基金，用于补偿因自然灾害或意外事故所造成的经济损失，或对个人因死亡、伤残给予补偿的一种方法"（《辞海》）；"保险是在风险集合平衡和风险时间平衡的基础上补偿一种个人无法确定、整体作出估计的资金需求"（［德］法尼，《保险企业管理学》）；"通过集合风险，预测可能的损失大小，在集合中进行损失分摊，对少数人的经济损失实施补偿的一种社会机制"。（［美］迈尔，《风险管理与保险》）。无论怎样的描述，目前关于保险性质至少在理论上形成了如下广为接受的共识：保险是风险转移、管理风险的重要手段；保险是"人人为我，我为人人"的社会互助机制；保险是社会经济补偿制度的重要形式和构成；保险是风险分摊、损失补偿的一种财务机制；保险还是涉及保险双方利益关系的一种合同行为。[①]

综合上面对保险本质的详尽的考察，我们可对保险作如下定义：保险是一种经济保障制度或经营方式。保险人把面临同样风险的个人和单位组织起来，通过对可能发生的不确定事件的数理预测和收取保险费的方法建立保险基金，并以合同的形式，将风险从被保险人转移到保险人，实现风险损失在所有被保险成员间的分摊，并从中赢利。

二、保险本质属性

保险最本质的属性在于它是一种经济保障制度，是市场经济中的一种经营方式。其突出表现在以下几方面。

1. 保险是有广泛社会需求的产品

根据美国心理学家马斯洛关于人的心理分析，人的需求可以归结为五种：生存的需求、安全的需求、社会交往的需求、尊重的需求及自我实现的需求。保险是一种满足消费者安全需求的无形商品。人们对保险的需求不仅表现在物质方面，即被保险人在遭受损失后会得到保险机构的经济补偿；还表现在精神方面，即当购买了保险之后，被保险人认为自己的风险已被转嫁出去，心理上会获得一种安全感。保险在精神方面为人们提供的满足程度比物质方面大，它减少或消除了人们因担心损失而引发的后顾之忧。

2. 保险是一种能够获利的经营性事业

保险人采用特殊的科技手段——概率论中的大数法则进行论证，证明凭借收取保险费不仅可以补偿被保险人因保险事故造成的损失，并且还可以赢利，从事保险是有利可图的。损失的可预测性，是保险机制得以运作的基础。保险人通过集合足够多的同类风

［①］ 卓志. 论保险职能与功能及其在我国的实现和创新. 保险研究，2004，（1）

险单位，使得风险的准确预测成为可能，从而使损失的成本得以事先融通和重新分配。同时，保险公司将其经营保险业务的经营管理费用及利润加在保险费中，保证了保险机制的运营。

3. 保险是一种国民收入再分配的手段

保险人通过收取投保人缴纳的保险费，将分散的资金集中起来，组成保险基金，当其中某一个被保险人因发生保险事故而遭受经济损失时，可以从保险基金中得到补偿。因此，保险经济关系的实质，是每个被保险人之间的一种互助共济关系，即保险人通过开展保险业务，将所有面临同质风险的被保险人集合起来，将每一个人所面临的风险转移给众多的被保险人分担，起到了国民收入的再分配的作用。

4. 保险是一种合同行为

保险是一方同意补偿另一方损失的契约。投保人购买保险，保险人出售保险，是双方在法律地位平等的基础上，经过自愿的要约与承诺，达成一致意见并签订合同。保险合同明确规定了当事人双方的权利与义务关系。保险人的权利是向投保人收取保险费，其义务是当约定的保险事故发生时向被保险人进行赔偿或给付保险金。投保人的权利是当约定的保险事故发生后能够向保险人要求给付保险金，其义务是向保险人支付保险费并履行合同规定的其他义务。可以说，保险合同就是一种在约定的事件发生时立即生效的债权凭证，它是以投保人缴纳了保险费为前提的。

三、关于保险的构成要素

保险的构成要素，是指保险构成的物质内容和得以成立的基本条件。与其他经济制度或经济行为相比，保险构成的物质内容和成立的基本条件有其特殊性。

1. 以可保风险为经营对象

保险业与其他行业最大的不同在于它以风险作为经营对象。保险运行的整个过程就是集中风险与分散风险的过程。企业或个人通过向保险公司购买保险的办法，将自身的风险转移给保险公司，而保险公司在集合大量风险的基础上，专门从事风险的度量和分担工作。当然并不是一切风险都可以通过保险的方法进行转移，即并不是任何风险都可以成为保险的经营对象。出于保险本身的性质和保险人经营的需要，构成保险经营对象的风险必须符合一定的条件，即它必须是可保风险。

2. 以多数人的互助共济为基础

保险是集合多数具有同类风险的经济单位、公平合理分摊损失的一种经济制度。即是将少数不幸者由于未来特定的、偶然的、不可预测的事故而遭受的损失，由处于同样危险中但未遭遇事故的多数人来共同分担，以排除或减轻灾害的一种经济补偿制度。参加保险的人越多，损失越分散，实际损失越接近于或小于预期损失，使每个被保险人的负担越合理化，保险经营的基础也愈加稳固。所以各个被保险人之间是一种互助共济的关系，集合大家的力量共同应付风险损失。

3. 以对特定风险事故所致损失进行补偿为目的

保险的职能在于集中保费建立保险基金，为特定风险后果提供经济补偿，这是保险业特有的功能所在。保险不是为所有风险提供风险保障，仅为法律认可范围内的、保险合同约定的财产损失和人身伤亡提供经济保障。合同以外的事故造成的损失，保险公司是不负责赔偿的。社会上还存在其他集中经济补偿形式，如国家后备基金和单个经济单位的自保基金。前者主要针对的是影响国计民生的重大灾害事故，如洪水、地震等；而对于后者而言，由于规模有限，不足以应付较大的损失，所以，对于全社会的各个经济单位的灾害事故而言，保险的经济补偿是最有效的，一方面，人们可以根据自身面临的风险选择切实可行的保险产品；另一方面，在发生约定的保险事故时能够获得充分的补偿。

4. 以合理的保险分摊金为保证

保险基金是保险经济运行的经济基础，它是由全体被保险人的保险费构成的，保险费也就是每个被保险人的分摊金。为使保险制度得以稳定和持续运行，分摊金的计算基础——保险费率必须科学计算、公平合理。对于保险人来说，其收取的保险费应与其承担的风险相当；对于投保人来说，其负担的保险费应与被保险人获得的保障相对称。不同险种、不同标的的不同费率反映的是其风险的高低不同。

■第三节　保险的分类

根据不同的原则和方法可将保险分为多种类型。

一、根据保险性质分类

（一）商业保险

所谓商业保险，是指通过自愿订立保险合同建立保险关系，由专门的保险企业经营，以营利为目的的保险形式，即投保人根据保险合同向保险公司缴纳保险费，保险公司根据合同约定的保险事故因其发生所造成的财产损失承担赔偿责任；或者当被保险人死亡、伤残、疾病或达到约定的年龄、期限承担给付保险金的责任。它包括财产保险、责任保险、信用保证保险和人身保险。

（二）社会保险

所谓社会保险，是在既定的社会政策指导下，由国家通过法律手段强制收取保险费，用以对其中丧失劳动机会或失去劳动能力的社会成员提供基本生活保障的一种社会保障机制。当劳动者遭受生育、年老、疾病、死亡、伤残和事业等风险时，国家为其提供基本的生活保障。它包括养老保险、医疗保险、失业保险、生育保险和工伤保险等。

（三）政策保险

所谓政策保险，是政府为了一定政策的实施，运用商业保险技术开办的一种保险。它是在一定时期、一定范围内，国家为促进有关产业的发展，运用政策支持或财政补贴等手段，对该领域的风险保险给予保护或扶持的特殊形态的保险业务。它是介于商业保险和社会保险之间的一种保险，其业务包括出口信用保险和农业保险。由于它通常与商业保险中的财产保险和责任保险构成不同层次的交叉关系，在多数保险教科书中，通常将政策性保险业务并入有关财产保险中进行阐述，本书也采取了这种方式。

二、根据保险标的分类

保险标的，是指保险合同双方当事人要求或提供保险保障的标的物或对象。社会保险的保险标的是单一的人身，政策性保险的保险标的是从广义上理解的财产，只有商业保险才同时拥有不同的保险标的。因此，商业保险可以分为以下多种类型。

（一）人身保险

人身保险是以人的生命或身体为保险标的。它是在保险有效期内，当被保险人发生死亡、残疾、疾病等保险事故或生存到保险期届满时，保险人向被保险人或受益人给付保险金的保险。人身保险按其保障范围又可以分为人寿保险、人身意外伤害保险和健康保险。

1．人寿保险

人寿保险又称寿险或生命保险，是以被保险人的生命为保险标的、以被保险人在保险期满时仍生存或在保险期间内死亡为条件，给付约定保险金的人身保险。

2．人身意外伤害保险

人身意外伤害保险是以人的身体和生命作为保险标的，当被保险人在保险期间因遭遇意外事故致使身体蒙受伤害而残疾或死亡时，由保险人按约定给付保险金的一种人身保险。

3．健康保险

健康保险是以人的身体和生命作为保险标的，当被保险人在保险期间因疾病、分娩致残废或死亡时，由保险人按约定补偿医疗费用支出或收入损失的一种人身保险。

（二）财产保险

财产保险是指以各种物资财产和有关利益为保险标的、在保险期间保险人对因保险合同约定的自然灾害或意外事故发生所造成的保险标的的损失承担经济赔偿责任的一类保险。

财产保险有狭义的财产保险和广义的财产保险之分。狭义的财产保险以各类物质财产（有形财产）为保险标的；而广义的财产保险，除了承保有形财产，还承保与有形财产相关的利益、费用、责任、信用等无形财产。我们这里所说的财产保险是指广义的财产保险，它可以分为财产损失保险、责任保险、信用与保证保险。

1．财产损失保险

财产损失保险即狭义的财产保险，是以各类物质财产作为保险标的，在保险期间因保险事故发生致使保险标的遭受损失，由保险人承担经济赔偿责任的一种财产保险。

2．责任保险

责任保险是以被保险人的民事损害赔偿责任作为保险标的，在被保险人由于过失和疏忽等行为给他人造成了经济损失，根据法律或者契约规定应由被保险人对受害人承担的经济赔偿责任，由保险人负责赔偿的一种财产保险。

3. 信用与保证保险

信用与保证保险都是以信用作为保险标的的保险。但二者又有很大区别。信用保险是权利人投保义务人信用的保险；保证保险是保险人为被保证人向权利人提供信用担保的行为。

三、根据保险人承保的方式分类

（一）原保险

原保险是指投保人和保险人直接订立保险合同，当保险标的发生保险合同责任范围内的损失时，由保险人直接对被保险人履行经济赔偿或给付保险金责任的保险。

（二）再保险

再保险，也称分保，是指保险人为了减轻自身承担的风险和责任，而将超过其承受能力的风险或责任的一部分，向其他保险人再进行投保的保险。

（三）共同保险

共同保险，简称共保，是指两个和两个以上的保险人，共同对同一保险标的物的同一风险责任共同承担损害赔偿责任的保险。

第四节　保险的职能

所谓职能，是指某类客观事物或现象内在的、固有的功能。它是由事物的本质属性所决定的。保险的职能则是指保险作为一种制度安排，在其运行过程中所固有的、内在的功能，它是由保险的本质和内容所决定的。

时至今日，国内关于保险职能的学说主要经历了三个发展阶段：第一阶段可称之为"单一职能说"，认为保险只有组织经济补偿（或给付）的职能，但是对如何达到它的目的和效应却未加以说明；第二阶段可称之为"二元职能说"，它除认识到保险具有经济补偿的职能之外，认为保险还具有资金融通的职能；第三阶段，认为现代保险同时具有经济补偿、资金融通和辅助社会管理三项职能。

物质决定意识，意识是对物质的反映。同样，对保险职能的认识，也取决于当时的经济和社会发展水平，取决于保险业自身的发展状况。随着时代的变迁，尤其是市场经济发展的逐步推进，保险职能的内涵和外延不断地得到扩大，"三元论"是对现代保险业发展的概括和总结。

一、经济补偿职能

经济补偿职能是保险业的基本职能。它之所以是基本职能，是由保险本质特征所决定的，是保险产生和发展的根源，是保险所特有的，不因时间的推移和社会形态的变迁而改变，在保险制度中处于核心地位。

保险的经济补偿职能主要体现在以下几个方面。

1. 分担风险

保险是为了提高社会个体对风险损害后果的承受能力而建立起的一种社会化的风险分散机制。保险公司以大数法则为科学依据，通过向投保人收取保险费的形式，建立保险基金，当被保险人遭受损失时，用保险基金进行补偿。保险公司组织经济补偿的过程，实际上就是将风险分担给全体投保人，或者说是将风险损失在被保险人之间分配的过程。一般地说，保险公司不会动用自有资本和赢利来补偿，而是将其转嫁给风险的转嫁者（投保人），这就从整体上提高了遭受风险的个体对风险的承受能力，从而把个人难以承受的损失化解为群体能够承担的损失。

2. 经济补偿或给付

经济补偿或给付，即在风险发生时，保险人在约定的责任范围内，按照保险财产的损失数额进行补偿或按照事先约定金额给予赔付。现代保险的经济补偿或给付一般包括四个方面。一是补偿被保险人因自然灾害和意外事故造成的财产损失；二是提供被保险人在保险期间发生人身病残、死亡保障和年老保障；三是承担被保险人依法应付的民事赔偿责任；四是提供商业信用和银行信用的履约责任保障。

二、资金融通职能

保险业作为金融业的三大支柱之一，在发挥传统经济补偿职能的同时，还承载和发挥着资金融通职能。保险的资金融通职能，是指保险公司积聚保险基金并将其暂时闲置部分进行运用，投入社会再生产过程中。它包括以下几个方面。

1. 资金的积聚

从一定意义上说，保险是法人和自然人在再生产过程中为应付意外事件而付出一定的货币资金，并使其在他们之间融通的一种形式。这种货币资金的运动形式表现如下：为取得保险保障，社会上众多的被保险人将数量相对较少的闲散资金以保险费的形式流向保险公司，保险公司积聚起规模庞大的保险基金。保险资金的积聚功能，对社会储蓄具有一定的分流作用，也有利于储蓄向投资的转化。

2. 资金的运用

保险事故发生的不确定性和保险经营的长期性，给保险资金的运作提供了可能。同时，保险公司为了确保未来偿付能力的充足性、经营的稳定性和赢利性，也必须进行资金运作，即将保险资金流向资本市场，成为资本市场的重要机构投资者。西方国家保险业在资本市场中，无论是其资产总额还是在资本市场上的地位，都仅次于商业银行，甚至在某种情况下，高于商业银行。据统计，1993 年，美国货币和资本市场的总资金规模为 78 050 亿美元，其中商业寿险资金为 14 370 亿美元，仅次于共同基金和商业银行，成为美国国内货币和资本市场的第三大资金来源。1997 年，英国保险公司拥有英国公司四分之一的股权和近三分之二的英国政府发行的金边债券。日本寿险投资的地位与英国和美国相比更加突出，日本寿险公司在该国金融市场上的资金实力已超过城市银行而居第一位。1998 年，全球 40% 的投资资产由保险公司管理，保险公司持有的上市公司股票市值占整个股票市值的比重：美国为 25％，欧洲为 40％，日本为 50％。正是由于保险具有资金融通功能，具备了金融属性，所以保险业便与银行业、证券业一起成为金融业的三大支柱。

与传统的银行业相比，保险公司的资金融通具有以下特点：一是融资对象特定，限于投保人，而银行则面向所有储户；二是融资期限受保险合同给付条款的限制，必须做到与资产负债相匹配，而银行融资的期限更为灵活；三是融资额度与保险事故的发生与否联系紧密，巨灾风险往往导致高额赔付，融资额度相应会萎缩，而银行与风险概率的关系相对没有像保险那样紧密。

三、辅助社会管理职能

保险的辅助社会管理职能，是指保险业通过发挥经济补偿和资金融通职能参与经济建设和社会生活的各个领域，促进和协调国民经济的正常运行和有序发展，起到"社会润滑剂"的作用。辅助社会管理职能是保险的派生职能，是其基本职能的外在表现形式，是反映一国保险业融入该国社会经济生活程度的重要标志。随着保险业在国民经济发展中的地位不断巩固和增强，保险的辅助社会管理职能也日益凸显出来，主要表现在以下几个方面。

（1）保险通过发挥经济补偿或给付功能，一方面使保险基金在广大被保险人之间实现了社会再分配；另一方面又通过其经济补偿机制，在全社会范围内为社会再生产的顺利进行和社会生活的稳定提供强有力的经济保障，熨平社会发展中的不安定因素，客观上起到社会稳定器或减震器的作用。

（2）参与社会风险管理。保险的经营对象是风险，保险进行风险管理，主要体现在防灾防损工作上。其最大特点就在于积极主动地参与、配合社会防灾防损部门开展防灾防损工作，一方面能有效地承担风险管理的社会责任，有利于增强偿付能力，降低投保人支付成本；另一方面，通过积累大量的损失统计资料，可以为社会防灾防损部门进行风险管理提供可靠的依据，同时能够培养投保人的风险防范意识，尽可能地减少社会财富的损失。

（3）保障交易，启动消费。在市场经济条件下，交易双方往往会面临各种风险，风险的存在阻碍着商贸交易活动的顺利进行。保险的介入，可以将交易过程中的风险转嫁给保险公司承担，不但能提高交易双方的信用度，减少交易双方的纠纷或分歧，促成交易的成功，而且还能够启动社会潜在消费，扩大内需。例如，出口信用保险、住房按揭保险、汽车消费贷款保证保险等。

（4）优化金融资源配置。保险资金融通功能的发挥，一方面通过积聚大量的社会闲散资金，化零为整，起到分流社会储蓄、实现储蓄向投资的转化及分散金融风险的作用；另一方面，又通过资金运用，参与资本市场运作，起到推动资本流动、实现金融资源在全社会合理配置的作用。

（5）减少社会成员之间的经济纠纷。随着人们法律意识的增强，责任保险得到了迅速发展，如机动车辆第三者责任保险能使受害人得到及时救治和经济补偿，减少致害人与受害人之间的经济纠纷，从而起到安定社会的作用。

（6）补充和完善社会保障制度。社会保障制度被誉为"社会的减震器"，它为社会提供诸如养老、医疗、失业、救助等方面的基本的经济保障；而商业保险则为社会提供较高水平、多层次的保障服务，能够满足人们日益增长的多样化的保障需求，是对社会保障制度的重要补充和完善。例如，保险公司开办的年金、养老金保险作为社会保障制度的重要组成部分，对拓宽和提高养老保障范围和水平具有重大作用。

保险所发挥的辅助社会管理职能更多的是从微观层面熨平社会运行中的各种风险和摩擦，降低社会的风险成本和交易成本，促进社会协调发展。

在现代保险的三大功能中，经济补偿和保障功能是保险的核心功能，也是保险区别于银行、证券的基本特征；资金融通和辅助社会管理职能则是在经济补偿和保障功能基础上产生的派生功能。简言之，前者是基础和前提，处于主导地位，后两者处于从属地位，并在不断地完善前者的作用内容和扩大其影响范围。

▌第五节　保险的作用

一、宏观作用

保险在宏观经济中的作用，是指保险对全社会、国民经济总体产生的经济效应。

1. 保障社会再生产的顺利进行

社会再生产过程由生产、分配、交换和消费四个环节构成。它们在时间上是连续的，在空间上是均衡的，各个环节的各个经济主体之间存在着千丝万缕的联系。因此，其中任何一个环节的任何一家企业的稳定，对社会再生产循环都是重要的。任何一家企业出现问题，都会产生类似"多米诺骨牌"效应，导致社会再生产的中断和失衡。保险的经济补偿职能，在于可以及时和迅速地对因遭遇自然灾害或意外事故而发生的中断和失衡发挥修补作用，从而保证社会再生产的连续性和稳定性。例如，"9·11"事件后，美国以其庞大的保险、再保险体系为被保险人提供了数百亿美元的赔偿，减轻了恐怖事件对经济和社会的震荡。雄厚的保险基金成为国家安全的一道坚实屏障。

2. 有助于财政收支计划和信贷收支计划的顺利实现

财政收支计划和信贷收支计划是国民经济宏观调控的两个重要手段。自然灾害和意外事故的发生，都将造成财政收入的减少和银行信贷回流的中断，同时还要增加财政和信贷支出，从而给宏观经济调控带来困难。企业如果参加了保险，其财产损失和人身伤亡都可以得到赔偿和给付，企业恢复生产经营就有了资金保障。生产经营一旦恢复正常，就保证了财政收入的基本稳定、银行贷款的及时清偿。同时，受灾单位由于得到了保险经济补偿，也就减轻甚至无须要求财政和银行信贷支持。由此可见，保险对财政收支和信贷平衡计划的实现发挥着重要作用。

3. 增加外汇收入，增强国际支付能力

保险在对外贸易和国际交往中是不可缺少的环节。在对外贸易中商品出口和进口都必须办理保险。保险费是国际贸易商品价格的三要素之一。出口商品时争取到岸价格，卖方要在本国保险公司办理保险，其保险费可计入货价中，从而为国家增加了外汇收入。相反，在进口商品时争取离岸价格，即由买方负责保险，则可减少保险外汇支出。保险外汇收入是一种无形贸易收入，对增强国家的国际支付能力起着积极作用。

4. 有助于推动科技发展

当今已步入知识经济时代，科学技术进步对生产力的发展至关重要。而高新技术的研制、推广和应用，离不开保险的保障作用。如前所述，如海上石油开发，需要与之相配套的海上石油勘探保险支撑，该保险责任大、期限长、技术复杂，需要国际保险人的技术帮助，而且还要将一定的风险责任转移给国际保险人。航天卫星发射技术要求极高，风险巨大，即使每个元件的可靠程度达 99.9999％，整枚火箭的成功率也仅为 37％，急需航天保险来推动航天事业的发展。

5. 有助于稳定社会生活

现代社会经济的发展、科学技术的进步、政治冲突的加深、自然生态环境的破坏，都会引发这样那样的风险。而这些风险一旦发生，给人类带来的损失将是巨大的。一场火灾可能毁灭常年积聚的家财，一次爆炸可能使一个企业陷入困境，一次交通事故可能使一个家庭失去生活支柱。保险作为现代社会的"稳定器"与"安全网"，可以为社会成员提供多元化、多层次的风险保障，帮助受害者渡过难关，保障人民生活安定，对社会稳定和经济发展发挥着重要作用。

二、微观作用

保险的微观作用，是指保险对经济单位（法人）或个人产生的影响。

1. 有助于受灾企业恢复生产

在市场经济条件下，不同所有制企业和个体经济单位作为市场主体，都是自主经营、自负盈亏的经济实体，都要自担风险。而自然灾害和意外事故的不确定性，又让他们防不胜防。风险一旦发生带来的损失，单靠它们自身的力量很难承担。购买保险，企业可以以小额的固定支出换取巨额风险保障，保险补偿能使企业在短时期内恢复生产，从而把损失降低到最低程度。例如，据《中国保险》报报道，2003 年 7 月 10 日，中国人民保险公司扬州分公司将首批"特大暴雨赔款"656 069.4 元分别送到了江苏通裕纺织集团扬州第三织布厂等被保险人手中，使其损失降到了最低程度，帮助它们很快恢复了生产。

2. 为个人和家庭提供经济保障

保险可以化解风险对家庭和个人造成的损失。保险可以把个人、家庭的财产风险和人身风险转嫁给保险公司，在家庭财产遭受损失时从保险公司得到补偿；或者在家庭成员发生死亡、伤残、疾病、衰老时，从保险公司领取一笔保险金，可以保障家庭生活稳定，避免因家庭主要劳动力发生保险事故造成家庭收入急剧减少或支出急剧增加，使生活陷入困境，为个人和家庭提供了经济保障。

3. 作为投资手段

进行长期人寿保险的投保人，缴纳的保险费计算利息，满期给付的保险金大大高于缴纳的保险费。所以，进行长期人寿保险，可以说是一种投资手段，被保险人既可以享受保险保障，又可以发挥其投资功效。近年来出现的创新型寿险产品更加凸显了寿险的投资功能。创新型寿险产品中的投资因素作为保险单中的独立部分,保险金给付数额直接与投资收益挂钩。

关键词

保险　损失说　非损失说　二元说　保险的职能

复习思考题

1. 保险损失说的观点是什么,有哪些分支理论?
2. 保险非损失说的观点是什么,有哪些分支理论?
3. 为什么说保险是一种经济行为?
4. 为什么说保险是一种合同行为?
5. 保险是如何分担风险与补偿损失的?
6. 保险的基本职能与派生职能有什么样的关系?

第三章

保险的产生及其发展

【学习目的】

1. 了解原始的保险思想和保险方式是怎样萌芽的。

2. 掌握现代保险的形成与发展过程。

3. 了解现代保险业的发展趋势。

保险是个经济范畴，同时也是个历史范畴。它是人类社会发展到一定历史阶段的产物。从历史上看，风险是保险产生的自然基础，而自然灾害和意外事故是最基本的风险根源。人类在与各种自然灾害和意外事故的斗争中，在寻求规避风险的手段和方法过程中，萌生了原始的保险思想和保险方式。随着生产力的发展。剩余产品的出现。商品经济的发展，保险思想和保险方式也随之而发展。首先，剩余产品的增多促使人们有可能储备起预防不测的物资，用于物质财富损失的补偿。其次，商品经济的发展，使保险交换关系得以建立，并且由于生产者之间建立了普遍的社会经济联系，他们才可能为求得保险保障而结合起来，以众多投保人缴纳的保险费形成巨额保险基金来补偿其中少数被保险人的经济损失。因此可以说，自然灾害和意外事故的存在，是保险产生的自然基础；剩余产品和商品经济的发展，是保险制度产生的社会经济基础。纵观保险的发展史，保险的形成和发展，大体上经历了三个历史阶段：萌芽期、形成期和发展创新期。

■第一节 保险萌芽期

一、国外古代保险方式的萌芽

原始保险方式最先萌芽于古代文明程度和开放程度较高、贸易繁荣的国度，如古巴比伦、古埃及、古罗马、古希腊等文明古国。据英国学者托兰那瓦论证："保险思想起源于巴比伦（古代两河流域的最大城市，今伊拉克巴格达之南），传至腓尼基（今黎巴嫩境内），再传入希腊。"[①]

---

① 施明哲.保险发展简介（一）.保险研究.，1982，（2）

最早的保险可追溯到公元前 2500 多年前的古巴比伦。当时那里贸易活动频繁，巴比伦六世建立的对外贸易的商队，用骆驼和马匹进行长途物资贸易。为了保证货物的安全（因当时欺诈、抢劫猖獗），《汉谟拉比法典》规定，进行长途运输货物的商队，如果没有把货物运送到目的地，承运人要处以没收财产、扣押亲属等刑罚，直至死刑，但经宣誓并无纵容或过失，可免除其个人责任，而由商队全体给予补偿。这实质就是将个人风险分散给商队全体共同承担，是原始的保险规则和方式。这种做法后传至腓尼基及其他商业发达地区，并增加了内容，使其通用于航海过程中的货物损失。

在古埃及王国，在修建大规模的金字塔工程中，许多石匠死于各种人身伤亡事故。为了得到适当的补偿和保障，古埃及修建金字塔的石匠，自发组织成立互助基金会，规定用会员交纳的费用支付会员死亡后的费用，借此共同应付风险。在古希腊，还盛行一种互助共济的团体。凡是具有相同的政治哲学观点或宗教信仰的人，以及同一行业的工匠，都可以加入这种团体。加入者每月交纳一定数量的会费，当遇到某种不幸时，由该团体给予救济补偿。在古罗马也出现过类似的丧葬互助会。

以上情况表明，在国外很早就出现了类似保险的做法。人们企图通过互助共济的方法来取得某种补偿，但这种补偿多是以道义和宗教为基础的，只能算是保险的萌芽和雏形。

二、中国古代的保险萌芽

在中国漫长的封建社会里，农业生产一直占据主导地位。在科学不发达的古代，农业生产主要依赖于自然条件，不可避免地受到水旱灾害的重大影响，因此，赈灾问题就成为中国历代统治者必须考虑的一大社会问题。于是，仓储制度（积谷备荒制度）应运而生，如汉代的"常平仓"、隋朝的"义仓"等，即由庶民百姓上缴粮食，供灾荒时开仓赈济之用。仓储制度是中国古代保险的雏形或萌芽，也是中国古代原始保险的一个重要标志，它体现了民间人身相互保险的思想。

我国也是最早发明保险基本原理——危险分散方法的国家。据国外一些保险书籍记载，早在公元前三四千年，中国一些商人在长江的危险水域运输货物时就采用了一种分散危险的方式，即把每个人的货物分装在几条船上，以免货物装在一条船上有遭遇全部损失的危险。这种分散危险的方法，体现了现代保险的基本原理。

上述历史事实表明，自然灾害和意外事故的存在和发展，是保险产生和存在的自然前提。没有自然灾害和意外事故所蕴涵的风险，就不会有保险。当然，早期的保险思想与互助形态的实践，还算不上真正意义上的保险，最多只能算做保险的萌芽。因为古代出现的出于应付风险而产生的各种互助团体，仅仅是一些有着共同利益、面临同样风险的人自发自愿结合而成的团体，不是由专门的组织去经营，保险费的缴纳也没有经过科学的计算，组织松散，管理也比较混乱。只有当人们开始将处理风险作为一种买卖行为，由专门的经营者——保险公司去经营，形成了筹资和补偿原则和机制，保单趋于格式化，现代保险制度才能形成。

■第二节　保险形成期

如前所述，风险的存在是保险产生的自然基础，而商品经济的发展则是保险产生的社会经济基础。保险的形成和发展是和商品交换活动的频繁开展、第三次社会大分工的完成、市场的形成、国际贸易的扩大及生产的日益社会化紧密联系在一起的。

一、海上保险的产生

（一）共同海损的分摊原则是海上保险的萌芽

海上保险是最早出现的保险险种，它与最早的海上贸易活动是分不开的。意大利是海上保险的发源地。公元前 1000 年左右，地中海一带贸易繁荣，由于当时生产力水平低下，用于海上贸易的船舶构造都十分简陋，航行中遇到风浪经常有倾覆的危险。为了避免船舶发生事故，有时将船上的部分货物抛入海中，以减轻船舶的载重量，保证船货安全抵达目的地。但是，在决定抛货时，船长和押运的货主往往会发生争议，任何一方都不愿将自己的财产为他人的利益作出牺牲。在紧急情况下，为了避免争议，逐渐形成了一种习惯做法，即船舶发生危险时，由船长作出抛弃的决定，因抛弃引起的损失，由获益的船货各方进行分担。这项"一人为众、众为一人"互助共济的共同海损的分摊原则，一直被广泛采用。后来，该原则被公元前 916 年的罗地安海商法采用，并正式规定为："凡因减轻船只载重投弃大海的货物，如是为了全体利益而损失的，须由全体进行分摊。"经过后来的罗马法等法律法规的补充完善，最终形成了著名的共同海损基本原则，一直沿用至今。

（二）船舶抵押借款是海上保险的初级形式

船舶抵押借款又称冒险借贷。公元前 9 世纪在地中海一些城市，特别是在希腊的雅典广泛流行。其含义是当船舶航行在外急需用款时，船长将船舶作为抵押品向当地商人借款。如果船舶在到达目的地前丧失，则船长无须向商人偿还借款；如果船舶安全到达目的地，船东和货主不仅要偿还全部借款，而且必须支付一笔高额利息给商人。这种利息比一般贷款利息高，高出的那一部分，其实就是海上保险的保险费。公元 533 年，在罗马皇帝编纂的法典中，对船舶抵押借款进行了限制，规定不得超过一般借款利息的一倍。其实船舶抵押借款，不过是一笔预付的保险赔款，也可以说是最早的海上保险形式。

（三）专门的海上保险单和保险机构的出现

14 世纪中期，意大利是国际贸易的中心，在威尼斯、热那亚、佛罗伦萨等地，出现了类似现代形式的海上保险。最古老的一张保险单是 1347 年出立的一张船舶航程保险单，承担"圣·克勒拉"号从热那亚到马乔卡的保险。该保险单的措辞类似虚设的借款。它规定，船舶安全到达目的地，合同无效；如中途发生损失，合同成立，该损失由合同一方（承保人）承担，保险费在合同成立之前以订金的名义支付。不过，该保险单并没有订明保险人所承保的风险。

美洲新大陆被发现后，随着贸易中心由地中海区域转至欧洲，海上保险也传至这里。尤其是英国，利用其处于大西洋航海中心的优势地位，进行广泛的殖民活动，保险业也得以迅速发展，很快便成为海上保险的中心。1568 年 12 月，伦敦市长批准设立第一家皇家交易所，为海上保险提供了交易场所。1575 年，英国女王特许在皇家交易所内成立保险商会，保险商会的主要职能是制定保险单和条款，同时办理保单登记手续，海上保险的一些法令和制度相继制定与建立。与此同时，1871 年世界上最大的保险垄断组织之一——劳合社的成立，在国际保险史上占有重要地位。

二、火灾保险及其他财产保险业务的产生

火灾保险是财产保险的前身。1666 年，一场大火摧毁了伦敦城三分之二的建筑，使人们认识到通过建立专门的经济组织来经营火灾保险业务的必要性。1667 年，英国医生尼古拉·巴蓬按照当时应用于海上保险业务的承保方法，创办了具有商业经营性质的专门为建筑物提供火灾保险的营业所，并根据房屋的租金和建筑结构确定保险费，如木结构的比砖石结构的保险费增加一倍。由此开创了数理原理与经济行为相结合的现代财产保险业务的经营方式。正因为使用了级差费率，巴蓬有"现代保险之父"的称号。

1680 年，巴蓬医生在火灾保险营业所的基础上，建立了股份所有制的火灾保险公司，并且开始运用风险分散的原理经营业务。1706 年，英国的灭火器专家查尔斯·珀维开始经营针对不动产以外的动产的火灾保险。1710 年珀维扩大了公司的业务，成立了目前仍然营业的皇家太阳联合保险公司，创立了动产和不动产两种保险单同时展业的保险方式，营业范围遍及全国。1752 年，美国科学家富兰克林运用风险分摊的原理，创立了费城房屋火灾保险公司。1881 年日本通过立法的形式，在全国范围内实行了不动产的强制保险，并且将保险的责任扩展到除了火灾之外的风灾、水灾和战争危险。

三、人身保险业务的产生

人身保险的产生可以追溯到早期的海上保险。在 15 世纪海上贸易的发展过程中，作为商品的奴隶在海上贩运中被当做保险标的投保，形成了早期的人身保险，其后发展到以陆上奴隶生命为对象的人身保险，后来发展到以自由人（船长、船员、旅客）为对象的人身保险。统计学的发展使人身保险进入现代保险阶段，对这一转变起着关键作用的是年金制度和生命表的编制。

（一）年金制度（annuity）

年金保险是人寿保险的一种方式。年金保险是指在被保险人的生存期间，保险人按照合同约定的金额、方式，在约定期限内，按年或按月定期地、有规则地向被保险人给付保险金的保险。年金保险大多数用于养老，所以又称为养老年金。实际上，年金买卖在 16～17 世纪的英国、法国、荷兰等最为盛行。1689 年法国路易十四为筹集战争经费，实行一种募集公债的方法，即所谓"联合养老制"，其实是一种类似养老年金的保

险制度。它把国债购买者按照年龄分为若干集体，公债本金的利息分配给该年的生存者，年龄组越高的给付越多。当认购人死亡后其利息在该组的生存者中平分，直至该组认购人全部死亡为止，利息停止支付。公债本金并不偿还，归政府所有。在 18 世纪中期，许多国家为增加财政收入，纷纷采取这种制度。该制度虽与人寿保险不同，但毕竟引起人们对人寿保险的关注和对生命统计研究的重视，对人寿保险思想的发展和人寿保险技术的提高有较大的影响。

（二）生命表的编制

17 世纪末，英国著名天文学家埃德蒙·哈雷（Edmund Halley）以德国布雷斯劳市 1687~1691 年居民的死亡统计资料为依据，运用概率论和数理统计的方法精确地计算出各年龄人口的死亡概率，在此基础上编制出生命表（mortality table）。这是第一个根据实际统计资料编制完成的生命表，在人身保险基础理论研究方面取得了突破性进展。18 世纪四五十年代，数学家托马斯·辛普森（Thomas Simpson）根据哈雷的生命表，制定了按照死亡率增加而递增的人寿保险费率表。

上述关于生命和年金理论的研究为寿险精算技术的产生奠定了基础，使保险经营不断科学化。此后，詹姆斯·多德森又提出了平准保险费理论，并于 1756 年发表。他认为，由于人的年龄越大，死亡概率就越高，应缴纳的保险费的数额（自然保费）就应越多。但大多数投保死亡保险的老年人，会因为无力负担高额保费而不得不退出保险。解决这个问题的方法是采取平准保费，即首先将定期死亡保险的期限由一年改为二三十年甚至更长，其次要求投保人在此期限内缴纳相同数额的保费（平准保费），前期多缴部分（平准保费高于自然保费）及其利息用于弥补后期少缴部分（平准保费低于自然保费）。这一理论对人寿保险费计算技术的提高及人寿保险经营的完善是一个重大贡献。1762 年成立的伦敦公平保险社应用了该理论，成为真正以保险技术为基础而设立的人寿保险组织。其后，采用公平保险社计算办法的现代人寿保险公司不断增加。1759 年美国的第一家相互寿保险公司成立于费城。

四、责任保险的起源

随着工业的迅速发展及法律制度的不断完善，被保险人面临的民事损害赔偿责任也随之不断增多，于是以被保险人的民事损害赔偿责任为标的的责任保险应运而生。责任保险最早起源于英国。1855 年，英国开办了铁路承运人责任保险，即在铁路运输中的货物毁损，承运人要承担赔偿责任。这种责任风险通过购买保险转嫁给保险公司。以后又陆续出现了雇主责任保险和医生职业责任保险等，使雇主对雇员职业伤害应承担的民事损害赔偿责任，医生在行医过程中因疏忽、过失或意外给患者造成的损害应承担的民事责任，通过保险转嫁给保险公司。20 世纪以来，大部分西方发达国家对各种公共责任实行了强制保险。有些国家对企业生产的各种产品实行严格的责任制度，企业的产品无论是否有缺陷，只要造成他人人身伤亡或财产损失，都要承担经济赔偿责任。

五、保证保险的产生和发展

保证保险实际上是一种担保业务。它是随着资本主义金融业的发展和经济活动中道德风险的频繁发生而产生和发展起来的。

1702年，英国成立了一家专门经营保证保险的保险公司——主人损失保险公司。它开展了城市保证保险业务，主要承保被保险人因雇员的不法行为，如盗窃、挪用公款等给雇主造成的经济损失。1840年和1842年，英国又相继成立了保证社和保证公司，开办保险业务，并由忠诚保证保险扩展到合同保证保险、供给保证保险、出口信用保证保险等。

18世纪后半叶开始的工业革命在欧美国家都取得了迅速进展和胜利，机器大生产开始取代手工生产，人类社会从此由农业社会进入工业社会，生产方式与生活方式都发生了重大变化，对风险的保障需求持续扩张，出现了工业保险、汽车保险等需求。生产力水平的提高，剩余产品和收入的增加，也为现代保险业的发展创造了物质条件，从而保险业务范围不断扩大，险种不断增多，专业化程度越来越高，到19世纪末20世纪初，主要保险险种都已形成，并实现了专门化独立运营。

第三节　保险的发展创新时期

19世纪下半期发生了第二次工业革命，人类社会进入了电气化时代。电力、石油等新能源为工农业发展提供了新的动力，生产力得到了迅速发展，产业结构也随之重新调整，产业分工进一步加深。与此同时，资本的集中和垄断的形成、商品和资本输出的增大，促进了国际分工的深化和国际交换的繁荣，进而加深了各国间的依存关系，加速了世界市场的统一进程。所有这一切，既为保险业的扩展提出了新的要求，也为保险业的发展提供了新的物质条件。尤其是第二次世界大战之后，又发生了第三次科技革命，世界开始进入了原子和电子时代，进入了信息社会。这次科技革命不仅使工业、农业、交通运输业、邮电通信业等各个经济部门都发生了重大变革，而且从发达资本主义国家扩及发展中国家。世界经济的巨大变革，为保险业创新开辟了广阔的空间，为保险业向广度和深度进军奠定了基础。正是在这样的世界科技和经济发展的背景下，保险业进入了全面创新阶段，保险的业务范围、操作技术、组织形式、经营方式，乃至资金运用投向及其原则等，都发生了重大变化。

一、业务范围不断扩大

从根本上说，保险业务范围是依据经济发展水平和被保险人规避风险的需要而确定的，并以此作为拓展的基础。新科学技术的发展推动了新能源、新工业、新工艺的产生，于是在财产保险中便增添了保障机器安装和运转的安装工程保险和机器损坏保险。新科学技术的发展推动了铁路、汽车、航空运输业的兴旺，相应的铁路运输保险、汽车和航空运输保险相继产生，并不断发展成为财产保险中最主要的险种，而且各险种的责任范围也不断完善。例如，英国和美国在初办航空保险时，承保的责任范围仅限于火灾导致的机身损失，随着现代科学技术的发展和运用，飞机的飞行时速不断加快，载客容量大增，相应的财产和责任保障增加，保险的责任范围随之增大，最后形成了飞机机身险、第三者责任险、旅客和货物责任险、机场责任险及战争险等构成的全面保障体系。随着法律制度的健全，维护合法权益社会意识的普及，各种责任保险不断充实于保险领域，有的成为附加险，以法定形式承保；有的成为独立的险种，并细分为多种有针对性的具体险种，如公众责任险就分为场所责任险、电梯责任险、个人责任险。保证保险也分成诚实保证保险和确实保证保险，并且被广泛运用于经济生活之中。尤其是履约保证保险，在建筑、买卖和租赁合同中充当了重要的保障角色。

随着高新技术的发明和运用，集装箱运输的推广、海上石油的勘探、核电站的建设、机器人的运用、航天卫星的发射及计算机网络的形成等又为保险展示了新的发展前景。于是，集装箱运输保险、海上石油勘探保险、核电站保险、机器人保险、卫星发射保险和计算机犯罪保险相继出台。

随着国际资本的流动、资本输出规模的扩大和跨国公司的大发展，投资者可能遭遇外汇风险、征用风险、战争暴动风险，于是投资保险随之创设并日益普及。随着国际贸易规模的增大及国际付款方式的多样化，出口信用保险也因此诞生了。

伴随着人们生活水平的提高和寿命的延长，人身保障内容已从生命保障进入生活质量和医疗护理方面的保险，保障程度也体现出时代的特征——高额保险。

综上所述，由于科学技术和世界经济的新发展，保险业进入了全面创新的阶段。这突出地表现在险种的创设上。当代商业保险门类多样，经营范围广泛，具体险种已达数千种之多。它不仅涉及财产保险、人身保险，而且包括责任和信用方面的保险。其中涵盖的保障内容也已相当全面，不仅把有形财产、无形财产及责任利益都纳入其中，而且还深化到了提高生活质量、完善人生之程度。

二、经营的规模和组织形式不断拓展

当今世界，几乎所有国家都在开展保险业务。在一些发达国家，保险业依托其发达的社会经济基础而成为保险强国。到 20 世纪末，全世界 90％以上的保险费收入来自10％的发达国家，单是美国、日本两国就占了 60％。19 世纪初，全世界只有 30 余家保险公司，到了 20 世纪 90 年代，全世界保险公司超过 1 万家。其中美国有保险公司7000 余家，英国伦敦有保险公司 500 多家，中国香港有保险公司 200 多家。全世界的保费收入，1950 年为 207 亿美元，1991 年为 14 140 亿美元，1999 年则达到 23 240 亿美元。

当代保险经营的组织形式也在不断拓展，呈现出多样性。从世界范围考察，保险经营组织形式为国有保险公司、股份制保险公司、合作保险组织及个人承保经营这四种方式。其中股份制保险公司是保险业采用的主要形式。

三、营销方式的变革和发展

在当代保险经营中，为了将人们潜在的保险需求转化为现实投保行为，普遍推行了直接推销制度与代理制度、经纪人制度相结合的营销方式。

直接推销制度，常采用遍设分支机构和销售网点，或借助于邮递通信、电话直销，或者以外勤人员展业的方式销售保险单，投保人可就近在销售点购买保险。

代理制度是另一种有效的营销方式。保险业务已渗透到各行各业，并借助于各行业营销网点或银行网络设立代理点，或者聘请大量代理人员，形成分布于全社会的销售网。这种经营方式有利于迅速扩大市场容量，获取更多的业务。现代的保险代理制主要有专业代理、兼业代理和独立代理等形式。

经纪人制度也是一种重要的营销方式。经纪人具有保险专业知识，了解保险市场的发展情况，熟悉各家保险公司的经营专长，从而既可为投保人设计合理的保险方案，又可提高保险公司接纳业务的质量。

高新技术也引起保险营销方式的变革，电话直销、网络销售等新型营销方式发展迅速。新技术，特别是互联网将把保险业的经营引向新的发展进程，网络保险发展迅速。以美国为例，1997年网上保险费为4亿美元；2001年即迅速增长为11亿美元。网络保险的优势十分明显，可降低成本50%～70%；客户可以在计算机上分析、比较、选择自己所需要的保险产品，可以向保险人说明自己的保障需求，要求保险人设计自己需要的保险产品；还可增加销售量；代理人或经纪人对小客户可能重视不够，网络保险没有这个问题。

四、保险经营与管理技术的迅速发展

在保险业务范围不断扩大的同时，保险的经营管理技术也在不断发展。例如，为了更好地适应经济与社会生活的节奏，满足投保人的多种保障需求，保险公司采用了"一揽子综合保险"的方式，使投保人签一份保单就可获得所需要的多重保障。保险公司在核保业务时，操作技术更趋细致。现代保险业中，综合性险种的运用日趋普遍，而且发展快速，因而核保人员往往需掌握多类险种的特性及其相关知识，并能运用现代化设备和技术所建立的资料库系统，综合分析有关数据，提高核保的精确程度。

当代保险领域的风险管理和损失控制，也显示出其先进技术的内涵。实力雄厚的保险公司都运用先进的计算机数据系统设立档案，积累各项统计资料，联系客户，承揽业务，并利用计算机网络实施业务安排和管理的科学化。在损失控制中，保险公司都注重确立"防重于赔"的经营方针。一些保险公司还设立专门的风险管理和安全技术服务公司，运用现代先进技术对风险和防范系统进行专门的分析研究，为社会提供风险管理服务。

目前，保险业借助先进的电子信息技术，利用互联网这个平台所开发的新的保险业电子商务模式包括五种。①保险公司网站。它旨在宣传公司产品和服务，销售保险产品，提供咨询、索赔等保险服务。②网上保险超市。这是由独立的服务商为保险人和顾客提供的一个交易场所，它提供不同保险公司的产品信息，为顾客和保险中介提供广泛的选择和完成交易的渠道。③网上金融超市。在这类和网上保险超市类似的市场上，顾客可以享受到金融超市提供的集储蓄、信贷、结算、投资、保险等多功能于一身的"一条龙"服务。④网上风险交易市场。这是由充当经纪人的网络服务商开设的为保险公

司、再保险公司和公司客户相互寻求风险交换的网上市场。⑤网上风险拍卖市场。客户通过这种商务模式，利用互联网来处置自身的风险，这是一种真正体现以顾客为中心的商务模式。

与此同时，计算机网络的发展，为保险公司在全球范围内进行经营、管理、协作提供了非常便利的条件。1994 年，伦敦保险市场开始应用电子分保系统（ESP），大大提高了保险交易的运转速度。慕尼黑再保险公司率先建立的计算机增值服务网（PINET），促进了全球再保险交易的自动化。国际保险经营管理方式的变化，还表现在由巨灾风险增加而带来的风险管理方式的创新，如风险的证券化经营。

五、保险的金融化

现代保险业演变的突出现象是保险金融化。保险金融化是指保险在为大众民生和财务提供保险的过程中，日趋向金融服务业渗透转型，保险与银行、证券严格分业经营的界限逐渐被打破，保险产品与其他金融产品的界限日益模糊，保险业与银行业、证券业相互渗透和相互融合，主要表现在以下几个方面。

1. 保险业具有重要的融资功能

现代保险业由一个简单地履行赔付功能的行业演变为一个既有补偿职能又有融资职能的综合性金融机构，投资成为保险业特别是寿险业的核心业务。第二次世界大战以后，在市场经济日益发达和深化的西方国家，保险业在资本市场中，无论是资产总额还是经济上的重要性，其作用都仅次于银行业，甚至在某种情况下还高于银行业。保险融资可以抵御通货膨胀，保证保险资金的保值增值，以满足保险公司赔付的需要，并实现保险产品的投资功能；可以增强保险公司的偿付能力，增强保险公司应付风险的能力，提高保险公司的财务承担能力，拓宽业务范围；可以扩大保险财务收益，向广大投保人提供低费率的服务，增强市场竞争力。

2. 保险与银行的融合——银行保险

银行保险是指银行业与保险业的相互渗透和融合。目前银行与保险融合经营尤为迅速，在西方国家已出现一个新的单词——bancassurance，即银行保险。银行保险有三种形式：一是保险公司和银行合资成立金融机构；二是银行或保险公司通过收购方式进入对方业务领域；三是银行为保险公司进行产品销售。欧洲是银行保险产生最早、最为发达的国家。在法国、西班牙、瑞典等国银行保险实现的保险费已占寿险市场业务总量的 60%，在财产保险市场也占 5%～10% 的比例。银行保险出现的主要原因，是由于许多国家的税收制度中规定，储蓄要缴纳储蓄税，而投保不必缴税，从而抑制了人们的储蓄愿望，激发了人们的保险欲望。人口的老龄化又进一步促使人们对养老保险的需求增加。这些对银行进入寿险市场具有巨大的吸引力。同时，许多国家保险市场日益饱和，业内竞争激烈，促使保险公司借助银行的网络销售保险产品，提高自己的竞争能力。总之，银行与保险的优势互补，是银行保险发展的基本动力。

3. 保险与证券的融合——保险证券化

保险业的基本经营技能就是如何转移风险。传统的保险业只利用再保险在保险成员之间进行风险的分散，而金融化的保险业可以借助发行巨灾债券的方式利用资本市场的力量来分散巨灾风险。同普通债券一样，巨灾债券也是通过发行债券来融资，同时承诺定期支付利息，并在规定的某一时间归还本金。不同之处在于，巨灾债券本息的偿还条件直接与发行债券的保险公司因特定的巨灾事故造成的损失状况挂钩。在债券的有效期限内，如果损失事件没有发生，投资者就会收回本金和较高利息；如果事先定义的巨灾发生了，投资者就会损失部分或全部的利息和本金。据瑞士杂志 *Sigma* 报道，自 20 世纪 70 年代以来，无论是全球巨灾的数量还是其破坏程度都呈上升趋势，从 1988 年开始，除 1993 年和 1997 年外，全球自然灾害年度损失都在 100 亿美元以上。仅仅依靠传统的保险和再保险越来越难以满足日益庞大的保险赔付需要。巨灾债券和巨灾期货等，都是满足这一需要的金融创新工具。

六、保险市场的一体化

区域经济一体化和经济全球化已成为当今世界发展的突出现象。世界各国经济关系的依存度日趋强化，实现经济互补，这已成为加速经济发展、提高经济效益的重要途径。由此，保险市场的一体化也成为必然。而且，保险本身具有转移风险、合理分摊损失的职能，客观上也需要打破国界实现最广泛的分散风险。保险一体化表现在两个方面。

（1）大多数国家放松了对本国保险市场的管制，降低了保险市场的进入壁垒。长期以来，世界大多数国家一直限制或禁止外国保险公司的进入，甚至也限制本国新保险公司的出现。而且，在许多国家，国有保险公司占主导，如中国、印度等。在这些国家即使允许竞争，也存在着保单格式、费率的严格监管，使创新受到抑制，价格偏高。但是，上述情况正在变化。近年来，德国、韩国等国纷纷放松了对外国保险机构进入本国市场的管制。日本曾经是保险监管最为严格的国家，1972 年之前，日本保险市场完全封闭。1972 年保险市场开放后，美国的 ALC、AFLAC 和荷兰的 INC（荷兰国际集团）分别于 1973 年、1974 年和 1986 年在日本开设分支机构。1994 年开始，日本进一步开放保险市场，包括养老金市场。1996 年 12 月达成的日美保险协议中，日本接受了美方提出的关于"放宽限制与自由化"的主张，承诺对大型寿险公司及财险公司实现解禁等。

（2）保险人之间广泛的业务合作。当今世界保险人之间的跨国经营、合资合作经营保险，共同承担大额风险责任已相当普遍，使保险市场跨国化。例如，美国"9·11"事件后，世界共有 119 多家保险公司宣布涉及"9·11"赔款。国际上最大的再保险公司慕尼黑再保险公司和瑞士再保险公司，每年从世界各地收取的再保险费竟达百亿美元以上。

七、保险组织的集中化和垄断化

近些年，保险市场成为一个公司间合并、兼并、并购的市场。近几年在西方国家保险市场上，就发生了涉资数千亿美元的多次收购。例如，由于美国保险业内的购并，全美最大的 25 家保险公司所控制的资产占整个保险业资产的比重，已从 1993 年的 63%

上升到 1997 年的 67％，保险公司日益集中化。国际保险市场上经营非寿险业务的保险公司，从 20 世纪中叶的近 3 万家减少到 2000 年年末的不到 1 万家，从而诞生了一批无论在资金实力还是在承保能力上都是规模巨大的超级公司。1996 年 7 月英国的太阳联合保险与皇家保险宣布合并，成立皇家太阳保险公司，一举成为英国第一大综合性保险公司。1996 年 11 月，法国巴黎联合保险集团与安盛保险合并，新的保险集团（以账面价值为准）世界排名第二，欧洲排名第一。在再保险领域，并购之风也愈演愈烈，1996 年上半年，美国通用再保险收购了德国科隆再保险，德国慕尼黑再保险收购了美国再保险公司。超级规模保险公司的出现，形成了寡头垄断局面。在国际保险市场上，美国、日本和欧盟垄断了全世界 87％ 的保险市场份额，美国 1996 年的保险费收入就达 6529 亿美元，占世界保费收入的 31％。促使保险公司兼并的原因主要有：一是巨灾风险日益增多，只有势力雄厚的大保险公司才有能力抵御日益增大的经营风险，实现稳定经营的目标；二是保险市场开放与自由化导致竞争越来越激烈，保险公司通过并购形成新的保险机构，可以削减重复投资、降低成本，增强自己的生存和发展能力。

第四节 中国保险业的形成与发展

中国现代保险制度已有 200 年的历史（1805 年从海外泊入），是随着英帝国主义的经济入侵而输入的，分为旧中国和新中国两个阶段。

一、旧中国保险业的形成

在旧中国出现的第一批保险公司，是在帝国主义国家对中国通商贸易和经济侵略下出现的外国保险公司。1805 年，英商在广州开设了谏当保安行[①]（Canton Insurance Society），专门经营英商对华贸易的船舶及货物的保险，保险商在中国签发保险单并支付赔款，这是中国第一个具有现代意义的保险公司，自此掀开了中国保险业历史上的第一页。19 世纪 40 年代之后，美国、德国、英国等国的保险公司相继在中国设立了代理行，由洋行代理其在华业务，并为其争夺中国保险市场作准备。第一次鸦片战争结束后，清政府签订了丧权辱国的《南京条约》，开放广州、厦门、福州、宁波、上海五处为通商口岸，为外商保险公司侵占中国保险市场打开了大门。1857 年英国的怡和洋行建立的谏当保险公司在上海建立分公司，1862 年美商旗昌洋行在上海设立扬子保险公司，1865 年美商琼记洋行在上海设立了永宁保险公司等。它们通过不平等条约获取各种特权，在华攫取了巨额保险利润。

我国第一家华商保险公司，是 1865 年在上海设立的义和保险公司。这是我国第一家自办的保险机构。它开创了民族保险业发展的先河，打破了外资保险机构对中国保险市场的垄断。1872 年为了改变中国航运业被外商操纵的局面，发展民族工商业，清政府成立了轮船招商局。1875 年，轮船招商局在上海创立了仁和保险公司，1878 年又设

---

① 叶奕德，吴越，朱元仁. 中国保险史. 北京：中国金融出版社，1998.18

立了济和保险公司。后两家合并为仁济和保险公司，专门经营财产保险业务。此后又相继成立了一些民族保险公司，如1894年成立的福安水火人寿保险公司，1905年成立的华洋和庆人寿保险公司和1912年成立的华安和群人寿保险公司。1865～1912年40多年成立的华商保险公司约有35家，其中水火保险公司27家，人寿保险公司8家。但由于外商保险公司长期垄断中国保险市场，排挤中国民族保险业，到1914年第一次世界大战之前，35家公司中停业的达26家，占74%。

1926年后，中国保险业出现了一个新局面，就是中国的银行资本相继投资于保险业。1936年东莱银行等投资100万元设立安平水火保险公司，此后金城、交通、大陆、中南、国华等银行投资设立太平水火保险公司，1931年中国银行投资设立了中国保险公司等。到1936年，由银行和政府部门投资设立的保险公司共计12家。金融业雄厚资金的投入，改善了保险公司的经营管理，民族保险业有了迅速发展。据1937年《中国保险年鉴》统计，全国共有保险公司40家，分支机构126家，合计为166家，民族保险业呈方兴未艾之势。在民族保险业与外商保险公司激烈竞争的形势下，民族保险业开始向海外拓展业务，在日本、新加坡、越南等地设立分支机构或代理处，并采取了联合经营管理等多种组合形式。为促进保险事业的发展，保险同业工会改用中文保单、规范统一保费，参与制定了《保险法》等。这种局面的出现，是与第一次世界大战后的西方帝国主义国家内部危机频繁发生、外部资本在华投资减少的国际形势分不开的。

抗日战争期间，国民党政府迁都重庆，上海的官僚资本保险业全部转移到重庆，重庆成为大后方保险业的中心，有保险公司30余家。在战时特殊条件下，保险业除开办一般财产保险、人寿保险外，还开设了战时兵险、川江盐运保险等，为鼓励沿海工厂内迁，保障后方生产和生活物资的安全，起到了一定的积极作用。

抗日战争胜利后，官僚资本保险机构与卷土重来的外商保险公司相互利用，控制了中国的保险市场，集中在上海的大量游资，再度竞相投资于保险业，保险机构骤然猛增，呈现出表面繁荣景象。国民党在内战时期滥发纸币，恶性通货膨胀，物价飞涨，搜刮民财，致使百业凋敝，民不聊生，经济陷入崩溃状态，保险业也身受其害，濒临停业或半停业状态。

二、新中国保险业的创立与发展

1949年中华人民共和国的诞生，开创了中国保险业的新纪元。新中国成立后，人民政府对原有的保险业进行了接管、改造，1949年10月20日成立了国营性质的中国人民保险公司（简称人保公司），在全国范围内经营财产保险和人身保险。中国人民保险公司在新中国成立初期经营的财产保险业务主要以企业财产保险为主，后来逐步扩展到汽车保险、货物运输保险、家庭财产保险和农业保险。人身保险业务主要有旅客意外伤害强制保险、各种人寿保险、职工团体人身保险、人身意外伤害保险等。

1958年在"左"的思想指导下，全国出现了人民公社运动。"一大二公"的人民公社，对社内的生老病死伤残实行统包。在这种情况下，保险业似乎已完成了其历史使命，没有存在的必要了，因而国务院1958年在西安召开的财贸会议上作出了停办国内保险业务，仅保留部分涉外保险业务的决定。至此，有 150 年发展历史的中国保险市场第一次被人为地强行关闭。

1978 年 12 月召开的党的十一届三中全会决定中国实行以经济建设为中心、对内改革、对外开放的新政策，也为保险业的恢复和发展创造了条件。1979 年 2 月中国人民银行全国分行行长会议决定自 1980 年起恢复国内保险业务，得到国务院的批准。1980 年中国人民保险公司财产保险业务开始重新办理，1982 年其人身保险业务开始恢复办理，宣告中断了 20 年的保险业务恢复运营。1986 年，新疆生产建设兵团组建的新疆兵团保险公司成立；1988 年，平安保险公司在深圳蛇口成立。1990 年交通银行投资的中国太平洋保险公司开始营业，成为继中国人民保险公司之后的第二家全国性的保险公司。1992 年 9 月，平安保险公司更名为中国平安保险公司，成为第三家全国性保险公司。中国保险市场多元化的竞争格局开始形成。

1992 年，美国友邦保险有限公司获准在上海设立分公司，经营人寿保险业务和财产保险业务，1993 年美国国际集团（AIG）属下的美亚保险公司（AIU）获准在上海浦东设立营业机构，中国保险市场在封闭了 40 年后又重新向世界开放。随着 2001 年 12 月 11 日中国成为世界贸易组织（WTO）的成员国，中国保险市场加快了全面开放的步伐。1995 年 10 月《保险法》的实施，使中国保险事业的发展步入法制化和规范化的轨道。《保险法》规定实行财产保险和人身保险的分业经营，通过法律手段中止了中华人民共和国成立以来保险公司一直实行财产保险和人身保险混业经营的历史。2005 年年末，我国共有保险公司 93 家，其中保险集团公司和控股公司 6 家，财险公司 35 家，寿险公司 42 家，再保险公司 5 家，保险资产管理公司 5 家。保险市场已形成以国有保险公司为主体、中外资保险公司并存、多家保险公司竞争发展的新格局。表 3-1 体现了中国保险市场的变迁。

表 3-1　中国保险市场变迁

1937 年	中国保险集团成立
1949 年	中华人民共和国成立，所有保险机构均并入中国人民保险公司（PICC）
1958 年	中国人民保险公司停业，中国认为在现有经济体制下不需要保险业
1978 年	邓小平提出改革开放政策
1980 年	中国人民保险公司复业，仍旧保持保险服务的独家垄断地位（在 1982 年以前，中国共有 5 家保险机构在北京注册。它们是中国人民保险公司、中国保险股份有限公司、太平洋人寿保险股份有限公司、中国人寿保险股份有限公司等，除中国人民保险公司外的其他几家，只在北京设管理处而在境外经营业务，实际上是中国人民保险公司的全资附属机构）
1984 年	中国人民保险公司从中国人民银行独立出来
1984～1988 年	7 家小保险公司成立
1988 年	平安保险公司——中国人民保险公司最大的竞争对手在深圳特区成立
1991 年	中国太平洋保险公司成立
1992 年	友邦保险进入上海，标志着外资保险公司进入中国

续表

1996 年	康泰人寿保险股份有限公司、新华人寿保险股份有限公司、华泰财产保险有限公司成立；中国人民保险公司分拆为三家公司：PICC 寿险公司、PICC 财产公司和 PICC 再保险公司
1999 年	中国人民保险公司正式分拆，各家公司相互独立：PICC 寿险公司更名为中国人寿保险公司，PICC 财产公司保留中国人民保险公司的名字，PICC 再保险公司更名为中国再保险公司；中国保险集团成立，负责中国人民保险公司的所有海外业务（包括中国香港和中国澳门），中国保险集团通过其香港上市旗舰公司——中保国际，返回国内营业，并在国内成立太平人寿和太平保险（非寿险）两家分支机构
2000 年	中保康联、信诚人寿、美国联邦保险公司、恒康天安保险公司成立
2001 年	加入 WTO，中国保险市场在较短时间内将全面实现对外开放，民生、恒安等保险公司成立
2002 年	6 家外国保险公司进入中国市场，16 个外资保险公司营业机构开业，光大永明、海康、海尔——纽约人寿合资寿险公司开业。到 2002 年年底，中国有开业的各类保险公司 56 家
2003 年	民生人寿保险公司、中国大地保险公司等开业，中国人保股份制改革完成

资料来源：吴富佳. 中国保险市场结构与政府监管的均衡性研究. 学术交流，2003，(6)

关键词

共同海损　船舶抵押借款　生命表　银行保险　保险证券化

复习思考题

1. 西方古代保险业是如何萌生的？

2. 世界保险业的发展经历了几个阶段？

3. 我国古代保险方式与西方国家有何不同？为什么？

4. 什么是船舶抵押贷款，它与现代保险制度有哪些不同？

5. 试析保险金融化的原因。

6. 试析我国保险业加入 WTO 后面临的机遇和挑战。

第四章

保险合同

【学习目的】

1. 明确保险合同的主体及其构成条件。
2. 掌握保险合同的概念、特征及其内容。
3. 了解保险合同的形式及订立、变更和终止。

在保险业中，保险当事人之间的权利义务关系，是通过订立保险合同的形式建立起来的，保险行为的过程是围绕着订立和履行保险合同展开的。因此，保险关系也是一种法律关系，即合同关系。保险合同是保险学研究的重点。保险合同具有不同于其他经济合同的特点，并且在合同要素、订立和履行过程中有诸多方面也区别于其他合同。

第一节 保险合同及其特征

一、保险合同的概念

保险合同（insurance contract）也称保险契约，它是保险关系双方当事人为达到保险保障目的，在自愿基础上订立的关于双方权利义务关系的法律协议。保险关系双方当事人的权利义务关系主要指：①投保人支付保险费的义务和保险人收取保险费的权利；②当保险事故发生时，保险人向被保险人支付赔款或给付保险金的义务，以及被保险人、受益人领取保险赔款和保险金的权利。除此基本权利义务外，还有其他关于保险合同当事人的权利义务关系，如订立合同的告知义务、保险事故发生后的通知义务等。保险合同具有法律效力，保险所体现的经济关系通过订立保险合同才能得以实现。

二、保险合同的一般法律特征

由于保险合同属于民事合同的范畴，所以它符合《中华人民共和国合同法》（简称《合同法》）中规定的合同的基本特征。保险合同的基本特征也是一般合同所共有的，它包括以下内容。

1. 合同是双方或多方的民事法律行为

民事法律行为分为单方、双方和多方民事法律行为。合同的当事人为两人或两人以上，所订立的合同属于双方或多方民事法律行为。合同首先要合意，即双方或多方当事人意愿表示一致。任何一方都不得将自己的意愿强加于他人，任何单位或个人对当事人的意愿表示不能进行非法干预，强迫他人接受不平等的合同条款。在签订保险合同时，保险人和投保人在合同中的法律地位是平等的，是平等的民事主体，当事人之间应当平等协商订立合同，任何一方不得利用自己的优势地位凌驾于他人之上。

2. 合同是合法的民事行为

合同不仅要合意，而且要合法，只有依法成立的合同才能得到法律的保护。保险合同的订立和履行要遵守法律、行政法规，尊重社会公德，不得扰乱社会秩序，损害社会公共利益。合法的合同具体表现为四个方面：主体要合法，客体要合法，内容要合法，形式要合法。合同的当事人必须具有完全民事行为能力。合同的合法性还体现在合同的目的要合法。有些当事人订立保险合同的目的是偷逃税或洗钱，这种合同表面看起来合法，其实是用合法形式掩盖非法目的，自始至终是无效的。

3. 合同依法成立时即具有法律约束力

《合同法》第四十四条规定，依法成立的合同，自成立时即生效。依法成立的合同，自成立时即产生法律上的约束力。合同一经生效，合同当事人即享有合同中所约定的权利和承担合同中所约定的义务，任何一方都不得擅自违约。保险合同依法成立后，投保人和保险人都应履行各自的义务，任何一方违约都要承担相应的法律责任。《保险法》中明确规定了当事人的违约责任，从而督促当事人自觉履行合同。

三、保险合同的特殊法律特征

保险合同除了具有上述一般合同的基本法律特征以外，还具有自己特有的属性或特征。

1. 保险合同是保障性合同

保障性是保险合同最基本的特征。作为有偿合同，即付了对价之后就必须从接受对价的一方当事人那里取得某种利益。保险人提供给保费支付人的利益，既不是某种有形等价物，也不是某种使用价值，而是一种在约定事故发生时立即生效的债权凭证，即保险保障。

从表面上看，作为个体风险分摊组织者的保险人，在收取保险费之后，似乎未给被保险人带来实际利益，其实不然，因为被保险人交付保险费后所获得的经济保障是绝对存在的，其所持有的由保险人签发的保险合同，在约定保险事故发生后，立即成为向保险人索赔的债权凭证。而这既是被保险人在保险合同中最根本的权利，也是保险人提供的经济保障。

2. 保险合同是附和性合同

附和性合同（contract of adhesion）又称格式合同，是与协商性合同相对应的一种合同。协商性合同是由合同双方当事人经充分协商而订立的合同。在实际生活中绝大多数合同是协商性合同。附和性合同，是由当事人一方（保险人）事先拟订好合同的条款，另一方（投保人）只能接受或拒绝，就合同的条款内容没有太大的协商余地。具体地说，保险合同的条款是由保险人根据保险标的、危险种类及经营习惯制定的基本型或标准型条款，投保人只能按需对保险人提供的不同条款进行选择，即使有变更合同的必要，也只能采用保险人事先准备好的附加条款。

保险合同是附和性合同，是由两方面的因素决定的。其一是保险经营的科学性。保险合同的主要条款，如保险标的、保险责任、保险期限、保险费率，都是经过科学的计算而确定的，所以保险合同的任意更改必然动摇保险分摊金合理的基础。其二是保险发展的客观需要。保险发展到今天，其深度和广度都是前所未有的，保险公司签发的保险单数以万计，如果每份保险合同都要双方充分协商，势必影响保险的发展。格式化的、标准化的保险单更适于当今的网上保险、电话保险、银行保险的需要。

3. 保险合同是射幸性合同

射幸即追求侥幸或不确定性。射幸性合同（aleatory contract）是与等价交易性合同相对应的合同。一般合同多数是等价交易合同，即当事人因合同所获得的利益具有等价关系。而保险合同则不同，保险合同是履行的结果在订约时不能确定的合同，即约定的保险事故是否发生或何时发生是不确定的，因而其合同履行的结果事先是难以确定的。就每个保险合同而言，在保险存续期间，倘若保险事故发生，投保人获得的补偿可以远远超出其所缴纳的保险费；反之如无事故发生，投保人则未获得任何补偿并丧失了所缴纳的保险费。保险人的情况则恰好相反，当保险事故发生时，他所赔付的金额可能远远超出所收的保费；如果保险事故没有发生，则他收取的保险费完全归其所得，而没有付出任何代价。

保险合同的射幸性是保险经营的重要条件。正是由于订立保险合同时保险事故能否发生及何时发生、损失如何是不能确定的，才构成风险及转移风险的需求；保险人也才能对每一保单持有人提供切实可靠、平等的保障。如果保险人承保的每一个保险标的风险必然发生，保险人将无法经营。当然射幸性容易导致道德风险。尽管单个保险合同具有射幸性，但对于保险人来说，对被保险人进行补偿是必然的。大数法则使保险事故的发生呈现某种必然性的规律，保险人每日每时都受理大量的保险案件，并通过对被保险人的损失补偿、给付来履行自身的义务。

4. 保险合同是双务性合同

按照合同当事人对权利义务的承担方式，合同分为单务性合同和双务性合同（bilateral contract）。单务性合同是当事人一方只享有权利，另一方只承担义务的合同；双务性合同是指保险当事人双方相互享有权利，同时也相互承担义务的合同。也就是说，保险合同的保险人享有收取保险费的权利，同时也承担约定事故发生时赔偿或给付保险金的义务；投保人一方负有缴纳保险费的义务，在保险事故发生时享有请求保险人赔付的权利。在这里，投保人与保险人所承担的义务之间存在着因果关系。

5. 保险合同是要式合同

按照合同是否要采用特定的形式，合同分为要式合同（informal contract）和非要式合同。所谓要式合同，是指必须采取特定的形式并履行特定的程序才能成立的合同。非要式合同则指不需要采取特定的形式并履行特定的程序即可成立的合同。保险合同是一种承诺合同，又是一种关系到社会公众的切身利益的合同。因此，大多数国家都规定，在订立保险合同时，往往需要投保人填写投保单，保险人再签发保险单等程序。保险合同的正式文本是保险单，这样有利于证明保险合同的成立，避免不必要的纠纷和争议。

应该指出，随着保险业务不断发展的需要，特别是涉外保险业务，常用电报、电话投保，只要当事人双方对有关条款协商一致，保险合同即告成立，并无要求书面形式。因而，有些学者提出了保险合同属于非要式合同的观点。

第二节　保险合同的主体

保险合同的主体是指保险合同的参加者，即合同权利的享有者和义务的承担者。它一般分为保险合同的当事人和关系人两大类。保险合同的当事人，即保险合同的缔约双方。保险合同与一般合同的不同之处是，保险合同可以为自己的利益订立，也可以为他人的利益订立，这就使保险合同产生了关系人。

一、保险合同的当事人

保险合同的当事人，是指直接参与建立保险法律关系、确定合同权利和义务的行为人，即保险合同的缔结者，包括保险人和投保人。

（一）保险人

保险人（insurer）又称承保人，是指与投保人订立保险合同并承担赔偿或给付保险金责任的保险公司。保险公司是保险业务的经营者。在市场经济条件下，保险被看做是一种商品，保险人就是保险商品的经营者，所以习惯上又被称为保险商。

由于保险人承担着分散社会风险的巨大责任，保险业对社会稳定和经济发展具有极大的影响和作用，各国法律都对保险人的资格作了严格的规定。绝大多数国家保险人是法人而不是自然人。在当代，除英国及个别英联邦国家和地区仍允许个人经营保险业务外（但必须加入劳合社组织，成为劳合社会员），各国法律均禁止个人经营保险业务。这首先是因为，保险业务经营具有广泛的社会性，关系到社会公共利益，必须进行严格的政府监管和社会监管，个人经营保险业务不利于政府进行监管。其次是因为保险业务风险较大，一份保险合同发生保险事故，所需支付的赔款往往几十倍、几千倍于收取的保险费，为使业务经营稳定，必须有较大的业务经营规模和资金实力，并承担较大风险，所以不适合个人经营。最后是因为保险业务，特别是人身保险业务期限较长，很多保险单的期限会长达几十年，这不仅要求保险人能在几十年乃至上百年正常经营，而且要求保险人对保险准备金的运用能够保证保值增值，这是个人经营难以达到的条件。

由于社会经济制度、经济管理体制和历史传统等方面的差异，保险人以何种组织形式经营，各个国家都有特别的限定。如美国规定保险公司的组织形式是股份有限公司和相互保险公司两种；日本规定的保险公司组织形式是股份有限公司、相互保险公司和保险互济合作社；英国较为特殊，除股份有限公司和相互保险社外，还允许个人保险组织形式经营保险。我国保险公司的组织形式为两种：国有独资公司和股份有限公司。作为保险人，必须具备法定资格条件，并经政府批准方可经营保险。

（二）投保人

投保人（applicant）又称要保人，是指对保险标的具有保险利益、与保险人签订保险合同并承担交付保险费义务的自然人或法人。也可称为保单持有人（policy holder）或保单所有人（policy owner），具体地体现在以下几个方面。

1. 投保人的特征

投保人是与保险人订立保险合同的具有完全行为能力的自然人或法人。没有法人资格的组织或无民事行为能力或限制行为能力的自然人，均不能成为投保人。

根据《中华人民共和国民法通则》的规定，年满18周岁的公民具有完全民事行为能力；16周岁以上不满18周岁的公民，以自己的劳动收入为主要生活来源的，视为完全民事行为能力人；未满18周岁的未成年人和虽满18周岁，但不能辨认自己行为的公民，则不具有完全行为能力。这一规定是为了保证合同双方都能对他们签署的协议有充分的理解能力和承担能力。

2. 投保人的条件

投保人必须对保险标的具有保险利益，否则不能申请该保险标的的保险合同，已订立的合同为无效合同。

保险利益是指投保人对保险标的所具有的合法的经济利益。它体现了投保人与保险标的之间存在经济上的利害关系。为保证投保人投保行为的合法性，防止投保人利用保险合同获取非法利益，防止保险活动中道德风险的发生和限制赔偿额度，以维护社会稳定和保险人的合法权益，各国保险立法都规定投保人必须对保险标的具有保险利益。这是成为投保人所具备的必要条件。

3. 投保人的主要义务

按照约定缴纳保险费。保险合同是双务合同和有偿合同，被保险人、受益人获得保险保障以投保人缴纳保险费为前提；否则保险人可以视情况要求其缴纳保险费及其利息，或者中止保险合同。

投保人之所以与保险人订立保险合同，其目的是当合同约定的保险事故发生时，享有对保险金的请求权。这种对保险金的请求权，可以属于投保人自己，也可以属于投保人以外的其他人。一般说来，可以分为两种。一种是投保人为自己的利益订立保险合同。投保人负担缴纳保险费的义务，同时也享受保险合同所产生的权利，即投保人和被保险人两者合一。这种情形在财产保险中多见。例如，投保人为自己的汽车投保，一旦发生约定的保险事故使汽车受损，投保人便可从保险公司得到相应的赔偿。在人身保险中，投保人为自己投保意外伤害保险、健康保险、年金保险合同，投保人享受保险合同的权利，即兼做被保险人。另一种是投保人为他人的利益订立保险合同。投保人只履行缴纳保险费的义务，自己并不享受保险合同的权利，而由他人即被保险人或受益人享有保险金请求权，即投保人与被保险人分离。这种情形一般发生在人身保险合同中。如投保人为自己的子女、配偶投保人身保险，其子女或配偶享有保险金请求权，即其子女、配偶为被保险人。由于在保险合同中投保人和被保险人同为一人较多，在英美国家，常常称被保险人为保单持有人或所有人，享有保单各种权益。

二、保险合同的关系人

保险合同的关系人是指与保险合同有间接利害关系的人。他们虽然不是保险合同的订立者，但他们能够享有保险合同所规定的某些权利并承担某些义务。

（一）被保险人

被保险人（insured，assured）是指其财产、人身享受保险合同保障，即享有保险金请求权的自然人或法人，即被保险人的财产和人身是被保险合同所分散风险的载体。在财产保险中，被保险人是保险标的所有者或对财产享有利益的人，在保险事故发生并对其保险标的造成损害时，被保险人享有请求保险公司赔偿保险金的权利；在人身保险中，被保险人就是保险的对象，由于他的死亡、丧失劳动能力或生存到约定的期限届满时，保险人依照合同约定给付保险金。财产保险的被保险人可以是法人或自然人，而人身保险的被保险人只能是自然人，不能是法人。因为人身保险合同是以某一具体人为保险标的，以其死亡、伤残、疾病等为保险事故的。

被保险人与投保人在保险合同的主体位置上是有区别的。投保人是保险合同的当事人，是承担支付保险费义务的人；被保险人是在保险责任形成时享有保险金请求权的人。投保人可以与被保险人互为一体，也可以是两个不同的人。这种投保人与被保险人非同一人的状态主要有四种情况：一是投保人与被保险人之间存在行政隶属或雇佣关系；二是投保人与被保险人之间存在法律承认的继承、赡养或监护关系；三是投保人与被保险人之间存在债权债务关系；四是在被保险人同意并接受的情况下，投保人与被保险人形成的赠与关系。除了这四种关系外，任何单位和个人不得为他人申请投保任何名义任何形式的保险业务。

被保险人在保险合同中享有下列权利。

（1）对保险金的赔偿或给付享有独立的请求权。无论何种保险合同，被保险人均享有独立的保险金请求权。当投保人与被保险人为同一人时，投保人以被保险人的法律地位行使保险金请求权；当投保人与被保险人为不同人时，保险金请求权属于被保险人。

（2）享有同意权。被保险人对合同的订立和内容享有同意权。如果投保人与被保险人为不同人时，投保人必须要经过被保险人同意才能订立保险合同。另外，以死亡为给付保险金条件的合同，如果没有经过被保险人书面同意并认可保险金额的，合同无效。被保险人除了享受上述权利外，同时也必须承担法律规定的通知义务（保险标的危险程度增加和保险事故发生的通知），防止和减少损失的义务。

（二）受益人

受益人（beneficiary）是指在人身保险合同中，由投保人或被保险人指定的享有保险金请求权的人。当保险事故发生时，他享有依保险合同规定，向保险人要求支付保险金的权利。投保人及被保险人均可为受益人，亦可以为投保人或被保险人以外的第三人。在财产保险中，没有受益人的专门规定，这是因为财产保险的被保险人就是受益人。

受益人应当具备以下条件。

（1）受益人必须经被保险人同意。当投保人以自己的生命为保险标的时，投保人自己是被保险人，可以由自己指定受益人；当投保人以他人的生命作为保险标的时，受益人必须经过被保险人同意，才能确定。在团体寿险中，受益人的指定权仅归被保险人所有。

（2）受益人的保险金请求权只有在被保险人死亡时才能发生。受益人不能在被保险人生存时向保险人索取保险金。也就是说，在被保险人生存期间，受益人的保险金请求权（即收益权）是一种期待权。这种期待权同样受到法律保护。

（3）受益人是享有保险金请求权的人。受益人不承担缴纳保险费的义务。投保人如未按期缴纳保险费，受益人可以代付，但保险人不得向其追索。受益人获得的保险金是根据合同取得的，不属于被保险人的遗产，不得纳入遗产分配，也不用于清偿被保险人生前的债务。但是，若保险金是由继承人以继承方式取得，则在其继承的遗产范围内有为他人偿还债务的义务。

（4）受益人不受民事行为能力及保险利益的限制。自然人无论是否具有民事行为能力，也无论与被保险人、投保人是否具有保险利益，都可以成为受益人。任何自然人和法人或其他组织，都可以成为人身保险合同指定的受益人。在通常情况下，被保险人会指定自己的家庭成员或近亲属作为受益人。以法人为人身保险合同的受益人在我国刚开始，在国外市场已较为普遍，如大型企业为其领导人员购买的寿险保单都是以法人作为受益人的。

第三节　保险合同的内容和形式

保险合同是保险人与投保人约定权利义务关系的协议。保险合同的内容，即是关于投保人和保险人的权利与义务及其他保险事项的条文，通称为保险条款。保险合同的形式主要包括投保单、保险单、保险凭证等。

一、保险合同的内容

（一）基本条款

基本条款是按照法律规定必须在保险合同中列明的内容。缺少这些基本条款，保险合同就不能成立。根据我国《保险法》第十九条规定，保险合同的基本条款包括以下事项。

1. 有关保险当事人、关系人的条款

该条款确定了保险合同中权利与义务的承担者，明确了保险合同的履行地点和合同纠纷的诉讼管辖。该条款主要包括：保险人的姓名和住所；投保人、被保险人的姓名、性别、年龄、身份证号和住址；受益人的姓名、性别、受益份额。

2. 保险标的

保险标的是保险利益的物质载体，包括作为保险对象的财产、责任、信用或人的寿命和身体等。明确保险标的，是为了确定保险人承担保障责任的对象，判断保险合同的种类及保险利益是否存在。

3. 保险责任与责任免除

保险责任与责任免除是保险合同中最重要的内容，它关系到投保人、被保险人享有保险保障的范围和程度。保险责任是保险人所承担的风险项目，或者说是保险合同中约定的由保险人承担责任的保险事故范围。规定保险责任的法律意义，在于确定保险人承担的责任范围。在保险合同中有专门的责任条款，具体内容因保险险种不同而异。保险责任一般包括保险事故的原因和后果。

在关于保险责任的规定中，一般要指出哪些原因引起的事故属于保险事故。例如，火灾保险合同的保险责任一般包括火灾、爆炸、雷电造成的财产损失。这就意味着洪水、地震、台风造成的财产损失不属于保险责任。在关于保险责任的规定中，一般还应指出事故发生造成何种后果时保险人负赔偿或给付责任。财产保险合同的保险事故发生，造成的后果表现为财产损失和费用支出。例如，火灾保险，只有火灾、爆炸、雷电等事故发生并且造成保险财产损失或支出施救费等费用时，保险人才给予赔偿。人身保险合同的保险事故，造成的后果不一定表现为损失或费用支出，但仍需要造成一定的后果保险人才履行给付保险金的义务。例如，人身意外伤害保险，只有被保险人因遭受意外伤害而死亡或残疾时保险人才负给付责任。

责任免除就是保险人不予承担的风险项目。它是对保险责任的限制，进一步明确保险责任范围，是保险合同条款中的重要构成要素。责任免除通过除外责任条款在保险合同中加以明确。除外责任具体规定哪些原因或哪种状态下引起的事故不属于保险责任，以及保险事故造成哪些损失、费用，保险人不负赔偿或给付责任。例如，火灾保险合同中，一般把战争、核辐射造成的损失、费用列为除外责任，即战争、核辐射引起火灾、爆炸造成的保险财产损失，保险人不负赔偿责任。

4. 保险金额

保险金额是保险合同中确定保险保障的货币额度，是计算保险费的依据，也是保险人承担赔偿责任的最高限额。财产保险合同的保险金额，按照保险标的的实际价值确定，即一般按照保险标的的账面原值或实际市场价值来确定保险金额。

人身保险合同的保险金额是保险当事人双方约定的保险事故发生时保险人承担给付金额的最高限额。在确定保险金额时主要考虑被保险人的经济保障需求和投保人自身交付保费的经济能力，还要征得保险人同意。保险人将综合考虑被保险人的具体情况来确定保险金额，一经确定，不得随意改动。

5. 保险费及其支付办法

保险费是投保人为了请求保险人对保险标的及其利益承担风险而支付的与所需要保障的保险责任相适应的费用。保险费是保险金额与保险费率的乘积（保险费＝保险金额×保险费率）。支付保险费是保险合同生效的一个基本条件。

保险费中用于保险赔款的部分成为纯保费或净保费，用于营业费用支出的部分称为附加保费（由费用率、营业税率和利润率组成）。保险费是纯保费和附加保费的总和，也称毛保险费。

保险费率是每一单位保险金额的保险费计收标准，又称保险价格，通常以每百元、每千元的保险金额应缴的保险费来表示，即用％、‰来表示。财产保险的保险费率水平，根据保险标的的种类和性质、风险程度、保险责任范围、保险期限长短、免赔额的高低等因素来确定。人身保险的保险费率水平，根据被保险人的年龄、性别、健康状况、职业等来确定。

保险费的支付有趸缴、分期缴费和限期缴费等多种方式。趸缴保险费是投保人在订立保险合同时一次性缴清全部保险费，财产保险和保险期限在一年或一年期以下的人身保险合同，通常采用趸缴保险费这种方式；分期缴费是将保险费均分为若干期，按约定的时间间隔，如年、季、月缴纳保险费，保险期限在一年以上的长期人身保险多采用这种缴费方式；分期缴费中如果缴费期和保险期限一致，就称为满期缴费方式，缴费期短于保险期限，则称为限期缴费方式。

6. 保险期间和保险责任开始时间

保险期间又称保险期限，是指保险人和投保人约定的保险合同的有效时间界限，即保险人依约承担保险责任的期限。它既是计算保险费的依据，又是保险人和被保险人双方享有权利和履行义务的责任期限，保险人仅对保险期限内发生的保险事故承担赔偿或给付保险金的责任。

确定保险期限通常有两种方式。一是自然时间界限，即根据保险标的保障的自然时间所确定的保险期限，通常以年为计算单位。企业财产保险、机动车辆保险等，一般以起始日的零时开始，如某建筑物于 2001 年 8 月 25 日投保火灾保险，期限一年，即保险期限可定为 2001 年 8 月 26 日零时起到 2002 年 8 月 25 日 24 时止。再如人寿保险合同的期限可以是五年、十年、十五年、二十年，保险期间从起保日零时开始到期满日的 24 时为止。二是行为时间界限，即根据保险标的的运动时间为保险期限，通常以保险标的的运动过程为计算单位。例如，建筑工程保险、货物运输保险等分别以工程时间和航程时间为保险期限。我国航空旅客人身意外伤害保险的保险期间，为被保险人踏入合同指定的航班班机（或等效班机）舱门开始到飞机到达目的港走出舱门为止。

保险责任的开始时间是指保险人何时开始承担保险责任。在通常情况下，保险合同依法成立，合同立即生效，保险人的保险责任也即开始。保险合同期满日，也即合同效力终止和保险责任结束之时。但有时合同成立日、合同生效日和保险责任开始日不完全一致。这是因为当事人对保险合同的生效和保险责任的开始可以附条件和附期限。例如，《保险法》第十四条规定，保险合同成立后，投保人按照约定缴付保险费；保险人按照约定的时间开始承担保险责任。在有的保险合同中，保险责任开始时间与合同生效时间是一致的，如人寿保险合同中当事人约定：合同自保险公司同意承保，收取首期保险费并签发保单的次日开始生效，保险公司自保单生效时开始承担保险责任。而在有的人身保险合同中，保险责任开始时间与合同生效时间是不一致的，如健康保险合同中约定：保险公司自观察期满后方开始承担保险责任。

7. 保险金赔偿或者给付办法

保险金赔偿或给付办法，是保险事故发生后保险人向被保险人或受益人赔偿或给付的方式。由于投保人投保的险种不同，保险金的赔付方式也不同。财产保险是一次性赔付，其赔付方式包括现金赔偿、修复、置换等方式；人身保险则可以采取一次性给付方式、利息收入方式、定期收入方式、定额收入方式及终身收入方式等。

8. 违约责任和争议处理

违约责任，是指合同当事人一方不履行或不适当履行保险合同而依法承担的法律责任。依《合同法》的规定，违约者应承担继续履行、采取补救措施或者赔偿损失等违约责任。明确违约责任可以防范和减少当事人、关系人违约行为的发生。争议处理，是指当发生保险合同纠纷后的解决方式，一般包括协商、仲裁和诉讼三种方式。

9. 免赔额（率）

免赔额（率）是保险人要求投保人自行承担部分损失的一种方法。其目的是限制保险标的的小额损失所引起的保险索赔，减少索赔成本，还可以防止道德风险和逆选择。这一条款在机动车辆保险和健康保险中常见。免赔额（率）可分为绝对免赔额（率）和相对免赔额（率）。

绝对免赔额（率），是指保险标的的损失必须超过保险单规定的金额或百分数时，保险人才负责赔付其超过部分。如果保险标的的损失没有达到保险单规定的金额或百分数，保险人则不予赔偿。即只要保险标的发生保险责任范围内的损失，保险人一定要扣除规定的免赔额。例如，汽车保险合同规定一次保险事故的免赔额是 200 美元，被保险人自己在每次保险事故发生时要承担 200 美元的损失，保险人只承担超过 200 美元以上部分；如损失是 200 美元或 200 美元以内，被保险人则自己承担全部损失。

相对免赔额（率），是指保险标的的损失只有达到保险单规定的金额或百分数时，保险人才不作任何扣除而全部予以赔付。如果保险标的的损失没有达到保险单规定的金额或百分数，保险人则不予赔偿，被保险人自己承担所有损失，即只要保险标的发生保险责任范围内的损失，在其损失额大于免赔额的情况下，保险人必须按照保险合同的约定承担全部赔偿责任。例如，保单规定损失额不足保险金额的 5%，则被保险人承担所有的损失；而如果损失大于或等于 5%，则保险人支付所有的赔偿。这种规定具有一种鼓励被保险人提高损失额的倾向，因此相对免赔在实践中运用并不普遍，主要用在海洋运输和农作物保险中。

免赔条款在保险实践的意义在于两个方面。①可以减少发生频率较高的小额索赔的处理成本，从而降低被保险人的保险费支出。在保险经营中，不管索赔损失的严重性如何，即损失的数额大小，保险人都必须派专人处理索赔案。这些固定的索赔处理成本使承保发生频率较高的小额赔偿的成本变得非常昂贵。规定免赔额（率），可以减少小额索赔，降低保险公司的经营成本，从而降低被保险人的保险费支出。②可以增强被保险人防损减损的意识，降低道德风险。道德风险，是指由于保险机制的存在，而人为地使风险事故发生的可能性增大，包括人们故意使保险事故发生，扩大已发生的危险事故所造成的损失，以便从中牟利；也包括人们行为上的粗心大意，漠不关心，导致危险事故发生机会增加和损失程度扩大。规定免赔额（率），实质上是通过经济杠杆增强被保险人防损减损的意识，从而减少道德风险。

（二）特约条款

在保险合同中广义的特约条款包括附加条款和保证条款两种类型。

1. 附加条款

附加条款是指保险合同当事人在基本条款的基础上另行约定的补充条款。附加条款一般采取在保单空白处附贴批单的方式使之成为保险合同的一部分。

2. 保证条款

保证条款是指投保人或被保险人就特定担保事项担保的条款。投保人或被保险人必须遵守保证条款，如有违反，保险人有权解除合同或拒绝赔偿。

二、保险合同的形式

由于保险合同是要式合同，当事人在订立保险合同中必须采取书面形式，我国在保险实践中一般采取以下三种书面形式。

（一）投保单

投保单也称要保书，是投保人要求获得保险保障的申请书，也是保险人审查并决定是否接受投保申请的书面文件。投保单通常由保险人根据业务的不同分别设计内容格式，包括保险人需要了解的投保人申请保险的目的、内容等项目，还包括保险险别、保险条件和保险费率等各项直接反映保险商品构成的基本要素。投保人投保时根据投保单所列内容逐一填写，保险人再据此核实情况决定是否承保。保险人一旦签发正式保单，投保单上的所有项目立即生效，并且约束保险人和投保人。如果投保人在填写投保单时，尚未履行如实告知义务，隐瞒重要事实，保险公司一经发现，有权解除合同；如果在合同解除前发生保险事故，保险公司可以不负赔偿和给付责任，也不退还保险费。

（二）保险单

保险单也称保单，是保险人和投保人之间订立保险合同的正式法律文件，也是正式的保险合同文本。保险单上列明了全部保险条件和与该项保险业务有关的全部内容，是投保人与保险人履行权利义务的依据，是保险合同中最重要的书面形式。

保险单的主要内容包括四项：①声明事项，指投保人提供的有关保险标的风险的重要情况。它是保险人承保的依据，包括被保险人的名称、保险标的、数量、质量、坐落地点、保险金额、保险期限、保险费的确定和支付方式，以及其他有关承保风险的声明事项。②保险事项，指保险人承担的保险责任，如损失赔偿、责任赔偿、费用负担、保险金的给付等。③除外事项，指保险人不负赔偿或给付责任的事项，如被保险人的故意行为、保险标的在保险责任开始之前的缺陷、特殊风险。④条件事项，指保险合同双方当事人为享受权利所必须履行的义务，如保险事故发生后，被保险人应及时采取措施并通知保险人，提供必要的单证，索赔时效的规定，代位求偿，争议处理等。

（三）保险凭证

保险凭证是被保险人所持有的已经获得某项保险保障的证明文件，是一种简化了的保险单，具有与保险单相同的作用和权利。

保险凭证通常使用在两种情况。一是在团体保险业务中用来证明被保险人身份。在团体保险业务中保险人一般只为被保险人所在的团体出具一张集体的保险单，每个被保险人只能持有保险凭证。二是当被保险人在从事某些行为必须携带保险单的场合，为了方便起见，被保险人自行携带保险凭证，如在汽车第三者责任保险中，被保险人必须随身携带保险凭证。

■ 第四节　保险合同的订立、变更、解除与终止

一、保险合同的订立

保险合同的订立是基于投保人与保险人之间意愿表示一致后而进行的法律行为。《保险法》第十三条第一款规定："投保人提出保险要求，经保险人同意承保，并就合同的条款达成协议，保险合同成立。"从此规定可以看出，保险合同的订立，与其他合同一样，要经历要约与承诺两个步骤，并通常表现为投保人要约和保险人承诺。

要约是指投保人向保险人提出申请要求订立保险合同的行为，即投保。由于保险合同是附和合同，投保的过程就是投保人如实填写投保单的过程。保险人通过要约不但能得知投保人的真实意愿，而且还能得知将要订立的保险合同的主要条款。

承诺是指保险人对投保人的保险申请表示完全同意或接受的行为，即承保。保险人收到投保人填写的投保单，并经过核保审查后，如符合承保条件，即同意承保并签发保险单或保险凭证，在保险单或保险凭证中载明当事人双方约定的合同内容，保险合同即告成立。合同一经生效，保险标的在遭受保险事故受到损失时，保险人就要按照保险合同的规定承担赔偿或给付责任。

二、保险合同的变更

保险合同的变更，是指在合同有效期内当事人依法对合同内容所作的修改或补充。保险合同订立后，双方当事人必须全面履行合同的权利和义务，任何一方不能擅自变更或解除合同。但是，由于保险合同的期限一般较长，在其有效期内难免会发生一些变化，因而会产生变更合同的要求。因此，在保险合同的有效期内，经投保人和保险人协商，并经保险人同意，可以变更合同的有关内容，或者由保险人在原保险单或其他保险凭证上批注或者附贴批单，或者由投保人和保险人订立变更的书面协议。保险合同的变更包括以下几个方面。

（一）保险合同主体的变更

保险合同主体的变更，是指保险合同的当事人和关系人的变更，包括投保人、被保

险人和受益人的变更。

1. 财产保险合同主体的变更

财产保险合同主体的变更即投保人或被保险人的变更。变更的主要原因包括下述几种情况。①保险标的的所有权、经营权发生转移，如由买卖、赠与、继承等民事法律行为所引起的保险标的所有权的转移。②保险标的的用益权的变动。用益权是指对他人财产的使用权、收益权。保险标的的承包人、租赁人因承包、租赁合同的订立、变更、终止，致使保险标的的使用权或收益权发生变更，从而导致保险合同主体的变更。③债务关系发生变化。在以保险标的为担保物的情况下，债权、债务关系的设立、变更、终止也可导致保险合同主体的变更。例如，抵押权人以抵押物投保的，当债务人提前履行债务时，抵押权也就随着债务的消灭而消灭，抵押权人也就会因此对保险标的失去保险利益，进而导致保险合同主体的变更。

鉴于财产保险利益与财产本身不可分离，《保险法》第四十九条第一款规定："保险标的转让的，保险标的的受让人承继被保险人的权利和义务。"这就是说随着保险标的转让，保险合同权利义务随之转移。但是，由于保险标的转让直接涉及保险人的利益，《保险法》第四十九条第二款规定："保险标的转让的，被保险人或者受让人应当及时通知保险公司，但货物运输保险合同和另有约定的合同除外。"为确保通知义务的履行，《保险法》第四十九条第三款规定"被保险人、受让人未履行第二款规定的通知义务的，因转让导致保险标的危险程度显著增加而发生的保险事故，保险人不承担赔偿保险金的责任"。

2. 人身保险合同的主体变更

人身保险合同的主体变更包括两个方面：①投保人的变更。在人身保险合同中，投保人的变更取决于投保人或被保险人的主观意志。一年期或短期人身保险合同，以及趸缴保险费的人身保险合同，一般不变更投保人，分期缴纳保险费的人身保险合同在下列情况下会发生投保人的变更。其一，投保人死亡，即投保人无法继续交纳保险费时，但必须征得其法定继承人的同意；其二，保险合同转让，即投保人对被保险人不再具有保险利益；其三，被保险人转移，在团体投保的养老保险中多见，如当被保险人从甲单位调到乙单位时，甲单位不再作为投保人继续为被保险人缴纳保险费，此时如果乙单位同意继续为被保险人缴纳保险费，乙单位就取代了甲单位的投保人的地位，从而发生了投保人的变更。投保人的变更须征得被保险人同意并通知保险人，经保险人核准后方为有效。②受益人的变更。受益人的变更须征得被保险人的同意，无须保险人同意，只需通知保险人，由保险人在保险单上批注后有效。

（二）保险合同客体的变更

保险合同客体的变更，是指保险标的所具有的保险利益的变更。在财产保险中，保险标的物价值的增减，种类数量的变化，导致保险金额的变化，必须由保险合同当事人双方协商确定。

人身保险合同中，投保人投保了与之有合法经济利害关系的他人的寿险时，这种合法经济利害关系的变化，将引起保险利益的变化，须告知保险人。

（三）保险合同内容的变更

保险合同内容的变更主要是指保险标的的种类数量的增减，存放地点的调整，风险程度的改变，保险金额、保险期限的变化所引起的变更事项。在发生保险合同内容变更情况下，应该由保险人载明原保险单或在其他保险凭证上批注或附贴批单，或者由保险人与被保险人订立变更项目的书面协议。

三、保险合同的解除

（一）保险合同解除的形式

保险合同的解除是指保险合同有效期内，有解除权的一方当事人向他方作出解除合同的意思表示，使保险合同关系归于消灭的行为。[①] 保险合同解除的形式，有法定解除与协议解除两种。

1. 法定解除

法定解除是法律赋予合同当事人的一种单方解除权。大部分国家的保险法都规定，在一般情况下，保险合同成立后，投保人可以提出解除保险合同。投保人提出解除保险合同主要是因为主客观情况发生了变化，投保人感到保险合同的履行已无必要。但在以下两种情况下，投保人解除保险合同受到限制：一是货物运输保险合同和运输工具航程保险合同的保险责任开始后；二是当事人通过保险合同约定，对投保人的合同解除权作出限制的。

保险人有权解除保险合同的情况主要有六种：①投保人故意或因重大过失未履行如实告知义务，足以影响保险人决定是否承保或提高保险费率的。②投保人、被保险人未履行维护保险标的的义务。③投保人、被保险人未履行风险增加通知的义务。④在人身保险合同中，投保人申报的被保险人的年龄不真实，并且其真实年龄不符合合同约定的年龄限制，保险人可以解除合同，并按照合同约定退还保险单的现金价值。但一般地说，自合同成立之日起逾2年的除外。⑤对分期支付保险费的保险合同，投保人在支付了首期保险费后，未按约定或法定期限支付当期保险费的，合同效力中止。合同效力中止后2年内（一般情况下如此）双方未就恢复保险合同效力事宜达成协议的，保险人有权解除保险合同。⑥保险欺诈行为发生后，下述两种情形保险人有权解除保险合同：一是投保人、被保险人或者受益人故意制造保险事故；二是被保险人或受益人在未发生保险事故的情况下，谎称发生了保险事故，向保险人提出赔偿或提出给付保险金的请求。但是，人身保险合同的投保人交足2年以上保险费的，保险人应当按照合同的约定向受益人退还保险单的现金价值。保险合同的法定解除关系到双方的重大利益，故应当采取书面的形式。

2. 协议解除

协议解除是指当事人双方经协商同意解除保险合同的一种法律行为。保险合同的协

---

① 徐卫东. 保险法学. 北京：科学出版社，2004. 160

议解除不得损害国家和社会公共利益。

货物运输保险合同和运输工具航程保险合同的保险责任开始后，在一般情况下当事人不得解除该保险合同。

（二）保险合同解除的后果

保险合同解除的后果，是指解除保险合同的行为对原保险合同的权利义务的溯及力。一般来讲，投保人故意不履行告知义务，保险人不退还保险费；投保人、被保险人、受益人因欺诈而被解除保险合同的，保险人不退还保险费；投保人要求解除合同的，保险责任开始后，保险人收取的自合同生效至合同解除期间的保险费不予退还。

四、保险合同的终止

保险合同的终止是指保险关系的消失。即在保险期限内，由于某种法定或约定的事由的出现，致使保险合同当事人双方的权利义务关系归于消灭。导致保险合同终止的原因很多，除因合同被解除外，主要有以下几种。

（1）保险合同因期限届满而终止。每一保险合同都有明确的保险期限，保险期限届满是保险合同终止的最普遍、最基本的原因。双方当事人在保险合同有效期内均完全履行了各自的义务并享受了应有的权利，保险合同因之而告终止。保险合同到期还可以续保，但是续保不是原合同的继续，而是新保险合同的成立。

（2）保险合同因履行而终止。保险合同因履行而终止，是指保险人对保险合同所规定的赔偿义务全部履行完毕而使保险合同终止。根据保险合同规定，保险人履行赔偿或给付全部保险金额后，保险合同即告终止。例如，终身人寿保险，被保险人死亡后，保险人给付全部保险金，合同即告终止。在财产保险中，保险财产数次遭受损失，保险人的赔偿总额已达保险金额后，不论保险单是否到期，保险合同即告终止。但船舶保险例外。船舶连续发生部分损失，每次损失都在保险金额限度内，经数次赔偿后即使赔偿金总数已超过保险金额，保险人仍需对保险标的负责，直至保险期限届满。

（3）财产保险合同因保险标的的灭失而终止。保险标的的灭失，是指由保险事故以外的因素造成的保险标的的灭失或丧失。如果保险标的因非保险事故而灭失，投保人就不再具有保险利益，保险合同就因客体的消灭而终止。

（4）人身保险合同因被保险人死亡而终止。人身保险合同以被保险人的生命和身体为保险标的，其保险利益是投保人对被保险人的生命和身体所具有的法律上承认的利益。被保险人因非保险事故或事件死亡，投保人对该保险合同就不再具有保险利益，保险合同也就随之终止。

■第五节　保险合同的分类

保险合同的分类方法是根据保险业务经营和管理的需要而形成的，由此保险合同可以分成不同的种类。

一、补偿性合同和给付性合同

根据业务性质，保险合同分为补偿性合同和给付性合同。

（1）补偿性合同。它是建立在补偿保险客户的保险利益损失基础上的保险合同，是专就财产保险而言的。由于各种财产都有客观的实际价值，财产保险的保险金额以财产的实际价值为上限。只有在保险事故发生使被保险人遭受了实际损失时，保险人才支付赔款，而且赔款不超过被保险人的实际损失金额。其目的在于补偿被保险人的经济损失，不允许被保险人通过补偿额外获利。

（2）给付性保险合同。它是保障遭受不幸事故的被保险人及其家属获得物质上帮助和经济上支持的保险合同，是专就人身保险（不包括医疗保险）而言的。由于人的身体和生命无法用货币衡量其价值，生命和健康损害无法用货币补偿，决定了人身保险合同的非补偿性。在人身保险合同中，当事人双方根据投保人对人身保险的需求程度和缴纳保险费的能力确定保险金额。只要在保险期限内发生保险责任范围内的保险事故，保险人就按照合同规定支付约定的保险金，而不考虑被保险人有无经济损失及损失金额是多少。

二、定值保险合同和不定值保险合同

根据是否约定保险价值，分为定值保险合同和不定值保险合同。人身保险合同及以非实物财产为保险标的的财产保险合同（如责任保险合同、信用保险合同等），因保险标的本身不可估价，所以也不可能约定保险价值，所以不存在定值保险合同与不定值保险合同问题。把保险合同分为定值保险合同与不定值保险合同，只是对以实物财产为保险标的的财产保险合同的分类。

（1）定值保险合同。它是指由保险人和投保人双方共同约定保险标的的实际价值（即保险价值），在合同中载明，并以此确定保险金额的保险合同。在定值保险的方式下，保险标的发生损失后，不再对保险标的的价值进行鉴定，即不论保险标的的受损当时的实际价值如何，保险人均按约定的保险价值计算赔款。定值保险合同多用于艺术品、矿石标本、古董等难以鉴定价值的财产。因为海上保险标的物的价值受时间和空间影响较大，如果事后估计损失在技术上受到一定限制，也采用定值保险合同。

（2）不定值保险合同。它是指在保险合同中不约定保险标的的实际价值，仅列明保险金额作为赔偿的最高限度。发生损失时，再对保险标的进行估价，以保险事故发生时的实际价值（市场价值）为保险价值，并根据保障程度（保险金额与损失当时保险标的的实际价值之比）计算赔款。在实践中，大多数财产保险合同都采取这种合同方式。

三、足额保险合同、不足额保险合同和超额保险合同

根据保险金额与保险价值的关系，分为足额保险合同、不足额保险合同和超额保险合同。这种划分仅限于以实物为保险标的的财产保险合同。

（1）足额保险合同。它是指保险合同中约定的保险金额与保险价值相等的保险合

同，即投保人以全部保险价值投保。当保险事故发生时，如果保险标的物全部受损，保险人按照保险金额全部赔偿；如果保险标的物部分受损，则保险人按照实际损失赔偿。

（2）不足额保险合同。它是指保险合同中约定的保险金额小于保险价值的合同，也称部分保险合同。不足额保险合同产生的原因如下。一是投保人有意使保险金额低于保险价值。当投保人认为保险标的不可能由于一次灾害事故全部损失时，可以有意约定低于保险价值的保险金额，以减少保费支出；二是保险人有意使保险金额低于保险价值造成的。当保险标的发生风险事故的可能性较大时，保险人只接受不足额投保，要求投保人自己承担一部分损失，从而增强其防灾防损意识；三是保险合同签订后物价上涨，导致足额保险变成了不足额保险。由于不足额保险合同中所规定的保险金额低于保险价值，投保人并未将其差额部分的风险转移给保险人，所以不足额部分为投保人自保。当保险标的全损时，保险人按合同中约定的保险金额赔偿，当保险标的部分损失时，保险人按照对保险价值的保障比例赔偿：

$$赔偿金额＝损失金额 \times 合同中约定的保险金额 / 保险价值$$

（3）超额保险合同。它是指保险合同中约定的保险金额大于保险价值的合同。产生超额保险的原因如下：一是投保人自身原因，如投保人不了解市场行情，过高地估计了保险财产的价值，或者投保人希望在保险事故发生后获得多于实际损失的赔偿，从而故意使保险金额高于保险价值；二是市场原因，保险合同成立后，因保险标的的市场价格跌落，导致保险事故发生时的保险金额超过保险标的的价值。

由于在保险事故发生后，保险标的的最大损失金额不能超过保险价值，保险人支付的赔款也就不可能超过保险价值，因此当保险金额超过保险价值时，超过部分不可能得到赔偿，因而无效。

四、个人保险合同和团体保险合同

根据每份合同中被保险人的人数，分为个人保险合同与团体保险合同。人身保险依据每份保险合同承保的被保险人的人数不同，可以分为个人保险合同和团体保险合同。财产保险不以人为保险标的，所以不存在个人保险合同与团体保险合同的分类。

（1）个人保险合同，是指一份保险合同只承保一名被保险人的合同，即以一个人为保险标的的保险合同。绝大部分人身保险合同都是个人保险合同。对于个人保险合同，保险人要对被保险人一一进行风险选择，根据被保险人的年龄、职业、健康状况等决定是否承保及以什么价格承保，必要时还要进行身体检查。有时一份保险合同除主被保险人以外，还承保其家庭成员数人，作为附带被保险人。由于主被保险人和附带被保险人均为被保险人，所以实际上这份保险合同的被保险人人数已超过一名。由于保险人要对这份保险合同的被保险人仍要一一进行风险选择，所以这类保险合同在分类上仍属于个人保险合同。

（2）团体保险合同，是指一份保险合同承保一个机关、企业、事业单位的大多数成员作为承保对象，以单位名义投保的合同。团体保险合同中的被保险人在订立合同时必须在同一单位工作，而不是专为投保人身保险而成立的组织。而且投保同一人身保险的人数必须占单位成员的大多数，而且绝对数要达到一定人数。对团体保险合同，保险人不对被保险人一一进行风险选择，而是对被保险人所在单位从总体上进行风险选择，即根据该单位所属的行业、工作性质、被保险人的年龄结构等决定是否承保及适合何种保费，一般不对被保险人进行身体检查。团体保险可以简化手续、节省费用、降低成本，其业务量有逐年增大的趋势。

关键词

保险合同　保险人　投保人　被保险人　受益人　投保单　暂保单　保险单保险凭证　合同的终止

复习思考题

1. 试述保险合同的含义及其特征。
2. 保险合同主体的基本权利与义务是什么？
3. 保险合同的主要内容包括哪些？
4. 试述保险合同的分类方法及其内容。
5. 保险合同订立的主要程序是什么？
6. 保险合同如何进行变更？
7. 导致保险合同解除和终止的主要原因是什么？

第五章

保险的基本原则

【学习目的】

1. 明确保险利益原则、最大诚信原则和损失补偿原则对保险经营的意义。

2. 掌握保险利益原则、最大诚信原则和损失补偿原则的内容。

3. 了解近因原则的内容。

保险能否按照其内在的规律正常运行，对人民生活的安定、社会经济的发展有重大作用。为使保险能按其内在规律运行，在整个保险业务活动中必须贯彻一些基本原则。这些原则是在保险的发展中形成的，并被世界保险界公认的。这些原则必须有利于维护保险双方的合法权益，规范保险行为，有效地发挥保险的职能和作用。

■第一节　保险利益原则

一、保险利益原则的含义

（一）保险利益的含义

保险利益又称可保利益，是指投保人或被保险人对保险标的所具有的法律上承认的利益。保险标的是指作为保险对象的财产及其利益或人的寿命身体。保险利益是保险主体与客体间的利益关系，它体现为投保人或被保险人与保险标的之间存在的利害关系。这种利害关系，就财产保险而言，表现为投保人或被保险人的利益因保险事故的发生而受到损害，因保险事故不发生而得以保全；就人身保险而言，表现为投保人或被保险人因保险事故的发生而产生经济负担或增加支出、减少收入，因保险事故不发生而不产生经济负担、不增加支出或减少收入。

（二）保险利益成立的条件

保险合同的成立必须以保险利益的存在为前提，因此，对保险利益的确定十分重要。投保人或被保险人对保险标的的利益关系并非都可作为保险利益，保险利益必须具备以下条件。

1. 保险利益必须是经济利益

所谓经济利益是指投保人或被保险人对保险标的的利益必须是金钱利益。投保人或被保险人对保险标的的利益是多方面的，除经济利益外可能还有其他利益。在保险事故发生后，投保人或被保险人也不仅是遭受经济上的损失或产生经济上的负担、增加支出、减少收入。但在保险事故发生后，保险人一般是通过货币形式来补偿损失或满足经济上的需要，以减轻其经济负担。至于保险事故造成的非经济损失，如当事人精神上的痛苦、感情上的伤害、受到纪律上的处分、刑事处罚等，不是保险所能弥补的。所以，保险利益作为保险合同的一个要素，仅仅指投保人或被保险人对保险标的在经济上的利益关系。同时，保险利益是可以通过货币计量的利益。如果投保人或被保险人的经济利益不能用金钱确定，保险人也无法承保，给予经济补偿。例如，在建筑工程中，图纸的毁损会造成业主的经济损失，如果这种经济损失不能用金钱来确定，那么业主对图纸的保险利益也不能确定。

2. 保险利益必须是合法的利益

投保人或被保险人与保险标的的经济利益关系，必须是合法的利益，即其标的物是以法律所许可的行为获得的，通过不正当手段所获得的标的物不受法律保护，当然不能作为保险利益投保。例如，盗窃所获得的财物对于其据有者是非法的，据有者对其不存在保险利益。

3. 保险利益必须是已经确定或可以实现的利益

已经确定的利益是指已经存在的利益，如投保人或被保险人对已经取得所有权、经营权、使用权的标的物具有保险利益；可以实现的利益是指在客观上或事实上尚不存在，但据有关法律或有效合同的约定，在将来一定可以实现的利益，如预期利润、租金等。不论是已经确定的经济利益，还是可以实现的经济利益，其实际价值的衡量或判断都必须有社会公认的客观标准，不能凭当事人一方的主观判断。

（三）保险利益原则的含义

保险利益原则是指在签订和履行保险合同的过程中，投保人或被保险人必须对保险标的具有保险利益，否则保险合同无效或被保险人得不到保险赔偿；保险标的发生保险事故时，被保险人就保险标的得到的赔偿不能超过其对保险标的的所具有的保险利益。

保险利益在保险实践中必须坚持，但在财产保险与人身保险中，保险利益的适用时效却不同。在财产保险中，不仅要求投保人或被保险人在投保时具有保险利益，而且要求保险利益在保险有效期内始终存在，特别是在发生保险事故时，投保人或被保险人必须对保险标的具有保险利益，保险公司才能赔偿。因为假设投保人或被保险人在保险事故发生时已对保险标的的失去保险利益，则保险事故发生时他不会遭受任何经济损失，如果他们从保险公司获得赔偿，无异于通过保险额外获利，与保险的宗旨相违背，并且这种现象极易诱发道德风险。

但海洋货物运输保险是一特例，其保险利益在适用时效上有一定的灵活性。它规定在投保时可以不具有保险利益，但在保险标的遭受损失时必须具有保险利益。这一规定起源于海上贸易的习惯：货物在运输途中其所有权可以转移。货物由卖方到买方有时要经过多次转卖，货物买卖双方对货物的保险利益是随着物权的转移和风险的交割而换位的。因此，保险机构在签发保单时，货物的最终买方可能还不具有保险利益，但从货物转让时起，他则具有了合法的保险利益，发生保险事故时可以要求保险人赔偿。

在人身保险合同中，当投保人和被保险人为同一人时，投保人自始至终具有保险利益，不发生保险利益的时效问题。当投保人和被保险人分离时，法律只要求投保人在投保时对被保险人具有保险利益，当保险事故发生时是否具有保险利益则不要求。这是因为人身保险的保险标的是人的生命和身体，人身保险合同生效后，被保险人的生命或身体受到伤害，获得保险金给付利益的是被保险人或受益人，投保人不会因为被保险人发生保险事故而享有领取保险金的权利，因此在保险事故发生时，投保人是否对保险标的具有保险利益没有意义。同时，在人身保险合同中，对作为受益人的投保人也有约束。依据有关规定，受益人需要被保险人同意或指定，当被保险人因受益人的故意行为受到伤害时，受益人将丧失获得保险金的权利，由此保证了被保险人的生命安全和利益。此外，只要投保人在投保时具有保险利益，即使后来因与被保险人离异、雇佣合同解除或其他原因丧失保险利益，也不会影响保险合同的效力，保险人仍负有给付保险金责任。

二、保险利益原则在保险实务中的应用

由于各类保险的保险标的与保险责任不同，决定了保险利益的来源及保险利益原则的应用也具有一定的差异性。

（一）财产保险的保险利益的确定

财产保险的保险利益源于投保人对保险标的所拥有的以下几方面权利。

1. 财产所有权

例如，私营企业的业主、家庭财产的所有者等，他们可以为自己的企业或财产投保。

2. 财产经营权、使用权和保管权

国有企业或股份企业的股东对财产的保险利益是通过财产经营管理者实现的。国有企业或股份制企业的投保人，是具有法定代表身份的实际上的经营管理者，他们可以被视为对企业具有保险利益。财产的使用者或保管者对财产的损失，都要承担经济赔偿责任，所以他们对所使用或保管的财产都具有保险利益。

3. 财产抵押权、留置权

抵押是一种债务的担保，即债务人将自己的财产抵押给债权人，作为清偿债务的担保，抵押人就是债务人，抵押权人就是债权人，虽然抵押的财产仍属于债务人所有，但当债务人不能清偿全部债务时，债权人有权从拍卖担保财产的所得中优先受偿。因此，债权人对担保财产具有保险利益。留置权也是一种债的担保，它与抵押权的区别在于，在债权受偿之前，债权人应有对担保财产的占有权，即留置权。当债务人不能依约偿还债务时，留置权人对留置的财产具有保险利益。

4. 经营者合法的预期利益

例如，投保人对其租金收入、利润具有保险利益。

5. 责任利益

责任利益是被保险人因其对第三者的民事损害行为依法应承担的赔偿责任。它是基于法律上的民事赔偿责任而产生的保险利益。例如，汽车在行驶中因驾驶员过错撞伤他人，致害人（驾驶员）对受害人应付的赔偿责任。

（二）人身保险的保险利益的确定

1. 本人

本人是指投保人自己，任何人对自己的寿命和身体有无限利益。投保人以其本人的寿命或身体作为保险标的，其目的是确保自己和家人的生活得到保障，当然具有保险利益。

2. 配偶、子女和父母

依照一般原则，家庭成员相互间具有保险利益。家庭成员相互间有亲属血缘以及经济上的利害关系，投保人以其家庭成员的身体或寿命为保险标的订立保险合同，应当具有保险利益。

3. 前项以外与投保人有扶养、赡养或抚养关系的家庭其他成员、近亲属

投保人以和自己有扶养、赡养或抚养关系的家庭其他成员、近亲属为被保险人。家庭其他成员、近亲属是指投保人的祖父母、外祖父母、孙子女、外孙子女等直系血亲，兄弟姐妹等旁系血亲和姻亲。上述直系或旁系亲属应与投保人在订约之前有赡养或抚养关系。

4. 同意他人投保的被保险人

投保人以其他人的寿命或身体投保人身保险，不论投保人与被保险人相互之间有无其他利害关系，经被保险人书面同意，订立人身保险合同，视为投保人对被保险人具有保险利益。

5. 有其他利害关系的人

（1）债权人对债务人具有保险利益。债权人对债务人具有保险利益，因为债务人的生命和身体健康状况的变化直接影响他对债权人的偿债能力，所以债权人对债务人具有经济上的利害关系，所以，债权人（投保人）可以为债务人（被保险人）投保。但债务人对债权人不具经济利益关系，不得为债权人投保。债权人对债务人的保险利益应以其债务额为限，不得超过其实际具有的利益。根据《保险法》，对这种情况的处理，可按照经被保险人同意的条款处理。

（2）劳动关系或某种合作关系。例如，单位可以为职工投保、合伙人之间可以互相投保，但应当取得被保险人的同意。

三、保险利益原则的意义

（1）防止利用保险进行赌博。保险利益原则的确立，使保险在本质上与赌博划清了界限。防止投保人利用保险进行赌博，遏制了对毫无关系的人的生命或身体投保以赚取保险金的行为。

（2）防止道德风险的发生。投保人或被保险人从自身的利益出发，自觉地从事防灾

防损工作，消除了"盼望保险事故发生"或故意损坏保险标的及在保险事故发生时人为地扩大损失程度等道德风险的根源。

（3）限制保险赔偿的最高限度。保险利益是保险赔偿的最高额度，以保险利益作为保险保障的最高限度，既能保证被保险人能够获得足够的、充分的补偿，又能达到被保险人通过保险不能获得额外利益的要求，对保险人实施补偿提供了科学依据。

练习：相关案例分析

[**案例一**] 某棉织厂于某年 11 月投保了财产保险综合险，保险期限一年。同年12 月，该厂与一家制衣厂签订了 10 000 米涤纶棉布的购销合同，按照合同规定，制衣厂于下一年 1 月 10 日派人送来购货款，并进行货物验收，准备装车运走。当制衣厂的负责人将涤纶棉布验收并装车 6100 米时，天色已晚，为保证质量，该负责人决定第二天上午再验收并将余下的货物装车，已验收并装上车的货物暂交棉织厂代为看管。不料，在这天夜里，该棉织厂发生了火灾，涤纶棉布属易燃物，库内存放的 35 000 米涤纶棉布全部烧毁。由于已验收的 6100 米涤纶棉布随车停放在仓库内，这些布匹也未能幸免于难。

事故发生后，保险公司立即赶往现场进行查勘，确认了事故是由线路短路造成的，决定对损失予以赔偿。但当了解到被保险人与制衣厂的购销合同时，对库内车上存放的及库内的涤纶棉布的损失是否赔偿、如何赔偿，公司内部产生了意见分歧。

第一种意见认为，库内车上的 6100 米涤纶棉布不应赔偿，库内 35 000 米涤棉布中有 3900 米不应赔偿，因这两部分总计 10 000 米涤纶棉布已经售出，被保险人对其已丧失保险利益。

第二种意见认为，库内车上的 6100 米涤纶棉布因已出库不再属于保险财产，而库内的受损涤纶棉布均为保险财产，所以库内车上的涤纶棉布不应赔偿，其他都应赔偿。

第三种意见认为，所有涤纶棉布都未运出厂，虽然车上的涤纶棉布已经验收出库，但仍由被保险人看管，因此所有涤纶棉布的损失都应赔偿。

根据保险利益原则，你同意上述哪种意见，并写出案例分析。分析要点，棉织厂对已签订购销合同的涤纶棉布是否具有保险利益？未验收涤纶棉布的所有权是否归购货方所有？

[**案例二**] 李某与张某同为公司业务员。1999 年 8 月李某从公司辞职后开始个体经营。开业之初，由于缺乏流动资金，李某向张某提出借款，并愿意按高于银行的利率计息，将自己的桑塔纳轿车作为抵押，以保证按时还款。张某觉得虽然李某没有什么可供执行的财产，但以汽车作为抵押，自己的债权较有保证，为以防万一，张某要为车辆购买保险，李某表示同意，1999 年 9 月，双方到保险公司投保了车损险，为了方便，投保人和被保险人一栏中都写了张某的名字。2000 年年初，李某驾车外出，途中因驾驶不慎发生翻车，车辆遭到严重损坏，几乎报废，李某也身受重伤。得知事故后，张某向保险公司提出了索赔，认为该车的事故属于保险责任，保险公司应当赔偿。

保险公司认为尽管该车的损失属于保险责任，但是被保险车辆并非张某所有或使用的车辆，张某对于车辆没有保险利益，不承担赔偿责任。

经过几次交涉未果，张某将保险公司告上了法庭。法院经过审理认为，张某作为债权人，抵押车辆是否完好关系到其抵押权能否实现，最终决定债权能否得到清偿。因此，发生保险事故后张某对车辆拥有保险利益，保险公司应当赔偿。

根据保险利益原则，你同意上述哪种意见，并写出案例分析。分析要点：张某对被保险车辆是否具有保险利益？

[案例三]　王某 2 岁时因母亲去世而随外公外婆在 A 城生活。3 岁时上幼儿园，她的日常所需费用由其父亲承担。4 岁时，王某的父亲再婚，王某随其父亲和继母在 B 城生活，并从 A 城幼儿园转至 B 城幼儿园。在王某离开 A 城时，其外公为她买了一份少儿平安险，并指定自己为受益人。王某到 B 城后不久，在一次游玩中不幸溺水死亡。事发后，王某的外公及时向保险公司报案，要求给付保险金，保险公司对本案的处理有三种不同意见：

第一种意见认为，王某的外公与王某之间已经形成抚养关系，根据《保险法》第五十三条第一款第三项的规定，王某的外公对王某具有保险利益，保险合同成立并生效。但是王某的外公不能指定自己为受益人。保险公司应向王某的父亲给付保险金。

第二种意见认为，王某的外公和王某之间是委托监护人与被监护人的关系。王某的外公作为委托监护人对王某不具有保险利益，但其作为委托监护人可代王某的父亲投保。因王某的父亲对王某具有保险利益，所以保险合同成立生效。但是王某的外公不能指定自己为受益人。保险公司应向王某的父亲给付保险金。

第三种意见认为，王某的外公作为委托监护人，可代王某的父亲为王某投保。但是在该案中，王某的外公并不是"代"王某的父亲为王某投保，而是以自己的名义为王某投保。因作为委托监护人的外公对王某不具有保险利益，所以保险合同无效，保险公司不应承担保险责任，不应给付保险金。

根据保险利益原则，你同意上述哪种意见，并写出案例分析。分析要点：王某的外公对外孙女是否具有保险利益？王某的外公为王某投保是不是代理行为？

第二节　最大诚信原则

一、最大诚信原则的含义

诚信原则是社会道德规范在合同中的表现，也是各国立法对民事、商事活动的基本要求。然而基于保险公司是经营风险的特殊企业，保险产品是具有不确定性的特殊产品，保险关系是一种特殊的合同关系，法律对其当事人的诚信程度的要求要远远高于其他合同，理论上称保险合同是最大诚信合同。最大诚信原则是保险活动中应遵循的最重要原则之一，也是保险业赖以生存的基础。

最大诚信原则源于海上保险，英国 1906 年的《海上保险法》对最大诚信原则作出如下规定："海上保险是建立在最大诚信原则基础上的保险合同，合同任何一方不遵守这一原则，他方可以宣布合同无效。"根据《中华人民共和国保险法》的有关规定，最大诚信原则的基本含义可以表述为：最大诚信原则是指保险合同当事人订立合同及合同有效期内应向对方提供影响对方作出签约与履约决定的全部实质性重要事实，同时绝对信守合同义务和承诺。否则，受到损害的一方，可以此为由宣布合同无效或不履行合同约定的义务或责任，甚至对因此而受到的损害可以要求对方予以赔偿。规定最大诚信原则的依据如下。

（1）保险人经营的是一种信用商品。信用商品作为一种服务性商品，其有形载体仅仅是一份保险合同，相对于一般商品而言，具有无形性、复杂性、长期性、内在价值透明度低等特点。从某种意义上说，保险人经营的产品实际上是一种以信用为基础、以法律为保障的承诺。在保险经营中，投保人购买保险产品并向保险公司支付保险费后，保险人并不以有形的产品作为交换，而只是承诺在出现特定事件后，由保险人按照约定履行经济补偿或给付的义务。保险商品是一种信用商品，决定了保险业较其他行业对诚信的要求更高，良好的信用是保险业的生命线。

（2）保险交易中存在信息不对称。由于保险业务的专业性很强，很多投保人投保时并不了解保险，只能依靠保险人及其代理人的解释和说明；另外，保险标的直接在投保人或被保险人的掌握或控制之下，保险人对这些情况并不熟悉，只能依据投保人的陈述对保险标的的风险作出评价，进而作出承保决策，因此双方都必须遵守诚信原则，否则将危害对方的利益。

（3）保险合同具有射幸性。保险合同是约定未来保险事故发生时，由保险人承担赔偿损失或给付保险金的合同。保险人所承担的保险标的的风险事故是不确定的，而投保人购买保险仅支付少量的保费，保险标的一旦发生保险事故，被保险人所获得的赔偿或给付将是保费支出的数十倍甚至数百倍。从个体保障角度看，保险人的保险责任远远高于其所收取的保费。倘若投保方不诚实、不守信用，发生欺骗或隐瞒，或不遵守承诺，保险人将无法经营。因此，最大诚信原则保证了保险业的健康发展，也是调整保险合同当事人双方利益的重要原则。

二、最大诚信原则的内容

最大诚信原则包括告知、保证、弃权与禁止反言三个方面的内容。

（一）告知

所谓告知（declaration），是指双方当事人就标的物的有关情况向对方加以陈述和说明。对于保险人而言，告知是指保险人应主动向投保人说明保险合同条款的内容，特别是有关责任免除条款应向投保人明确说明。对投保人而言，告知是指投保人在订立保险合同和履行合同时将保险标的的有关"重要事实"如实向保险人作出口头或书面陈述。所谓重要事实就是直接关系保险当事人利益的各种因素。对于投保人而言，如实告知的内容包括以下几点。

1. 投保人的告知

（1）向保险人回答所询问问题的义务。依据《保险法》第十六条第一款规定，投保人的告知义务主要是如实回答保险人提出的询问。保险人询问的内容是关于保险标的或被保险人的情况，这些情况是足以影响保险人决定是否承保及提高保险费率的重要因素，即重要事实。通过告知，可以将信息不对称给保险人带来的不利影响降低到最低程度。保险人询问的方式包括要求投保人填写投保单及口头询问等。依据《保险法》规定，凡保险人未询问的情况，投保人均无告知义务。

（2）保险标的危险增加的通知义务。《保险法》第五十二条规定："在保险合同有效期内，保险标的的危险程度显著增加的，被保险人按照合同约定应当及时通知保险人。"否则，"因保险标的危险程度显著增加而发生的保险事故，保险人不承担赔偿保险金的责任"。

（3）保险事故发生的通知义务。《保险法》第二十一条规定："投保人、被保险人或受益人在保险事故发生后，应当及时通知保险人。"故意或因重大过失未及时通知，致使保险事故的性质、原因、损失程度等难以确定的，保险人对无法确定的部分不承担赔偿或给付保险金的责任。

2. 保险人的告知

《保险法》第十七条第一款规定："订立保险合同，采用保险人提供的格式条款的，保险人向投保人提供的投保单应当附格式条款，保险人应当向投保人说明合同的内容。"第二款指出"对保险合同中免除保险人责任的条款，保险人在订立合同时应当在投保单、保险单或者其他保险凭证上作出足以引起投保人注意的提示，并对该条款的内容以书面或者口头形式向投保人作出明确说明；未作提示或者明确说明的，该条款不产生效力。"

（二）保证

所谓保证（warranty），是指投保人或被保险人在保险合同中作出的某种承诺。包括对某一事项的作为或不作为、某种事态的存在或不存在的许诺。保险人之所以要求投保人或被保险人作出承诺，主要出于以下原因。首先，严格控制风险的发生。例如，火灾保险合同签订后，垃圾应及时清除；盗窃保险合同签订后，报警系统应处于良好工作状态；海运货物保险合同签订后，不得从事违法货物运输及货物包装适合运输方式等。其次，确保未经保险人同意进行某些风险较大的活动，因为保险费是基于不存在这些活动的前提下而收取的。例如，在海运货物保险中，某些货物不得置于舱面，其保险费的收取也没有考虑这一因素，因此，被保险人必须保证该货物不得存于舱面。

保证的类型分为两类。

（1）明示保证，即以文字或书面的形式在保险合同中载明保证条款，成为保险合同的重要内容，也是保险合同成立的基本条件。例如，机动车辆保险条款订明"被保险人必须对保险车辆给予妥善使用和保管，使之处于正常技术状态"。对保证，被保险人必须严格遵守，违反保证受害一方可据此解除保险合同。

（2）默示保证，指未在保险合同中明确载明，但根据国际惯例所通行的准则、习惯或社会公认的在保险实践中遵守的规则，投保人、被保险人应该履行的事项。例如，在海上保险的默示保证如下：保险的船舶必须有航行能力，即船主在投保时保证船舶的构造、设备、驾驶管理员等都符合安全标准，适合航行；保险船舶要按预定或习惯的航线航行，除非因暴风雨或救助他人才允许改变航道；保险船舶保证不进行非法经营或运输违禁品等。

凡是投保人或被保险人违反保证，无论是否有无过失，也无论是否对保险人造成损害，保险人均有权解除合同，不予承担保险责任。与告知不同的是，保证是对某一特定事项的作为或不作为的承诺，而不是对整个保险合同的保证。因此，违反保证条款只是部分损害了保险人的利益，保险人只应对违反保证部分拒绝承担保险赔偿责任，即保险人拒赔从投保人或被保险人违反保证义务时起。

（三）弃权与禁止反言

弃权与禁止反言是指合同一方任意放弃其在保险合同中可以主张的某种权利，将来不得再向他方主张这种权利。事实上，无论保险人还是投保人，如果任意弃权可以主张的某种权利，将来都不得反悔。但从保险实践看，这一规定主要约束保险人，在阻断保险人不当行使解除权和抗辩权方面发挥着重要作用。

弃权通常是指保险人放弃合同解除权与抗辩权。构成弃权必须具备两个条件：一是当事人须有意思表示当时知道有权利存在；二是当事人须有抛弃之意思表示。意思表示可以是明示的，也可以是默示的，即可以以言辞明确表示放弃权利，也可以以行为默示放弃权利。保险人或保险代理人出现弃权的现象，主要基于两种原因：一是疏忽的原因；二是基于扩大业务或保险代理人为了取得更多的代理手续费。保险代理人的弃权行为可视为保险公司的弃权行为，保险人不得解除保险代理人已承保的不符合保险条件的保单；日后发生保险事故，保险人不得以被保险人破坏保险单的规定为由而拒绝赔偿。

禁止反言也称禁止抗辩，通常是指只要订立合同时，保险人放弃了某种权利，合同成立后便不能反悔，至于投保人是否了解事实真相在所不问。这正是最大诚信原则对保险公司的特别要求。《保险法》第十六条第六款规定："保险人在订立合同时已知道投保人未如实告知的情况的，保险人不得解除合同；发生保险事故的，保险人应当承担赔偿或者给付保险金的责任。"例如，某公司为职工投保团体人身保险，在提交的被保险人名单上，已注明某被保险人因到癌症晚期已病休半年，但因代理人未严格审查或其他原因，办理了承保手续，签发了保单。若以后该被保险人因癌症死亡，保险人不得因该被保险人不符合投保条件而拒付保险金。再如，投保人向保险代理人投保火灾保险，告知代理人屋内储存危险品，而代理人明知这一行为是不能承保或应收取高额保险费的，但为了招揽生意赚取手续费，竟放弃权利，签发保险单，这属弃权行为，如以后发生火灾损失，无论是否由此危险品所致，保险人均不得以投保人破坏保险单的规定为理由而拒绝赔偿，即此禁止反言。

为了避免不应承担的赔偿责任，保险人通常在保险单上载明弃权条款，规定弃权行为均须以文字加以说明，否则无效。有些保险条款还规定代理人无权弃权，如美国的人寿保险单通常规定："仅本公司总经理、副总经理或秘书，有权变更此一保险单或放弃其中任何条款。"

练习：相关案例分析

[**案例一**]　　1996年12月3日，某保险公司与香港某贸易公司签署《保险协议》

一份，约定贸易公司海上货物运输保险业务由该保险公司承办，运输的货物为花生仁/果，并规定贸易公司应在货物起运前申请对货物进行检验，货物水分含量确保在8%以下，并将取得有关货物的数据、资料告知保险人。

1996年12月29日，贸易公司将准备交予某远洋运输公司所属A轮由山东运往英国的8000余吨花生仁/果向保险公司投保，并提交了相关单据，保险公司出具了正式保单。

1997年3月6日，A轮抵达目的地，收货人发现其中部分货物有霉损。经现场联合检验，结果为部分货物发霉、短卸、短量。发生货损后，贸易公司向保险公司提出索赔，认为发生了保险合同约定的保险事故，保险公司应向贸易公司赔偿上述货物损失。

保险公司接到索赔通知后，经调查取证，获取了贸易公司向商检局出具的接受不符合保险协议和信用证要求的货物的保函。保险公司据此认为，保险标的物在起运前即存在水分过高、不符合要求等严重问题，贸易公司对其投保的标的物存在问题应该非常清楚，但其在投保时未将上述情况告知保险人。于是，保险公司作出拒赔的决定。

贸易公司接到保险公司的拒赔通知后，向法院提起诉讼。

一审法院认为：保险人提供的证据不能证明五份质检证书是贸易公司伪造的。贸易公司致函商检局，是为了修改信用证，商检局并未因接函而出具水分含量符合标准的质检证书，保险人所谓贸易公司为取得水分含量符合标准的质检证书而向商检局出具保函的证据不足。四份保函，是托运人与承运人为履行运输合同的行为，而非贸易公司的行为，因此，保险人所谓贸易公司明知花生仁/果水分含量超过8%而向承运人提供了保函，却故意隐瞒了这一重要情况向保险人投保，缺少证据。保险人在收到贸易公司投保时提交的添加了水分含量的4份质检证书和其他质检证书后，应询问贸易公司，保险人当时没有这样做。而在保险事故发生后称贸易公司投保时明知花生仁/果水分含量超过约定的8%，骗取了保险人的承保，保险人的理由不足，缺少证据。一审法院判决保险人向贸易公司付清A轮所载货物霉损、短卸、短量损失计51.38万美元及其利息。

保险公司不服一审判决，提起上诉。二审法院经审理认为，贸易公司未履行如实告知义务，保险公司不承担赔偿责任。于是判决撤销一审判决，驳回贸易公司的诉讼请求。

对本案进行分析。分析要点：贸易公司是否履行了如实告知义务、该批货损是否属保险责任。

[案例二]　1994年8月2日，新加坡A公司与卖方某医药保健品进出口公司（以下简称B公司）签订了编号为A—0522的成交确认书。根据合同规定，由卖方按CIF新加坡的价格条款向A公司销售虫草300公斤，货物由中国口岸空运到新加坡，并由卖方负责投保，合同总额24.6万美元。随后A公司即按合同要求以电汇方式把货款汇给卖方，卖方即于1994年8月12日在广州把300公斤虫草交付D公司承运，并由D公司出具了编号为WF0714号广州至新加坡的全程空运单。同时，卖方向保险公司办理了货物的投保手续，保险公司出具了货物航空运输保险单，保险金额为26.84万美元，运输方式为空运，投保险种为航空运输一切险（根据中国人民保险1981年1月1日航空运输货物保险条款），起运地为广州，目的地为新加坡，赔付地为新加坡。卖方

把背书后的保险单连同发票、装箱单、全程空运单等全套单据送交 A 公司，从而使 A 公司成为上述保险单的合法受益人。上述 300 公斤虫草于 1994 年 8 月 21 日在广州海关报关出口，经海关查验，证实箱内货物为虫草。8 月 23 日，A 公司在新加坡机场仓库提货时，发现上述 300 公斤虫草全部被盗，A 公司通知了保险公司在新加坡的保险代理人到场查验，证实货物在运输途中被盗。货损发生后，A 公司凭保险单及其他文件向保险公司提出索赔，保险公司以本案涉及的损失是由发货人在事先未通知保险人的情况下擅自改变运输方式所引起的，属于保险除外责任拒赔。

经调查，保险单上约定的由广州空运至新加坡的运输方式和线路被改为由广州运至中国香港，再由中国香港空运至新加坡。由于交付陆运和空运时毛重不同，说明货物是在广州出关后在路运途中被盗的。

对本案进行分析。分析要点：投保人在事先未通知保险人的情况下，擅自变更运输路线和运输方式，造成的保险标的被盗是否属于保险除外责任？

[案例三]　某保险公司于 1999 年 6 月 3 日承保了李自力的机动车辆保险，在其尚未交付保费的前提下，业务员将保单正本和保费收据一并交给了他，此后多次催促其支付保费，李均以资金不足为由拖延。同年 10 月 10 日，李的车辆发生交通事故而全损。事后，在 10 月 11 日李某立即向保险公司以现金方式补交了全年保费，此时，保险公司还不知道已经发生了事故，为了核销挂账的该笔应收保费，保险公司接受了此保费。随后李向保险公司报案，保险公司调查真相后，以李自力在发生事故前未及时交付保费为由予以拒赔，李不服，以保险公司已接受了其保费而未履行赔偿义务为由向法院提起诉讼。

对本案进行分析。分析要点：保险公司能否以李自力在发生事故前未及时交付保费为由予以拒赔，为什么？

■第三节　损失补偿原则

保险是一种经济补偿制度，经济补偿是保险经营的本质和核心所在。损失补偿原则是保险赔偿的重要原则。需要说明的是，损失补偿原则适用于补偿性的保险合同，包括财产保险、责任保险和信用保险，而对给付性的人身保险合同并不适用。

一、损失补偿原则的含义

损失补偿原则是指保险合同生效后，如果发生保险责任范围内的损失，被保险人有权按照保险合同的约定，获得保险利益范围内的经济赔偿。保险赔偿是为弥补被保险人因发生保险事故遭受经济损失但不能通过赔偿获得额外利益而设的。

损失补偿原则包括两层含义：一是损失补偿是以保险合同规定范围内的风险事故所造成的损失为前提；二是被保险人所获得的补偿以弥补被保险人的实际损失为限，即恰好恢复到损前状态。被保险人获得的补偿不仅包括对保险标的的损失的赔偿，还包括对在保险事故发生后被保险人为防止或减少保险标的的损失所支付的必要的、合理的费用，它还包括：被保险人为查明和确定保险事故的性质、原因和保险标的的损失程度所支付的必要的、合理的费用；责任保险的被保险人，因给第三者造成损害的保险事故而被仲裁和诉讼的（除合同另有约定外），由被保险人支付的仲裁或诉讼费，以及其他必要的、合理的费用。保险人对这些费用的赔偿数额，在保险标的损失赔偿金额以外另行计算，最高不超过保险金额的数额。

二、损失补偿原则的补偿限制

为贯彻补偿原则的基本要求，对不定值保险合同，即保险人和投保人在订立保险合同时并不约定保险价值，只约定保险金额的保险合同（绝大部分保险合同属于此种），保险人的赔偿金额以实际损失为限，以保险金额为限和以被保险人对保险标的的所拥有的保险利益为限，并选择其中实际货币量最小的一项为最终的赔偿金数额。其目的是使被保险人通过赔偿能够恢复到损失前的状态，又不能由于保险赔偿而额外获利。

首先，以被保险人的实际损失为限。在保险事故发生后，保险标的实际损失以其受损时的市场价值为限，全部损失全部赔偿，部分损失部分赔偿。例如，某起重运输公司承运电力局一台大型变压器，该变压器价值 30 万元，并以此作为保险金额投保国内货物运输保险。不料在运输中发生意外事故，该变压器滑落地面变形受损，被保险人提出全额赔偿，而保险公司聘请有关技术专家认定该变压器虽受损严重，但还可以修复至技术指标的可靠标准，于是最终以修复价给予赔偿。

其次，以投保人投保的保险金额为限。保险金额是保险合同中确定保险保障的货币额度，是计算保险费的依据，也是保险人履行赔偿责任的最高限额。赔偿金额只能等于保险金额或低于保险金额，如果超过此限额，保险人将处于不平等地位。因为，损失补偿同样要遵守权利与义务对等原则。例如，某建筑物投保时按其实际价值 100 万元投保火灾保险，后因发生火灾全部毁损。由于房价上涨，受损时房屋价格已达 120 万元，保险公司赔偿金额以不超过保险金额为限，只能赔偿其 100 万元。

最后，损失赔偿以投保人所具有的保险利益为限。即保险人对被保险人的赔偿以被保险人所具有的保险利益为前提条件和最高限额。例如，保险期限内保险标的发生了保险责任范围内的损失，保险单列明的保险金额为 100 万元；在保险有效期内，被保险人将价值 100 万元的财产的 60％出让给另一个合作者；保险事故发生后，保险标的的全部遭到损失，由于被保险人只对保险标的的具有 40％的利益，则保险人只能支付保险标的的价值 40％部分的损失赔款。

在保险实务中，以上三个限额同时起作用。当以上三个限额不一致时，保险人最终对被保险人的实际赔偿金额，以其中实际货币量最小的一项作为赔偿金额。例如，投保人陈女士以自己的汽车购买了机动车辆保险，投保金额为 10 万元。在保险期限内，陈女士的汽车发生保险事故全部损失，当时该种类型汽车的市场价格为 8 万元。由于合同中的保险金额大于实际损失，保险公司不能按照保险金额赔偿，只能按照发生保险事故当时的市场价值 8 万元赔偿。再如，如果陈女士车辆发生部分损失，若投保时约定的保险金额 10 万元小于发生保险事故时保险标的的市场价值 12 万元，按保险金额与实际价值的比例赔偿。假设陈女士汽车修理费用为 6 万元，那么保险公司应该赔偿的保险金为

5 万元 （$6 \times \dfrac{10}{12}$）。

三、损失赔偿方式

损失赔偿方式是损失补偿原则的具体应用。财产保险赔偿方式主要有以下两种。

（一）第一损失赔偿方式

第一损失赔偿方式也称第一危险赔偿方式，我国财产保险中的家庭财产保险采取此种赔偿方式。第一损失赔偿方式，是指保险人按被保险人的实际损失赔偿，但以不超过保险金额为限。当实际损失小于或等于保险金额时，保险人按实际损失支付赔款。其计算公式为

当损失金额≤保险金额时，赔偿金额＝损失金额

当损失金额＞保险金额时，赔偿金额＝保险金额

第一损失赔偿方式是把保险财产的价值分为两部分：第一部分为保险金额以内的部分，这部分已经投保，保险人对其承担损失赔偿责任；第二部分为超过保险金额的部分，这部分由于未投保，所以保险人不承担赔偿责任。由于保险人只对第一部分的损失（或称第一部分的危险）承担赔偿责任，故称为第一损失（危险）赔偿方式。这种赔偿方式较简便，但不够准确，对保险人欠公允。

（二）比例计算赔偿方式

我国财产保险中的企业财产保险使用此种赔偿方式。比例计算赔偿方式是按照保障程度，即保险金额与损失当时的保险财产的实际价值的比例计算赔偿金额。其计算公式为

$$赔偿金额＝损失金额 \times \frac{保险金额}{损失当时保险财产的实际价值}$$

如果受损财产的保险金额高于受损财产当时的实际价值，赔款金额以不超过损失金额为限；如果受损财产的保险金额等于受损财产损失当时的实际价值，按保险金额赔付；如果受损财产的保险金额小于受损财产的实际价值，则按保险金额与受损财产当时的实际价值的比例赔偿。例如，某企业将固定资产以 100 万元的保险金额向保险公司投保火险，保险有效期内发生保险责任范围内的损失，经查勘，受损财产按市价计算恢复原状的修复费用为 60 万元，该项固定资产受损当时保险财产的实际价值为 120 万元，则保险人应该支付的赔款 $600\,000 \times \dfrac{100}{120}＝50$ 万元。

采用比例赔偿计算方式，保险金额越接近保险财产的实际价值，赔偿金额也越接近保险金额，从而保险程度也越高。如果保障程度是百分之百，赔偿金额就等于损失金额。因此被保险人若想得到十足补偿，就必须按照财产的实际价值足额投保。

如果是定值保险合同，即保险双方当事人在订立保险合同时约定保险标的的价值，并以此确定保险金额，视为足额投保。当保险事故发生时，保险人不论保险标的损失当

时的市价如何，即不论保险标的的实际价值大于或小于保险金额，均按损失程度十足赔付。其计算公式为

$$赔偿金额＝保险金额×损失程度（\%）$$

在这种情况下，保险赔款可能超过实际损失。因此，定值保险是损失补偿原则的例外情况。海洋货物运输保险通常采用定值保险方式。这是因为运输货物出险地点不固定，各地的市价差异较大。如果按照损失当地、当时的市价确定赔偿金额，不仅比较麻烦，而且容易引起纠纷，故采用定值保险方式。

■第四节 损失补偿原则的派生原则

重复保险的损失分摊原则和代位求偿原则之所以是损失补偿原则的派生原则，其原因在于这些原则可以确保补偿原则的实现，防止被保险人因同一损失获得超额赔偿。

一、重复保险损失分摊原则

在重复保险情况下，当保险标的发生损失时，被保险人有可能就同一损失分别向两个以上保险人索要保险赔偿金，使被保险人所获得的保险赔偿总和超过其实际损失，这是违背补偿原则的。因此，为了防止被保险人不当得利，确立了重复保险损失分摊原则。

（一）重复保险的含义

重复保险是指投保人以同一保险标的、同一保险利益、同一保险期间、同一保险事故分别与两个（包括两个）以上保险人订立两个（包括两个）以上保险合同，且保险金额总和超过保险价值的保险。构成重复保险的要素有如下四方面。

1. 同一保险标的且同一保险利益

只有同一保险标的同时拥有两份或两份以上保险合同时，才可能构成重复保险。如果投保人就两个以上（包括两个）保险标的分别与若干保险人订立保险合同，则不构成重复保险。如一个投保人将其汽车向甲保险人投保车辆保险，以其住房向乙保险人投保房屋保险，显然构不成重复保险。再如同一房屋，甲以所有人的利益投保，乙以抵押权人的利益投保，甲乙的保险利益不同，也构不成重复保险。

2. 同一保险事故

只有投保人将同一保险标的的同一保险事故分别与两个或两个以上保险人签订保险合同时，才有可能构成重复保险。如果投保人就同一保险标的的不同保险事故分别与两个或两个以上保险人订立保险合同，则构不成重复保险。例如，某企业销售一批产品，运往外地，既要防止该产品在运输途中遭遇意外事故发生毁损，又要防止该产品由于质量问题发生退货、修理等损失，该企业就该货物与甲保险公司订立货物运输保险合同，与乙保险公司订立产品质量保险合同，由于保险利益不同，构不成重复保险。又如企业的厂房、机器设备等会因火灾等事故遭受直接物质损失，而且造成企业营业中断及利润

损失，企业就其厂房、机器设备等与甲保险公司订立火灾保险合同，与乙保险公司订立营业中断保险（又称利润保险）合同，也不属于重复保险。

3. 同一保险期间

只有当投保人就同一保险标的、同一保险事故分别与两个或两个以上保险人订立保险合同，并且保险期间有重叠时（部分重叠或全部重叠），才构成重复保险。如果保险期间首尾相接，此止彼起并无重叠，则不属于重复保险。例如，两份保险合同的保险标的和保险责任完全相同，但其中一份保险合同的保险期间的终止，另一份保险合同的保险期间才开始，则不构成重复保险。因为，无论何时发生保险事故，被保险人只能就一份有效的保险合同向承保的保险人请求赔偿，不能同时获得两份保险合同的赔偿。

4. 与两个以上保险人订立两个以上内容相同的保险合同

这一条件是指投保人与两个以上（包括两个）的保险人就同一保险标的、同一保险事故、同一保险期间订立两个以上保险合同（包括两个）。如果投保人与同一保险人就同一保险标的、同一保险事故、同一保险期间订立一个保险合同，不是重复保险，最多构成超额保险；如果投保人就同一保险标的、同一保险事故、同一保险期间与两个以上保险人订立一份保险合同，成为共同保险。

（二）重复保险的分摊原则

1. 重复保险的分摊原则的含义

在重复保险情况下，各保险人赔偿保险金的总和不得超过保险价值。赔偿金额应在各保险人之间进行分摊。

2. 重复保险的分摊方式

（1）比例责任分摊方式。比例责任分摊方式是指各保险人按其所承保的保险金额占总保险金额的比例承担赔偿责任，总保险金额为各保险人承担的保险金额之和，即

$$每个保险人承担的赔偿责任 = 损失金额 \times \frac{该保险人的保险金额}{总保险金额}$$

此法具有较强的可操作性，在我国广泛应用。例如，某企业将其价值 200 万元的财产分别在 A、B、C 三家保险公司投保，保险金额分别是 100 万元、60 万元和 40 万元，保险标的在保险期限内发生保险事故，损失金额为 100 万元，按比例责任分摊方式，A、B、C 三家保险公司各应分摊的赔款分别为 50 万元（$100 \times \frac{100}{200}$）、30 万元（$100 \times \frac{60}{200}$）、20 万元（$100 \times \frac{40}{200}$）。此种分摊方式对保险人较为公平合理，实现了权利与义务的对等。但对被保险人较为麻烦，因为各保险人承担各自的赔偿责任，没有连带关系，被保险人需向各保险人分别索赔，如果其中某一保险人支付能力发生困难，被保险人可能得不到全部赔偿。

（2）限额责任分摊方式。限额责任分摊方式也称独立责任。它是以在没有重复保险情况下，各保险人依其所承担的保险金额而应付的赔偿金额与各保险人应付赔偿金额总和的比例，来承担损失赔偿责任。其计算方法是

$$每个保险人承担的赔偿金额＝损失金额×\frac{该保险人的保险金额}{保险标的损失时的实际价值}$$

$$每个保险人实际分得的赔款＝损失金额×\frac{每个保险人应承担的赔偿金额}{所有保险人应承担的赔偿金额总和}$$

例如，A、B 两家保险公司承保同一财产，A 保险公司承保保险金额 40 000 元，B 保险公司承保保险金额 60 000 元，现造成保险损失 50 000 元。A 保险公司在无 B 保险公司的情况下应赔 40 000 元，B 保险公司在无 A 保险公司的情况下应赔 50 000 元，在重复保险情况下，以限额责任赔偿。

$$A 保险公司赔付：50\ 000×\frac{40\ 000}{90\ 000}≈22\ 222（元）$$

$$B 保险公司赔付：50\ 000×\frac{50\ 000}{90\ 000}≈27\ 778（元）$$

（3）顺序责任限额责任分摊方式。顺序责任限额责任分摊方式是以签发保险单的顺序来处理赔款，先出单的保险公司先赔，后出单的保险公司只有在损失金额超出第一家保险公司的保险金额时，才承担超出部分的赔款，依此类推。

二、代位原则

代位原则也属于损失补偿原则的派生原则。在财产保险实践中，保险标的的损失是由第三者的责任造成的情形较为普遍。为保护被保险人的利益，各国保险立法均规定，被保险人既可以直接向第三者索赔，也可以直接向保险人索赔。如果既允许被保险人从第三者那里获得损失赔偿，又允许被保险人从保险人那里获得损失赔偿，那么被保险人的所得就会超过保险利益，这是违背损失补偿原则的。同时，在保险财产发生推定全损的情况下，保险标的并未完全损毁和灭失，保险人按全损支付赔款后，被保险人由此可能额外获利。为使被保险人既获得充分补偿，又不超过其实际损失，在损失补偿原则的基础上派生出代位原则。

代位原则是指保险人依照法律或保险合同的约定，对被保险人因保险事故所致损失予以赔偿后，取得向对保险财产损失负有责任的第三方的索赔权或取得被保险人对保险标的的所有权。

代位原则包括两个方面：①代位求偿，也称权利代位；②委付，也称物上代位。

（一）代位求偿

1. 代位求偿的含义

代位求偿也称代位追偿，是指第三者对保险事故的发生并造成保险标的的损害应负赔偿责任的，保险人自向被保险人支付保险金之日起，在赔偿金额范围内，有取得代替被保险人向第三者追偿赔偿金的权利，保险人享有的这种权利称为代位求偿权（right of subrogation），也称权利代位。

代位求偿制度产生的法律依据包括两个方面。一是财产保险的补偿原则，即被保险人通过保险获得的经济补偿，不应超过保险财产的实际损失。由于在由第三者的责任致保险财产损失的情形下，既允许被保险人从保险人那里获得保险金赔偿，又允许被保险人从第三者那里获得赔偿。被保险人的这两项权利均符合法律要求，两项赔偿请求权，都受到法律保护。被保险人因依法享有双重赔偿请求权，而有可能获得双重的赔偿，使被保险人获得超过其实际损失的赔偿。为了解决这个矛盾，世界上大多数国家法律规定，保险人在赔偿被保险人之后，可以采用代位求偿的方式向负有责任的第三方索赔。二是民法的公平原则，即在第三者的责任致保险财产损失的情形下，因为保险人对被保险人的保险金赔偿，而使第三者免除民事责任，则会使保险法律制度成为违法行为人逃避民事法律追究的借口。这不仅对保险人是不公平的，更是法律的不公平。因此，当保险人向被保险人赔偿保险金后，保险人享有向第三者主张赔偿的权利。

2. 代位求偿的实现条件

（1）第三者对保险标的造成的损失必须在保险合同所规定的责任范围内，即保险事故只有在保险合同所规定的责任范围内，被保险人才具有选择赔偿主体的权利，也才能产生代位求偿。对保险合同规定范围外的损失，被保险人只能向第三者求偿。

（2）保险人已经赔偿保险金。这是因为，保险人行使代位求偿权的法律依据，实质上是债务转移的法律制度。而保险人与被保险人之间只是保险合同法律关系，它与被保险人与造成保险财产损失的第三者之间的债务关系是两种关系。保险人只有在依据合同向被保险人赔偿保险金后，才能成为新的债权人，才有权利享有被保险人对第三者的代位求偿权利。

（3）被保险人不得放弃对第三者的请求赔偿的权利。因为代位求偿权是被保险人将自身向第三者请求赔偿的权利转让给保险人所取得的权利，保险人只是代替被保险人行使求偿权。《保险法》第六十一条对被保险人放弃向第三者请求赔偿的权利的法律后果，以保险人是否赔偿保险金为依据规定了两种：保险事故发生后，保险人未赔偿保险金之前，被保险人放弃对第三者的请求赔偿的权利的，保险人不承担赔偿保险金的责任；保险人向被保险人赔偿保险金后，被保险人未经保险人同意放弃对第三者请求赔偿的权利的。该行为无效。

（4）保险人在代位求偿中所享有的权益范围以其对被保险人赔偿金额为限。如果保险人在行使代位追偿的过程中，所获得的赔偿金额超出其向被保险人履行赔偿责任的全部金额，超出部分必须返还给被保险人，即保险人不能运用代位求偿权利而获得超出其实际赔偿的利益。例如，某项保险金额为 80 万元的固定资产发生保险责任范围内的损失，该项保险责任是由第三者造成的，该项资产损失时的实际价值为 100 万元，损失额为 50 万元，保险人向被保险人支付了 40 万元（$50 \times \frac{80}{100}$）赔款后，取得了向第三者的代位求偿权，求偿金额为 50 万元，保险人须将超过 40 万元以上的部分，即 10 万元归还给被保险人。同时，保险人行使代位求偿权时不影响被保险人还应具有的剩余追偿权，即当被保险人的代位求偿权只是部分转移给保险人时，被保险人自己拥有的追偿权同时有效。

代位求偿是损失补偿原则的派生原则，适用于财产保险合同，对人身保险并不适用。《保险法》第六十八条规定，人身保险的被保险人因第三者的行为发生死亡、伤残或者疾病等保险事故的，保险人向被保险人或受益人给付保险金后，不得享有向第三者追偿的权利，但被保险人仍有权向第三者请求赔偿。

（二）委付

1. 委付的含义

委付（abandonment），也称物上代位，是指当保险标的发生保险责任范围内的损失，经保险人对保险标的的推定全损后，被保险人将保险标的的一切权益转移给保险人，要求保险人按保险金额全数赔偿的法律行为。委付可以避免被保险人在获得保险人的全部赔偿金后继续保留对受损财产残值的所有权，从而获得额外利益。

2. 委付必须具备的条件

（1）保险标的发生保险责任范围内的推定全损。保险标的的全部损失包括两种情况：实际全损和推定全损。实际全损是指保险标的的全部毁损、灭失或完全变质失去原有使用价值。例如，船舱发生火灾货物被烧毁；茶叶被海水浸泡后失去使用价值。推定全损是海上保险特有的制度。它是指货物虽未遭受全部灭失或损毁，但实际全部损失已不可避免，或者对残损货物的施救、修复、整理或运送到原目的地的费用超过获救货物的价值。这种所得已不能补偿所失的情况，就构成了推定全损。实际全损没有委付的必要，因为保险人自然根据保险合同赔偿保险标的的全部损失；而推定全损事实上只是部分损失，被保险人如果不采取委付，就只能向保险人请求部分损失赔偿。为了使保险损失得以全部赔偿，就必须通过委付来实现。

（2）委付必须就全部保险标的提出要求，经保险人承诺才能有效。不得仅就保险标的的一部分申请委付，另一部分则不申请委付。不能附加任何条件，附加有条件的委付无效，并且保险人可以接受委付，也可以不接受委付。

（3）保险人一经接受委付，就必须向被保险人按照全部损失的赔偿方式支付保险金，同时也承担了对保险标的的全部权利与义务，包括处理保险标的的过程中可能产生的超出保险赔偿金的利益。

应该指出，委付与代位求偿是有区别的。一是保险人通过委付不仅获得保险财产的权利，而且承担相应的义务，如修复；但在代位求偿情况下，保险人仅获得向第三者求偿的权利，不承担任何义务。二是保险人通过委付取得保险标的物后，处理保险财产所得利益超过保险赔款，归保险人所有，而代位求偿中保险人最多取得保险赔偿金范围内的权利。

练习：相关案例分析

[**案例一**]　1997年6月5日，某水产公司分别就其汽轮机组和固定资产向某保险公司投保，保险公司分别签发了两份财产保险综合险保险单，保险期限1年，该水产公司当场交付了全部保险费。前一份保险单约定保险标的为一套汽轮机组，保险金额为保险价值700万元加成20%，即840万元，保险费20 160元。后一份保险单约定保险标的为该水产公司的固定资产（固定资产账面值为26 738 975.35元，其中冷凝式汽轮船1台，以及10吨锅炉2台，已在前一份保险单中作为保险标的）保险金额为25 000万

元，保险费 6 万元。

在保险责任期限内的 1997 年 8 月 19 日，该水产公司的保险标的遭受强台风、暴雨、潮汛形成的水灾侵袭受损，向保险公司索赔，遭到拒赔，双方争执未果而提起诉讼。

1997 年 12 月，某中级法院受理了这一保险金纠纷案。审理中，法院以恢复受损财产原功能为原则，委托相应中介机构分别就保险标的项目中的土建工程和机器设备进行恢复原功能费用的鉴定评估。经估定，土建工程修复费用为 2 787 648 元；机器设备修复费用为 664 122.91 元，其中汽轮机组保险单项下冷凝式汽轮机和 10 吨锅炉恢复费用为 503 856.38 元；固定资产保险单项下机器设备修复费用为 160 266.53 元。这样固定资产保险单项下土建工程和机器设备损失即为 2 787 648 元 ＋ 160 266.53 元 ＝ 2 947 914.53 元。抢救费用经确认为 17 000 元。

对本案进行分析。分析要点：根据所学知识，分析上述两份保险合同应如何赔偿并计算赔偿金额。

[案例二]　某年 1 月，王某向某保险公司投保了家庭财产保险及附加盗窃险，保险金额为 10 万元，期限 1 年。同年 3 月，王某所在单位为每名职工在另一保险公司投保了家庭财产保险及附加盗窃险，每人的保险金额为 5 万元，期限 1 年。两家保险公司分别向王某出具了保险单。投保当年的 8 月，王某家中起火，王某及时报警并参与抢救，同时通知了两家保险公司。灾后经现场勘验后认定，王某损失家庭财产价值 5 万元。王某于是先后分别向两家保险公司提出赔偿 5 万元的要求。两家保险公司以王某重复投保，造成保险合同无效为由拒绝赔偿。王某遂向法院提起诉讼，要求两家保险公司按合同的约定各赔偿 5 万元的经济损失。

对本案进行分析。分析要点：上述案例是否构成重复保险？保险公司应该如何赔偿？

[案例三]　某商贸公司从某省购得一批粮食，委托当地的粮食储运公司储存。该粮食储运公司将粮食运入粮库后向当地的 B 保险公司投保了财产保险综合险。与此同时，该商贸公司也以此批粮食为标的向当地 A 保险公司投保了财产保险综合险。一日，粮库发生意外火灾，这批粮食全部损毁。储运公司及商贸公司分别向各自投保的保险公司索赔，由此产生了一场争议：一种意见认为，商贸公司和储运公司将同一标的向两家保险公司投保，此属重复保险，根据《保险法》及保险合同的规定，对重复保险，各保险人按照其保险金额与保险金额总和的比例承担赔偿责任。另一种意见则认为，两个投保人以同一批粮食为保险标的向两家保险公司都投保财产保险综合险，但它们的保险利益不同，此案中商贸公司的保险利益为对这批粮食的所有权，储运公司的保险利益为对这批粮食的保管权，此案不属重复保险。

对本案进行分析。分析要点：上述案例是否构成重复保险？保险公司应该如何赔偿？

[案例四]　A 公司于某年 3 月，将其轿车向某保险公司投保了车辆损失险、第三者责任险、盗抢险等险种，其中盗抢险的保险金额为 36 万元。9 月，该车由某物业公司开办的汽车保管站保管时被盗（物业公司与业主之间签订有停车协议：业主车辆在汽

车保管站遭损或被盗，物业公司最高赔偿业主 15 万元），某保险公司依据保险合同的约定，向被保险人支付保险赔偿金 25.8 万元。随后，被保险人向保险人签发了《权益转让书》，保险人取得该车项下价值 25.8 万元的代位追偿权。当保险公司向该物业管理公司索赔时遭到拒绝，保险公司便向法院起诉该物业公司，索赔金额 25.8 万元。

对本案进行分析。分析要点：物业公司因保管不善导致投保汽车丢失，保险人是否应该承担赔偿责任？保险公司在赔偿后能否向物业公司追偿？追偿金额是多少？

[案例五]　某面粉厂于 1996 年 3 月 11 日与保险公司签订了保险合同，为刘某等 36 个一线工人投了团体意外伤害保险，保险金额为每人 20 000 元，保险期限 1 年，保险费已于 3 月 11 日一次交清。1996 年 10 月 4 日，刘某在上班途中横穿马路时被公共汽车撞倒，经抢救无效，于 1996 年 10 月 6 日死亡，共用去抢救费用 8000 元。事故经交警勘查、鉴定，车祸事故的责任在于公共汽车司机违章驾车。公共汽车公司全额支付了刘某的抢救费用，并给付丧葬费和抚恤金共 10 000 元。事故处理完后，刘某之子刘甲持保险凭证及有关单证向保险公司索赔，要求保险公司给付其父因车祸死亡的保险金 20 000 元。保险公司经调查核实，认为刘某因车祸死亡属于保险责任范围内的保险事故，保险公司本来应付刘某保险金 20 000 元，但因车辆的责任在于公共汽车公司，既然公共汽车公司已经赔偿 18 000 元，那么保险公司应只赔偿保险金与公共汽车公司赔偿数额的差额。保险公司决定只给付刘某保险金 2000 元，刘某不同意，向人民法院提起诉讼。

对本案进行分析。分析要点：人身意外伤害保险是否存在代位求偿问题？为什么？保险公司应如何赔付？

[案例六]　个体运输专业户张某将其私有东风牌汽车向某保险公司足额投保了车辆损失险，保险金额 10 万元，以及第三者责任险，保险金额为 4 万元。保险期限为 1 年。在保险期限内的某一天，该车在外出办事途中坠入悬崖下一条湍急的河流中，该车驾驶员系张某堂兄，有合格驾驶执照，不幸随车遇难。事故发生后，张某向保险公司报案索赔。该保险公司经过现场查勘，认为地形险要，无法打捞，按推定全损处理，当即赔付张某人民币 10 万元；同时声明，车内尸体及善后工作保险公司不负责任，由车主自理。后来，为了打捞堂兄尸体，张某与李某达成一协议，双方约定：由李某负责打捞汽车，车内尸体及死者身上采购货物的 2800 元现金归张某，残车归李某，李某向张某支付 4000 元。残车终于被打捞起来，张某和李某均按约行事。保险公司知悉后，认为张某未经保险公司允许擅自处理实际所有权已转让的残车是违法的。双方争执不果而诉讼。

对本案进行分析。分析要点：在保险公司推定该车全损，给予车主张某全额赔偿的情况下，张某未经保险公司同意私自打捞残车是否合法？本案残车的实际所有权应归谁所有？为什么？李某打捞残车付出了艰辛的劳动，应该由谁补偿？

■第五节　近因原则

近因原则是保险理赔中必须遵守的一项基本原则。它是在保险标的发生损失时，用来确定损失原因与损失结果之间的关系，进而判定事故是否属于保险责任及保险公司是否应该赔偿的原则。

在保险实践中，对保险标的的损失是否进行赔偿，取决于造成该损失的原因是否属于保险责任范围内的事故。而保险标的的损失并不总是由单一原因造成的，其损失原因也是多样的：有时多种原因同时发生，有时多种原因连续发生，有时多种原因间断发生。近因原则要求从中确定致损真正的有效原因，即近因，并以此判定是否进行赔偿。以近因原则判定保险责任，是国际上百年来从保险实践中总结出来的，它能较为合理地认定保险责任的归属，有利于保险人和被保险人的利益。

一、近因原则的含义

1924 年，英国上议院在宣读的法官判词中，对近因的含义作了明确的解释："近因是指处于支配地位或起决定作用的原因，即使在时间上它不是最近的。"所谓近因，是引起保险标的损失的最直接、最有效、起决定作用的原因，但并非任何时间上空间上最接近损失的原因都符合近因原则。例如，战争期间，某国外贸企业将投保一切险的出口商品运至码头仓库待运，此时遭遇敌机轰炸，引起仓库受损，使出口商品受损，被保险人要求保险公司赔偿，保险公司予以拒绝，理由是造成货物受损的原因有两个，投弹和火灾，而投弹是造成货物损失的近因，该近因不属于保险责任范围的事故，保险公司不应赔偿。

近因原则是指，当引起保险标的的损失近因属于保险责任范围的事故，保险人负责赔偿，反之则不负责赔偿。也就是说，近因原则对于保险人来说，他只负责赔偿承保风险作为近因所造成的损失，对非承保风险为近因所造成的损失不承担赔偿责任。

二、近因原则的应用

近因原则在理论上简单明了，但在实际应用中相当复杂。如何在众多的损失原因中判断出近因，这是决定保险公司是否进行赔付的关键。

（一）损失由单一原因造成

如果造成保险标的损失的原因只有一个，则该原因就是损失近因，如果该近因属于保险责任范围内的事故，保险人就履行赔偿责任，反之则不履行赔偿责任。如某机动车辆因本身设备原因发生自燃而导致损失，自燃为近因，如只投保了机动车辆保险的基本险，则自燃不属于保险责任，保险人不承担赔偿责任；如在投保基本险基础上有附加了自燃损失险，则保险人负责赔偿。

（二）损失由多种原因造成

如果造成损失的多种原因都属于保险责任，保险人必须对保险标的的损失进行赔偿。但如果其中既有保险责任，也有责任免除项目，则应酌情对待。

（1）多种原因同时发生或先后发生，但都是相对独立的。如果在多种原因中有承保风险也有除外风险，而损失可以分解，则保险人只对承保风险导致的损失部分承担赔偿责任。如果损失不能分解，要具体情况具体分析，在分析时可参考国外的一些重要判例或习惯做法。例如，汽车发动机故障导致自燃，同时遭遇冰雹袭击，后因及时救助，车辆未全损。该车辆投保了机动车辆险，自燃为除外责任，自燃损失与外界冰雹砸伤易于分解，则保险人只承担冰雹造成的损失。再如，一艘船舶装载的货物在运输途中遭遇恶劣气候，先是被海水浸泡，后又被暴雨淋湿，货物受损严重。造成货物损失的原因有海水浸泡和雨淋两种，它们都是近因。若货主投保的是一切险，这两种近因均属于承保风险，保险人予以负责。若货主仅投保了水渍险，海水浸泡是承保风险，而雨淋则不是，当海水损失和雨淋损失可区分时，保险人仅赔前一种损失，而对雨淋损失不赔偿；当两种损失不能区分时，保险人都不赔偿。

（2）多种原因连续发生。多原因连续作用下导致的损失，因各个原因之间没有中断，前后之间互为因果关系，形成因果链。在这些原因中，最先发生并造成一连串事故的原因，即这条因果链的首环就是近因。这常被称为"链条原理"。如果该近因为保险责任，保险人负责对损失的赔偿，反之则不负责。例如，一艘装载皮革和烟叶的船舶在航行途中遭遇海难，海水进舱，烟叶没有水渍损失，皮革却被浸泡腐烂发臭，皮革的恶臭味使烟叶完全变质。造成烟叶受损的原因有海难和皮革腐烂两种，其中海难是由"海难→皮革腐烂→烟叶变质"所形成的因果链的首环，是近因。货主若仅投保了水渍险（未加保串味险），因为近因即海难为承保风险，保险人仍应负责赔偿。再如，一批投保了一切险的粮食由于自身含水量过高在运输途中发霉而受损。造成粮食损失的原因有含水量过高和霉变两种，其中含水量过高是由"含水量过高→霉变→粮食损失"所形成的这条因果链的首环，是近因。虽然霉变为海上货物运输一切险的承保风险，但因近因即含水量过高属于被保险货物自身品质不良属于一切险的除外责任，保险人对粮食损失不赔。

（3）多种原因的发生存在因果关系，但形成的因果链被新的、相对独立的原因插入而中断。在这些原因中，新插入的、致使因果链中断的原因就是近因。如果该近因属于保险责任范围，保险人应赔偿，反之则不赔偿。例如，某家投保企业财产保险的工厂，厂房遭遇雷击起火，火势迅速蔓延，为避免更大损失，工人们把抢救出来的财产堆放在厂外，不料被人偷走。造成财产损失的原因有雷击、火灾和偷窃三种，其中偷窃是插入并切断由"雷击→火灾→财产损失"所形成的这条因果链的新的、独立的原因，是近因，因为偷窃不属于一般企业财产保险的承保责任，保险人不赔偿。但对新原因插入之前发生的承保风险造成的损失，保险人应予以赔偿。

练习：相关案例分析

[案例一]　1998年8月12日，某市百货商店向该市人寿保险公司投保团体人身意外伤害保险，保期1年，保额每人5000元。1999年5月8日，该商场职工吴某被摩托车撞伤，随即入院治疗，被诊断为右颅慢性硬膜下出血，9月20日死亡。吴某的指定受益人凭事故处理协议书与医院出具的"车祸脑外伤术后诱发肝昏迷"的证明，向保险公司申请给付。保险公司为慎重处理本案，进一步查阅了吴某住院病例，获知：吴某1994年曾患甲型肝炎住院治疗；1999年5月8日车祸受伤住院，手术消除脑血肿，术

后无异常。6月9日，吴感觉腹部不适，经检查发现肝硬化晚期，转内科治疗。9月20日肝昏迷导致全身衰竭死亡。据此，保险公司认为吴死亡之近因为肝炎而非车祸，而疾病死亡不属于团体人身意外伤害险的责任范围，故拒绝给付保险金，为此与受益人发生了争执。

关于本案有两种意见。

第一种意见认为，吴某死亡的直接原因是车祸，即意外伤害所至，属于保险责任范围。

第二种意见认为，吴某死亡的近因是肝炎，而肝炎不属于保险责任范围，保险公司不需给付保险金。

提示：虽脑外伤与肝部不适先后出现，但二者无联系。

对本案进行分析。分析要点：吴某死亡的近因是什么？保险公司是否应该赔付？

[**案例二**]　1997年12月28日，四川省某市果品公司通过铁路运输向黑龙江省某果品商场发运了一车皮红橘，共计1500篓。托运方果品公司通过承运方向本市某保险公司投保了货物运输综合险。

这车红橘约定在20天内运抵目的地。在卸货时，发现这辆装载红橘的车皮左侧有一破口，有明显的撬痕。为防止冻伤而设的保温被已被撕开，破口有1米长，0.8米宽。

卸货后经清点，发现红橘被盗85篓，经检验，还有250篓红橘已被冻坏变质。经检查，当地气温连续7天均在零下20摄氏度左右。该果品公司认为，自己采取了防冻措施，是因为盗窃行为造成防冻保温被被撕裂，才导致红橘冻损变质，于是向保险公司提出赔偿要求。

保险公司经审查认为：被盗的85篓红橘属于运输保险综合险的保险责任范围，应予以赔偿。但对受损而报废的250篓红橘，认为造成冻损的最直接原因是天气寒冷，盗窃行为并不必然引起保险标的红橘冻损。而寒冷的天气才是红橘冻损的最有效的必要条件。在货物运输综合险中，天气寒冷不属于保险责任范围，因此，对冻损的红橘保险公司拒绝赔偿。

对本案进行分析。分析要点：找出250篓红橘冻损的近因。

[**案例三**]　日本冲绳的川口淑子乘坐丈夫渡边洋一驾驶的丰田轿车去百货商场购物，中途不幸被一辆违章行驶的卡车撞伤。川口淑子头部受到重创，颈椎也受到伤害。神经受损导致长期头痛、失眠健忘、左眼失明、四肢麻木。交警现场勘察认定卡车司机在事故中负全责任。其后，卡车司机投保的"第三者责任保险"的保险公司向川口淑子支付了所有的医疗费用及精神抚慰费。

交通事故发生1年后，因再也无法忍受伤痛后遗症的折磨，川口淑子留下遗书后服毒自杀。渡边洋一请求卡车司机和保险公司对川口淑子的死亡进行损害赔偿，而保险公司以川口淑子的自杀同交通事故没有直接因果关系为由拒绝赔付。渡边洋一遂向冲绳地方法院提起诉讼。

对本案进行分析。分析要点：导致川口淑子自杀的近因。

[**案例四**]　2003年7月5日18时，某县城忽阴云密布，降特大暴风雨，许多树

木被吹折，多个电线杆被刮倒，以至全县发生停电。当日晚 21 时许，食品厂陈某加班后骑车回家途经一小马路时，被一横卧路面电线杆绊倒后触电，当场死亡。为此，陈妻提出县供电局应对陈某之死承担一切责任，要求其赔偿丧葬费、医疗费、抚养费等费用共计 20 万元。供电局代表则认为该事故与己方无关，因该事故是暴风雨意外造成的。经激烈争执，双方各不相让，于是陈某之妻将供电局告上法院。法院审理后认为：此电线杆属供电局主管，在电线杆被吹倒后长达数小时内，竟未采取任何妥善措施，以至于造成陈某触电身亡事故，供电局应承担侵权责任，判决供电局赔偿陈某家属医疗费、丧葬费等 15 万元。事故发生前，供电局已投保了供电责任保险。因此供电局向保险公司提出索赔。但保险公司认为：此次事故的原因是暴风雨。根据本公司的《供电责任保险条款》，暴雨等自然灾害属除外责任。供电局认为其所管理的供电线路因自身工作过失导致了陈某的死亡，供电局投保了责任保险，保险公司应当相应承担赔偿责任。双方各执一词，无法达成一致意见。

对本案进行分析。分析要点：本案中陈某的死亡的近因是暴风雨，还是供电局的过失。

关键词

保险利益　最大诚信　重要事实　告知　保证　代位求偿　物上代位　推定全损
委付　重复保险　近因

复习思考题

1. 何谓保险利益原则，坚持这一原则的重要意义是什么？
2. 财产保险与人身保险对保险利益的时效有何不同，为什么？
3. 何谓最大诚信原则，最大诚信原则的主要内容是什么？
4. 简述违反最大诚信原则的法律后果。
5. 简述损失补偿原则的含义及其坚持这一原则的重要意义。
6. 简述如何应用损失补偿原则进行损失赔偿。
7. 简述损失补偿原则的派生原则。为什么说它们是损失补偿原则的派生原则？
8. 简述代位求偿的实现条件。
9. 简述委付必须具备的条件。
10. 简述近因与近因原则的内容。

第二篇

保险业主要业务

第六章

财产损失保险

【学习目的】
1. 明确财产保险的业务体系的内容。
2. 掌握财产保险业务的特征和财产损失保险主要险种的内容。

保险按其标的的不同可以分为财产保险和人身保险两大类。财产保险按照其保险标的的性质又可以分为财产损失保险、责任保险和信用保证保险。财产损失保险，是财产保险中最传统、最主要的业务，是以被保险人的有形物质及其相关利益的损失为保障内容的各种保险业务的统称。它无论在保险标的上还是在经营上，都有别于其他种类的财产保险。本章阐述的是财产损失保险的主要业务。为便于理解财产损失保险的内容，首先对财产保险的共同特征进行阐述。

■第一节　财产保险概述

财产保险是现代保险业的两大支柱之一，它承保了被保险人的各种物资财产和有关利益，避免了由各种自然灾害和意外事故造成的物质财富毁损及利益损失给社会再生产和社会生活带来的巨大影响，使人们所面临的物质财产和经济利益风险得以集中和分散。随着社会生产和科学技术的发展，经济交往的多样化，法律制度的完善，财产保险所保障的范围日益扩大，除了对人的生、老、病、死、伤、残等给付保险金的人身保险以外，其他各种保险都可纳入财产保险的范畴。

一、财产保险的概念

财产保险（property insurance）是指以各种物资财产和有关利益为保险标的，以自然灾害意外事故造成的保险财产的毁损、灭失或相关利益的损害为保险事故，以补偿被保险人的经济损失为目的的保险。它是现代保险业的两大部类之一，起源于共同海损的分摊制度，经过海上保险、火灾保险时代，在 18 世纪因工业保险和汽车保险的出现和普遍发展而跨入现代保险阶段，19 世纪末产生责任保险和 20 世纪下半叶出现的科技保险则使现代财产保险产生了新的飞跃。

《保险法》根据保险对象不同，将商业保险分为财产保险和人身保险两大类，并分业经营。其中财产保险包括财产损失保险、责任保险、信用保险等业务；人身保险业务包括人寿保险、健康保险、人身意外伤害保险等。

国际上大多数国家根据保险业务的性质和经营规则，将整个保险业务划分为非寿险和寿险。非寿险是寿险业务之外的一切保险业务的总称，包括财产保险与短期人身保险（主要是短期人身意外伤害保险与短期健康保险）。国际上之所以将短期人身保险业务与财产保险相提并论，一同并入非寿险的范围，主要原因是这两者在补偿性质、保险期限、财务处理方式与责任准备金计提等方面具有共性。此外，财产保险及相关保险业务，在有的国家（如日本）还称为产物保险或损害保险，产物保险强调以各种财产物资作为保险标的，经营范围较窄。

《保险法》把商业保险业务直接划分为财产保险与人身保险两大类，显然与国际划分的寿险与非寿险两大类有差异。这种差异主要表现在业务经营范围的大小方面，并不会造成对财产保险性质等方面认识上的偏差。

二、财产保险的特征

财产保险作为商业保险的一大部类，它与人身保险在保障对象、运营过程与法律规范要求上有很大不同。

（1）保险标的的可估价性。财产保险的标的无论是归法人所有还是归自然人所有，无论是有形财产还是无形利益，均有客观而具体的价值标准，即均可用货币来衡量其价值。因此，保险事故所造成的损失程度是可以确定的，保险客户可以通过财产保险来获得相当于财产损失实际程度的补偿。而人身保险的标的，仅限于自然人的生命和身体，且无法用货币来估价，所以当保险事故发生或合同约定的条件具备时，保险人只能根据事先约定的保险金额给付保险金。

（2）业务性质是补偿性保险。财产保险是以补偿被保险人的物质财产和经济利益损失为职能的保险。财产保险保险人赔偿的目的，是补偿保险事故造成的保险标的损失，财产保险人承担起对保险客户保险利益的损失赔偿责任。尽管具体到财产保险经营实践中，有许多保险客户因未发生保险事故或保险损失而得不到赔偿，但从理论上讲，保险人的经营是建立在补偿保险客户利益损失的基础上的。因此，保险费率的制定，需要以投保财产或有关利益的损失概率为计算依据；财产保险基金的筹集与积累，也需要以能够补偿所有保险客户的保险利益损失为前提。当保险事故发生以后，财产保险讲求损失补偿原则，强调保险人必须按照保险合同履行赔偿义务。同时，不允许被保险人通过保险获得额外利益。由这一特征，派生出一系列与人身保险的差异，如在财产保险中，保险赔偿后即产生代位权，在人身保险中则没有代位权问题；在财产保险中，如果发生重复保险时，一旦发生保险事故后，保险责任由几家保险公司分摊，被保险人获得的赔偿不能超过其实际损失。人身保险则没有这一限制，即分摊性。

（3）保险标的的多样性和经营的风险性。财产保险的业务承保范围，包括了除自然人的身体和生命之外的一切风险的保险业务，它不仅包括各种差异极大的财产物资，如大到航天工业、核电工程、海洋石油开发，小到家庭和个人的财产；还包括各种无形财产，如被保险人可能承担的民事损害赔偿责任、商业信用风险；还包括预期利润，因保险事故发生可能增加的额外支出等。财产保险业务的广泛性，决定了财产保险的对象必然具有巨大的差异性，决定了财产标的的多样性，也决定了财产保险业务的经营方向具有更多的选择性。由于财产保险标的在形态上千差万别，在价值量上的大小也不同，如有价值量较小的家庭财产，也有价值量极大的航空器、核电站等，多种类、多领域的财产，带来了难以预防的多方面的风险，风险的分散给保险公司带来了极大的经营风险。由于保险公司自身很难分散风险，在其财产保险经营中，必然通过再保险实现风险的分散。

（4）保险合同为短期合同。财产保险的特点之一，是多为短期合同，保险期限一般都在一年之内或一个运程（海上运输保险）或一个建设期（建筑工程保险）。这与人身保险不同。正是由于这一特点，财产保险保单调整容易，对通货膨胀、利率变动有较强的适应性，但融资能力不强。

（5）承保与风险管理具有复杂性。在财产保险业务经营中，既要强调保前危险检查，承保时严格核保，又须重视保险期间的防灾防损和保险事故发生后的理赔与查勘等，承保过程程序多、环节多，保险人须熟悉各项的保险标的的相关知识。这种复杂性是人身保险经营中所不具有的。同时，在保险公司的经营中，财产保险公司的承保风险直接来自保险经营，即取决于实际发生的赔款与预计的保险赔偿基金的吻合程度，超过的程度越大，保险的财务稳定性就越差，保险经营的风险性就越大。而人身保险在处理风险方面，由于人身风险相对稳定，（尤其在预测保险事故发生的可能性上，比其他险种更为准确），而且每个人的保险金额相差不悬殊、数额较小，保险公司的经营风险主要来自于投资风险。因此，财产保险公司特别强调对承保环节的风险控制，而人身保险公司则更注重对投资环节的风险控制。

三、财产保险的业务体系

在我国，财产保险一般有广义与狭义之分。广义的财产保险是人身保险之外的一切保险业务的统称，狭义财产保险亦可称为财产损失保险，它是专指以财产物资为保险标的的各种保险业务。广义财产保险是一个庞大的业务体系，它由若干险别及其数以百计的险种组成。

广义财产保险是目前我国财产保险公司经营的主要内容，如表6-1所示。

通常按照保险标的的不同将财产损失保险分为火灾保险、运输保险、工程保险。农业保险由于其标的特殊性，虽被单列一个层次，但就其保障对象来说仍属于财产损失保险。

表 6-1　广义财产保险业务体系表

第一层次	第二层次	第三层次	第四层次
财产损失保险（以承保物质财产损失为内容的各种保险业务的统称）	火灾保险	团体火灾保险 家庭财产保险	财产保险基本保险、附加保险等 普通家财保险、还本家财保险等
	运输工具保险	机动车辆保险 船舶保险 飞机保险	车身损失保险、第三者责任等 普通船舶保险等 飞机机身保险、旅客责任保险、第三者责任保险等
	货物运输保险	内陆货运保险、海洋货运保险、航空货运保险等	基本险、综合险
	工程保险	建安工程保险 科技工程保险 机器损坏保险	建筑工程保险、安装工程保险等 航天保险、核电站保险等
农业保险（也可归入财产损失保险，但标的性质特殊，故单列）	种植业保险	农作物保险 林木保险	水稻、玉米、烤烟保险等 森林保险、果树保险等
	养殖业保险	畜禽保险 水产养殖保险 特种养殖保险	养猪、牛、马保险，养鸡保险等 淡水养鱼保险、养虾保险等 养鹿保险、鸵鸟养殖保险等
责任保险（承保法律赔偿责任风险）	公众责任保险	场所责任保险 承包人责任保险 承运人责任保险	商场、宾馆、车库责任保险等 建筑工程承包人责任保险等 承运货物责任险
	雇主责任保险		普通雇主责任保险、各种附加责任保险等
	职业责任保险		医生、会计师、律师责任保险等
	产品责任保险		电视机、卡式炉责任保险等
信用保证保险（承保信用风险）	信用保险	出口信用保险 投资保险	短期、中长期出口信用保险等 投资保险
	保证保险	合同保证保险 产品质量保证保险 忠诚保证保险	建筑工程承包合同保证保险等 冰箱、电脑质量保证保险等 总括雇员忠诚保证保险等

第二节　火灾保险

火灾是社会物质财富面临的最基本、最主要的风险。据统计，全球每年由火灾造成的损失大约为 100 亿美元，这还不包括间接损失。美国的财产所有人每年支付大约 82 亿美元保费购买火灾保险和相关财产保险，火灾保险成为财产保险中最主要的业务之一。火灾保险对全社会起着极其重要的分散风险、分摊损失的作用。

一、火灾保险的概念

火灾保险简称火险，是以存放在固定场所并处于相对静止状态的财产物资为保险标的，由保险人承担被保险财产遭受保险事故损失的经济赔偿责任的一种财产损失保险。

火灾保险特征是专门承保存放在固定场所并处于相对静止状态的财产物资。这一限制实际上将处于流动状态的货物、运输工具、在建工程项目，以及农作物和养殖对象排除在外。最初的火灾保险只承保房屋，后来扩大到企业的固定资产、流动资产，家庭、个人生产、生活资料及与财产有关的利益，如利润租金等。火灾保险强调被保险的财产必须存放在保险合同约定的固定地址范围内，在保险期间不得随意变动，否则，保险人可以不负赔偿责任。如果被保险人确需变动保险财产的存放地点，必须征得保险人的同意。

最初火灾保险只承保单一的火灾风险，并只赔偿火灾所致的直接损失，后来扩大到与火灾相关的雷击、爆炸等风险，现在已扩大到包括各种列明的自然灾害、意外事故，同时既可赔偿直接损失，也可赔偿间接损失。但无论火灾保险项下承保多少种风险，承保的基本责任仍然是火灾。因此，保险市场上还习惯地将对物质财富的保险称为火灾保险。

我国开办的火灾保险相关业务，没有直接使用西方国家火灾保险这一名称，但却是从火灾保险基础上发展起来的，而且火灾是其中最重要的承保风险。具体业务包括企业财产保险、家庭财产保险、机器损坏保险等，这些险种仍属火灾保险的范畴。我国的企业财产保险、家庭财产保险及机器损坏保险等与西方国家火灾保险之间既有共性，也有明显的差异。

二、火灾保险的主要险种

(一) 企业财产保险

企业财产保险，是以各类企业、事业单位及机关团体的固定资产和流动资产为保险标的，由保险人承担火灾及有关自然灾害、意外事故损失赔偿责任的财产损失保险。用于企事业单位和机关团体的固定资产和流动资产的保障，包括企业财产保险的综合险和基本险，可附加盗窃险、机器损坏险、利润损失险等。

1. 保险标的

企业财产保险的保险标的包括固定资产和流动资产。作为该险种的保险标的，必须符合以下条件：被保险人自有或与他人共有的财产，由被保险人经营管理或替他人保管的财产，其他具有在法律上承认的与被保险人有经济利益关系的财产。

(1) 可保财产。可保财产是指根据保险条款的规定可以向保险人投保的财产，主要包括六种：①房屋建筑物和附属装修设备；②机器及设备；③工具、仪器及生产用具；④管理用具及低值易耗品；⑤原材料、半成品、在产品、产成品或库存商品、特种储备商品；⑥账外及已摊销的财产。

(2) 特约可保财产。特约可保财产是指必须经保险双方当事人特别约定并在保险单上载明才能成为保险标的的财产，主要包括三种：①金银、珠宝、钻石、玉器、首饰、古币、古玩、古书、古画、邮票、艺术品、稀有金属等市场价格变化较大、保险金额难以确定的财产；②堤堰、水闸、铁路、道路、涵洞、桥梁、码头等价值高、风险特别的财产；③矿井、矿坑内的设备和物资等风险较大、需要加费承保的财产。

（3）不保财产。财产保险不予承保的财产主要有六种：①土地、矿藏、矿井、矿坑、森林、水产资源，以及未经收割或收割后尚未入库的农作物；②货币、票证、有价证券、文件、账册、图册、技术资料、计算机资料、枪支弹药及无法鉴定的财产；③违章建筑、危险建筑、非法占有的财产；④在运输过程中的物资；⑤领取执照并正常运行的机动车；⑥牲畜、禽类和其他饲养动物。

2. 保险责任

（1）基本险的保险责任。我国企业财产保险基本险的保险责任主要承保下列原因造成的保险标的的损失：①火灾，是指在时间或空间上失去控制的燃烧所造成的灾害；②爆炸；③雷击；④飞行物体及其他空中运行物体坠落。对保险标的的下列损失，保险人也负责赔偿。一是被保险人拥有财产所有权的自用的供电、供水、供气设备因保险事故受损，引起的停电、停水、停气以至于造成保险标的的直接损失；二是在发生保险事故时，为抢救保险标的或防止损失蔓延，采取合理的必要的措施而造成保险标的的损失；三是保险事故发生后，被保险人为防止或减少保险标的的损失所支付的必要的合理的费用。

（2）综合险的保险责任。我国企业财产保险综合险的保险责任，在上述基本险的保险责任的基础上扩展出包括暴雨、洪水、台风、暴风、龙卷风、雪灾、雹灾、冰凌、泥石流、崖崩、突发性滑坡、地面突然塌陷等在内的十二项保险责任。

（3）基本险和综合险的责任免除。在我国企业财产保险中，保险人对被保险人的下列原因造成的保险标的的损失不承担赔偿责任：战争、敌对行为、军事行动、武装冲突、罢工；被保险人及其代表的故意或纵容行为；核反应、核子辐射和放射性污染。

此外，保险人对下列损失也不承担赔偿责任：保险标的遭受保险事故引起的间接损失；地震所造成的一切损失；保险标的本身缺陷、保管不善导致的损毁；保险标的的变质、霉变、受潮、虫咬、自然磨损、自然消耗、自燃、烘焙所造成的损失；堆放在露天或罩棚下，由暴风、暴雨造成的损失；由行政行为或执法行为所致的损失；其他不属于保险责任范围的损失和费用。

3. 保险金额

企业财产保险的保险金额一般分项确定，它主要分为固定资产和流动资产两大类，其中固定资产还要进一步按固定资产的分类进行分项。每项固定资产仅适用于该项固定资产的保险金额。

（1）固定资产保险金额的确定。固定资产是指企事业单位、机关团体或其他经济组织中可供长期使用，并在其使用过程中保持原有物质形态的劳动资料和消费资料。确定固定资产保险金额一般有以下几种方式。① 按照固定资产的账面原值确定保险金额。② 按照固定资产的账面原值加成确定保险金额。采取这种方式必须由投保人和保险人事先协商，主要用于固定资产市场变化较大的企业财产保险业务，以此抵御通货膨胀可能对固定资产的实际价值造成的贬值影响。③按照固定资产的重置重建价值确定保险金额。这种方式回避了固定资产目前的实际价值，使保险金额往往大于保险财产的实际价值。

（2）流动资产的保险金额的确定。流动资产是指在企业的生产经营中经常改变其存在状态的那些资产项目。流动资产保险金额的确定方式包括如下两种：①按照流动资产最近 12 个月的账面平均余额确定。它是指从承保当月向后倒推 12 个月的企业每个月流动资产会计账目登记的余额，按照加权平均计算的方法得出的月平均余额。②按照流动资产最近账面余额确定保险金额，即按照承保当月的上一个月的企业流动资产会计账面登记的余额作为保险金额。

4. 赔款计算

（1）固定资产（或流动资产）全部损失。受损财产的保险金额等于或高于出险时的重置价值（或账面余额）时，其赔偿金额以不超过出险时的重置价值（或账面余额）为限；受损财产的保险金额低于出险时的重置价值（或账面余额）时，赔款不得超过保险金额。

（2）固定资产（或流动资产）部分损失。受损财产的保险金额等于或高于出险时的重置价值（或账面余额）时，其赔偿金额按实际损失计算；受损财产的保险金额低于出险时的重置价值（或账面余额）时，其赔偿金额按保险金额与出险时的重置价值（或账面余额）的比例计算。其公式为

$$赔款 = \frac{保险金额}{出险时重置价值（账面余额）} \times 实际损失或修复费用 - 应扣残值$$

（3）保险单所载财产不止一项时分项按照上述规定处理。发生保险事故时，被保险人所支付的必要的、合理的施救费用的赔偿金额，在保险标的损失以外另外计算，最高不超过保险金额的数额。若受损保险标的按比例赔偿时，则该项费用也按与财产损失赔款相同的比例赔偿。

因第三者对保险标的的损害而造成保险事故的，保险人自向被保险人赔偿保险金之日起，在赔偿金额范围内代位行使被保险人对第三者请求赔偿的权利。

5. 保险期限和保险费率

企业财产保险基本险和综合险的保险期限一般为 1 年。从约定起保的当日零时起，至保险期满日的 24 时止。企业财产保险的保险费率，按照保险金额每千元单位计算，表现为千分比（‰）。

（二）家庭财产保险

家庭财产保险是以城乡居民存放在固定地址范围并处于相对静止状态下的各种财产物资作为保险标的，由保险人承担火灾及有关自然灾害、意外事故损失赔偿责任的财产损失保险。它是面向城乡居民家庭的基本险种。

1. 保险标的

（1）可保财产。家庭财产保险承保城乡居民存放在固定地址范围并处于相对静止状态下的各种财产物资。凡属于被保险人所有的房屋及附属设备、家具、家用电器、非机

动交通工具及其他生活资料，农村居民的农具、工具、已收获的农副产品，以及个体劳动者的营业用器具、工具、原材料、商品，均可以投保家庭财产保险。代保管财产或与他人共有的财产经特约后也可予以承保。

（2）不保财产。家庭财产保险不保的财产如下：金银、首饰、珠宝、货币、有价证券、票证、邮票、古玩、字画、文件、账册、技术资料、图表、家畜、花、树、鱼、鸟、盆景及其他无法鉴定价值的财产，正处于危险状态的财产。

2. 保险责任

（1）保险责任。家庭财产保险的保险责任较为宽泛，包括：火灾、爆炸、雷电、冰雹、雪灾、洪水、海啸、地震、地陷、崖崩、龙卷风、冰凌、泥石流、空中运行物体的坠落，以及外来建筑物和其他固定物体的倒塌，暴雨或暴风使房屋主要结构倒塌造成保险财产实际损失，或者为防止灾害蔓延发生的施救、整理费用及其他合理费用。

（2）责任免除。家庭财产保险的责任免除包括：战争、类似战争行为、军事行为或暴力行为；核辐射和污染；被保险人及其家庭成员、寄居人、雇佣人员的违法犯罪或故意行为；因计算机"千年虫"问题造成的直接或间接损失。

保险人对下列损失和费用也不负责赔偿：①保险标的遭受保险事故引起的各种间接损失；②地震及其次生灾害所造成的一切损失；③家用电器因使用过度、超电压、短路、断路、漏电、自身发热、烘烤等原因所造成本身的损毁；④坐落在蓄洪区、行洪区，或者在江河岸边、低洼地区以及防洪堤以外当地常年警戒水位线以下的家庭财产，由于洪水造成的一切损失；⑤保险标的本身缺陷、保管不善导致的损毁；保险标的的变质、霉烂、受潮、虫咬、自然磨损、自然损耗、自燃、烘焙所造成本身的损失；⑥行政、执法行为引起的损失和费用；⑦其他不属于保险责任范围内的损失和费用。

3. 保险金额

（1）房屋及室内附属设备、室内装潢的保险金额由被保险人根据购置价或市场价自行确定。房屋及室内附属设备、室内装潢的保险价值为出险时的重置价值。

（2）室内财产的保险金额，由被保险人根据当时实际价值分项目自行确定。不分项目的，按各大类财产在保险金额中所占比例确定，即室内财产中的家用电器及文体娱乐用品占 40％（农村 30％），衣物及床上用品占 30％（农村 15％），家具及其他生活用具占 30％，农村农机具等占 25％。

特约财产的保险金额由被保险人和保险人双方约定。

4. 赔款计算

（1）保险事故发生后，保险人按照下列方式计算赔偿。①房屋及室内附属设备、室内装潢：全部损失，保险金额等于或高于保险价值时，其赔偿金额以不超过保险价值为限；保险金额低于保险价值时，按保险金额赔偿。部分损失，保险金额等于或高于价值时，按实际损失计算赔偿金额；保险金额低于保险价值时，应根据实际损失或恢复原状所需修复费用乘以保险金额与保险价值的比例计算赔偿金额。②室内财产的赔偿计算：全部损失和部分损失，在分项目保险金额内，按实际损失赔付。③被保险人所支付的必要、合理的施救费用，按实际支出另行计算，最高不超过受损标的的保险金额。若该保险标的按比例赔偿时，则该项费用也按相同的比例赔偿。

（2）保险标的遭受损失后的残余部分，协议作价折归被保险人，并在赔款中扣除。

（3）保险标的发生保险责任范围内的损失应由第三者负责赔偿的，被保险人应当先向第三者索赔。如果第三者不予赔偿，被保险人应提起诉讼。保险人可根据被保险人的书面赔偿请求，按照保险合同予以赔偿，但被保险人必须将向第三者追偿的权利转让给保险人，并协助保险人向第三者追偿。

5. 家庭财产保险的附加险

目前，各财产保险公司的家庭财产保险，在基本险的基础上还开设许多附加险，可供被保险人自由选择。下面介绍其中的几种附加险。

（1）附加盗抢保险。保险房屋及其室内附属设备、室内装潢和存放于保险单所载明地址室内的保险标的，由于遭受外来人员撬、砸门窗，翻墙掘壁，持械抢劫，并有明显现场痕迹经公安部门确认盗抢行为所致丢失、毁损的直接损失且三个月以内未能破案，保险人负责赔偿。

（2）附加家用电器用电安全保险。由下列原因致使电压异常而引起家用电器的直接损毁，保险人负责赔偿。①供电线路因遭受家庭财产综合保险保险责任范围内的自然灾害和意外事故的袭击；②供电部门或施工失误；③供电线路发生其他意外事故。

（3）附加管道破裂及水浸保险。因被保险人室内的自来水管道、下水管道和暖气管道（含暖气片）突然破裂致使水流外溢或邻居家漏水，造成被保险人保险财产的损失，保险人负责赔偿。

（4）附加现金、首饰盗抢保险。存放于保险单所载明地址室内的现金、有价证券、首饰，由于遭受外来人员撬、砸门窗，翻墙掘壁，持械抢劫，并有明显现场痕迹经公安部门确认盗抢行为所致丢失、损毁的直接损失且三个月以内未能破案，保险人负责赔偿。

（5）附加自行车盗窃保险。凡停放在宿舍内，有门卫的院内或公安部门指定的自行车保管处或独家小院内全车被盗，保险人负责赔偿。

（6）附加第三者责任保险。在其保险有效期内，被保险人（或其同住的家庭成员）在其所居住的住所，使用、安装或存放其所有或租借的财产时，由于过失和疏忽造成第三者的人身伤亡或财产的直接损毁，在法律上应由被保险人承担民事损害赔偿责任的，以及因上述民事损害赔偿纠纷引起合理、必要的诉讼、抗辩费用，以及其他事先经保险公司同意支付的费用，除责任免除外，保险公司在本险别的赔偿限额内负责赔偿。

6. 家庭财产保险的保险费率

家庭财产保险的保险费率根据各地具体条件制定，对集体投保的费率上给予优惠。

（三）利润损失保险

利润损失保险也称营业中断保险，是对被保险人因发生保险责任范围内的事故造成营业中断而引起的利润损失及其费用的增加提供保障的保险。该保险以损失发生时被保险人已向保险公司投保有效的物质损失为前提。保险责任包括毛利润、工资、审计师费用及欠款账册损失等。在国际保险市场上，利润损失保险既有作为独立险种单独投保的，也有作为火灾保险的附加险种投保的。我国保险人一般将利润损失保险作为企业财产保险的附加险承保。

利润损失保险实质是一种间接损失保险，它只在企业财产发生保险责任范围内的直接损失后，保险人才对被保险人因其造成的在规定的时间内的停产、减产、营业中断而损失的预期利润及必需的费用开支所提供的保险。在英国，利润损失保险被称为灾后损失保险，在美国则被称为营业中断保险或毛收入保险。我国自改革开放以来，首先在经济特区为适应"三资"企业的需要开办这种保险，20 世纪 80 年代初期正式开办了利润损失保险，现在已在很多地方开办。营业中断损失的确定极为困难，且一旦发生理赔，理赔金额较大。例如，2000 年 10 月大众保险股份有限公司向上海石油天然气总公司理赔一起价值高达 3340 万元人民币的利润损失险。

1. 保险责任

利润损失保险承保被保险人的生产经营设备因火灾事故造成的停产、减产和营业中断带来的间接损失，必要时还可扩展承保因有关单位受灾而造成被保险人的营业中断损失，这种责任为扩展责任。利润损失保险一般以财产保险的附加险种的形式出现，它所承保的责任范围从属于主险的承保范围，即只有保险标的的损失原因与主险的承保风险一致，保险人才负责赔偿因此而引起的营业中断损失。换句话说，利润损失保险赔偿的是利润损失，这种利润损失是因主险的保险标的在承保责任范围内发生直接损失所造成的后果性损失。例如，一家商店因发生火灾导致营业中断，修复损失需要一段时间才能营业，这段时间商店无法正常营业或完全不能销售商品，丧失了本来可以获得的利润。由于该商店投保了财产保险下的利润损失险，且利润损失原因属于该商店已向保险公司投保的财产保险（主险）的保险责任范围，所以保险公司对主险下的利润损失给予赔偿。

2. 赔偿期

赔偿期是指工商企业遭受保险责任范围内的损失后，从企业间接损失开始形成到企业恢复正常生产经营所需要的具体时间。通常按照一个固定的时间长度来确定，如三个月、半年或一年等，由保险人与投保人根据企业财产受损后恢复原有生产经营状况所需时间确定，保险人只对赔偿期内的利润损失予以赔偿。赔偿期与保险期限是两个不同的概念，保险期限是保险合同的起讫期限，保险人负责赔偿保险有效期内发生的保险事故；保险赔偿期限则是指发生保险事故后至企业恢复正常生产经营的一段时期，利润损失保险只负责赔偿保险赔偿期内所遭受的损失。由于利润损失保险属于财产保险的附加险，所以利润损失的赔偿期的起点，必须在企业财产保险单列明的保险期限之内，利润损失赔偿期的终点，可以超出企业财产保险列明的保险期限之外。

3. 保险金额

利润损失保险保险金额是按本年度预期毛利润额（净利润与固定费用之和或营业额减生产费用之差）确定的，即根据企业上年度账册中的销售额或营业额，结合本年度业务发展趋势及通货膨胀因素等估计得出。在实际工作中，如果赔偿期为一年以内，保额为本年度预期毛利润额；若赔偿期在一年以上，则保额比例增加。

4. 保险赔偿

利润损失保险既赔偿毛利润损失，又承担营业中断期间支付的必要费用。营业额或销售额减少所形成的毛利润损失＝（预期营业额－赔偿期实现的营业额）×毛利润率。其中，预期营业额为赔偿期应实现的标准营业额加上生产发展或通货膨胀因素所形成的；赔偿期实现的营业额是指从损失发生之日起到完全恢复生产经营为止的营业额，赔偿期以保险赔偿期为限；毛利润率是指预期毛利润占上年度营业额的百分比，即

$$毛利润率＝预期毛利润÷上年度营业额×100\%$$

营业费用增加所形成的毛利润损失，是指被保险人为了恢复生产或解决临时性营业或销售所需要的费用开支，如临时租用营业用房的租金，为加快修建被焚烧厂房而支付的加班费等，但营业费用的增加额必须小于其在赔偿期挽回的营业额所形成的利润。这种限制在利润损失保险中被称为"经济限度"，计算"经济限度"的公式为

经济限度＜因增加营业费用开支而产生的营业额×反映上年度毛利润水平的毛利润率

最后，保险人在理赔处理时的方式与企业财产保险的相同，如果利润损失保险金额小于预计的赔偿期毛利润时，保险公司可以采取比例赔偿方式。

第三节　货物运输保险

一、货物运输保险的概念及特点

货物运输保险是以运输过程中的货物作为保险标的，承保货物在运输过程中因自然灾害或意外事故遭受的损失的一种财产损失保险。货物运输保险所承保的货物指具有商品性质的贸易货物，一般不包括个人行李，以及运输过程中所消耗的各种供应和储备物资。货物运输保险与一般的财产保险相比具有以下特点。

（1）保险标的具有流动性。一般财产保险（如企业财产保险）的保险标的处于相对静止状态，而货物运输保险的保险标的处于流动状态。这一特点，使得货物运输保险标的所面临的风险较多、较复杂，同时难以避免保险标的在不同地点出现可能出现的价格差异，因此海上保险习惯用定值保险。

（2）承保风险的综合性。货物运输保险虽然是一种财产保险，但其承保的风险已远远超过了一般财产保险的范围。一般财产保险只负责被保险财产的直接损失，以及采取保护、施救等措施而产生的合理费用，而货物运输保险除承保上述风险外，还负责保险货物由一系列外来因素造成的保险标的的损失，如偷窃提货不着、雨淋、短量、混杂污染、渗漏、包装破裂等，特别是海上货物运输保险，对共同海损分摊费用也负责赔偿。

（3）保险单的可转让性。一般财产保险合同，未经保险人同意，保险单不随物权的转让而自动转让；而货物运输保险的保险单，可随物权的转让而自动转让（在保险单上背书即可），不需经过保险人同意。因为运输中的货物一般交承运人运输，被保险人并未直接控制保险标的，保险标的所有权的转让，对货物的风险状况没有实质性的影响。同时，由于交易的货物在运输过程中有频繁易手、不断变化其所有人的情况，为了方便商品交易，保险单可以随物权的转让自动转让。

（4）保险期限以运程为限，不是按日期计算。一般财产保险的保险期限按照自然时

间界限计算确定,如保险责任从 2000 年 1 月 5 日零时至 2001 年 1 月 4 日 24 时止,而货物运输保险的保险期限以保险标的实际所需的运程为限,即从货物运离发货人仓库开始,直至运达目的地收货人仓库或储存地为止,称为"仓至仓"条款。

(5) 被保险财产处于承运人的控制之下。普通财产保险中的被保险财产多数情况下是在被保险人的直接照看和控制之下,而货物运输保险中的被保险财产一般交由承运人控制,被保险人无法控制其财产。

二、货物运输保险的分类

对货物运输保险业务的分类,可以有不同的依据,大体包括三种。

(1) 根据货物运输是否超越国境,分为国内货物运输保险和涉外货物运输保险两大类。前者是指货物运输的区域没有超过国境,属于国内贸易或国内运输的范畴;后者系指货物运输的起运地和目的地至少有一方在国外或两方都在国外,它属于国际贸易或国际运输的范畴。

(2) 按照运输工具划分,分为航空运输保险、水陆货物运输保险和陆上货物运输保险及联运货物运输保险。联运货物运输保险是使用两种或两种以上不同运输工具运送货物的保险。

(3) 按照保险人承担责任的范围,分为货物基本险、货物运输综合险、货物运输一切险。

由于货物运输保险险种较多,这里仅选取有代表性的海洋货物运输保险为例,介绍货物运输保险的业务内容。

三、海洋货物运输保险的业务内容

(一) 承保的风险种类

海洋货物运输保险所承保的风险包括两大类:海上风险和外来风险。

(1) 海上风险。海上风险又可分为自然灾害和意外事故两种。自然灾害,通常指各种自然现象造成的灾害,如恶劣气候、雷电、流冰、地震、洪水及其他人力不可抗拒的灾害等。海上意外事故是指运输工具遭遇外来的、突然的、非意料的事故,船舶搁浅、触礁、沉没、互撞、失火、爆炸等。

(2) 外来风险。外来风险也分为一般外来风险和特殊外来风险两种。一般外来风险,通常指偷窃、雨淋、受潮、受热、发霉、串味、沾污、短量、钩损、锈损等。该类事故不是遭遇海上自然灾害或以外事故引起的,但在运输过程中又是经常发生的。特殊外来风险,是指军事、政治、国家政策法令及行政措施等带来的风险,常见的特殊外来风险有战争、罢工、交货不到、拒收等。

(二) 保障的损失

货物在海上运输中,由海上风险所造成的损失和灭失,称为海上损失,简称海损。海上损失按照损失的程度来划分,可以分为全部损失和部分损失。

1. 全部损失

全部损失简称"全损",是指保险标的由承保风险造成的全部损失。在海上保险业务中,全部损失可以分为实际全损和推定全损。

实际全损,也称绝对全损。构成保险标的的实际全损,有下列四种情况。一是保险标的的实体已经全部灭失,如货物遭遇大火全部焚毁或被海水溶解。二是保险标的遭到严重损害,已丧失原有的用途或价值,如水泥被海水浸泡。三是被保险人对标的失去所有权,并已无法挽回,如货物被海盗劫走。四是船舶失踪,超过一定期限,仍无音讯。

推定全损,又称商业全损,是指保险标的遭遇保险事故后,虽然尚未达到灭失状态,但实际全损已不可避免,或者虽有一定价值,但其修复或续运到目的地的费用已达到和超过保险标的的实际价值。下列两种情况可视为推定全损:一是保险标的的完全灭失已不可避免,如一艘载货船舶在偏僻海域内搁浅,而且又遇台风来临,不便于其他船舶前来救助,货物完全灭失已不可避免;二是保险标的受损后,其修理或续运到原定目的地的费用估计要超过保险标的的价值或在目的地的完好价值。

2. 部分损失

部分损失是指保险标的没有达到全部损失程度的一种损失。部分损失按其性质可以分为单独海损和共同海损。

单独海损是指在海上运输中,由承保风险直接导致的船舶或货物的部分损失。如,载货船舶在海上航行中遭遇暴风巨浪,海水进入船舱致使货物部分损失,此项由承保风险所造成的货物损失即为货方的单独海损。单独海损是一种特定利益方的部分损失,它不涉及其他货主或船方的损失。单独海损仅指保险标的本身的损失,并不包括由此引起的费用损失。

共同海损是指载运货物的船舶遭遇自然灾害或意外事故或其他特殊情况,使航行中的船、货、运费收入等各方共同安全受到威胁,为了解除共同危险,维护各方的共同利益或使航程继续完成,船方有意识地合理地采取抢救措施所造成的某些特殊牺牲或支出的额外费用。共同海损的损失应由受益的各方按其获救财产的价值分摊。例如,船舶货舱起火,如不及时扑救,火势就会蔓延波及全船,船长命令采取措施截断火源,由此而导致的船舶或货物损失应为共同海损。再如,船舶在航行中螺旋桨丢失,船舶和货物船只虽没有紧迫的、灾难性的危险,但危险肯定会到来,船长命令将船驶入附近港口进行修理而产生的港口费和修理费,应为共同海损费用。

共同海损与单独海损的区别在于两个方面。第一,造成损失的原因不同。单独海损是因意外的偶然的事故直接导致的损失,如船舶因搁浅、火灾或碰撞等意外事故造成的货物损失。共同海损是因采取人为的故意措施而导致的损失。它是在海上危险危及船货的共同安全时,采取某些人为措施,牺牲一部分货物或船舶设备,达到保证全部财产安全的目的,如人为抛弃货物减轻船载,以防止船舶沉没。第二,承担损失的方式不同。对单独海损,一般由受损方自行承担。如果受损方投保了海上保险,其损失应由保险人根据保险合同条款规定承担赔偿责任。而共同海损是为了船货的共同安全而主动作出的,应由受益各方按照获益多少比例分摊。如果获益各方都投保了运输货物保险或船舶保险,保险人对被保险人应承担的分摊金额给予赔偿。

3. 费用保障

海洋货物运输保险所保障的费用主要包括施救费、救助费用和共同海损费用。

(三) 保险金额与保险费率

货物运输保险的保险金额采取定值的方式加以确定，并载明在保险单上。依此作为保险人对保险标的遭受损失时给予赔偿的依据和最高限额，出险时不再重新确定保险财产的价值。根据保险条款的规定，国内货物运输保险的保险金额，按货价加运杂费和保险费计算确定；海洋货物运输保险，根据贸易价格条件采取离岸价格、成本加运费价格和到岸价格确定保险金额，其中到岸价格是保障最充分的价格条件。

(1) 离岸价格 (FOB) 即以货物起运地发票价加装船前的一切费用作为保险金额。按照国际贸易惯例，在此价格条件下，买卖双方各自负担的费用和风险是以装船前后来划分的，即卖方按时在装船港口交货，自货物装上买方指定的船舶时，卖方就完全履行完合同责任，此后的一切责任、费用和风险由买方承担。因此，按此价格条件成交的货物，应由买方办理货物运输保险。

(2) 成本加运费价 (CFR) 即以起运地货物本身的价格加运杂费作为保险金额。该价格条件又称离岸加运费价格，卖方负责租船订舱，将货物装上船并支付运费，负责装船以前的一切风险和费用，而由买方办理保险并支付保险费。

(3) 到岸价格 (CIF) 即以起运地货物本身的价格加运杂费保险费作为保险金额，相当于目的地销售价。它是国际贸易价格条件中最常见的一种。按照这种条件交易时，货物所需的运输工具及保险应由卖方办理，并负担费用。所加利润一般为 10%。保险金额＝到岸价格×(1＋10%)。

海洋货物运输保险的保险费率，保险人一般考虑下列因素。第一，运输方式。货物运输分为直达、联运和集装箱运输三种，其中联运因中途变更运输工具，其费率国内按联运所使用运输工具中费率最高的一种，采用集装箱运输风险较小，因此，费率较低。第二，运输工具。运输工具不同，导致货物出险的机会自然不同。第三，货物性质。货物的性质不同也决定了货物受损的机会和程度。例如，易燃、易爆、易碎物品的费率必然高于一般货物，易损性越高，保险费率越高。第四，运输航程。运输途程的长短也决定了损失机会的大小，货物运输的途程越长，费率越高。另外，装卸货物港口的管理和装卸情况、被保险人以往的索赔记录、保险险别、免赔额等也是保险人在确定费率时考虑的因素。

(四) 海洋货物运输保险的险别

我国海洋货物运输保险承保的基本险险别包括平安险、水渍险和一切险三种。

1. 平安险

平安险 (free from particular average，FPA)，是我国保险行业中长期沿用的习惯称呼。它并非是指保了这种险的保险人就负责货物平安到达目的地。它的原意是"不负责单独海损"，仅对全部损失和共同海损负赔偿责任。平安险的保险责任，包括保险标的由自然灾害和意外事故造成的全部损失及由部分因素造成的部分损失和费用。

平安险的承保责任包括八种：①保险货物在运输途中因恶劣气候、雷电、海啸、地震、洪水等自然灾害造成整批货物的全部损失或推定全损；②因运输工具遭受搁浅、触礁、沉没、互撞、与流冰或其他物体碰撞，以及失火、爆炸等意外事故，造成货物的全部或部分损失；③在运输工具已经发生搁浅、触礁、沉没、焚毁等意外事故的情况下，货物在此前后又在海上遭受恶劣气候、雷电、海啸等自然灾害所造成的部分损失；④在装卸或运输时，一件或数件货物整件落海造成的全部或部分损失；⑤被保险人对遭受承保责任内危险的货物采取抢救、防止或减少货损的措施而支付的合理费用，但以不超过该批被救货物的保险金额为限；⑥运输工具遭受海难后，在避难港因卸货所引起的损失，以及中途港、避难港因卸货、存仓及运送货物所产生的特别费用；⑦共同海损的牺牲、分摊和救助费用；⑧运输合同订有"船舶互撞责任"条款，根据该条款规定应由货方偿还船方的损失。

平安险是海洋货物运输保险中承保范围最小的主险。

2. 水渍险

水渍险（with particular average，WA 或 WPA），承保的责任范围除包括上列平安险的各项责任外，还负责被保险货物因恶劣气候、雷电等自然灾害造成的部分损失。用公式表示为

水渍险＝平安险＋自然灾害造成的货物的部分损失

3. 一切险

一切险（all risks，AR），承保的责任范围则是在水渍险的基础上，扩展到负责被保险货物在运输途中由一般外来风险所致的全部或部分损失。其承保的外来风险主要指 11 种一般附加险，即偷窃提货不着险、淡水雨淋险、短量险、混杂沾污险、渗漏险、碰损破碎险、串味险、受潮受热险、钩损险、包装破裂险和锈损险。这 11 种一般附加险也可在投保平安险、水渍险的基础上选择一种或数种投保。因而，一切险与水渍险的关系可以用公式表示为

一切险＝水渍险＋11 种一般附加险

海上货运险除上述三种基本险别外，还有另外几种附加险。一种是因政治、国家政策、法令和行政措施而引起的风险的 6 种特别附加险：交货不到险、进口关税险、舱面险、拒收险、出口货物到中国香港（包括九龙在内）或中国澳门存仓火险责任扩展条款、黄曲霉素险；另外还有 2 种特殊附加险：战争险和罢工险。

（五）海上货物运输保险的责任免除

一般来说，货运险的责任免除主要有如下几个方面：被保险人的故意行为或过失所造成的损失；属于发货人责任所引起的损失；在保险责任开始前，保险货物已存在的品质不良或数量短差所造成的损失；保险货物的自然损耗、本质缺陷、特性，以及市价跌落、运输延迟所引起的损失和费用。

（六）海上货物运输保险的保险期限

海上货物运输保险的责任期间通常按"仓至仓"条款处理，即保险责任自保险货物

从保单载明的发运地运离发货人仓库时开始，至货物抵达保单载明的目的地，进入收货人仓库时为止。

第四节　运输工具保险

一、运输工具保险的含义

运输工具保险是以载人或载货或从事某种交通作业的工具为保险标的，由保险人承保各类运输工具因遭受自然灾害和意外事故而造成的损失，以及运输工具所有者采取施救、保护措施而支出的合理费用的保险。由于运输工具种类繁多，目前保险公司开办的运输工具保险分为机动车辆保险、铁路机车保险、船舶保险、飞机保险等险种。由于各种运输工具在运行过程中经常会遇到各种自然灾害、意外事故风险，所以参加这一保险已成为其所有人转嫁风险和稳定经营的必不可少的手段。其中机动车辆保险在全球是最有普遍意义的保险。下面仅以机动车辆保险为例介绍运输工具保险的内容。

二、机动车辆保险

（一）机动车辆保险的含义及其特征

机动车辆保险又称汽车保险，是承保各种机动车辆因遭受自然灾害和意外事故而造成的车身损失，以及由此引起的对第三者的财产损失和人身伤害依法应负的经济赔偿责任的保险。机动车辆保险是运输工具保险的一种最主要业务，在我国财产保险体系中，占有第一大险种的地位。目前全世界机动车辆保险费收入占非寿险保费收入的60%左右。

机动车辆保险所指的机动车是指汽车、电车、电瓶车、摩托车、拖拉机、各种机械车及特种车。机动车辆保险的特征如下。

（1）保险标的出险概率较高，保险普及率高。汽车是陆地上最普及的交通工具。其经常处于运动状态，很容易发生碰撞及其他意外事故，造成财产损失和人身伤亡。由于车辆数量的迅速增加，交通设施和管理的滞后，驾驶人员的疏忽、过失等人为因素，交通事故发生频繁，汽车出险概率高。因此，汽车所有者都寻求保险，转嫁风险，使其保险普及率高，业务量大。

（2）保险事故的发生通常与第三方有密切关系。车辆受损大多是碰撞，碰撞方或被碰撞方即构成了保险双方之外的第三方，造成第三方的财产损失或人身伤害。也就是说，机动车辆不仅本身面临车身风险，还面临机动车辆本身创造的第三者责任风险。所以，机动车辆保险的保险关系比较复杂，保险人所承担的责任既包括对被保险人车辆损失的赔偿，又包括对被保险人应承担的民事损害赔偿责任的赔偿。

（3）采用绝对免赔和无赔款优待。为了有利于促进被保险人增强防范风险的意识，以减少保险事故的发生，机动车辆保险合同规定，根据驾驶员在交通事故中所负责任，在符合赔偿规定的金额内实行绝对免赔率；保险车辆在一年期限无赔款，第二年续保时可以按保险费的一定比例享受无赔款优待。

（4）损失赔偿的特殊性。在机动车辆保险单的有效期限内，无论发生一次或多次保险责任范围内的车辆损失索赔，只要每次的赔款加免赔额之和在保险单规定的保险金额内，保险合同继续有效至保险期限结束，以致会出现在一份保险单下多次赔偿额的累积高于保险单规定的保险金额的情况。但是，只要一次保险事故的赔款加免赔额之和达到或超过保险金额，则保险责任自然终止。机动车辆保险的这一特点，也是运输工具保险的共同特点和区别于其他财产保险的显著特点。

（二）保险责任

机动车辆保险的基本险分为车辆损失保险、交通事故责任强制保险和机动车第三者责任保险，保险人应承担的责任如下。

（1）车辆损失险的保险责任。车辆损失保险的保险责任包括：①碰撞、倾覆、火灾、爆炸；②雷击、暴风、龙卷风、暴雨、洪水、破坏性地震、地陷、冰陷、崖崩、雪崩、雹灾、泥石流、隧道坍塌、空中运行物体坠落；③全车失窃在 3 个月以上；④载运机动车辆的渡船遭受自然灾害或意外事故（只限于有驾驶人员随车照料者）而使保险车辆遭受的损失；⑤发生保险事故后被保险人对车辆采取施救、保护措施所产生的必要和合理费用。车辆损失保险的除外责任包括：①战争、军事行为或暴乱；②酒后驾车、无有效驾驶证驾车、人工直接供油；③受本车所载货物撞击；④两轮及轻便摩托车失窃或停放期间翻倒；⑤自然磨损、锈蚀、轮胎自身爆裂或车辆自身故障；⑥保险车辆遭受责任范围内的损失后，未经必要修理，因而造成的损失扩大部分；⑦保险车辆遭受灾害事故使被保险人停业、停驶而造成的损失及各种间接损失；⑧被保险人或其驾驶员的故意行为。被保险人故意行为、违章行为导致的损失，被保险车辆自身缺陷导致的损失，以及未履行相应的义务（如增加挂车而未事先征得保险人的同意等）情形下出现的损失，保险人均不负责赔偿。

（2）机动车交通事故责任强制保险的保险责任。机动车交通事故责任强制保险简称交强险，是指由保险公司对被保险机动车发生道路交通事故造成本车、被保险人以外的受害人人身伤亡和财产损失，在责任限额内予以赔偿的强制责任保险。交强险又称强制第三者责任保险。为保障机动车道路交通事故受害人尽快得到补偿、救治，交强险规定有下列情形之一的，保险公司在交强险责任限额内垫付抢救费用，并有权向致害人追偿：①驾驶人未取得驾驶资格或醉酒的；②被保险机动车被盗抢期间肇事的；③被保险人故意制造道路交通事故的。

（3）机动车辆第三者责任保险的保险责任。被保险人或其允许的合格驾驶人员在使用保险车辆过程中发生意外事故，致使第三者遭受人身伤亡或财产的直接损毁，依法应由被保险人支付的赔偿金额，保险人对超过交强险各分项限额以上的部分，按照保险合同的规定负责赔偿。

机动车辆第三者责任保险的除外责任主要如下：①被保险人或允许的合格驾驶员所有或代管的财产损失；②私有、个人承包车辆的被保险人及其家庭成员，以及他们所有或代管的财产的损失；③本车上的一切人员和财产在交通事故中的损失；④与车辆损失险共同的责任免除。

(三) 保险金额和保险费

1. 车辆损失险的保险金额和保险费率

车辆损失险的保险金额确定，可以通过三种方式。

(1) 按照新车购置价确定保险金额。这里的新车购置价是指在保险合同签订地购置保险车辆相同类型新车 (含车辆购置附加费) 的价格。

(2) 按照车辆投保时的实际价值确定保险金额。实际价值是指在保险合同签定时投保车辆的实际市场价值，即同种类型车辆市场新价减去该车已使用年限折旧金额后的价格。不足一年的不折旧，最高折旧金额为不超过新车购置价的80%。用公式表示为

$$实际价值＝新车购置价×(1－已使用年限/规定使用年限)$$

(3) 由投保人和保险人协商确定，但不得超过投保时的新车购置价。

车辆损失险的保险费采取的计算方式为

$$保险费＝基本保险费＋(保险金额×保险费率)$$

这里的基本保险费是对同一类型和档次的车辆收取统一标准的保险费。保险费率是根据车辆的种类和使用性质确定的。

2. 交强险的保险金额及保险费

交强险的保险金额即赔偿限额。2008年我国实行的交强险条款根据被保险人在道路交通事故中是否负有责任来确定赔偿限额，在被保险人负有责任时保险公司的赔偿限额为12.2万元，在被保险人无责任时保险公司的赔偿限额为1.21万元。赔偿限额中包括死亡伤残赔偿限额、医疗费用赔偿限额和财产损失赔偿限额三部分 (详见表6-4)。可见，我国交强险支持无责任赔偿。

交强险最终保险费＝交强险基础保险费×(1＋与道路交通事故相联系的浮动比率A)

交强险的基础保费见表6-2，交强险的费率浮动因素及比例见表6-3。

表 6-2　交强险的基础保费 (2008版 节选)　　　　　(金额单位：元)

车辆明细分类	保费
家庭自用汽车6座以下	950
家庭自用汽车6座及以上	1100
企业非营业汽车6座以下	1000
企业非营业汽车6～10座	1130
营业出租租赁6座以下	1800
营业出租租赁6～10座	2360

表 6-3　交强险的费率浮动因素及比例

与道路交通事故相联系的浮动比率 (A)	浮动因素	浮动比例/%
A1	上一年度未发生有责任道路交通事故	－10
A2	上两个年度未发生有责任道路交通事故	－20

续表

与道路交通事故相联系的 浮动比率（A）	浮动因素	浮动比例／%
A3	上三个及以上年度未发生有责任道路交通事故	−30
A4	一个年度发生一次有责任不涉及死亡的道路交通事故	0
A5	上一个年度发生两次及两次以上有责任道路交通事故	10
A6	上一个年度发生有责任道路交通死亡事故	30

3. 机动车辆第三者责任保险的保险金额

机动车辆第三者责任保险的保险金额即赔偿限额。赔偿限额可以采取保险单的总赔偿限额制或每次保险事故最高赔偿限额制，也可以将两种方法结合起来使用。我国目前采用的是每次保险事故的最高赔偿限额制。保险人规定不同的赔偿限额档次（5万、10万、20万、50万、100万），供投保人选择。保险费则根据投保人选择的保险金额及车辆类型（营业用和非营业用车）收取固定数额保险费。

（四）保险赔偿

1. 车辆损失险的赔偿

（1）保险单下列明的车辆全部损失。如果保险金额等于或小于车辆出险时的实际价值，保险公司按照保险金额计算赔款，即

$$赔款＝（保险金额－残值）×（1－免赔率）$$

如果保险金额大于车辆出险时的实际价值，保险公司按照出险时实际价值计算赔款，即

$$赔款＝（实际价值－残值）×（1－免赔率）$$

（2）保险单下列明的车辆的部分损失。车辆的部分损失，即车辆未达到整体损毁的程度的局部损失。如果保险金额达到投保时的新车购置价，无论保险金额是否低于出险当时的新车购置价，均按实际修复费用赔偿，即

$$赔款＝（实际修复费用－残值）×（1－免赔额）$$

如果保险金额低于投保时的新车购置价，均按保险金额与出险当时的新车购置价比例计算赔偿修复费用，即

$$赔款＝（实际修复费用－残值）×（保险金额／出险时的新车购置价）$$
$$×（1－免赔率）$$

2. 交强险的赔偿

在计算交强险的赔偿金额时，保险人在交强险各分项赔偿限额内对受害人死亡伤残费用、医疗费用、财产损失分别计算赔偿，基本计算公式是

总赔款＝∑各分项损失赔款＝死亡伤残费用赔款＋医疗费用赔款＋财产损失赔款

交强险各分项赔偿限额见表 6-4。

表 6-4 交强险各分项赔偿限额（2008 年 2 月 1 日起实施）

机动车在道路交通事故中有责任的赔偿限额	机动车在道路交通事故中无责任的赔偿限额
死亡伤残赔偿限额：11 万元人民币	死亡伤残赔偿限额：1.1 万元人民币
医疗费用赔偿限额：1 万元人民币	医疗费用赔偿限额：1000 元人民币
财产损失赔偿限额：2000 元人民币	财产损失赔偿限额：100 元人民币

资料来源：中国保险行业协会，《机动车交通事故责任保险费率方案》

3. 机动车辆第三者责任险的赔偿

保险人必须按照保险单列明的责任限额核定赔偿数额；在被保险人应付的赔偿金额超过保险单规定的赔偿限额时，赔款＝赔偿限额×（1－免赔率）；在被保险人应付的赔偿金额小于赔偿限额时，赔款＝应负赔偿金额×（1－免赔率）。保险人并不是无条件地完全承担被保险人依法应当支付的赔偿金额，还要剔除保险合同中规定的保险人不应承担部分；另外，对被保险人自行承诺或支付的赔偿金额，被保险人自行接受的违反《道路交通事故处理办法》规定的有关法规的责任裁决，保险人均有权拒赔。

第五节　工程保险

一、工程保险的内涵及特征

（一）工程保险的内涵

工程保险是指以各种在建工程项目为主要承保对象的一种财产保险。工程保险根据其承保对象的不同，分为建筑工程保险、安装工程保险、船舶工程保险和科技工程保险。

（1）建筑工程保险是以各类建筑工程，即适用于各种民用、工业用和公共事业用的建筑工程为保险标的的工程保险。保险人承保建筑期间因自然灾害或意外事故造成的物质损失及其第三者责任。

（2）安装工程保险是以各种大型机器、设备的安装工程为保险标的的工程保险。保险人承保安装期间因自然灾害和意外事故造成的物质损失及其有关法律赔偿责任。

（3）船舶工程保险是以建造或拆除中的各类船舶或水上装置为承保对象的工程保险。保险人承担着对被保险人在进行建造或拆除船舶过程中的一切意外损失的经济赔偿责任，主要包括船舶建造保险和拆船保险。

（4）科技工程保险，是以各种重大科技工程为保险标的的综合性财产保险。它是随着现代高新科学技术的发展而逐渐发展起来的一类特殊工程保险业务，主要包括航天工程保险、海洋石油开发保险、核能保险。进入 20 世纪以来，科技工程保险亦成为工程保险市场重要的业务来源。但因其标的巨大、价值高昂、性质特殊，所以通常由势力雄厚、技术精良的大保险公司来承保，并通过周密的共保计划和分保计划分散风险。

（二）工程保险的特征

工程保险是为建设、安装过程中的工程项目及有关财产提供的一种财产保险和责任保险的综合性险种。由于其承保标的的特殊性，工程保险形成了一些与普通财产保险不同的特征。

（1）险种综合性、技术性强。传统的财产保险只承保保单条款中列明的少数风险，而工程保险通常采取一切险承保方式，即除条款列明的责任免除外，保险人对保险期间工程项目因一切突然和不可预测的外来因素所造成的财产损失、费用和责任均予赔偿。尤其普通财产保险一般不保工人操作失误及因财产本身缺陷而引起的损坏，但此类风险在工程保险中则可获得保障。由此可见，工程保险承保风险广泛，综合性强，集财产保障与责任保障于一身。同时，现代工程项目造价高昂，单位标的保额巨大，相对来说风险相当集中，而工程建造的技术含量高、专业性强，许多事发生往往是技术原因造成的，不同工程保险险种的内容又常常相交叉，故工程保险是技术性强的保险业务，尤其是科技工程保险更是代表了现代保险业的最高水平。

（2）多方被保险人同时存在。在传统财产保险中，投保人是单个的法人或自然人，一般在保险人签发保险单后即成为被保险人。而在工程保险中，同一个工程项目往往涉及多个利害关系人，如项目所有人（发包方、业主）、工程承包人（施工单位或转承包人）、技术顾问（工程所有人聘请的建筑师、设计师、工程师等专业顾问），以及其他有关方（贷款银行等），因此各方均对该工程项目承担不同程度的风险。由于凡对工程保险标的具有保险利益者，均具备对该工程项目投保的资格，成为该工程保险中的被保险人，所以在一张工程保险保单中可以有多个被保险人，保险人对此往往在合同中采取交叉责任条款来进行规范与制约。

（3）保险费率和保险金额的不固定。普通财产保险通常以保单中载明的保险金额作为保险标的发生损失时的最高赔偿限额，并根据此保险金额，按固定的保险费率计算保费。但在工程保险中有一显著特征，即工程项目随着工程的进展，标的的保险价值是在不断增加的，可能受损的最大金额也在逐渐增加，因而在订立保险合同时双方协商确定的保额，在发生损失进行赔付时要受其实际价值的约束。工程保险由于每项工程的具体情况和承保条件有很大不同，故该保险没有固定的费率表，制定费率时主要根据承保责任范围大小（如赔偿限额、免赔额）、承保工程本身的危险程度、承包人及其他工程关系方的资信情况、经营水平，以及以往同类业务的赔偿纪录等因素综合加以考虑。

（4）保险期限确定方法不同。普通财产保险通常以年为单位规定保险期限，保险人对固定期间的保险风险承担保障责任。工程保险确定保险期限一般是不固定的，按工程期计算。工程保险的保险期限通常是承保保单所列明的工程期限内从工程开工或被保险项目被卸至工地时发生效力到完工验收、交付使用工程中的风险。如果工程不能在保单规定的终止日期前完工，则投保人可申请展延保险期限。在工程保险中，项目完毕移交还有一个特殊的保证期限，保险人承保保证期间内的风险。如果在此期间发现工程质量问题或发生保险事故，那么对承包人依承包工程合同必须负责的赔偿金额，就可由保险人负责。保证期的长短一般由工程合同或购买机器设备的贸易合同规定。对于保障大型机器设备安装工程保险来说，安装工程完毕验收合格时，若合同中有试车、考核的规定，则试车、考核阶段也属保险保障范围；如果被保险项目本身是旧产品，则试车开始时保险责任即告终止。

下面仅以建筑工程险为例介绍工程保险的业务内容。

二、建筑工程保险

（一）建筑工程保险项目

建筑工程保险项目很多，也很复杂，大体上包括如下几类。①合同规定的建筑工程，包括永久性工程临时性工程及工地上的物料。该项目是建筑工程险的主要保险项目，包括建筑工程合同规定的建筑物主体，建筑物内的装修设备，配套的道路、桥梁、水电设施、供暖取暖设施等土木建筑项目，存放在工地上的建筑材料、设备，临时的建筑工程等。②业主或承包人在工地的原有财产，指包括在①中的原有财产，而不是建筑物所用的机器设备。例如，业主原有的工厂，就可以在这一项目内得到保险保障。在这一项目中，为使保险人明确知道要对哪些财产提供保险，投保人必须列明财产情况。③安装工程项目，指未包括在承包工程合同金额内的机器设备安装工程项目，如建筑工程中发电、取暖、空调等机器设备的安装工程。④建筑用机器、装置及设备，即施工起重机、打桩机等，这类财产一般为保险人所有或为保险人所负责。⑤工地内现成的建筑物。指不在承保工程范围内的，归工程的业主或承包人所有的或其保管的工地内已有的建筑物或财产。

（二）建筑工程保险责任及其免除

建筑工程保险的保险责任，包括建筑工程保险项目所产生物质损失和第三者责任损失。

（1）物质损失的保险责任。在保险期限内，上述建筑工程的保险项目在列明的工地范围内，因保险单列明的保险责任免除项目以外的任何自然灾害或意外事故造成的物质损失，保险人均负责赔偿。物质损失所规定的自然灾害包括地震、海啸、雷电、飓风、台风、龙卷风、风暴、暴雨、洪水、水灾、冻灾、雹灾、地崩、雪崩、山崩、火山爆发、地面下陷下沉及其他人力不可抗拒的破坏力强大的自然现象。物质损失的保险责任所规定的意外事故为包括火灾和爆炸在内的不可预料的，以及被保险人无法控制并造成物质损失或人身伤亡的突发性事件。

（2）第三者责任。建筑工程保险的第三者责任，是指被保险人在工程保险期内因意外事故造成工地及工地附近的第三者人身伤亡、疾病或财产损失，依法应由被保险人承担的民事损害赔偿责任。

（3）责任免除。建筑工程保险物质部分的除外责任，除一般列入火灾保险除外责任的共有除外，还包括一些建筑工程保险特有的除外责任，错误设计引起的损失和费用；换置、修理或矫正标的本身原材料的缺陷或工艺不善所支付的费用；非外力引起的机械或电器装置的损坏或建筑用机器、设备、装置失灵；全部停工或部分停工引起的损失、费用和责任；领有公共运输用执照的车辆、船舶、飞机的损失及保单规定的免赔额等。建筑工程保险第三者责任险的除外，通常有明细表列明的应由被保险人自行承担的第三者物质损失的免赔额，但对第三者人身伤亡不规定免赔额；领有公共运输用执照的车辆、船舶、飞机造成的事故；被保险人或其他承包人及在现场从事有关工作的职工的人身伤亡和疾病；被保险人及其他承包人或他们的职工所有或由其照管、控制的财产损失；由震动、移动或减弱支撑而造成的其他财产、土地、房屋的损失或由上述原因造成的人身伤亡或财产损失，以及被保险人根据与他人的协议支付的赔偿或其他款项。

（三）保险金额、赔偿限额和免赔额

（1）物质损失分别按照建筑工程的保险项目确定保险金额，并且规定了特种危险赔偿限额。①保险单明细表中列明的建筑工程保险金额应不低于保险工程建筑完工时的总价值，包括原材料费、设备费、建造费、安装费、运输费、保险费、关税、其他税项和费用，以及由工程所有人提供的原材料和设备的费用；施工用机器、装置和机械设备；重置同型号或同负载的新机器、装置和机械设备所需的费用。其他保险项目保险金额由投保人和保险人共同协商确定。②如果以保险工程合同规定的工程概算总造价为保险金额，在保险单项下的工程造价中包括的各项费用因涨价或升值原因而超出签订保险合同时的工程造价时，被保险人必须尽快以书面形式通知保险人，由保险人据此调整保险金额；被保险人应该在保险期限内对相应的工程细节作精确记录，并且允许保险人查验；若保险工程的建造期超过 3 年，必须从保险单无效日起每隔 12 个月向保险人申报当时的工程投入金额及调整后的工程总造价，保险人将据此调整保险费；被保险人必须在保险单列明的保险期限届满后 3 个月内向保险人申报最终的工程总价值，由保险人据此以多退少补的方式对预收保险费进行调整。如果被保险人没有履行上述规定，则视为不足额投保，在发生保险责任范围内的物质损失时，由保险人采取比例赔偿方式处理。③建筑工程一切险将地震、海啸、洪水、风暴、暴雨作为特种风险，凡是由列明的特种风险对建筑工程的保险项目所造成的物质损失，保险人将和投保人在承保时协商最高赔偿限额，赔偿限额的标准通常控制在建筑工程保险项目的保险金额的一定比例之内，以避免特种危险对保险人的业务经营可能造成的财务稳定性的破坏。

（2）建筑工程保险中的第三者责任，通常将其赔偿限额采取每次事故的赔偿限额和累计赔偿限额的方式加以控制。①每次事故的赔偿限额——保险单规定保险人对于第三者责任险所承担的每次事故的最高赔偿限额。②累计赔偿限额——保险单规定保险人在保险期限内对第三者责任险所承担的最高赔偿限额。累计赔偿限额能通过控制每次事故的实际赔偿限额约束被保险人，并能提供给被保险人比较充分的保险保障。

（3）免赔额。建筑工程一切险及第三者责任险，通常采取相对免赔额的承保方式，分别按照物质损失和第三者责任分别规定各自的免赔额占各自保险金额和赔偿限额的比例。

（四）建筑工程保险的保险期限

（1）建筑期物质损失及第三者责任保险。建筑工程保险的保险单一般规定，保险责任自工程开工之日起或自承保项目所用材料卸至工地时起，至工程所有人对部分或全部工程签发完工验收证书或验收合格，或者工程所有人实际占有或使用或接收该部分或全部工程之时终止，以先发生者为准。

（2）保证期物质损失保险。为了使被保险人的利益得到切实的保障，对建筑工程保险通常还设计完工验收或投入使用后的一段时间的保证期。保证期的保险期限与工程合同中规定的保证期一致，从工程所有人对部分或全部工程签发完工验收证书或验收合格，或工程所有人实际占有或使用或接收该部分或全部工程时起算，以先发生者为准。但是，在任何情况下，保证期的保险期限不得超出保险单列明的保证期。

（五）建筑工程保险的费率

建筑工程一切险没有固定的费率表，制定每项工程的费率必须考虑多种因素。

（1）承保责任范围的大小。根据历史记录，分析和研究遭受地震、洪水等灾害的可能性大小，并考虑特别危险赔偿限额和免赔额的高低，以及可能承担的最大风险责任。

（2）承保工程本身的危险程度。其中包括四个方面。①工程性质：不同的工程在费率上应有差别，建筑的高度对保险费率应有所影响。②施工方法：使用砖、钢筋水泥或预制建筑材料及人工的多少，设备的种类对工程的危险程度均有不同的影响。③工地和邻近地区的自然地理条件：地质、土壤条件、地表承受力对工程均有影响，有时还需考虑洪水的最高水位、退水速度等。④工地现场的管理情况。

（3）承包人及其他工程关系方的资信情况、经营管理水平及经验等。

（4）保险人以往承保同类业务的赔付记录。

建工险的费率根据保险项目的差别，又可分为以下几种。

（1）业主提供的物料及项目，安装工程项目，场地清理费，工地内已有的建筑物，所有人或承包人在工地的其他财产等，为一个总的费率，整个工期实行一次性费率。

（2）建筑用机器、装置及设备为单独的年度费率，如保险不足 1 年，则按短期费率计收保险费。

（3）第三者责任险，实行整个工期一次性费率。

（4）保证期费率，实行整个保证期的一次性费率。

（六）建筑工程保险的赔偿处理

（1）物质损失的赔偿处理。①可以修复的部分损失。以将保险财产修复至其受损前状态的费用扣除残值后的金额为准，但若修复费用等于或超过保险财产损失前的价值时，采取推定全损的处理方式。②全部损失或推定全损。以保险财产损失前的实际价值扣除残值后的金额为准，保险人一般不接受被保险人的委付申请。③施救费用。被保险人为减少损失而采取必要措施所产生的合理费用，由保险人在保险金额限度内予以负责。

（2）第三者责任的赔偿处理。建工险的第三者指除保险人和所有被保险人以外的单位及人员，不包括被保险人和其他承包人所雇用的在现场从事施工的人员。如果一项工程有数个被保险人，为了避免被保险人之间相互追究第三者责任，经保险人同意，被保险人可申请加贴共保交叉责任条款。根据这一条款，保险人对保险单所载每一个被保险人均视为单独保险的被保险人，对他们之间的相互责任所引起的索赔，保险人均视为第三者责任赔偿，不再向负有赔偿责任的被保险人进行追偿。

■第六节 农业保险

一、农业保险的含义及特点

农业保险是指对被保险人在农业生产经营过程中因遭受灾害或意外事故致使有生命的动植物遭受经济损失，由保险人给予经济补偿的保险。农业保险属于财产保险的范畴。在实际业务中，我国将农业保险业务范围界定为种植业保险和养殖业保险。

由于农业保险与农业密切相关，所以农业保险必然受到农业产业特点的制约，呈现出一些区别于其他财产保险的特点，这些特点也决定了农业保险经营上的特殊性。

（1）保险标的的生命性。农业保险的保险标的大多是活的生物，受生物学特征的制约，农业保险呈现以下特点。一是农业保险的保险利益是一种预期利益。农业保险的保险标的是处于生长期的动植物，它的价值只有在它成熟或收获后才能最终确定。因此，农业保险的保险金额的确定与其他财产保险不同。变动保额为农业保险所特有。二是农产品的鲜活性特点对农业保险查勘时机和索赔时效具有约束性。三是农作物在受灾后，具有一定自我恢复能力，从而使农业保险的定损变得复杂，往往需要收获时二次定损。

（2）地域性。农业生产及农业灾害的地域性，决定了农业保险具有较强的地域性。农业保险只能根据各地的实际情况开展保险业务，即农业保险在险种类别、标的种类、灾害种类及频率和强度、保险期限、保险责任、保险费率等方面，表现出不同地域间的差异性。

（3）季节性。农作物生长具有明显的季节性，使农业保险在展业、承保、防灾、理赔等方面表现出明显的季节性，如农作物保险，一般是春天展业，秋后待农作物收获责任期结束。

（4）技术难度大，经营风险高。首先是农业保险的经营风险高。由于农业灾害往往具有巨大性和覆盖面广的特点，如果按照实际的损失厘定费率，多数险种的费率农民承受不起；而按照农民的实际承受水平交保费，保险人往往赔不起。其次是技术难度大。由于开展农业保险所需要的数据资料比较缺乏，并且开展农业保险区划工作是一项科技含量高、比较花钱的工作，所以，厘定公平的农业保险费率是一项困难的工作。同时农业保险的逆选择较为严重，道德风险高。另外，农业灾害部分损失的定损也是一项困难的工作。

二、农业保险的分类

农业保险可按保险对象、保险责任和保险金额等进行分类。

（一）按保险对象分类

（1）生长期农作物保险。生长期农作物保险是以各种农作物（如水稻、小麦、玉米等粮食作物；棉、麻、烟叶等经济作物；饲料和绿肥作物等）为对象，以各种农作物在生长期间因灾害造成收获量、价值或生产费用（成本）损失为承保责任的保险。

（2）收获期农作物保险。收获期农作物保险是以粮食作物或经济作物收割（采摘）后的初级农产品为对象的保险。这是一种短期保险，保险期一般从农作物收割（采摘）进入场院后开始，到完成初加工离场入库前终止。保险责任是火灾，以及雹灾、洪水、风灾等自然灾害造成农产品的损失，以及发生灾害事故时因施救、保护、整理所支付的合理费用。

（3）森林保险。以人工林或天然林为承保对象，以林木生长期因自然灾害或意外事故造成林木价值或营林生产费用损失为保险责任。

（4）经济林、园林苗圃保险。这种险种承保的对象是生长中的各种经济林种，包括这些林种提供的具有经济价值的果实、根叶、汁水、皮等产品，以及可供观赏、美化环境的商品性名贵树木、树苗，如桂花树、雪松、盆景。保险公司对这些树苗、林种及其产品由于灾害或病虫害所造成的损失进行补偿。此类保险有柑橘、苹果、山楂、板栗、橡胶树、茶树、核桃、枣树等保险。其保险金额有的以亩为计算单位，有的以株为计算单位，保险责任也不尽相同。

（5）牲畜保险。牲畜可按在农业生产中的主要经济用途分为役畜和产品畜两大类；按年龄、性别不同，可分为成年畜、幼畜、仔畜等。牲畜保险以役用、乳用、肉用、种用的大牲畜，如耕牛、奶牛、菜牛、马、种马、骡、驴、骆驼等为承保对象，承保在饲养使役期间因牲畜疾病或意外灾害造成的死亡、伤残，以及因流行病而强制屠宰、掩埋所造成的经济损失。

（6）家禽保险。以商品性生产的鸡、鸭、鹅等家禽为保险标的的保险。保险责任范围主要是各种灾害和意外事故，以及疾病、瘟疫造成家禽在饲养期间的死亡。家禽饲养量大，在非灾害事故情况下也有少量正常死亡，因此应规定一个合理的免赔额。

（7）水产养殖保险。水产养殖保险以商品性的人工养鱼、养虾、养蟹、育珠等水产养殖产品为对象。在养殖过程中，凡因疾病、中毒（包括他人投毒）、盗窃、灾害和其他意外事故造成的水产品收获损失或养殖成本损失，由保险人负责赔偿。养鱼保险一般以淡水精养为主，因精养所投入的资金和费用开支较多。

（8）其他养殖保险。以商品性养殖的鹿、貂、狐等经济动物和养蜂、养蚕等为保险对象，承保在养殖过程中因疫病、灾害和意外事故造成的死亡或产品的价值损失。养鹿、养貂等经济动物保险是死亡保险，其承保条件与牲畜保险基本相同。

（二）按保险责任分类

（1）单一责任保险：保险人只承保某一单一风险。

（2）混合责任保险：一般以列举方式，承保两种以上的风险。

（3）一切险：承保的风险种类较多，但一般也是列举式的，不是指农业生产中可能出现的一切险。

（三）按保险金额分类

（1）种植（养殖）业收获保险是以种植（养殖）的预期收获量为标的的保险。当保险标的遭受保险责任范围内的灾害致使收获量损失时，其不足部分由保险人负责赔偿。

（2）种植（养殖）业成本保险是以种植（养殖）业成本为标的的保险，保险人只负在种植（养殖）成本费用范围内的经济损失责任。

三、种植业保险

种植业保险是以各种粮食作物、经济作物为保险对象的保险，又称农作物保险。按作物的生长阶段可分为生长期农作物保险和收藏期农作物保险。收藏期农作物保险，指从保险人对农作物开始收割或采摘到完成初加工放入仓库期间的保险。

农作物保险期限是根据不同农作物的生长期确定的，一般从农作物出土定苗开始（如水稻从插秧开始、棉花从移株开始）到成熟收割时止，对分期收获的农作物（如烤烟等），其保险期限到最后一茬收割为止。对收获期农作物保险则到入仓前为止。农作物保险金额主要受保险人的技术水平和农民保险费缴纳能力的制约。有两种确定方法：一是承保作物成本，保险金额主要由机耕费、种子费、肥料费、灌溉费、工具、折旧费、劳动力等项组成。二是承保收获量，以预期的收获量为保险金额，一般要加以限制，承保收获量的一定比例，避免道德风险。

农作物发生保险责任范围内的损失后，定损工作比一般财产险复杂。主要方法有查株数穗法和抽样实测法。对农作物保险的赔款计算，根据承保成本或承保收获量不同，其计算方法也不同。

按成本承保，当农作物全部损失时，计算公式为

$$赔款＝实际投入成本×(1－免赔额)$$

当农作物部分损失时，计算公式为

$$赔款＝实际投入成本×(1－免赔额)×受损农作物/农作物总数$$

按收获量承保，当全部损失时，按保险金额减去免赔额计算。当部分损失时，计算公式为

$$赔款＝(投保时双方约定产量－出险后实际收获量)×国家收购价$$
$$×(1－免赔额)×承保成数$$

在保险期限内，连续发生保险事故进行多次赔款时，其累计赔付金额以保险单上注明的保险金额为限；部分损失时，保险单继续有效，但有效保险金额为原保险金额与赔偿金额的差额；保险亩数低于实际种植的亩数时，保险人应按保险亩数与实际种植亩数的比例进行赔偿。

四、养殖业保险

养殖业保险的主要承保对象有役用、乳用、肉用、种用的马、牛、骆驼、奶牛和菜牛等；肉用、皮用、毛用的猪、羊、鸡、鸭、兔、鱼、虾、蟹、鹿、蜂、蚕等家畜、家禽、鱼和珍贵动物。养殖保险对象品种繁多，保险双方可根据各自的要求和可能，承保一些有特殊需要的养殖动物或昆虫之类。

养殖业保险的保险期限一般以1年为限，也有以一个养殖周期为保险期限的。保险期限自保险合同签订后，中途不得改变，如有特殊需要，双方可以批单形式变更保险期限。

保险金额是保险人对被保险人负担某一养殖品种在发生保险责任范围的损失时所赔偿的最高限额。养殖业保险金额可由双方协商确定，也可根据账面价值确定。不论以何种形式确定保险金额，为避免道德风险和保险人技术上的不足，一般都确定一个相对免赔率或绝对免赔额；同时还要按实际价值的六至七成掌握，必要时应确定最高赔偿限额。

养殖业保险责任一般包括：各种自然灾害，如洪水、火灾、风灾、地震、爆炸、雷击、冰雹、雪灾、泥石流等造成的损失；各种意外事故，如野兽伤害、互斗、中毒、摔跤、淹溺，以及空中运行物或固物体坠落、倒塌所致的损失；各种疾病造成的损失等。为进一步明确责任，在养殖业保险中还规定一些除外责任。

养殖业保险的赔偿处理比较复杂，保险人要进行深入、细致的调查核对，做到准确、合理。

五、农业保险经营原则和实施方式

(一) 农业保险经营原则

由于农业保险标的是有生命的动植物，与自然灾害有着特别紧密的联系，它的生产要受外界环境等因素的制约，所以农业保险具有地域性、季节性和连续性特点。这些特点决定了农业保险经营难度大，即风险难测定、损失难评定、业务难管理的三大难点，从农业保险的特点和难点出发，农业保险经营应该遵循"收支平衡、略有节余、以备大灾之年"的原则。这一原则是根据农业保险的特点、难点，农民经济负担（支付保险费能力），农村科学技术水平，农村保险从业人员的技术力量等客观因素提出的。

(二) 农业保险实施方式

根据农业保险经营原则，借鉴国外农业保险的经验，结合各地区的特点，在经营农业保险时，可选用不同的实施方式。

（1）法定（强制）保险方式。法定保险是国家（政府）对一定的对象，以法律、法令或条例规定某些标的必须投保的保险。法定保险可以是全国性的，也可以是地方性的。对某些灾害发生频繁、受灾面积大、损失后果严重（给广大农业生产者带来极大不安定，影响农业生产持续进行，国民经济的发展受到一定影响）的种植业或养殖业可实行法定保险。在强制保险时，许多国家由政府补贴农民一定的保险费，以减轻农民负担。

（2）自愿保险方式。农业生产门类广、品种多，有些风险在某一局部发生，只造成局部性损失。在这种情况下，农业生产经营者可根据自己经营的农业产品风险程度，自愿参加某一农业保险。

（3）合作共保方式。由于农业保险技术复杂、面广量大，可采取保险人同与农业生产有密切关系的专业单位联合共保的方式，单位、职能部门与保险人"利益共享、责任共担"，共同合作，相互促进，推动农业保险发展。

（4）互助合作保险。为解决农村自然灾害多、受灾面积大、业务分散、业务量大和专业保险网点不足的矛盾，农村集体经济单位或农民可通过互助合作办理"合作保险"或"互助保险"。

关键词

财产保险　非寿险　火灾保险　企业财产保险　家庭财产保险　利润损失保险
海洋货物运输保险　机动车辆保险　工程保险　农业保险

复习思考题

1. 试述财产保险的特征和分类。
2. 财产损失保险包括哪些种类？
3. 简述企业财产保险的保险责任与赔偿方式。
4. 运输货物保险与一般财产保险比较具有哪些特征？
5. 海洋货物运输保险承保的风险和保障的损失有哪些？
6. 简述机动车辆保险的保险责任及赔偿方式。
7. 简述工程保险的特征。
8. 试分析农业保险的特点和主要类型。

第七章

责任保险

【学习目的】

1. 明确责任保险的特点及业务构成。

2. 掌握各种责任保险的保险责任及其经营特征。

3. 了解责任保险与法律制度的关系。

责任保险属于广义的财产保险，它是随着法律的发展和完善而逐渐兴起的险种，以被保险人的民事损害赔偿责任或经过特别约定的合同责任为保障内容。由于责任风险存在于企业和个人活动的各个环节，如公司的雇员在工作时受伤，雇主要承担员工赔偿责任；企业的产品对公众造成了伤害，企业要承担产品责任；医生在工作中的疏忽或过失，造成患者的人身伤害或费用损失等，医院或医生要承担职业责任。进入 20 世纪以来，责任损失越来越受到企业和个人的重视，责任保险在世界各国迅速普及和发展，成为财产保险中的主要业务之一，在美国，责任保险的保险费收入已占非寿险保险费收入的 50％左右，在欧洲发达国家占 35％左右。而在我国，2011 年的数据表明责任保险的保费收入占财产保险保费收入的比例只有 3.21％，具有较大的拓展空间。

■ 第一节　责任保险概述

一、责任保险的含义和特征

责任保险 （liability insurance），简称责任险，是指以被保险人依法应负的民事损害赔偿责任或经特别约定的合同责任作为保险标的的保险。在企业和个人的各项活动中，都存在着因本身的过失、疏忽使他人受到人身伤害或财产损失，并且依照法律或合同规定承担民事损害赔偿责任，即赔偿被害人经济损失的风险。这种责任风险，可以通过购买责任保险进行转嫁，当被保险人即致害人产生民事损害赔偿责任时，由保险公司承担致害人对受害人履行的经济赔偿责任。因此，责任保险承保的风险是被保险人的民事损害赔偿责任。

责任保险属于广义的财产保险，与一般的财产保险具有共同的性质，即都属于补偿性保险，在经营的数理基础、原理与方式上大体相同。但是，由于它的保险标的属于民事法律责任的范畴,即保险人承担的是被保险人的民事损害赔偿责任风险,所以它与普通财产保险相比,在经营上又有一些区别,在国际保险市场上,通常将责任保险作为自成体系的保险业务。责任保险的特征表现为以下四方面。

1. 承保风险是法律制度建立和完善的产物

责任保险以被保险人依法应负的民事损害赔偿责任或经特别约定的合同责任作为保险标的的保险。因此,责任保险承保的标的来源于法律制度的建立和完善所产生的民事法律风险。民事法律责任是指违反民事法规对他人财产或人身安全所造成的损害而应承担的损害赔偿责任。由于这种责任被法律形式确认,人们要承担法律责任,所以人们才会产生转嫁这种责任的需求,责任保险才会产生。例如,最早产生的是雇主责任保险,起因于1880年英国颁布的《雇主责任法》,规定雇主对其经营业务中因过失致使雇员受到伤害应负法律责任,当年即有专门的雇主责任保险公司成立。再如,没有环境保护法,造成环境污染的人是不会对受害者承担赔偿责任的。可见,法律制度尤其是民法和各种专门的民事法规是责任保险产生和发展的基础。

2. 以民事损害赔偿责任为保险标的

责任保险是以被保险人对第三者的民事损害赔偿责任为保险标的的保险。与有形的财产不同的是,责任保险没有有形的物质载体,其保险标的不具有可估价性。被保险人所承担的民事损害赔偿责任,在责任发生之前无法确定其额度,因此,普通财产保险根据标的实际价值来确定保险金额的方法也就不能在责任保险中适用。责任保险中只能以赔偿限额代替保险金额,作为保险人承担经济赔偿责任的最高限额和投保人缴纳保险费的依据。

3. 最终保障的是保险合同之外的第三者即受害者的利益

在普通财产保险和人身保险中,保险人对被保险人的财产损失和人身伤害进行直接赔偿或给付,保险金直接支付给被保险人或受益人,因此,保障的是被保险人的利益或受益人的利益。在责任保险中,由于保险人承保的是被保险人对第三者的民事损害赔偿责任,责任赔偿金的给付,与第三者的利益有着直接或间接的关系。《保险法》第五十条第一款规定:保险人对责任保险的被保险人给第三者造成的损害,可以根据法律规定或者合同的约定,直接向第三者赔偿保险金。从而最大限度地保障了受害人的利益,具有保险人代致害人(被保险人)向受害人赔偿的作用。

4. 司法仲裁或裁决是保险人履行赔偿责任的依据

在普通财产保险中,保险人的赔偿金额由保险人按照赔偿原则的具体规定来确定。在责任保险业务中,保险人承担的是被保险人的民事赔偿责任,被保险人应该赔偿多少,通常由仲裁机构或法院根据受害人的财产和人身的实际损害程度裁定。保险人只能在赔偿限额内按照其司法仲裁或裁决的标准支付保险金,不足部分由被保险人自行承担。

二、责任保险的保险责任

(一) 保险责任

(1) 被保险人对受害者承担的民事损害承保赔偿责任。这种责任属于法律责任的范畴。所谓法律责任，是指由于某种侵权或违约行为的产生，侵权人或违约人按照有关法律应承担的责任。责任保险人承保的侵权和违约责任，是指侵权责任和违约责任中，按照法律规定被保险人对造成他人的财产损失和人身伤亡应承担的经济赔偿责任。①侵权责任，指被保险人侵害他人的财产权利或人身权利而使他人遭受损失时依法应对受害者赔偿损失的民事责任。责任保险承保的侵权责任包括过错责任和无过错责任。但是对过错责任，保险人只承担其中的过失行为，对故意责任则列为除外责任。②违约责任。由于违约责任具有许多主观因素，责任保险对违约责任采取特约承保的方式。责任保险特别约定承保的合同责任多为运输合同责任、雇佣合同责任和建筑工程合同责任、安装工程合同责任。责任保险的特约承保的违约责任包括直接责任和间接责任。直接责任是指合同一方违反规定的义务造成另一方的损害所应承担的赔偿责任，如承运人对托运人的货物或旅客损害的赔偿责任。间接责任是指合同一方根据合同规定对另一方造成他人的损害事实应承担的赔偿责任，如工程合同中规定业主对承建人的过失在施工期间造成他人损害所应负的赔偿责任。

（2）被保险人应支付的诉讼、律师费用及其他事先经保险人同意支付的费用。

（二）责任免除

（1）战争、类似战争行为、敌对行为、武装冲突、恐怖活动、谋反、政变直接或间接引起的任何后果所导致的责任。

（2）由罢工、暴动、民众骚乱或恶意行为直接或间接引起的任何后果所致的损失。

（3）由核裂变、核聚变、核武器、核材料、核辐射及放射性污染所引起的直接或间接损失。

（4）被保险人的故意行为。

（5）被保险人的家属、雇员的人身伤害或财产损失（雇主责任保险除外）。

（6）罚款、罚金、惩罚性赔款。

（7）保险单或有关条款中规定的应由被保险人自行负担的赔款。

三、赔偿限额与免赔额

责任保险的保险标的是民事损害赔偿责任，保险人所承担的赔偿数额事先无法确定。但如果在保险合同中没有赔偿额度的限制，保险人就会陷入无限的经营风险之中。保险人在承保责任保险时，通常对每一种责任保险规定若干等级的赔偿限额，由被保险人自己选择。被保险人选定的赔偿限额便是保险人承担的赔偿责任的最高限额，超过限额的经济赔偿责任只能由被保险人自己承担。设定赔偿限额的方法可激励投保人在从事生产经营活动或提供专业技术服务时更加细致小心，减少疏忽。责任保险业务中通常规定两项赔偿限额。

（1）每次事故赔偿限额，即每次责任事故或同一原因引起的一系列责任事故的赔偿限额，它分为财产损失赔偿限额与人身伤亡赔偿限额。

（2）累积赔偿限额，即保险期限内累计的责任限额，它分为累计的财产损失赔偿限额与人身伤亡赔偿限额。

在某些情况下，保险单上只规定事故赔偿限额，不规定累积赔偿限额，或者既规定事故赔偿限额又规定累积赔偿限额。目前，越来越多的国家对人身伤亡不再规定赔偿限额。

责任保险单上一般还有免赔额的规定，以此促进被保险人达到防止事故发生和减少小额、零星赔款支付的目的。责任保险的免赔额，通常采取绝对免赔额的方式。

四、责任保险的赔偿条件

责任保险必须具备的赔偿条件包括三个。

（1）被保险人侵权或违约的事实存在，即被保险人因自己的侵权或违约行为使第三者受到财产损失或人身伤害，并依法或依合同应承担民事损害赔偿责任。

（2）被保险人该项民事损害赔偿责任属于责任保险单承保责任范围。

（3）第三者（受害者）向被保险人（致害者）提出索赔要求。

上述三个条件同时具备，责任保险事故成立，被保险人才有权向保险人要求赔偿。

五、责任保险的分类

1. 公众责任保险

公众责任保险承保被保险人在其经营的地域范围内从事生产经营时，因经营业务发生意外事故造成第三者的财产损失和人身伤害，依法承担的经济赔偿责任。保险人对此项赔偿责任予以负责。

2. 产品责任保险

产品责任保险承保被保险人因其所制造或销售的产品存在质量缺陷，造成购买者和用户的人身伤害或财产损失，依法应由制造者、销售者、修理者承担的经济赔偿责任。

3. 雇主责任保险

雇主责任保险承保被保险人（雇主）的雇员在受雇期间从事与保险单所载明的职业有关的工作时，因遭受意外事故或患有与职业有关的职业性疾病而导致伤、残、死亡，被保险人依法或根据雇佣合同应承担的经济赔偿责任。

4. 职业责任保险

职业责任保险承保各种专业技术的单位或个人在履行自己的职责过程中，因疏忽或过失行为而对他人造成的损害或损伤的经济赔偿责任。

■第二节　公众责任保险

一、公众责任保险的含义

公众责任是指企业、机关、团体、家庭或个人在其经营的地域范围内从事生产经营时，因经营业务发生意外事故，造成第三者（受害者）的财产损失和人身伤害，依法对受害者承担的经济赔偿责任。由于责任者的行为损害了公众利益，所以这种责任被称为公众责任。公众责任的构成，以法律上负有责任为前提，其法律依据是各国的民法和有关的单行法规。

公众责任一般产生于公众场所，如商场、旅馆、影剧院、展览馆、动物园、运动场所等的营业期间，以及个人住宅和个人日常生活等，都可能因意外事故造成他人的人身伤害和财产损失，责任者（致害者）不得不承担相应的民事损害赔偿责任。随着法律的健全，公众场所和个人都面临着公众风险，他们需要转嫁这种风险以保护自身利益，这是公众责任保险产生并得到迅速发展的基础。

公众责任保险是以被保险人在其经营的地域范围内从事生产经营时，以及日常生活中因疏忽或过失造成他人的人身或财产遭受损害，依法承担的对受害者的经济赔偿责任为保险标的的保险。

公众责任保险是责任保险中有广泛影响的一类险种，它始于 19 世纪 80 年代，其最先开办的业务有承包人责任保险、升降梯责任保险，以及业主、房东、住户责任保险等，到 20 世纪 40 年代，公众责任保险在工业化国家已进入家庭，个人责任保险得到发展，它标志着公众责任保险的成熟。进入 20 世纪 80 年代，由于公众对损害事故的索赔意识增强、法制的不断完善、意外事件造成的人身伤害和财产损失事件明显增加以及法院的判决往往有利于受害人等，公众责任保险在各工业化国家尤其是欧美发达国家中，已经成为机关、企业、团体，各种游乐、公共活动场所，以及家庭、个人的必须保障。

公众责任保险的受害人的范围比其他责任保险受害人的要广。在产品责任保险中，受害人大多是产品的直接消费者或用户；在雇主责任保险中，受害人限于与雇主有雇佣关系的雇员；在职业责任保险中，受害人一般是接受职业技术服务的特定对象。与上述三种责任保险不同，公众责任保险的受害人不是特定的群体，而是进入固定场所的任何人，其受害人的范围更广泛。

二、公众责任保险的种类

1. 综合公众责任保险

综合公众责任保险是一种综合性的责任保险，它承保被保险人在任何地点，因疏忽或过失造成他人人身伤亡和财产损失而依法应负的经济赔偿责任。

2. 场所责任保险

场所责任保险是公众责任保险中业务量最大的险别。承保因公共场所存在结构上的缺陷或管理不善，或者被保险人在场所内进行经营活动时因疏忽或过失发生意外事故造成他人人身伤害或财产损失的经济赔偿责任。场所责任保险广泛适用于商店、旅馆、办公楼、动物园、展览馆、游乐场等各种公共娱乐场所及工厂等。

3. 承包人责任保险

承包人责任保险适用于建筑、安装、修理工程等承包人，承保被保险人在进行合同项下的工程或其他作业时造成的对他人的民事损害赔偿责任，这个险种可以通过建工险承保。

4. 承运人责任保险

承运人责任保险承保承运人在进行客、货运输过程中可能发生的民事损害赔偿责任。

5. 个人责任保险

个人责任保险是为个人及家庭提供的责任保险，具体承保的责任范围如下：①在被保险人所有、使用或支配的住宅内发生意外事故引起的对第三者民事损害赔偿责任；②被保险人在承保地区范围内的日常生活中造成对第三者的民事损害赔偿责任，包括由被保险人本人、家属或其他共同居住的家庭成员甚至其饲养的动物引起的民事损害赔偿责任，被保险人骑自行车或在运动时造成的民事损害赔偿责任，但不包括被保险人所有、使用或照管的飞机、船舶、汽车等造成的损害事故责任。

三、保险责任

我国公众责任保险的保险责任包括两项。

（1）被保险人在保险单列明的范围内，因经营业务发生意外事故，造成第三者人身伤害或财产损失，依法应由被保险人承担的经济赔偿，由保险人予以负责。

（2）因损害事故引起的诉讼抗辩费用和经保险人事先同意支付的其他费用。保险人所支付的上述赔款或费用均在保险单列明的每次事故责任限额内以法院或政府有关部门根据现行法律裁定的应由被保险人偿付的金额为准。

四、责任免除

我国的公众责任保险单的责任免除规定有六项。

（1）被保险人根据协议应承担的责任。

（2）对为被保险人服务的任何人所遭受的伤害的责任。

（3）对财产损失的责任，包括两类：①被保险人或其雇佣人员或其代理人所有的财产或由其照管或由其控制的财产；②被保险人或其雇佣人员或其代理人因经营业务一直使用和占用的任何物品、土地、房屋或建筑。

（4）由于下列因素或与下列因素有关而引起的损失或伤害责任：①未载入本保险单表列，而属于被保险人的或其所占有的或以其名义使用的任何牲畜、脚踏车、车辆、火车头、各类船只、飞机、电梯、升降机、起重机、吊车或其他升降装置；②火灾、地震、爆炸、洪水、烟熏；③大气、土地、水污染及其他污染；④有缺陷的卫生装置或任何类型的中毒或任何不洁或有害的食物或饮料；⑤由被保险人作出的或认可的医疗措施或医疗建议。

（5）由震动、移动或减轻支撑引起任何土地或财产或房屋的损害责任。

（6）责任保险的共性内容所列明的责任免除项目。

五、赔偿限额

赔偿限额是保险人承担赔偿责任的最高限额，一般由保险双方当事人在签订合同时根据可能发生的赔偿责任协商订立；或者保险人事先确定若干责任限额档次，由被保险人选定。我国对公众责任保险各种可能发生的费用和赔偿金额共同计算，受保险单规定的赔偿限额的限制。公众责任保险的赔偿限额的确定采取每次事故赔偿限额和保险单累计赔偿限额结合的方式，即每次事故的赔偿责任以每次事故赔偿限额为限，保单期限内的累计赔偿责任以累计赔偿限额为限。对诉讼费用的赔偿限额，一般是将其规定在与人身伤害和财产损失一个赔偿限额以内，或者将其单独列出一个赔偿限额。我国采取前者的规定。

六、保险费率的厘定与保险费计算

由于公众责任保险的保险期限一般以年为计算单位，其费率也按常规分为年标准费率和短期费率。按照国际保险界的习惯做法，保险人一般按每次事故的基本责任限额和免赔额，以及业务性质、风险大小等分别厘定人身伤害和财产损失两项费率。与风险大小直接相关的因素包括行业特征及其与社会公众的接触程度、企业自身管理状况、地理位置、营业额大小、规模等。

保险费率厘定后，保险人在区分短期业务与一年期业务的基础上按责任限额选择适用的保险费率计算保险费。

第三节　产品责任保险

一、产品责任保险的含义

产品责任保险，是指以被保险人因其所制造或销售的产品存在质量缺陷，造成购买者和用户人身伤害或财产损失，依法应由制造者、销售者、修理者承担的经济赔偿责任为保险标的的保险。

产品责任，是指造成购买者和用户人身伤害或财产损失的生产者、销售者、修理者的法律责任。因此，产品的制造商、销售商和修理商是产品责任关系的责任方，其中产品制造者承担最大、最终的风险责任；而产品用户、消费者或公众构成了产品责任的受害者，也是产品责任保险保障的对象。产品的制造商、销售商和修理商等一切可能对产品事故负有责任的人都可以投保产品责任保险。

根据产品责任法律制度，受到产品缺陷伤害的人可以要求获得法律赔偿。所谓产品缺陷，不仅包括产品设计上和生产过程中的缺陷，还包括缺少必要的警告性标签和使用说明。产品发生责任事故后，一般由当地法院根据有关产品责任法律裁决，即产品责任是一种民事法律赔偿责任，并且责任方所负责任的划分及其大小，因各国法律制度不同而有较大差异。

二、保险责任

我国产品责任保险的责任包括如下两项。

（1）在保险有效期内，因被保险人所生产、出售的产品或商品在承保区域内发生事故，造成使用、消费或操作该产品或商品的人或其他任何人的人身伤害、疾病、死亡或财产损失，依法应由被保险人负责时，保险人根据保单规定，在约定的赔偿限额内负责赔偿。

（2）被保险人为产品责任事故而支付的必要诉讼、抗辩费用及其他经保险公司书面同意的费用，也可由保险公司负责。但是本项费用与责任赔偿金额之和必须以保险单列明的赔偿限额为限。

三、责任免除

（1）根据合同或协议应由被保险人承担的对其他人的责任。

（2）根据劳动法应由被保险人承担的责任。

（3）根据雇佣合同应由被保险人对雇员承担的责任。

（4）被保险产品本身的损失。

（5）产品退换回收的损失。产品责任保险是不承担因产品事故导致的产品损坏损失及由此引起的调换、修理责任的，这两条属于产品质量保证保险的范畴。产品质量保证保险是以被保证人因制造或销售的产品丧失或不能达到规定的效能而应对买主承担经济赔偿责任为保险标的的保险，是以保险产品本身的损失为保障对象的，是保险人针对产品质量违约责任提供的带有担保性质的保证保险。在实务中，产品质量保证保险通常与产品责任保险同时承保。

（6）被保险人所有、保管或控制的财产损失。因被保险人不是第三者，故其自身财产损失不能列入产品责任赔偿范围，包括被保险人未出售的产品。被保险人可对此标的投保财产险取得保障。

（7）被保险人故意违法生产、出售的产品或商品造成任何人的人身伤害、疾病、死亡或财产损失。

（8）保险产品造成的大气、土地及水污染及其他各种污染所引起的责任。

（9）保险产品造成对飞机或轮船的损害责任。

（10）由战争及类战争行为、敌对行为、武装冲突、恐怖活动、谋反、政变直接或间接引起的任何后果所致的责任。

（11）由罢工风险直接或间接引起的任何后果所致的责任。

（12）由核风险所引起的直接或间接的责任。

（13）罚款、罚金、惩罚性赔款。

（14）保单中规定的免赔额。

（2）和（3）属于劳动保障和雇主责任险的保障范畴。

（7）～（14）也是责任险的一般除外，将一些特殊风险、特殊损失规定为不保的内容，这也符合不可保风险的一般范畴。

四、赔偿条件

保险人处理产品责任险的索赔案时，所要求的赔偿条件必须满足下列条件。

（1）产品责任事故必须是偶然的、意外发生的、被保险人预先无法预料的。原因是保险人只承担由偶然的产品缺陷而不是由必然的产品缺陷所引起的索赔。

（2）产品责任事故必须在被保险人制造或销售场所以外的地方，是被保险人无法控制或掌握的环境。如果存在缺陷的产品在被保险人的生产场所内发生事故，那就不属于产品责任险范围。例如，生产烟花爆竹的工厂发生爆炸导致人员伤亡、财产损失，不属于保险责任事故，但是如果烟花在消费者燃放时突然爆炸致使其受伤，受害者向制造商提出索赔则属于产品责任范畴。

（3）发生产品责任事故的产品的所有权必须已经转移到消费者或用户手中，经被保险人同意赊欠或分期付款的产品视同所有权转移。

五、承保方式与承保区域

保险人承保产品责任保险，通常采用统保方式。所谓统保，就是要求以被保险人制造或销售的某类产品的全部办理承保，而不论产品销往何处，并按被保险人当年该类产品的生产、销售总额计算收取保费。为明确保险人责任，在保单明细单内还需规定保险人予以负责的产品索赔案件的特定发生区域，即约定承保区域。承保区域一般是根据产品主要销售与使用地区确定。

六、赔偿限额及免赔额

产品责任保险承保的是被保险人的经济赔偿责任，而不是有固定价值的财产。因此保险单均不规定保险金额仅规定赔偿限额。赔偿限额即保险人承担的最高赔偿金额。被保险人因产品责任事故对受害人应赔偿的金额大小由法院判定或双方协商确定。保险人在赔偿限额内承担被保险人对受害人的赔偿责任，超过限额的部分由被保险人自行承担。

产品责任险的赔偿限额通常规定两种，即每次事故赔偿限额及累计赔偿限额。前者指保险人对每一次产品责任事故可以赔付的最高金额，后者指保险人在整个保单有效期内可以赔付的最高金额。以上两种赔偿限额下还分别规定人身伤亡和财产损失的赔偿限额。

保险人为避免小额责任的索赔，及为达到控制风险、损失共担的目的，在保单内都规定有每次事故免赔额，此免赔额为绝对免赔额，同时适用于财产损失索赔和人身伤害索赔。

七、保险期限及保险费

产品责任保险的保险期限通常为1年。根据对保险期限的确定方式的不同，产品责任保险的保险期限可分为期内发生式与期内索赔式两种。期内发生式以保险事故发生为前提，即不论产品什么时候生产或销售，只要产品事故发生在保险期限内，不论受害人是否在保险期限内向被保险人索赔，只要在保险合同规定的追溯期内，保险人都必须履行赔偿责任。期内索赔式以索赔为前提，即不论产品事故是否发生在保险期限内，只要在保险合同规定的上溯期内，保险人对保险期限内发生的受害人向被保险人的索赔都必须履行赔偿责任。期内索赔式较适合于那些具有缺陷"潜伏期"的产品（如药品）的承保。

产品责任保险的保险费采取预收保费制，即在签订保险合同时，根据投保的生产或销售的全部产品价值乘以保险费率计算，待保险期限结束后再根据被保险人在保险期限内实际生产或销售的产品或商品总值计算实际保险费，并对预收保费实行多退少补。产品责任保险的保险费率是根据产品种类（造成损害的风险大小、数量、价格）、承保区域、产品制造者的技术水平和质量管理情况、责任限额与免赔额的高低等因素确定的。

第四节　雇主责任保险

一、雇主责任保险的含义

雇主责任是指国家通过立法，规定雇主对其雇员在受雇期间从事业务活动时，因发生意外事故或职业病造成人身伤残或死亡时应承担的经济赔偿责任。构成雇主责任的前提是雇主与雇员之间存在雇佣合同关系。雇主责任为绝对责任，即雇主对雇员在工作期间的人身伤害，不论雇主有无过失，都应承担赔偿责任。

雇主责任保险是以雇主责任为保险标的的保险。保险人承保被保险人（雇主）的雇员在受雇期间从事与保险单所载明的与职业（被保险人业务）有关的工作时，因遭受意外事故或患有与职业有关的职业性疾病而导致伤、残、死亡，被保险人依法或根据雇佣合同应承担的经济赔偿责任。雇主责任保险是责任保险业务种类中兴起最早并成为法定保险业务的险种。自 20 世纪 60 年代以来，投保雇主责任保险已成为许多国家的雇主必须履行的义务。

二、保险责任

根据雇主责任保险的通常做法，保险人一般承担下述四项责任。

（1）被保险人所聘雇员在保险单列明的地点和保险期限内从事与其职业有关的工作时（包括上下班途中）遭受意外而致伤、残、死亡，被保险人依据法律或雇佣合同应承担的经济赔偿责任。

（2）因聘用员工患有与业务有关的职业性疾病而致伤、残、死亡的经济赔偿责任。

（3）被保险人依法应承担的雇员的医药费，此项医药费的支出以雇员遭受前述两项事故而致伤残为前提条件。

（4）被保险人应支出的法律费用，包括抗辩费用、律师费用、取证费用以及经法院判决应由被保险人代雇员支付的诉讼费用，但该项费用必须是用于处理保险责任范围内的索赔纠纷或诉讼案件，且是合理的诉诸法律而支出的额外费用。

三、责任免除

雇主责任保险的常规责任免除，一般有如下几项。

（1）战争、类似战争行为、叛乱、罢工、暴动或由核子辐射所致的被雇人员的伤残、死亡或疾病。

（2）被保险人的故意行为或重大过失。

（3）被雇人员因疾病、传染病、分娩、流产以及因这些疾病而施行内外科治疗手术所致的伤残或死亡。

（4）因被雇人员自加伤害、自杀、犯罪行为、酗酒及无照驾驶各种机动车辆所致的伤残或死亡。

（5）被保险人对其承包商雇佣的员工的责任。

四、赔偿限额

雇主责任保险人承担赔偿责任的最高限额以雇员"月工资"为依据，由保险双方当事人在签订保险合同时确定并载入保险合同，雇主责任保险的赔偿限额的特点是在保险单上仅规定若干个月工资收入为限，具体的赔付金额还需计算每个雇员的月均工资收入及其伤害程度才能获得。其计算公式为

责任限额＝雇员月平均工资收入×规定月数

五、保险费率的厘定与保险费计算

保险费率是依据不同行业和不同工种、保险人承担的责任限额等分别厘定。其保险费采取预收保费制，保险费按照不同工种雇员适用的不同费率乘以该类雇员年度工资总额计算。其计算公式为

应收保险费＝A 工种（年工资总额×费率）＋B 工种（年工资总额×费率）＋C＋…

年工资总额＝该工种人数×月平均工资×12

第五节　职业责任保险

一、职业责任保险的含义

职业责任保险是以从事各种专业技术工作的单位或个人在履行自己的职责过程中，因疏忽或过失行为而对他人造成的人身伤害或财产损失所导致的经济赔偿责任为保险标的的一种责任保险。

从事各种专业技术工作的单位或个人，是指在某一方面具有专业技能并依靠这种技能为他人服务的单位或个人。他们在工作中的疏忽或过失行为所导致其服务对象遭受损害时，就要依法承担赔偿责任。这种职业责任存在于许多服务领域或职业活动中，如医疗、法律、财会、管理、金融等行业及从事相关职业的人都面临职业责任，其职业责任风险是不可能完全避免的。人们对职业责任风险，除采取各种预防措施，积极地防范并加强工作责任心外，还应通过职业责任保险转嫁、分散和控制风险，化解各种由职业责任所产生的矛盾和纠纷。现行的职业责任保险已从单一的医生职业责任保险发展到包括医生、护士、药剂师、律师、会计师、建筑设计师、工程师、美容师、保险代理人和经纪人、房地产经纪人、公司董事和高级职员等在内的数十种不同的职业责任。

二、保险责任

由于不同专业技术人员的职业责任风险千差万别，职业责任保险不可能像其他责任保险那样设计统一的保险单和保险条款，也不可能有统一保险责任范围。保险人只能根据不同职业设计专门保险单和条款。但是由于职业责任保险承保的是职业风险，在职业责任保险业务的保险责任的范围内又有许多共性的规定。职业责任保险一般由提供专业技术服务的单位（如医院、设计单位、律师事务所等）进行投保。如果是个体专业技术人员，则由其本人投保个人职业责任保险。

职业责任保险的责任涉及以下几个方面。

（1）职业责任保险只负责专业技术人员（被保险人）因职务上的疏忽或过失行为造成的损失，而不负责与该职业无关的原因及其他非职业行为造成的损失；

（2）保险单所负责的被保险人的职业责任风险，一般包括被保险人自己、被保险人从事该业务的前任及前任的前任，在从事规定的职业过程中，因疏忽过失所导致的职业赔偿责任。

（3）同其他责任保险类似，职业责任保险的保险人所承担的赔偿责任也包括两方面：①被保险人对合同对方或其他人的财产损失和人身伤害应负的赔偿责任；②经保险人同意或在保险单列明的有关诉讼费用的补偿。

三、责任免除

职业责任保险的责任免除，可以概括为以下几项。

（1）被保险人的故意行为所致的任何索赔。

（2）被保险人被指控有对他人诽谤或恶意中伤行为而引起的索赔。

（3）因职业文件或技术档案的灭失或损失引起的任何索赔。

（4）因被保险人的隐瞒或欺诈行为而引起的任何索赔。

（5）被保险人在投保时或保险有效期内不如实向保险人报告应报告的情况而引起的任何索赔。

（6）职业责任事故造成的间接损失或费用。

四、保险期限

职业责任保险按照保险期限发生内容的不同有两种承保方式。

（1）期内索赔式。期内索赔是以索赔为基础的承保方式，即保险人仅对在保险有效期内提出的索赔负责，而不管导致索赔的职业责任事故是否发生在该保险有效期内。为了便于控制风险责任，各国普遍采用限制条款规定责任上溯期，保险人仅对上溯期开始后发生的责任事故并在保险单有效期内提出的索赔负责。例如，保险期限为1997年1月1日至同年12月31日，上溯日期定为1995年1月1日，则只有在1995年1月1日起因被保险人及其雇员或其前任的职业疏忽或过失行为导致的责任事故并在1997年内提出的索赔，保险人才予负责，对1995年以前发生的责任事故，保险人概不负责。

（2）期内发生式。期内发生式是以事故发生为基础的承保方式，即保险人仅对在保险有效期内发生的职业责任事故而引起的损失负责，而不管索赔是否在保险有效期内提出。采用这种承保方式的优点是保险人支付的赔款与其保险期限内实际承担的风险责任相适应，其缺点是保险人在该保险单项下承担的赔偿责任，往往要拖很长时间才能确定，而且因为货币贬值等因素，最终索赔的数额可能大大超过职业责任事故发生时的水平，在这种情况下，如果索赔数额超过保险单规定的责任限额，超过部分应由被保险人自行承担。由于以保险期限内的保险事故发生为基础的承保方式要经过较长时间才能确定赔偿责任，国外又称之为"长尾巴责任事故"，所以，此种方式在实践中很少使用。

五、保险费率的厘定

由于各种职业的性质与特点不同，决定了面临的风险有所不同。保险人一般要在考虑以下因素的基础上确定费率。

（1）职业种类，指被保险人及其雇员所从事的专业技术工作。
（2）工作场所，指被保险人从事专业技术工作所在的地区。
（3）工作单位的性质，指营利和非营利之分，以及国有、集体、股份和合资形式。
（4）业务数量，指被保险人每年提供专业技术服务的数量、服务对象的多少等。
（5）被保险人及其雇员的专业技术水平。
（6）被保险人及其雇员的工作责任心和个人品质。
（7）被保险人职业责任事故的历史统计资料及索赔、处理情况。
（8）赔偿限额、免赔额和其他承保条件。

六、职业责任保险的种类

在西方工业化国家，职业责任保险的险种达 70 多种，但主要的职业责任保险业务则不外乎以下几种。

（1）医疗职业责任保险，也叫医生失职保险，它承保医务人员或其前任因医疗责任事故而致病人死亡或伤残、病情加剧、痛苦增加等，受害者或其家属要求赔偿且依法应当由医疗方负责的经济赔偿责任，是职业责任保险中最主要的业务来源，它几乎覆盖了整个医疗、健康领域及其一切医疗服务团体。

（2）律师责任保险，它承保被保险人或其前任作为一个律师在自己的能力范围内在职业服务中发生的一切疏忽行为、错误或遗漏过失行为所导致的法律赔偿责任，包括一切侮辱、诽谤及赔偿被保险人在工作中发生或造成的对第三者的人身伤害或财产损失。

（3）建筑工程设计责任保险，它面向从事各种建筑工程设计的法人团体（如设计院、所等），承保工程设计单位因设计工作中的疏忽或失职，导致所设计的工程发生工程质量事故，造成工程本身的物质损失及第三者的人身伤亡和财产损失，依法应由设计单位承担的经济赔偿责任。

（4）会计师责任保险，它承保因被保险人或其前任或被保险人对其负有法律责任的那些人，因违反会计业务上应尽的责任及义务，而使他人遭受损失，依法应负的经济赔偿责任，但不包括身体伤害、死亡及实质财产的损毁。

此外，还有建筑、工程技术人员责任保险、美容师责任保险、保险经纪人和保险代理人责任保险、情报处理者责任保险等多种职业责任保险业务，它们在发达的保险市场上同样是受到欢迎的险种。

在中国，职业责任保险发展相对滞后，目前已推出的职业责任保险险种有三种。

（1）医生职业责任。中国人民保险公司推出的医疗责任保险面向所有依法设立、有固定场所的医疗机构及经国家有关部门认定合格的医务人员，承担的保险责任是医院及医务人员在从事与其资格相符的诊疗护理工作中因过失发生医疗事故或医疗差错造成的依法应由医院及医务人员承担的经济赔偿责任。

（2）注册会计师职业责任保险。2000年，中国人民保险公司开始在全国范围内推广注册会计师职业责任保险。这项保险业务承担的保险责任是由于作为被保险人的注册会计师事务所的疏忽或过失造成委托人或其他利害关系人的经济损失，依法应由被保险人承担的经济赔偿责任。

（3）建筑工程设计职业责任保险。2000年，中国人民保险公司在全国范围内推出一项面向建筑工程设计单位的职业责任保险，承保因设计单位设计的疏忽或过失造成建筑工程本身的物质损失以及第三者的人身伤亡或财产损失，依法应由建筑工程设计单位承担的经济赔偿责任。

关键词

责任保险　公众责任保险　产品责任保险　雇主责任保险　职业责任保险　赔偿限额　期内发生式　期内索赔式

复习思考题

1. 责任保险产生和发展的基础是什么？
2. 责任保险与一般财产保险相比具有哪些特征？
3. 责任保险对保险责任、赔偿限额与赔偿条件是如何规定的？
4. 简述产品责任保险的赔偿条件和承保方式。
5. 简述公众责任保险的保险责任与除外责任。
6. 简述雇主责任保险是如何确定责任限额与保险费的。
7. 职业责任保险有哪些种类？

第八章

信用保险与保证保险

【学习目的】

1. 明确信用保险与保证保险的特征以及两者的区别。
2. 掌握信用保险与保证保险业务的内容。
3. 了解信用保险与保证保险业务的重要作用。

信用保险与保证保险属于广义的财产保险的范畴，是以信用风险作为保险标的的保险。在商业信用和银行信用普遍化的今天，信用保险与保证保险的发展，一方面反映出一个社会市场经济的成熟程度；另一方面也促进了一个国家的国内和国际贸易活动，为保证市场经济的政策秩序发挥了重要作用。

第一节　信用与保证保险概述

一、信用保险与保证保险的含义

信用保险与保证保险都是以信用作为保险标的的保险，但二者又有很大的不同。信用保险（credit insurance）是权利人直接向保险人投保，要求保险人承保义务人的信用，如果权利人因义务人不履行义务而遭受经济损失，保险人必须按照保险合同规定负责赔偿。

保证保险（bond insurance）是保险人为被保证人向权利人提供信用担保的行为。保证保险通常由义务人投保，保险人以第三者身份即保证人为义务人提供信用担保，如果因义务人的行为导致权利人遭受经济损失时，在义务人不能补偿权利人损失的情况下，由保险人作为保证人代替义务人（被保证人）补偿权利人的经济损失，并拥有向义务人（被保证人）进行追偿的权利。所以，保险公司开办保证业务不能简单地称为保险业务，保险人履行担保义务的前提条件必须是被保证人无法补偿权利人的经济损失，而并非以被保证人对权利人造成经济损失的行为为前提，并且保险人为了保障其对权利人支付的任何赔偿能获得被保证人的偿还，通常要求被保证人申请担保时提供反担保（如财产抵押或现金保证），即保险人支付的赔款由被保证人如数退还。

二、信用保险与保证保险的特点

信用保险和保证保险与一般的财产保险相比，具有以下特点。

1. 承保风险的特殊性

信用保险与保证保险都是以信用为保险标的，即信用保险承保的是被保险人的交易伙伴的信用风险，保证保险担保的是被保证人本身的信用风险，而不是自然灾害和意外事故造成的风险损失。被保证人能否如期偿付债务、能否履约、能否诚实守信，是信用保证保险的实际风险所在。因此，被保险人必须对被保证人的资信情况进行严格审查，认为确有把握，才能承保。同时较之其他财产保险，信用保险和保证保险承保的风险较广，除承保一般信用风险外，还承保一些由于经济因素、社会因素乃至政治因素导致的信用风险。

2. 经营基础不同

信用保险和保证保险经营的都是信用风险，保险人判断信用风险程度依据的是资信调查，而不是以往的损失概率和大数法则，因此信用保险和保证保险在业务经营过程中都必须靠信息奠定经营基础。例如，保证保险业务中保险人是否受理担保申请，完全取决于被保证人的资信、财力及履约状况等信用资料；而信用保险中决定保险费率的是被保险人交易伙伴的信用资料，如财务状况、经营现状、经营历史及所在国的政治与经济环境等。

3. 对经营该业务的保险人的要求较严格

在国外，信用保险和保证保险必须由政府指定或批准的保险人或专门经营信用保险和保证保险业务的保险人办理，禁止一般保险人承保该业务。例如，美国财政部每年公布一次保证保险人名单，并规定各公司承保限额。这样规定是因为：第一，该业务的经营较复杂，必须有专业人员办理；第二，保险人必须有可靠的偿付能力；第三，有些信用保险和保证保险业务本身具有较强的政策性，如为了促进本国的商品出口而开办的出口信用保险业务，必须由指定的保险人或机构来办理。

三、信用保险与保证保险的区别

(一) 保险合同涉及的当事人不同

信用保险合同的当事人是保险人和权利人，权利人既是投保人又是被保险人；而保证保险合同的当事人为保险人与被保证人、权利人三方。被保证人为投保人，权利人为被保险人。

(二) 保险性质不同

保证保险属于担保行为，保险人出借的仅是保险公司的信用，而不承担实质性风险，因为保证保险中的被保证人对保证人（保险人）给予权利人的补偿，具有偿还义务；而信用保险中，保险人承担的是实质性风险，保险合同规定的保险事故发生后，保险人在向被保险人履行赔偿责任后，只是获得向被保证人追偿的权利。

对保证保险究竟是保险还是保证，国外学者一直有不同看法。一种观点认为，保证保险不是保险，而是一种保证。原因在于四个方面。①在保险合同中，保险人的责任不会因他人不履行义务而产生；而在保证保险中，保险人向权利人承诺，在第三方不履行义务时，将保护权利人的利益。②在纯粹的保险合同当中，保险费率与风险是紧密相连的，而且有一个风险的汇集问题。相反，在保证保险中，保险人签发保单特别地依赖于义务人的信用。③尽管保险公司内部可能存在一个保证保险部，但其功能却更类似于银行授信，而不是保险公司对风险进行汇集。④保险只涉及双方当事人，保险人与被保险人，而保证保险则涉及三方。

另一种观点则认为，保证保险尽管与传统财产损失保险有严格区别，但仍不失为保险的一种。按美国担保协会的解释，保证保险与传统财产损失保险在以下方面存在区别。①在传统保险中，风险被转移给保险公司，而在保证保险中，风险仍属于投保人（义务人）。保证保险是为保护权利人的利益而设的。②传统保险中，保险公司依据未来损失的概率确定保险费，而在保证保险中，保险费实为保险公司提供财务支持与保证的服务费。③在传统保险中，保险公司承保的目的在于分散风险，而在保证保险中，保险公司视承保为提供信用，所以着重点在于对投保人的前期资格审查和选择。更具体地说，在传统保险领域，保险人一般会对损失进行预期。而在保证保险领域，则预期不会发生损失。这主要是因为如果损失产生的可能性很大，保险人就不会签订保证保险合同。另外，在传统保险中，承保过程就是要根据平均损失计算出预期损失使其不超过总保费水平。而在保证保险中，这种损失本质上是无法准确预测的。因此，保证保险的费率是建立在经验判断基础之上的。保证保险的费用主要是为调查和证明发生的支出，再加上少部分补偿不可避免损失的费用。

尽管存在上述差别，美国担保协会仍然认为，保证保险是一种非常特殊的险种，它与一般保险具有一定的共同之处：①它们都是一种风险转移机制；②它们都受各州保险监管机构的管理；③它们都是为财务损失提供保证。因此，尽管与传统的财产损失保险有着本质的区别，但从分散风险的角度讲，保证保险也不失为一种保险。美国一些学者也认为，在保证保险中，尽管从理论上讲，保险公司只为那些它们认为不会发生损失的交易提供保证，但事实上损失确实会发生。因此，就必须使用大数法则，此时，风险汇集的问题就出现了，而风险的汇集正是保险的本质。

（三）保险人承担的风险不同

在保证保险中，保险人承担的风险较小，由于保险人采取反担保，即要求被保证人提供实物抵押或现金保证，以保障保险人向权利人支付任何赔偿能从被保证人处得到返还，风险或损失仍由被保证人或反担保人承担；而在信用保险中，保险人承担的是来自保险人和被保险人所不能控制的交易对方的信用风险，保险人向权利人支付赔款后，虽然可以向责任方追偿，但成功率很低，保险人承担的是实实在在的风险。

（四）保险费性质不同

保证保险属于担保业务，被保证人所交付的费用是一种担保手续费，是对保险公司出具信用的一种报酬；而信用保险属于保险，因此投保人交付的保险费是将被保证人的信用风险转移给保险人的价金，保险人收取的保险费主要用于建立赔偿基金。

第二节　信用保险的主要险种

信用保险从业务内容上一般分为出口信用保险、投资保险和国内信用保险三类，各自又可以进一步分为若干具体险种。

一、出口信用保险

（一）出口信用保险的含义

出口信用保险是承保出口商在经营出口业务过程中，因进口商方面的商业风险或进口国政治风险而遭受经济损失时，由保险人按照保险合同规定进行赔偿的保险。在出口贸易活动中，除了少数合同采取预付货款方式外，大部分出口贸易活动都采取信用证或托收的方式收取货款，即国际贸易活动中普遍采取货到付款的结算方式。因此，出口商面临境外的进口商可能赖账或拒付货款的风险，出口信用保险提供的是对出口商的收汇风险的保险。

出口信用保险20世纪初诞生于欧洲，第二次世界大战后在发达国家迅速发展，20世纪60年代以后，随着经济的发展和世界贸易的增长，众多发展中国家纷纷建立了自己的出口信用保险机制。目前出口信用保险已成为世界绝大多数国家出口支持体系中的一个重要组成部分，由出口信用保险支持的国际贸易额已占世界贸易总额的10%左右。

（二）出口信用保险的特征

出口信用保险自诞生起就有别于一般财产保险，其特征有三个。

（1）出口信用保险具有明确的政策性目的，开办这项业务的目的不是赢利，而是为一个国家的出口和对外投资提供保障和便利，并通过扩大出口带动经济发展和就业。因此，出口信用保险属于政策性业务，具有很强的政策导向性。它的开展与国家的外贸、外交政策结合紧密。

（2）出口信用保险以政府的财政支持为后盾。从技术层面看，出口信用保险所承担的风险集中度高，风险程度大，受国际政治、经济因素变化的影响剧烈，因此，不具备市场化运作的赢利条件，必须有政府的财政支持；从政策层面看，由于这项业务需要体现政府的外贸政策导向，也只有政府的主导作用才能确保政策导向的准确体现。

（3）出口信用保险的发展与国家的经济发展水平和国际地位紧密关联。出口信用保险产生于当时较为发达的国家，随着国际经济的迅猛发展，得以在世界范围内发展。可以说，出口信用保险的开展既是一个国家的实力，尤其是经济国际竞争力的晴雨表，又是一个国家经济发展和国际地位提高的必然要求。出口信用保险是对外贸易发展到一定阶段的产物，反过来又会推动对外贸易的更大发展。

2001年，作为从事政策性出口信用保险业务的国有独资公司，中国出口信用保险公司经国务院批准成立。

（三）出口信用保险在国际贸易发展中的作用

出口信用保险在国际贸易发展中的作用表现在以下几个方面。

（1）出口信用保险为出口商规避商业风险和政治风险，为其安全收汇、顺利运营提供了保证。在国际贸易中，出口信用保险弥补了货物运输保险不能涵盖的买方商业信用保险和国家政治风险保险的空白。出口信用保险保证了出口商的安全收汇，使其能够避免坏账，保持良好的账务记录。若出口商是贸易商，安全收汇有利于其周转资金，及时组织货源；若出口商是生产商，则安全收汇有利于其及时购买原材料，组织生产，顺利运营。

（2）出口信用保险为出口商获得银行的融资便利提供了担保，有利于出口商向进口商提供有竞争力的支付方式。对大型资本货物的出口，出口商往往没有足够的流动资金予以垫支，因此，争取金额大、期限长、利率优惠的出口信贷是出口商的最佳选择；而发放出口信贷对于银行来说风险较大，银行只有在出口商投保了出口信用保险之后才同意对其发放出口信贷。同时，出口商在投保出口信用保险后，就可以放心地采用赊账销售。与传统信用证和托收这两种支付方式相比，赊账销售对进口商最具有吸引力。赊账销售使进口商省去了开证手续，避免了资金占压，由此看来，出口信用保险能使出口商对安全性和赢利性兼而得之。

（3）出口信用保险机构能为出口商提供有关买方及买方国家的大量信息，为出口商提供咨询。由于出口商自身的局限性，其对国际市场行情、买方国家状况，以及买方的经营状况、财务状况和资信等级的了解不易做到详细和准确，所以往往造成经营上的失误。出口信用保险机构提供的权威信息能使出口商在国际竞争中做到正确决策，在谈判中掌握主动权。

（四）出口信用保险的业务种类

目前我国办理的出口信用保险业务有三种：短期出口信用保险、中长期出口信用保险、特约出口信用保险。

短期出口信用保险是承保信用期限在一年以内的出口收汇风险的保险业务，主要支持消费品，以及部分机电产品、成套设备的出口，特点是覆盖面广，可成为企业风险管理机制的组成部分，为出口企业的所有常规出口业务提供保障，是国际上出口信用保险适用面最广、承保量最大的一个险种。

中长期出口信用保险是承保信用期限在一年以上的收汇风险的保险业务，主要支持大型机电产品、成套设备的出口及海外工程承包项目。这类项目金额大、期限长、融资需求强烈，项目的收汇风险较大。

特约出口信用保险适用于资信程度较高的被保险人由于业务需要，临时性或比较特殊的在其他出口信用保险中不能承保的业务。

（五）出口信用保险的保险责任

出口信用保险承保的主要是出口商的收汇风险。出口商不能安全收汇的主要原因有商业风险和政治风险。

商业风险又称为买方风险，是指出于进口方的原因产生的收汇风险。商业风险包括：买方由于破产或其他债务而无力支付货款的风险；买方收到货物后长期拖欠货款的风险；买方违背合同，在卖方发货后提出拒收货物并拒付罚金的风险。

政治风险又称国家风险，是指与被保险人进行贸易的买方所在国或第三国发生政治、经济状况变化而导致买卖双方都无法控制的收汇风险。政治风险包括：买方所在国实行外汇管制，限制汇兑的风险；买方所在国实行进口管制或为保护本国市场限制某些产品进口的风险；买方的进口许可证被撤销的风险；买方所在国支付货款须经过第三国而出现的延期付款的风险；买方所在国发生战争或骚乱等；买方所在国或任何有关第三国发生非常事件所导致的买方无法履行贸易合同的风险。

（六）出口信用保险的信用限额和保险费率

出口信用保险的投保人必须是资信良好、会计账册齐全的出口商。保险人承保信用风险时，通常规定每一保险单的买方信用限额和免赔额。

厘定费率是一般考虑下列因素：①买方所在国的政治、经济及外汇收支状况；②出口商的资信、经营规模和出口贸易的历史记录；③出口商以往的赔付记录；④贸易合同规定的付款条件；⑤投保的出口贸易额大小及货物的种类；⑥国际市场的经济发展趋势。一般而言，出口信用保险机构通常将世界各国或地区按其经济情况、外汇储备情况及外汇政策、政治形式不同，划分成五类。第一类国家或地区经济形势、国际支付能力、政治形势均较好，因而收汇风险小；第五类国家或地区的收汇风险非常明显，大部分保险人不承保此类国家或地区的出口信用保险业务。对第一类别到第四类别国家或地区的出口，因其风险大小不同，支付方式不同，所以保险费率也不相同。放账期长的费率高，放账期短的费率低。

二、投资保险

（一）投资保险的含义

投资保险，又称政治风险保险，是承保被保险人因投资引进国政治局势动荡或政府法令变动所引起的在投资合同规定范围内的投资损失的保险。其被保险人是海外投资者，在欧美等发达国家，投资保险成了海外投资者进行投资活动的前提条件，在我国，投资保险是为了吸引海外投资者，保障投资者的正常利益而开办的。

（二）投资保险的保险责任和责任免除

1. 保险责任

投资保险的保险责任包括战争风险、征用风险和汇兑风险。

（1）战争风险是指战争、类似战争行为、叛乱、罢工及暴动所造成的有形财产的直接损失的风险。

（2）征用风险是指投资者在国外的投资资产被东道国政府有关部门征用或没收的风险。

（3）汇兑风险是指投资者不能将按投资合同规定的应属被保险人所有并可汇出的汇款汇出的风险。我国投资保险承保的这一风险是：政府有关部门的汇兑限制，使被保险人不能按契约规定将应属被保险人所有并可汇出的款项汇出所引起的损失。

2. 责任免除

（1）被保险人的投资项目受损后造成被保险人的一切商业损失。

（2）被保险人及其代表违背或不履行投资契约，或者故意违法导致政府有关部门的征用或没收所造成的损失。

（3）政府有关部门如果规定汇出汇款期限而被保险人没有按照规定汇出汇款造成的损失。

（4）原子弹、氢弹等核武器造成的损失。

（5）投资契约范围之外的任何其他财产的征用、没收造成的损失。

（三）投资保险的保险金额和保险费率

投资保险的保险金额以被保险人在海外投资额为依据，是投资金额与双方约定比例的百分比，保险金额一般规定为投资金额的90％。当被保险人在保险单所列投资契约项下的投资发生损失时，保险人根据保险金额与投资额的比例赔付，保险金额最高占投资金额的90％。保险费率的确定一般根据保险期限长短、工程项目及地区条件等因素在投保时双方约定。

三、国内信用保险

（一）国内信用保险的含义

国内信用保险，也称一般商业信用保险，它是指在商业活动中，一方当事人为了避免另一方当事人的信用风险，而作为权利人要求保险人将另一方当事人作为被保证人，承担因被保证人的信用风险而使权利人自身遭受商业利益损失的保险。在商业活动中信用行为是一种普遍的现象，一方当事人的违约和失信都会造成另一方当事人的商业利益损失。为了防范这种不测的信用风险发生，权利人除了签订商业合同保护自己外，采用商业信用保险方式也成为自我保护的重要形式。

国内信用保险一般只承保批发业务，不承保零售业务；多承保3～6个月的短期商业信用风险，少承保长期商业信用保险；多承保团体信用风险，少承保个人信用风险。

（二）国内信用保险的重要险种

国内信用保险的主要险种有贷款信用保险、赊销信用保险、预付信用保险和个人贷款信用保险。

1. 贷款信用保险

贷款信用保险是保险人对银行或其他金融机构与企业之间的借贷合同进行担保，以承保借款人信用风险的保险。在商品经济条件下，由于企业经营管理不善或决策失误及自然灾害和意外事故等因素的存在，贷款不能及时偿还或受损的风险是客观存在的。因此，有必要建立起相应的贷款信用保险制度来维护正常的金融秩序，保证银行信贷资金的正常周转。在贷款信用保险中，贷款人（债权人）是投保人。当保险单签发后，贷款方即成为被保险人。这是因为，银行对贷出的款项具有全额可保利益，通过保险后，当借款人无法归还贷款时，债权人可以从保险人那里获得补偿，然后把债权转让给保险人，由保险人履行代位追偿权。贷款信用保险的保险责任除投保人或被保险人的故意行为和违法犯罪行为所致的贷款无法收回外，其他风险均可承保，例如，政策失误、政府部门干预、市场竞争等风险。贷款信用保险的保险金额，以银行贷出的款项为依据。厘定保险费率时，应与银行利率相联系，并着重考虑企业资信情况、企业经营管理水平与市场竞争力、贷款项目的期限和用途、不同的经济地区等因素。

2. 赊销信用保险

赊销信用保险，是为国内贸易（批发）中延期付款或分期付款行为提供信用担保的一种信用保险业务。这种业务一般适用于以分期付款方式销售的耐用商品，如汽车、船舶、住宅等，这类商业贸易往往数量较多，金额较大，一旦买方无力偿付分期支付的货款，就会造成制造商或供应商的经济损失。因此，投保人是制造商或供应商，保险人承保的是买方（义务人）的信用风险，目的在于保证被保险人能按期收回赊销货款，保障商业贸易的顺利进行。在我国，中国平安保险公司于1995年率先开办了这种业务。

赊销信用保险的特点是赊账期较长，风险比较分散，承保业务手续比较复杂，保险人必须仔细考察买方资信情况后方可决定是否承保。

3. 预付信用保险

预付信用保险是保险人为卖者（供应商）交付货物提供信用担保的一种信用保险业务。在这种保险业务中，投保人（被保险人）是商品的买方，保险人所承保的是卖者风险。

4. 个人贷款信用保险

个人贷款信用保险是指以银行或其他金融机构对自然人进行贷款时，因债务人不履行合同致使银行或其他金融机构遭受经济损失为保险对象的信用保险。

个人信用保险是保险人面向个人的一种特别业务。由于个人情况千差万别，而且居住分散，风险大小不一，保险人在开办这种业务时，需要对债务人的借款用途、经营情况、信誉、私有财产情况进行调查了解，必要时还要求借款人提供反担保和私人财产的抵押。

■第三节　保证保险的主要险种

一、履约保证保险

（一）履约保证保险的概念

履约保证保险是指在被保证人不按约定履行义务，从而造成权利方受损时，由保险人负责赔偿的一种保险。保险标的是被保证人的违约责任。

（二）履约保证保险的特点

履约保证保险具有以下特点。

（1）履约保证保险所承担的风险是被保证人履行一定义务的能力或意愿。

（2）履约保证保险的投保人只能是被保证人自己。

（三）履约保证保险的种类

在保险实务中，履约保证保险主要有以下五种形式。

1. 合同履约保证保险

合同履约保证保险系指承保因被保证人不履行各种合同义务而造成的权利人经济损失的保险。它包括供给保证保险、建筑保证保险、完工履约保证保险。

（1）供给保证保险。在供给保证保险中，当供给方因违反合同规定的供给义务而使需求方遭受损失时，由保险人承担赔偿责任。例如，一制造商与某加工厂订立合同，由制造商按期供给一定数量的半成品给某加工厂，如该制造商违反供给义务使加工厂遭受损失，在此情况下，保险人应负经济赔偿责任。

（2）建筑保证保险。该险种承保因建筑误期所造成的各种损失。它包括以下四种。其一，履约合同保证保险：承保工程所有人因承包人不能按时、按质、按量交付工程而遭受的经济损失。其二，投标保证保险：承保工程所有人（权利人）因中标人不继续签订承包合同而遭受的损失。其三，预付款保证保险：承保工程所有人因承包人不能履行合同而受到的预付款损失。其四，维修保证保险：承保工程所有人因承包人不履行合同所规定的维修任务而遭受的损失。

（3）完工履约保证保险。该险承保借款建筑人因未按期完工和到期不归还借款而造成的有关权利人的损失。

2. 司法履约保证保险

在司法程序中，原告或被告向司法部门提出某项要求时，司法部门根据具体情况，要求其提供保证。这时，法院面临着原告或被告违约的风险。司法履约保证保险是指对这种风险进行承保的一种保证保险。司法履约保证保险主要包括两大类：信托保证保险和诉讼保证保险。

（1）信托保证保险。信托保证保险是保证由法院所指定的受托人能够履行自己职责的保险。像遗嘱执行人、财产管理人、遗产管理人、监护人、清算人等属于受托人。受托人必须忠实地履行自己的职责。如果委托给他的财产出现了损失，受托人应当承担责任。信托保证的财产主要有以下几种类型：死亡人的遗产、未成年人的财产、无行为能力人的财产、破产或清算的财产等。

（2）诉讼保证保险。诉讼保证保险又可分为四类。一是保释保证保险，承保被保释人不在规定的时间出庭受审而由法院罚没的罚款，由保险人支付；二是上诉保证保险，承保上诉人如上诉失败，所有原诉与上诉费用皆由上诉人负担时，由保险人支付；三是扣押保证保险，当原告要求法院扣压被告的某一财产，以确保胜诉后得到赔偿，法院要求提供该保证，以用于原告败诉时由保险人赔偿被告因临时扣压财产而遭受的损失；四是禁令保证保险，当原告要法庭命令阻止被告采取某一行动（如将约定卖给原告的产品卖给他人）时，便须向法院提供此种保证，以便被告因此禁令而受到不当损失时，由保险人予以赔偿。

3. 特许履约保证保险

特许履约保证保险是一种担保从事经营活动的领照人遵守法规或义务的保证保险，即保证人保证领照人（被保证人）能够按照规定履行其义务。要求从事某种经营活动的人在向政府申请执照或许可证时，必须提供这种保证，故又称为许可保证。在特许履约保证保险中，如果被保证人的行为违反政府法令或有损于国家利益和社会公共利益，由此造成损害时，由保证人承担其责任。常见的特许履约约束保险有两种：一是在被保证人（领照人）违反政府法令或其行为有损于政府或公众利益时，由保险人（保证人）承担由此引起的赔偿责任；二是保证被保证人（领照人）将按国家法律履行纳税义务。

4. 公务员履约保证保险

公务员履约保证保险是对政府工作人员的诚实信用提供保证的保险。它分为两种：一是诚实总括保证，系指对公务员不诚实或欺诈等行为所造成的损失承担赔偿责任；二是忠实执行职务保证，系指对公务员因工作中未能忠于职守而给政府造成的损失承担赔偿责任。

5. 存款履约保证保险

以银行作为投保机构，向保险机构交纳保险费，当投保机构面临危机或破产时，保险机构向其提供流动性资助，或代替破产机构在一定限度内对存款者支付存款。

二、忠诚保证保险

(一) 忠诚保证保险的概念

忠诚保证保险，又称诚实保证保险，是一种在权利人因被保证人的不诚实行为而遭受经济损失时，由保险人作为保证人承担赔偿责任的保险。此保险常为雇主（权利人）提供保险，以被保证人（雇员）的诚实信用为保险标的，当雇员因偷盗、侵占、伪造、私用、非法挪用、故意误用等不诚实行为造成雇主受损时，保险人负责赔偿。

(二) 忠诚保证保险的特点

(1) 保险合同涉及雇主与雇员之间的关系。

(2) 承保的风险只限于雇员的不诚实行为。

(3) 其投保人既可以是被保证人（雇员），也可以是权利人（雇主）。

(三) 忠诚保证保险的种类

1. 指名保证保险

指名保证保险是以特定的雇员为被保证人的忠诚保证保险，在雇主遭受被保证人所造成的损失时，由保险人负责赔偿。在这种保险中，雇员的名字被列在保单上，并作出相应的保证金额规定。例如：

李华明，总裁……………………4 万元

张玉红，出纳员…………………2 万元

王辉，会计………………………1 万元

如果雇员离开了公司，这一保险将终止。它并不适用任何接替该雇员的人，除非保单上作了特别的说明。

指名保证保险又分为两种。其一，个人保证保险，是以特定的雇员单独为被保证人，当雇员单独或与他人合谋造成雇主损失时，由保险人承担赔偿责任。个人保证合同只承保特定的个人，保险费通常由被保证的雇员支付。其二，表定保证保险，是在同一保证合同中，承保两个以上的雇员，每个人都有自己的保证金额的保证保险。其投保人数可随机增减。

2. 职位保证保险

职位保证保险是以各种职位及其人数作为被保证人的忠诚保证保险。它与指名忠诚保证保险的不同之处在于，它不列出被保证人的姓名，而只是列出各级职位及其人数。每一职位都有规定的保证金额。例如：

1 个会计………………………2 万元

2 个出纳员……………………1 万元

5 个销售员……………………0.8 万元

职位保证保险又可分为两种。其一，单一职位保证保险。在该险中，同一保证合同承保某一职位的若干被保证人，而不论何人担任此职位均有效。如相同职位中有一人投保，那么其余人员也必须投保。其二，职位表定保证保险，是指同一保证合同承保几个不同的职位，每一职位都有各自确定的保证金额。

在职位保证保险中，如果某一职位中的雇员人数超过了职位保证保险中规定的人数，保险公司对于这一职位的责任就相应减少了。在这种情况下，它只承担保单上所规定的责任的部分。

例如，一个被保证人购买了如下的职位保证保险：

2 个簿记员……………………1 万元

2 个出纳员……………………1.2 万元

1 个会计………………………2 万元

现在，假定被保证人在出纳员职位上增加了 1 人，即共有 3 个出纳员，但是没有通知保险公司。这时，如果因出纳员的过失造成了损失，保险公司的责任被限定为每人8000 元。其具体的计算如下：

$$\frac{保单中规定的出纳员人数}{该职位实际雇佣的出纳员人数}\times 该职位的保险金额 = \frac{2}{3}\times 12000 = 8000（元）$$

3. 总括保证保险

总括保证保险是指在一个保证合同内承保雇主所有的正式职工。它可以分为两种。第一种，普通总括保证保险，是指对单位全体雇员不指出姓名和职位的保证保险。保费按年计算，在缴费后 1 年内如人数增加，除企业合并外，不另加保费。只要认定损失是由雇员的不诚实行为所致,保证人均承担赔偿责任。第二种,特别总括保证保险,是指承保各种金融机构的雇员因不诚实行为造成的损失而由保险人承担赔偿责任的保险。它最早起源于英国伦敦劳合社保险人开办的银行总括保证,以后逐步增加到各种金融机构。各金融机构中的所有金钱、有价证券、金银条块以及其他贵重物品,因其雇员的不诚实行为造成的损失,保险人均负赔偿责任。

4. 伪造保证保险

伪造保证保险是承保因伪造或篡改背书、签名、收款人姓名、金额等造成损失的保证保险。它又可以分为两种形式:一是存户伪造保证保险,承保被保证人或被保证人往来的银行因他人以被保证人的名义伪造或篡改支票、汇票、存单及其他凭单票据等所致损失的保险,此处的承保票据仅指支付票据;二是家庭伪造保证保险,承保个人在收支款项时因他人伪造所致损失的保险,此处的承保票据包括支付票据、收入票据及收入伪钞。

5. 三D保单

三D保单是指不诚实(dishonest)、损毁(destruction)及失踪(disappearance)的综合保单,简称三D保单,包括诚实保证和盗窃保险两者在内,承保企业因他人的不诚实、盗窃、失踪、伪造或篡改票据遭受的各种损失。其内容包括五部分,被保险人可选择投保部分或全部。这五部分内容是:第一,雇员不诚实保证;第二,屋内财产的盗窃保险;第三,屋外财产的盗窃保险;第四,保管箱盗窃保险;第五,存户的伪造保险。除前述五部分外,还可以附加条款方式,增加下列风险的保险:其一,收入票据的伪造;其二,货物被盗窃;其三;发放的薪金被盗;其四,限额盗窃保险所承保的风险;其五,伪造仓库收据。三D保单的保险费,由各部分分别计算后再汇总合计。

三D保单有下述优点:对性质不明的风险,保险人不得借故推诿赔偿责任;无到期日的规定,不会因被保险人忘记保单到期日而使损失发生后得不到赔偿;手续简便,一次投保后,各种因盗窃和不诚实等原因所造成的损失都能得到保障。

三、产品保证保险

(一)产品保证保险的概念

产品保证保险,亦称产品质量保险或产品信誉保险,它承保被保险人因制造或销售的产品丧失或不能达到合同规定的效能而应对买主承担的经济赔偿责任,即保险人对有缺陷产品的本身,以及由此引起的有关间接损失和费用负赔偿责任。

(二)产品保证保险的责任范围

产品保证保险的保险责任有三种。

(1)对用户或消费者负责更换、整修不合格产品或赔偿有质量缺陷产品的损失和费用。

(2)赔偿用户或消费者因产品质量不符合使用标准而丧失使用价值的损失及由此引起的额外费用。例如,运输公司因购买不合格汽车而造成的停业损失(包括利润和工资损失）及为继续营业临时租用他人汽车而支付的租费等。

（3）被保险人根据法院判决或有关行政当局的命令，收回、更换或修理已投放市场的质量有严重缺陷的产品造成的损失及费用。

产品保证保险除保险责任外，还有一些免除的责任。例如，产品购买者故意行为或过失引起的损失；不按产品说明书安装调试、使用的损失；产品在运输途中因外部原因造成的损失或费用等。凡上述原因导致保险事故造成的损失，保险人均不负赔偿责任。

（三）产品保证保险的保险金额、保险费率和保险期限

产品保证保险的保险金额，一般按投保产品的出售价格或实际价值确定。例如，出厂价、批发价、零售价，以何种价格确定，由保险双方根据产品所有权的转移方式及转移价格为依据。

在费率厘定方面，应以下列因素为依据：①产品制造者、销售者的技术水平和质量管理情况，这是确定费率的首要因素；②产品的性能和用途；③产品的数量和价格；④产品的销售区域；⑤保险人承保该类产品以往的损失记录。

产品保证保险的保险期限是根据不同产品的性能、用途和行业规定的正常使用时间来确定的，也可以在行业所规定的政策使用时间之内选择一段时间作为产品保证保险的期限。

（四）产品保证保险与产品责任保险的关系

产品保证保险与产品责任保险都与产品有关，但在保险标的和业务性质方面具有很大的区别。从两者的标的分析，产品保证保险的标的是产品质量；产品责任保险的标的是产品责任本身。从两者的性质分析，产品保证保险是保险人以担保人的身份为被保险人的产品质量提供的担保，只对产品本身质量实施保险；产品责任保险是保险人为被保险的产品可能产生的民事损害赔偿责任提供的保险服务。

四、贷款保证保险

（一）贷款保证保险的概念

贷款保证保险是指因借款人不能按照借款合同规定的期限和条件偿还贷款而给被保险人造成经济损失时，保险公司负责偿还借款人的贷款。该保险的投保人是借款人或银行及其他金融机构，被保险人是贷款银行及其他金融机构。

（二）贷款保证保险的分类

（1）机动车辆消费贷款保证保险，简称车贷险，是指当借款人未能按照机动车辆消费贷款合同的约定偿还贷款，导致贷款人的经济损失时，由保险人按照保险合同的约定负责替借款人偿还欠款的一种保证保险。

（2）房屋抵押贷款保证保险，是指当向银行或其他金融机构贷款购买房屋的投保人，因自然灾害、意外事故无法如期履行房屋抵押借款合同的还贷责任，致使贷款人经

济损失时，由保险人代为偿还所欠贷款本息余额的保证保险。

（3）个人消费贷款保证保险，主要针对机动车辆和个人住房以外的其他个人消费信贷业务的保证保险。当借款人因发生保险责任范围内的事故使其在规定的还款期限未履行或仅部分履行规定的还款责任时，保险人负责偿还该到期部分的欠款或其差额。永安保险公司的个人耐用消费品贷款信用保证保险、安华财产保险公司的助学贷款保证保险都属于此类。

（4）企业贷款保证保险，当借款企业不能按照借款合同规定的期限和条件偿还贷款而给银行或其他金融机构造成经济损失时，由保险人代投保人偿还所欠贷款本息余额的保险。保险人一般对"无用途"的贷款不予承保。

关键词

信用保险　保证保险　出口信用保险　投资保险　商业信用保险　履约保证保险
忠诚保证保险　产品质量保证保险

复习思考题

1. 信用保证保险与一般财产保险的区别是什么？
2. 信用保险与保证保险的联系与区别是什么？
3. 出口信用保险具有哪些特征，它为什么属于政策性保险？
4. 什么是投资保险，它承保的风险有哪些？
5. 保证保险有哪几种，其承保的责任范围如何确定？

第九章

人身保险

【学习目的】

1. 明确人身保险的特征及业务构成。

2. 掌握各种人身保险的保险责任及其经营特征。

3. 了解人寿保险与意外伤害保险、健康保险的区别。

■第一节　人身保险概述

人身保险是以人的生命和身体作为保险标的的保险，是保险业的重要组成部分。根据《保险法》，将全部保险业务分为财产保险和人身保险两大类，人身保险业务包括人寿保险、健康保险、意外伤害保险等保险业务。然而人身保险标的的特殊性，决定了人身保险的理论和实务操作有其自身的规律和特点。

一、人身保险的含义

人身保险（personal insurance）是以人的生命或身体为保险标的的，在保险有效期内，当被保险人发生死亡、残疾、疾病等保险事故或生存到保险期届满时，保险人向被保险人或受益人给付保险金的保险。从上述概念看出，人身保险的保险标的是人的生命或身体。人身保险的保险责任包括生（生育）、老（衰老）、病（疾病）、死（死亡）、残（残疾）等各个方面，即人们在日常生活中可能遭遇的意外伤害、疾病、衰老、死亡等各种不幸事故。人身保险所承保的责任涵盖了人身历程中几乎所有可能遭受的各种人身风险。

二、人身保险的分类

1. 按保障范围分类，分为人寿保险、意外伤害保险和健康保险

《保险法》第九十二条指出："人身保险业务，包括人寿保险、健康保险和意外伤害保险等保险业务。"这显然是根据保险标的所涵盖的业务范围划分的。

人寿保险是以人的生命为保险标的，以被保险人在保险期限内死亡或生存到保险期满为给付保险金条件的一种人身保险，因此也称为生命保险。人寿保险是人身保险的主

要和基本的种类，国际保险业近年统计数据表明，无论是业务量还是保费收入，人寿保险都占全部人身保险业务的绝大部分。国外寿险就是指人寿保险业务。

人身意外伤害保险，简称意外伤害保险，是以被保险人因在保险期限内遭受意外伤害事故导致死亡或残疾为保险金给付条件的一种人身保险。

健康保险是以被保险人因遭遇疾病、生育或意外事故所致伤害的费用支出或损失为保险金赔偿条件的一种人身保险。

2. 按保险精算基础和财务处理方式分类，分为寿险和非寿险

西方国家按照保险精算基础和财务处理方式的不同，将全部保险业务划分为寿险、非寿险两大类。寿险就是指人寿保险，除此之外的其他保险业务都划归非寿险范围，不仅包括海上保险、火灾保险、汽车保险、航空保险等，还包括健康和意外伤害保险在内，即健康保险和意外伤害保险属于与人寿保险相对应的非寿险。

3. 按投保方式分类，分为个人人身保险、团体人身保险和联合人身保险

个人人身保险是以个人为投保人，在一份保险合同中只有一个被保险人的人身保险。团体人身保险是以团体为投保人，为其团体内成员购买的人身保险，在一份保险合同中有多个被保险人。团体保险的保险费率低于个人保险的费率，投保程序较简单，如不需要体检。联合人身保险通常是把有一定利害关系的两个或两个以上的人视为一个被保险人整体，如夫妻、父母子女，一份保险合同对被保险人整体（两人或两人以上）提供保障的保险。

4. 按有无分红分类，分为分红保险和不分红保险

分红保险最早是相互人寿保险公司提供的保险产品，购买分红保险后，投保人不仅可以获得保险保障，而且还可以获得保险公司的经营利润。分红保险单的费率通常高于不分红保险的保险单。早期的商业性人寿保险公司一般不出售分红保险单，但为了与相互人寿保险公司竞争，有些股份人寿保险公司现在也出售分红保险单。

不分红保险是指不能给投保方带来红利的人寿保险，购买不分红保险，投保人只能获得保险保障。

5. 按保险期限分类，分为长期业务、一年期业务和短期业务

长期业务是指保险期限超过一年以上的人身保险。人寿保险、年金保险一般属于长期性业务，保险期限都超过一年。

一年期业务是指保险期限为一年的人身保险业务，主要是人身意外伤害保险业务。健康保险业务也可以是一年期业务。

短期业务是指保险期限不足一年的人身保险业务。短期业务一般是只保一次航程或一次旅程，如旅游人身意外伤害保险、旅客人身意外伤害保险、公共场所游客人身意外伤害保险。

6. 按保障的风险程度分类，分为标准体保险和弱体保险

标准体保险是指被保险人的风险程度（健康状况、职业等）与保险人订立的费率标准相适应，可以按照标准费率给予被保险人保障的保险；弱体保险是指被保险人的风险程度高于保险费率标准，保险人通过加收保险费才给予保障的保险。

三、人身保险的特征

根据《保险法》规定，保险业务可以分为财产保险和人身保险两大类，由于人身保险在保险标的上的特殊性，人身保险业务与财产保险业务存在很大差异，表现为人身保险的下列特征。

（一）定额给付性

人身保险的保险标的是人的生命与身体，其保障对象无法用货币衡量其价值，因此在保险事故发生后，如死亡、生存到一定时期，绝大部分人身保险的保险人只能按照事先约定的保险金额向被保险人或受益人支付保险金，其目的是使遭受不幸事故的被保险人及其家属获得物质上的帮助和经济上的支持，不至于因保险事故遭遇灾难性打击。而财产保险中各项财产都有其客观实际价值，保险人可以根据损失程度支付赔款，其目的是补偿被保险人的实际损失。

人身保险的保险金额的确定主要考虑两个因素：一是被保险人对人身保险的需求程度，二是投保人的缴费能力。

由于绝大部分人身保险是给付性保险，不属于补偿性保险，所以人身保险不存在重复保险和代位求偿问题。人身保险是定额保险，也不会有超额投保。

（二）保险人承担的风险具有稳定性

相对于财产保险承保的风险而言，人身保险所承保的人身风险规律性十分明显，特别是在人寿保险中，人的死亡风险与被保险人的年龄密切相关，并且随着年龄的增长逐渐增大，最后变成为一个确定事件，这就决定了人身保险在处理风险方面，尤其在预测保险事故发生的可能性上更加准确，因为根据生命表预计人的寿命长短和死亡率的大小与人们的实际寿命长短及其死亡概率非常接近。这不仅表明人身保险所承保的风险比较稳定，而且也决定了人身保险业务经营的稳定性。理论上只要保险人选用的生命表及保证利息适当，就不会发生业务亏损，当然也不会出现很大的盈余。

（三）以长期性业务为主体

相对于财产保险合同而言，大多数人身保险合同属长期性保险合同，期限较长，从国际人身保险业的情况看，保险期限在五年以下的人寿保险合同较少，大多数的人身保险合同的保险期限在十几年甚至几十年。人寿保险合同之所以具有长期性，是因为人寿保险是以人的死亡或生存为保险标的的，而死亡和生存都具有不确定性，保险期限如果设计太短，一方面达不到寿险保障的目的，另一方面也会产生许多矛盾。人的死亡概率随着年龄增长而增长，如果采取每年更新的短期死亡保险或两全保险，就会出现在获得同样的保障的情况下，年轻的投保人缴纳的保险费较少，年老的投保人缴纳的保险费较多。这样就可能导致人们在最需要保险保障的时候（年老时）却因为无力负担高昂的保险费而得不到保险保障。因为随着年龄的增长，人们的收入来源越来越少，这将不利于保险业的发展。

为了克服短期保险中的不平衡性，保险公司将寿险期限延长，同时采取按年度均衡费率计收保险费，即保险人每年收取的保险费的数量不随投保人（被保险人）年龄变化而逐年变化，而是每年收取同样数量的保险费（将趸缴保费在保险期内平均化）费率在整个保险期内不变，这样使投保人每年缴费负担比较均衡，不致因费用负担过重而使晚年得不到保险保障。

此外，生存保险，如年金保险，主要用于被保险人的养老，如果人寿保险的期限太短，被保险人必须经常续保，一旦体检时不符合投保条件，就可能被拒保或被作为次健体增加保费。而如果免体检，则必然会导致投保人的逆选择，那些身体健康状况不好的投保人会增加投保，不利于寿险经营。如果保险期限较长，一方面被保险人只要在初始投保时符合投保条件，就能获得长期保险保障，有利于扩大保险需求；另一方面，因为投保人关注的长期投保利益，也能在一定程度上避免逆选择，从而有利于寿险长期经营。

（四）具有一定储蓄性

储蓄的特点是返还本金和支付利息。人身保险的储蓄性是指大部分保险产品具有储蓄的上述基本特点。人寿保险的储蓄性表现在两个方面。第一，保险公司对寿险保费计算利息。寿险保单的储蓄性与均衡保费的经营方式密切相关。由于采取均衡保费，投保人早期交纳的保险费高于其当年的死亡成本（自然保费），多余的部分相当于投保人提前交纳的保险费，它相当于投保人存放在保险公司的储蓄存款。由于寿险期限长，寿险公司可以将这部分储蓄保费投资增值，所以对这部分资金应计算利息。被保险人或受益人得到的保险金给付或退保金额，不仅包括此前交纳的保险费，而且还包括这部分保险费所生的利息。这类似于储蓄机构对存款要支付利息。第二，大部分寿险品种最后必须给付保险金。大部分寿险产品约定的保险事故如死亡和年老是必然要发生的确定事件，只是发生的时间不确定，所以寿险公司对绝大部分险种如养老保险和死亡保险最终必须给付保险金。同时被保险人或受益人还可以享受储蓄保费累积资金的所有权，如果投保人在中途退保，他可以获得这一累积资金，即保单的现金价值，现金价值并不因保险合同解除或终止而丧失。

四、人身保险的作用

（一）人身保险对个人的作用

人身保险对个人或家庭的作用主要表现为提供经济保障和扩大投资。死亡、伤残、疾病、衰老等人身风险对每个人都是客观存在的，家庭是社会的基本细胞，它是由婚姻、血缘关系构成的经济生活单位，家庭成员之间有互助的权利和义务。当家庭成员尤其是家庭的主要劳动成员发生死亡、伤残、疾病、衰老等事故时，会导致家庭收入减少或支出增多，严重的还会使生活陷入困境。人身保险可以将个人或家庭的人身风险转移给保险公司，投保人在交纳确定的保险费后，一旦发生死亡、伤残、疾病、衰老等人身风险时，个人或家庭可以从保险公司那里领取保险金，以保证家庭生活的正常秩序。人身保险中的人寿保险单是一种金融资产。因此，购买人寿保险实际上除了购买了一种预期的经济保障外，更重要的是投保人缴纳的保险费是一种投资业务，是投保人的债权。长期人寿保险中的生存保险是在被保险人生存至保险期限届满时给付保险金，因此，满期生存给付所应付的不是不幸事件造成的损失。由于在长期人寿保险中，保险公司要对投保人交纳的保险费计算利息，满期给付的保险金大大多于其交纳的保险费，所以投保长期人寿保险被视为一种投资手段，投保人往往要将购买的人寿保险和其他投资手段（如储蓄、股票、债券等）进行比较。由于人寿保险具有经济保障的功能，不具有投机性，没有什么风险，投资受益率较稳定，所以通常为人们所选择。

（二）人身保险对企业的作用

在现代社会中，随着工业化进程的加快，越来越多的劳动者能够在企业获得就业机会。企业可以作为投保人，缴纳保险费，为员工投保人身保险，当就业者发生死亡、伤残、疾病等人身风险或年老退休时，职工可以从保险公司那里获得一定的经济补助，这既提高了员工的福利，又减少或稳定了企业的支出，有利于减小企业产品的成本，增强企业的凝聚力。世界许多国家对此采取鼓励政策，规定企业为员工投保人身保险的支出项目，在一定金额内可以列入成本，并在税前列支。

（三）人身保险对经济发展与成长的作用

人身保险尤其是长期性的人寿保险，在其经营过程中聚集了大量的保险资金，而这些资金的绝大部分属于长期性资金来源，保险公司可以据此进行投资，以使资金在运动中实现保值增值，比如利用各种责任准备金购买不动产、股票、债券、贷款等。人身保险资金的投资运用，实际上是将一部分个人消费在一定时期内投入生产领域，发挥资金促进经济发展与成长的作用。对于发展中国家来说，发展人身保险事业是筹措生产建设资金的一个重要途径。即使在发达国家，人身保险也是提供经济发展所需资金的一条重要渠道。

（四）人身保险对社会稳定的作用

人身保险是社会保险的重要补充。一个国家的政局稳定，取决于人民生活的安定，而一个完善的社会保障体系又是人民生活安定的重要保证。社会保险是社会保障体系的主体，但是由于其保证范围较狭窄和保障水平较低，因而不能满足社会所有成员的实际需要，因此客观上需要人身保险来弥补这一不足。

社会保险与人身保险在保证的目标上是一致的，都是为了保障人民生活的安定，社会的稳定和经济的发展。但由于其性质和功能定位不同，两者可以互相融合，互相补充。在保障深度上，社会保险只能为公众提供最基本的社会保障；而商业保险却能为人民提供超过其基本需求程度和范围的保障，以满足人民更高水平的保障需求。在保障广度上，我国目前社会保险只能为广大工薪劳动者（主要是全民所有制和集体所有制职工）提供一定的保障，而商业保险则可以为所有社会成员包括农民提供保障。

五、人身保险合同的特殊条款

为规范人寿保险经营以维护保险客户的利益，国际上常见的人身保险标准条款包括以下六方面。

（一）不可抗辩条款

不可抗辩条款是指在保单生效之日起满两年后，保险人不得以任何理由解除保险合同，即使投保人在投保时隐瞒、误告、遗漏或欺骗，即保险人有两年的时间来调查投保人或被保险人的诚信情况，若发现投保人或被保险人违背了诚信原则，保险人可解除保险合同，且不退还已收的保险费。但两年过后，保险人将丧失此权利。

人身保险合同是一种最大诚信合同。它要求投保人对被保险人的各种情况负有如实告知义务。如果投保人告知不实，法律赋予保险人在合同生效之日两年内有解除告知不实的保险合同的权利。但从公平的角度考虑，保险人也不得滥用这种权利，必须有所限制，否则就会使被保险人或受益人的利益遭受损害。首先，因为人身保险合同一般都是长期合同，时间过久，很难核实投保人当时的告知是否属实。其次，如果被保险人死亡，受益人也无法与保险人争辩，而一旦保险人解除保险合同或拒付保险金，受益人将失去保险保障，这等于让受益人承担了投保人的误告之责，对受益人是不公平的。

《保险法》第十六条规定：订立保险合同，保险人就保险标的或者被保险人的有关情况提出询问的，投保人应当如实告知。投保人故意或因重大过失未履行前款规定的如实告知义务，足以影响保险人决定是否同意承保或者提高保险费率的，保险人有权解除保险合同。前款规定的合同解除权，自保险人知道有解除事由之日起，超过三十日不行使而消灭。自合同成立之日起超过两年的，保险人不得解除合同；发生保险事故的，保险人应当承担赔偿或者给付保险金的责任。

由此看出，保险人在投保人不履行告知义务时有解除保险合同的权利，但这一权利的行使要受到抗辩时间（两年）的制约，超过两年，保险人失去这一权利。

（二）宽限期条款

宽限期条款是指缴纳保险费的宽限期间，也称优惠期间。各国有关寿险条款都有这种规定，只是时间长短不一而已。《保险法》第三十六条规定，合同约定分期支付保险费，投保人支付首期保险费后，除合同另有约定外，投保人自保险人催告之日起超过三十日未支付当期保险费，或者超过规定的期限六十日未支付当期保险费的，合同效力中止，或者由保险人按照合同约定的条件减少保险金额。被保险人在前款规定期限内发生保险事故的，保险人应当按照合同约定给付保险金，但可以扣减欠缴的保险费。

人身保险合同往往具有投资大、期限长的特点，投保人必须长年累月地按照约定期限缴纳保险费。投保人如因疏忽、疾病、外出等没有按时缴纳续期保险费，保险人给予一定时间的宽限。在宽限期内，保险合同仍然有效，若保险事故发生，保险人应按规定承担给付保险金的责任，但应从中扣除当期应缴的保险费和利息。超过宽限期，投保人仍未缴纳保险费，保险合同即告中止。规定宽限期的目的在于避免合同非故意性失效，保全保险人业务。人身保险的投保人在分期缴费方式下，按时缴纳续期保险费是维持合同效力的条件。在长期的缴费期间，大多数投保人并非故意不按时缴纳保险费，而是因偶尔遗忘或暂时经济困难等客观原因未能按时缴费，如果保险人不给予一定时间的宽限，必然会导致许多合同中止，继而失效。这对于保险人而言，会影响保单的续保率，不利于稳定经营；对投保方而言，会因非故意的种种原因而使保障遭毁。因此，宽期限的规定对合同双方都很有现实意义。

（三）复效条款

复效条款又称两年内复效条款。是指在人身保险合同因逾期缴费失效（即中止）后，一旦在法定或约定的时间内所需要的条件得到满足，投保人可以在两年内申请恢复其原来的效力，称为合同的复效。复效条款是使被保险人、受益人恢复保险保障的一种补救措施。

申请复效应符合下列条件。①投保人有申请复效的表示。投保人应向保险人正式提交复效申请，并补交合同中止期间所欠的保险费和利息。②投保人应在合同中止之日起两年内提出有效的复效申请，且在此期间未提出退保申请。如超过此期限，投保人与保险人仍未达成复效协议，保险人有权解除合同。解除合同时，投保人如果已经缴足两年以上的保险费的，则退还保险单的现金价值。没有缴足两年以上保险费的，保险人在扣除手续费后，退还其保险费。③被保险人符合可保条件。为防止出现逆选择，投保人在合同复效时也负有如实告知义务，被保险人必须提交健康证明或体格报告书等文件。④投保人提出的复效申请与保险人达成复效协议方可生效。

《保险法》第三十七条对中止复效作了明文规定。合同效力中止后，经保险人与投保人协商并达成协议，在投保人补交保险费后，合同效力恢复。但是，自合同效力中止之日起两年内，双方未达成协议的，保险人有权解除合同。值得注意的是，在合同效力中止后，人身保险合同处于失效状态，若保险事故发生，保险人不承担给付保险责任。

（四）不丧失价值条款

不丧失价值条款又称保单现金价值条款，是指保单所有人（一般是投保人）享有保单现金价值的权利不因保单效力的变化而丧失。也就是说，即使保单失效了，保单中的现金价值所有权归投保人/保单所有人不变。

保单现金价值，是在人寿保险保单项下，被保险人缴纳的均衡保费扣除当年的死亡成本、保险公司的各项经营成本之后的余额所形成的积累。现金价值是终身人寿保险具有投资性的根本原因，大部分险种的现金价值是不断递增的，才使得保单具有储蓄性和投资性。

保单项下积累的现金价值在法律上属于保单所有人所有，并且是一项不可没收、不可丧失的权利。保单的现金价值是以责任准备金为基础计算的，投保方可以在正式保险单中查到所保寿险的现金价值表。并不是所有的人身保险种类都有现金价值，定期寿险不积累保单现金价值，只提供死亡保障。

投保人对保单现金价值具有以下权利。

第一，办理退保，领取退保金。当投保人退保时，有权要求保险人将保单已积累的现金价值扣除手续费后退还，这就是保单的退保现金价值。

第二，申请保单抵押贷款。当投保人出现暂时财务困难时，可以保单作抵押向保险人申请贷款。保险人一般以保单现金价值的一定比例（80％为常见比例）为额度为保单所有人提供贷款。

第三，用现金价值自动垫缴保险费。在寿险保单中通常有保费自动垫缴条款，即当投保人在保单宽限期过后仍未缴付保险费的，保险人将自动用保单的现金价值来垫缴当期应缴保险费。

（五）年龄误报条款

被保险人的年龄是保险人确定可否承保以及保险费率计算的一个重要依据。在投保险种、期限、保险金额等条件相同情况下，年龄不同则保费不同。在投保时，投保人应如实告知被保险人的年龄并出具年龄证明。各国保险法一般都有对年龄误报的规定，都要求按真实年龄更正。按照《保险法》的规定，如果在被保险人死亡时，或者合同约定的期限到期时，发现投保人申报的被保险人的年龄不真实，保险人对保险金额有权按照真实年龄给予调整。如果投保人支付的保险费少于应缴付的保险费，保险人有权要求投保人补缴保险费；或者在给付保险金时按照实付保险费与应付保险费的比例支付。如果投保人实际缴付的保险费多于应付保险费，保险人应当将多收的保险费退还投保人。在真实年龄超过保险公司规定的最高年龄时，保险合同自始无效。年龄误报保险金额给付的调整公式如下：

$$\text{调整后应给付的保险金额} = \text{保单面值} \times \frac{\text{按误报年龄计算的年缴保费}}{\text{按实际年龄计算的年应缴保费}}$$

（六）自杀条款

被保险人在保单生效后的两年内自杀（复效合同中自杀是从复效日算起），不论其精神是否正常，保险人都不负给付保险金责任，只退还现金价值，并一次性支付给受益人。如果自杀发生在两年以后，保险人履行给付保险金责任。

为了避免蓄意自杀者通过保险方式图谋保险金，防止道德危险的发生，人身保险合同一般都把自杀作为除外责任条款。如果保险人对被保险人的自杀一概免于赔付保险金，对合同的受益人是不公平的。因此，大多数国家都对自杀的免责条款作了时间上的限制。例如，《保险法》第四十四条规定，以被保险人死亡为给付保险金条件的合同，自成立或者合同效力恢复之日起满二年内，被保险人自杀的，保险人不承担给付保险金责任，但被保险人自杀时为无民事行为能力人的除外。这样规定可以约束被保险人为图谋保险给付而自杀，因为在一般情况下，一个人不太可能在两年前就开始制订自杀计划以图谋保险金，而且一个人的自杀意图也不可能持续两年以上。

第二节　人寿保险

一、人寿保险概念

人寿保险（life insurance）是以人的寿命（或生命）为保险标的，以人的生存或死亡为给付保险金条件的人身保险。人寿保险的保障项目包括死亡和期满生存，即如果被保险人在保险期内死亡或按照合同规定到期仍然生存时，保险人给付保险金。

人寿保险采取的保费不是自然保费，而是均衡保费，即每期都缴纳相同的保费。均衡保费是将被保险人在整个保险期间的死亡成本运用精算原理重新分摊后而得的。均衡保费高于早期的自然保费，低于晚期的自然保费。由于其采取均衡保费，人寿保险在经营上与其他保险不同，如准备金提取、利润分析、财务核算等有其特殊之处。

二、传统型人寿保险险种

传统型人寿保险根据保障项目的不同，人身保险可以分为以下几种。

（一）死亡保险

死亡保险是以被保险人的死亡为保险事故，在保险事故发生时，保险人向受益人给付保险金的人身保险。根据死亡有无时间限制，分为定期寿险与终身寿险两种。

1. 定期死亡保险

定期死亡保险简称定期寿险，是以在合同约定的期限内被保险人发生死亡事故，由保险人给付保险金的保险。如果被保险人期满生存，保险人不给付保险金。

通常情况下，定期寿险的期限不得少于一年。定期寿险的特点如下。

（1）保险期限确定，费率较低廉。定期寿险提供一个确定时期的保障，如 1 年、5 年、10 年、20 年，或者被保险人达到某个年龄，如 60 岁。保险公司还可以为特定的被保险人提供极短期的定期寿险，可能是一年或几个月。如果被保险人在这个规定的时期内死亡，保险人向受益人给付保险金。因为定期寿险不是每份保险合同都必然给付，其又无储蓄和投资因素，所以定期寿险在所有人寿保险中是最为廉价的人身保险，交付同样的保险费可以购得比终身寿险和两全保险的保险金额高许多倍的定期寿险，达到以最低的保费支出取得最大金额的保障的目的。

（2）具有可续保选择权和可转换性。该选择权允许保单所有人在保险期满而续保时，不必提供可保性证明，即不必进行体检，也不论健康状况如何便可续保。这项选择权可以避免被保险人在保险期满因健康状况不佳不能再取得人寿保险，保护了被保险人的利益。但在续保时根据被保险人达到的年龄提高保险费。可转换性，是指保单所有人具有把定期寿险转换为终身寿险的选择权，也无须提供可保性证据。保单的可转换性增加了定期寿险的灵活性。

（3）容易产生逆选择。投保定期寿险可以较少的保费支出换取较大的保险保障，所以容易发生逆选择，即身体素质较差的人大量投保。在人寿保险经营中，表现为被保险人感到或已经存在身体不适或某种极度危险时，往往投保较大金额的定期寿险。为了把承保风险控制在一定范围之内，保险公司采取的措施如下：对投保超过一定保险金额的被保险人进行全面体检；对身体状况较差者提高收费标准；对年龄较高、身体又较差者拒绝承保。

定期死亡保险在下列几方面的作用是其他险种无法取代的。

一是满足收入较低但需要高额保障的人投保。例如，子女尚未成年的家庭经济唯一提供者，一旦发生死亡，其家庭生活将陷入困境。因此，需要购买高额人寿保险，以保证其身后家人的生活，但由于其保费交纳能力有限，购买此种保险最为合适。

二是作为信用的保证手段之一。债权人大多要求债务人投保定期寿险，以避免债务人死亡而使自己的债权受到影响。

2. 终身死亡保险

终身死亡保险简称终身寿险，是提供终身死亡保障的保险，即不论被保险人何时死亡，保险人都向其受益人给付保险金。如果被保险人100岁仍健在，保险人则向其本人给付保险金。终身寿险具有以下特点。

（1）为被保险人提供终身保障。因为它是以被保险人在任何时候的死亡为给付保险金的条件，所以每一张有效保单必然发生给付。

（2）保险费率较高。由于终身寿险保险期限较长，并且每份保单必然给付保险金，所以费率高于定期寿险。

（3）费率中含有储蓄因素，保单具有现金价值。大多数终身寿险采取均衡保费，保险人早期每年收取的保险费超过他当时需要支付的保险金，这个超过部分相当于投保人存在保险人处的储蓄存款，这部分保险费连同所生利息一起都为被保险人所有，属于被保险人的权益，因此保单生效一定时期后具有"现金价值"，投保人对现金价值具有处置权。

按照缴费的方式不同，终身寿险分为两类。

（1）普通终身寿险，又称终身缴费的终身寿险，即被保险人只要活着，就要缴付保险费。由于缴费期限很长，所以保险费率较低，同时，也在一定程度上抵消了通货膨胀所带来的保险金贬值的风险。考虑到老年人支付保费的能力变弱，所以不少国家都规定了一个缴费上限年龄，比如缴费到80岁为止。

（2）限期缴费的终身寿险，即规定投保人在一定期限内缴费或被保险人在达到某个年龄前缴费，如规定缴费期限为10年、15年、20年或缴费至65岁止等。无论是终身缴费，还是限期缴费，其缴费总额的精算现值都是相等的，因此限期缴费的费率高于终身缴费的费率。限期缴费的一个极端形式——趸缴保费的终身寿险的费率就更高了。同样保险金额的终身寿险，缴费期限越短，保险费率就越高，但现金价值的积累速度越快。

（二）生存保险

生存保险是指被保险人如果生存到保险期满（一定年限或至一定年龄），保险人给付保险金的一种保险。如果被保险人在保险期内死亡，保险人不给付保险金，也不退还保险费。生存保险是以年金保险的形式出现的。所谓年金保险是以被保险人的生存为保险金给付条件，保险人按照年度周期（一般是一年）向被保险人支付保险金的保险。被保险人通过年金保险，能够在一定时期内定期领取到一笔保险金，获得因长寿所致的收入损失保障，达到年金保险养老的目的，因此，年金保险又称养老金保险。年金保险的保费有多种缴费方式，但在被保险人领取年金以前，投保人必须缴清所有保费。其保险金给付周期有一年、半年、季或月等。给付期限根据保险合同约定，分为定期年金、终身年金和最低保证年金。生存保险的特点主要有两个。

一是如果被保险人在保险期内死亡，保险人不给付保险金，也不退还保险费。因此，生存到保险期满的被保险人所得到的保险金，不仅包括其本人所缴纳的保险费及其所生利息，还包括保险期内死亡的被保险人缴纳的保险费及其所生利息。

二是生存保险是可以满足被保险人生存至保险期满后的各项费用开支，如成年人的养老金需求、未成年人的教育或婚嫁金。

在生存保险中，被保险人期满生存是给付保险金的唯一条件，如果被保险人在保险期内死亡，则保险人不给付任何款项。可见，期满生存者所领得的保险金来源于本人所缴保费和期内死亡者所缴保费。这个险种似乎对期内死亡者有失公平，所以，被人们接受的程度受限。现在的人寿保险公司大多不单独经营此险种，而是和其他险种结合使用。如和死亡保险结合称为两全保险，和死亡保险、年金保险结合称为综合保障的年金保险等。

年金保险属于生存保险的主要险种，只是在保险金的给付方式上有自己的特点，年金保险的分类如下。

（1）按约定的给付期限分类，年金保险可以分为定期年金保险和终身年金保险。定期年金保险是指保险人在约定的期限内给付年金，约定期满给付终止。如果被保险人在约定期限内死亡，保险人给付也终止。也就是说，年金给付的期限最长不超过约定期限。定期年金保险与确定年金的区别在于：前者以生存为给付条件，后者一直给付到约定期满。终身年金保险是指保险人给付年金至被保险人死亡为止，它是不规定给付期限的年金保险。

（2）按给付开始期分类，年金保险分为即期年金保险和延期年金保险。即期年金是指订约后立即开始给付年金的年金保险。延期年金是指订约后一定时期以后保险人才开始给付年金的年金保险。不论是即期年金保险还是延期年金保险，凡是给付周期的期初给付年金就称为期首付年金，凡是给付周期的期末给付年金就称为期末付年金。

（3）按被保险人人数分类，年金保险分为个人年金保险和联合年金保险。个人年金保险是指被保险人只有一个人的年金保险。联合年金保险是指被保险人有两个或两个以上且年金给付持续到最后一个人死亡为止的年金保险。

（4）按照缴费方式分类，年金保险分为趸缴年金保险和年缴年金保险。趸缴年金是由投保人于投保时一次缴清全部保险费，然后等到约定领取日时，由年金受领人开始领取年金。年缴年金是指年金保险费分年交付。实际中，可以采取其他约定的周期（如按季、按月）交付。

（5）按是否有保证分类，年金保险分为无保证年金保险和有保证年金保险。无保证年金保险是指年金给付以被保险人生存为条件，死亡则停止给付。有保证年金保险又分为期间保证年金保险和金额保证年金保险。期间保证年金保险是指规定一个保证期间，如果被保险人在此期间内死亡，他的受益人可以继续领取年金，直到保证期间届满时为止。金额保证年金保险是指如果被保险人死亡时，其所领年金数额低于年金现价，其差额将由受益人领取。

（6）按年金给付额是否变动分类，年金保险分为定额年金保险和变额年金保险。定额年金保险是指每次给付的年金数额是固定不变的。变额年金保险是指年金给付额随投资收益进行调整。

（三）两全保险

两全保险也称生死合险，即被保险人无论在保险期内死亡还是生存至保险期满，保险人都给付保险金的一种人寿保险。两全保险的主要特点是有三个。

一是两全保险都是定期的，可以用一定年数或一定年龄来限制。

二是两全保险与终身寿险相同，保险金的给付是必然的。

三是两全保险的保险责任也是最全面的，既可以保障被保险人死亡给家庭经济生活带来的困难，又可以保障被保险人生存至保险期满后所需日后经济开支需要，每张保单必然发生给付。在相同条件下，两全保险的费率比生存保险和死亡保险的费率高，因此是人寿保险中保费最高的险种，相当于定期寿险与生存保险两者保费之和。保费中既有保障因素，又有储蓄因素。

两全保险的主要险种包括有四种。

（1）普通两全保险，即被保险人在约定的保险期间内死亡，保险人对受益人承担给付保险金的责任；如果被保险人在保险期满仍生存，保险人对被保险人承担给付保险金的责任。保险期限可以规定为若干年，也可以规定为到某一年龄止。保险费通常是限期缴付，也有的是在整个保险期间内分期缴付。

（2）期满双赔两全保险，这是对普通两全保险进行改进而成的险种，即被保险人在保险期内死亡，保险人给付受益人全额保险金；如果被保险人生存到保险期满，保险人给付被保险人两倍于保险金额的保险金。此险种的重点在于保障被保险人本人的利益，但又不同于单纯的生存保险。这个险种适合于有一定的缴费能力且家庭负担较轻的人。

（3）养老附加定期保险，即被保险人生存到养老金领取年龄，保险人按照合同约定的金额给付年金（也有一些保险公司是一次性给付保险金）。如果被保人在领取保险金之前死亡，保险人将给付其受益人若干倍于保险金额的保险（有的人寿保险给付的保险金高达保险金额的 10 倍或 20 倍）。这个险种保障的重点是受益人，即一旦被保险人死亡，其受益人可以得到高额的保险金。它较适合于有支付保费能力且家庭负担很重的人投保。

（4）联合两全保险，指被保险人有两个或两个以上的两全保险。在联合两全保险中，联合被保险人中只要有一个人在保险期内死亡，保险人就给付全部保险金，保单终止；如果保险期满时，被保险人无一个人死亡，保险人也给付保险金，且由全体被保险人共同领取。此险种适合夫妻二人联合投保。

三、创新型人寿保险

创新型人寿保险，是保险公司为了有效抵御通货膨胀，增强与其他金融机构的竞争能力，降低寿险经营的利率风险而设计出的新型寿险产品。20 世纪 70 年代以来寿险的主要创新产品有变额寿险、万能寿险、变额万能寿险等。它突破了传统寿险保险金额不变、保险费不变的缺点，增加了寿险产品的弹性，使寿险产品的保险金额可以随着市场上投资收益的变化而变化，或赋予投保人调整保险费、保险金和现金价值的选择权。创新型寿险产品不仅具有保障功能，还兼有投资理财的双重功能。

（一）变额人寿保险

变额人寿保险（variable life insurance），简称变额寿险，是其保险金额随其保费分离账户的投资收益的变化而变化的终身寿险。它于 1976 年在美国保险市场出现，具有抵消通货膨胀给人寿保险带来的不利影响的作用。

变额人寿保险大多是终身寿险，投保的根本目的是希望受益人得到较大的死亡保险金数额。在变额人寿保险中，保险人收取的保险费中的一小部分进入保障账户，用于人身保险保障，其余部分扣除一定手续费后进入一个以保单持有人名义设立的投资账户，由保险公司的投资专家进行投资，投资账户的资金可以用来购买一个或几个单位的投资基金。保险公司提供多种投资基金，包括货币市场基金、股票基金、债券基金、指数基金等，投保人具有投资选择权，投保人可以选择某种基金，也可以选择多种基金。投资风险由被保险人自己承担，受益人得到的保险金的多少完全取决于投资业绩。该保单的死亡给付包括两个部分：第一部分是保单约定的最低死亡给付额，这一部分是固定的；第二部分是可变的死亡给付部分，即随投资收益变化的部分。如果投资收益低，保险人只能保证最低死亡给付金和最低现金价值。但死亡率、费用率风险仍由保险人承担。保险费交纳方式与传统型寿险相同为均衡保费。我国近年来推出的"投资连接保险"，是相当于变额寿险的一种新型终身寿险产品。

变额人寿保险与传统型人寿保险相比较具有以下特点。

（1）设立保险和投资两个账户，具有保障和投资的双重功能。投保人所交保费一小部分进入保障账户，用于人身保险保障，其余部分扣除一定手续费后进入独立的投资账户，由保险公司的投资专家进行投资。与分红保险和万能人寿保险的投资收益依赖于公司的整体收益不同，投资账户资金与保险公司其他资金分开运作，独立核算、自负盈亏。

（2）投资收益与风险由保单持有人享有和承担。与有固定利率的传统型人寿保险的做法截然不同，该险种投资收益上不封顶、下不保底，投资账户的价值随收益变化而变化，投资收益归保单持有人享有。与此同时，投资账户的投资风险也由保单持有人承担。赢利的回报和亏损的风险在所有寿险险种中是最高的。

（3）保险经营透明化。传统型寿险经营实行暗箱操作，客户缺乏知情权，客户不知道所支付保费是如何分摊到各种费用中，也不知道保障成本、管理费用和投资回报是多少，是否合适。由于变额寿险带有受托投资的性质，其保险人必须履行代人理财的义务，及时、准确和全面地向客户报告投资情况，公开组成保险商品价格结构的各种因素，剖析保单成本等。

（二）万能人寿保险

万能人寿保险（universal life insurance），简称万能寿险，是一种缴费灵活、保险金额可以调整、非约束性的寿险。万能寿险 1979 年出现于美国，它的特点是缴费灵活，保单持有人在交付一定量的首期保费后，可以按照自己的意愿选择在任何时候交纳任何数量的保费，只要保单的现金价值足以支付保单的相关费用，有时甚至可以不再缴保费。而且保单持有人在具有可保性的前提下，可以提高保额，也可以根据自己需要降低保险金额。

最初的保单现金价值，是在投保人缴纳的首期保费扣除死亡分摊金及各种费用后的剩余部分，这部分价值通常是按新投资利率计息累积到期末（通常为一个月或一个周期），成为期末现金价值，在下一个周期，保单持有人可以根据前期现金价值缴纳保费，如果其现金价值足以支付第二个周期的费用及死亡分摊额，保单持有人就可以不缴保费，如果前期现金价值不足，保单就会由于保费缴纳不足而失效。现金价值是由四个因素即新缴保费、定期寿险费用（死亡分摊成本）、管理费用和投资收益决定的。用公式表示为

期末现金价值＝期初现金价值＋新交保费－管理费用－定期寿险费用＋投资收益

万能寿险的保单持有人还可以在一定的限制范围内选择给付模式，万能寿险的死亡给付通常有两种方式可供选择：方式 A 是一种均衡式给付，在该方式下死亡保险金不变，始终等于保单保险金额的万能寿险；方式 B 是一种死亡保险金会不断变化的万能寿险，其保险金等于保单保额与现金价值之和。A 方式与传统的具有现金价值的终身寿险相似：在保险有效期内，发生保险事故，受益人得到约定的死亡保险金。该计划的净危险额随着保单现金价值的增加而减少。当保单的现金价值增加，危险额相应减少，则对应的所需缴纳的保费减少。在 B 方式中，死亡给付额为均衡的净危险额与现金价值之和。现金价值的变化直接影响到死亡给付额的大小。如现金价值的增加会使死亡给付额等额增加，但对净危险额的大小没有影响。

万能寿险设有独立的投资账户，个人投资账户的价值（即保单的现金价值）有固定的保证利率，但当个人账户的实际资产投资回报率高于保证利率时，寿险公司就要与客户分享高于保证利率部分的收益。

（三）变额万能人寿保险

变额万能人寿保险（universal variable life insurance），简称变额万能寿险，是一种终身寿险，将万能寿险的缴费灵活性和变额寿险的投资弹性相结合。变额万能寿险遵循万能寿险的缴费方式，保单持有人可以在规定的期限内自行决定每期保费支付金额，或在具备可保性即符合保单最低保额的条件下，任意选择降低或调高保险金额；变额万能寿险的投资与变额寿险一样，是多种投资基金的集合。保单所有人可以在一定时期内将其现金价值从一个账户转移到另一个账户。但其死亡给付采取与万能寿险相同的方式，

可由投保人选择。如为 B 方式，死亡给付随投资资产价值的大小不同而不同；如为 A 方式，则为均衡死亡给付，投资收益的大小只反映保单的现金价值。

（四）分红型人寿保险

分红型人寿保险是我国近年推出的创新型人寿保险产品之一，分红适应于各种类型的寿险，可与定期寿险、终身寿险和两全保险等结合形成多种分红保险，在发达国家和我国人寿保险市场均占有重要地位。

分红型人寿保险，是指保险公司在为被保险人提供寿险保障的同时，在每个会计年度结束时，将上一会计年度该类险种的可分配盈余，按一定比例，以一定形式分配给客户的一种人寿寿险，即保险客户不仅能得到保险保障，而且可以参加寿险公司的盈余分配。分红型寿险的红利来源于保险经营过程中的预期费用与实际费用的差异，即"三差收益"。

第一，死差异：因实际死亡率低于预定死亡率而产生的盈余。

第二，利差异：保险公司的实际投资收益率高于保单的预定利率，而产生的投资利润。一般保险公司对预定利率采取比较保守的低估政策，否则将危及保险公司的财务安全。

第三，费差异：保险公司的实际营业费用少于预计营业费用所产生的盈余。

分红型人寿保险的红利分配基于公平原则，按保单对保险公司盈余的贡献大小进行。红利分现金红利和增值红利，对现金红利的处置方式有领取现金、存入保险公司并按一定利率滚动计息、抵缴保险费等；增值红利则用于增加保险金额。分红保险的优点在于，它使投保人可以享受保险人的投资收益和经营效益；不足之处是其灵活性较差，在保费缴纳、保额选择等方面无灵活性，客户一经确定便无法更改，从这个意义上说，分红型人寿保险应属于传统型人寿保险。

第三节　意外伤害保险

一、意外伤害保险的含义和特征

（一）意外伤害保险的含义

意外伤害保险（accident injury insurance）简称意外险，是指在保险合同有效期内，被保险人因遭受意外伤害而死亡或残疾时，由保险人按照保险合同规定给付保险金的一种人身保险。

所谓意外伤害包括意外和伤害两方面的含义。意外是指外来侵害是被保险人事先没有预料到的或与其主观愿望相违背的，并且是突然发生的；伤害是指外来侵害对被保险人的身体明显地、剧烈地造成损伤的客观事实。

（二）意外伤害保险的特征

意外伤害保险相对于人寿保险而言，其特征表现为三个方面。

（1）就可保风险而言，人寿保险承保的是人的生存或死亡给付或养老金的领取或满期领取等，属于人体新陈代谢自然规律，与被保险人的年龄大小密切相关。而意外伤害保险承保的则是由外来的、剧烈的、突然的事故对人体造成伤害导致的残疾或死亡。对于每个人来说，无论年龄大小如何，其危害程度是大体相同的，因此其风险的发生与年龄关系不大而与被保险人从事的职业与生活环境密切相关。

（2）就费率而言，根据保险金额损失率计算，这点与财产保险相似。人寿保险的纯保费率是按生命表和利息率计算的，而意外伤害保险费率的厘定则是根据过去各种意外伤害事故发生概率，即保额损失率计算的。同时，比较注重职业危险。不同的职业，发生意外伤害事故的概率不同，因此，其费率的大小也不同。例如，团体人身意外伤害保险分机关团体、事业单位、一般工商企业单位的人员；从事建筑、冶炼、搬运、装卸、筑路、地面采矿、汽车驾驶、高空作业等行业的人员；从事井下采矿、航空值勤等行业的人员三大类，分别按 2‰、4‰、7‰收取保险费。

（3）就责任准备金提取来看，按当年保费收入的一定比例提存的，这点与财产保险相似。人寿保险一般均属长期性业务，保险人收取的保费是按均衡办法计算的。按照这种计算模式，其保费一部分是作为当年死亡给付的危险保费，另一部分则是专门积存起来作为将来的死亡给付或期满给付的储蓄保费。储蓄保费连同其按复利方式所产生的利息构成人寿保险的责任准备金，以保证将来履行保险责任。而意外伤害保险其保险期限最长一般为 1 年，属短期性业务，其责任准备金按当年保险费收入的百分比（如 40%、50%）计算的。

但是，在保险标的、保险金额、指定受益人等方面，意外伤害保险与财产保险相异，与人寿保险相同。

二、意外伤害保险的保险责任

意外伤害保险的保险责任是意外伤害造成的死亡和残疾，即保险责任的判定必须由两个必要条件组成：被保险人在保险期限内遭受了意外伤害事故，被保险人在责任期限内死亡或残疾。但并非一切意外伤害都是保险人所能承担和保障的。一般而言，根据保险人的承保能力，可将意外伤害划分为一般承保的意外伤害、特约承保的意外伤害和不予承保的意外伤害三种。

（一）一般承保的意外伤害

我国人寿保险公司在保险合同中往往将"意外伤害"定义为"外来的、突然的、非本意的使被保险人的身体遭受伤害的客观事实"。它包括以下三个要点。

（1）外来事故造成的身体伤害。外来事故是指由被保险人身体外部的作用所引起的身体伤害，言外之意，身体内在的原因引起的身体伤害不能算意外伤害，如因脑溢血引起的跌倒摔残，而交通事故造成的伤残属外来事故引起的身体伤害。

（2）突然事故造成的身体伤害。突然事故是指意外伤害的直接原因是突然出现的，而不是早已存在的。这一点强调的是在事故的原因和伤害的结果之间有着直接的因果联系，而不是日积月累形成的。例如，长期工作在有毒气体车间，逐渐形成的职业病，就不属于意外伤害保险的范畴。

（3）非本意的事故造成的伤害。非本意是指意外伤害是被保险人事先在主观上不能预见或违背其主观愿望发生的身体上的伤害，例如，被保险人乘坐的飞机起飞后因发生故障而坠毁，被保险人遭受伤害。又如被保险人正常行走在路上，被楼上掉下的花盆砸伤。这一规定旨在尽力杜绝被保险人发生道德风险，即利用主观行为不易鉴别这一客观事实来骗取意外保险的保险金。

（二）特约承保的意外伤害

特约承保的意外伤害是指保险公司一般不予承保，如果需要承保，要经过特别约定并加收保险费后才能承保的意外伤害风险。它一般包括被保险人从事登山、跳伞、滑雪、江河漂流、赛车、拳击、摔跤等剧烈的体育活动、竞技性体育比赛或特别冒险活动中造成的被保险人的意外伤害等。

（三）不承保的意外伤害

不承保的意外伤害，即责任免除，一般指那些因违反法律或社会公共利益的行为引发的意外伤害。它包括被保险人在过失或故意犯罪活动中受到的伤害，被保险人在寻衅斗殴中受到的意外伤害，被保险人在酒醉、吸食或注射毒品后发生的意外伤害等。

三、意外伤害保险的给付

意外伤害保险的给付前提是保险期限内的意外事故所致死亡残疾应发生在责任期限之内。保险期限是保险合同约定的保险效力起始、终止的时期。如果被保险人在保险期限开始以前遭受意外伤害，在保险期限以内死亡或残疾，不构成意外险保险人的保险责任。责任期限是意外伤害保险和健康保险的特有概念，是指自被保险人从可保意外伤害发生之日开始的一段时间里（如 90 天、180 天、360 天等）。如果被保险人在保险期限内遭受意外伤害，在责任期限内生理死亡，则构成保险责任。对意外伤害造成的残疾，责任期限实质是确定残疾程度的期限，保险人根据这一时点的残废程度确定给付保险金的多少。规定责任期限是为了有利于判定意外伤害与死亡、残疾之间的因果关系。

意外伤害保险的基本给付责任是死亡给付和残疾给付，其派生给付责任包括医疗费给付、误工给付、丧葬费给付和遗属生活费给付。一般来说，死亡保险金和残疾保险金合为一个保险金额，把医疗保险金和丧失工作能力收入损失等保险金另分别规定保险金额。死亡保险金的给付额在合同中规定，如 10 000 元或保险金额的 100%；残疾保险金＝保险金额×残废程度百分比，当被保险人遭受一次伤害但多处致残或多次遭受伤害多处致残时，保险公司给付的残疾保险金，最多不超过合同约定的保险金额。

四、意外伤害保险的保险期限与保险费率

意外伤害保险的保险期限一般为一年，但为了某种特殊需要，也有保险期限不到一年的，保险期限最短的甚至只有几天，如铁路旅客意外伤害保险。

意外伤害保险的保险费率是依据被保险人的职业性质确定的，一般不考虑被保险人的年龄因素。保险费率是采取年费率的方式表示，短期费率则是年费率的一定比例。特殊意外伤害保险的保险费率采用特别方式表示，如铁路旅客意外伤害保险的保险费率以票价的一定比例表示。

五、意外伤害保险的主要险种

1. 普通意外伤害保险

普通意外伤害保险也称个人意外伤害保险或一般意外伤害保险。这是一种独立经营的险种，适合于保证单个自然人作为被保险人因意外伤害事故导致的身体伤害。这种保险的给付，通常包括因伤害致死的死亡保险金和因伤害致残的残疾保险金两项。其保险期限一般是一年以下的短期险或就某一事件的全过程投保意外险。

2. 团体意外伤害保险

团体意外伤害保险是以各种社会团体为投保人，以该团体的全体在职人员为被保险人的意外伤害保险。被保险人在保险期限内发生意外事故而导致死亡或残废或就医治疗的，保险人按照事先的约定给付保险金。该险种的最大优势是可以通过团体承保分散个别风险，使个别职业风险较高的被保险人能够以标准费率获得承保，而且操作简单，手续方便。

3. 旅行意外伤害保险

旅行意外伤害保险包括三种。

（1）交通工具旅客意外伤害保险。承保旅行者在搭乘交通工具（汽车、轮船、火车、飞机）过程中，因遭遇意外事故导致死亡、残疾及医疗费用支出风险的保险。在发生上述保险事故时，对被保险人的死亡或残疾，由保险人根据保险合同约定给付全部或部分保险金；对旅客因意外伤害事故受伤后必须抢救和治疗的费用，由保险人在保额之内按照实际发生费用给付医疗保险金。根据交通工具的不同，分为公路旅客意外伤害保险、铁路旅客意外伤害保险、航空旅客意外伤害保险、轮船旅客意外伤害保险等。

（2）旅游者人身意外伤害保险。是以旅行社、团体、机关、企事业单位、机关组织的团体旅游者为被保险人，以被保险人在旅游过程中因遭遇意外伤害所致死亡或残疾为保险事故，由保险人按照保险合同约定给付保险金的保险。其保险期限根据旅行安排可长可短。

（3）住宿旅客人身意外伤害保险。是以工商行政管理部门登记的旅馆、饭店、招待所等的旅客为被保险人，当被保险人外出或在住处因意外伤害导致死亡或残疾，或者因遭遇意外伤害需要抢救治疗时，保险人根据保险合同规定给付保险金或补偿被保险人支出的医疗费。

4. 职业意外伤害保险

职业意外伤害保险是指为从事特定职业而在执行公务时遭受意外伤害事故，并由此暂时或永久丧失工作能力的人提供保障的意外伤害保险。即在被保险人遭受意外伤害之后，由保险人按规定给付保险金，以使被保险人免受经济上的损害。

第四节　健康保险

一、健康保险的基本概念

健康保险（health insurance），又称疾病保险，是对被保险人在保险期限内因疾病或意外伤害导致医疗费用支出或收入损失进行补偿的人身保险。健康保险有两层含义：①健康保险的保险事故是疾病和意外伤害两种；②健康保险所承保的是因疾病或意外伤害导致的医疗费用支出和因疾病或意外伤害导致残疾的收入损失。因此，根据保障的内容不同，健康保险主要有两类，一是补偿被保险人因疾病（包括分娩）或意外伤害所支付的医疗费用的保险，称为医疗费用保险或医疗保险，另一类是补偿被保险人由疾病或意外伤害所致的收入损失的保险，这种保险称为残疾收入补偿保险。大部分健康保险单集中在承保医疗费用方面。

健康保险所承保的疾病必须满足如下条件。

（1）身体内在的或非明显外来原因引起的。由外来的剧烈的原因引起的属于意外伤害，不过有些疾病的诱因也是外来的，但这种诱因往往先侵入体内，在体内经过一定的时间，然后引发疾病，如传染病。

（2）必须是非先天原因造成的，如先天性耳聋、先天性眼盲等先天性疾病。

（3）必须是由非长存原因造成的。衰老相伴的一些病态，如记忆力衰退、眼花等不属于健康保险的保障范围，但由衰老诱发的一些疾病则属于保险范围。因为前者是必然现象，后者则具有一定偶然性。

二、健康保险的特征

1. 属于补偿性保险

在健康保险中，保险人支付的保险金是对被保险人因医治疾病或意外伤害所发生的医疗费用和残疾后的收入损失的补偿。尽管有的健康保险如同人寿保险一样按照约定给付保险金，但性质却完全不同。这种保险金的给付，是对被保险人即将支出的医疗费用的预先补偿。健康保险的补偿性质，使其与财产保险在精算基础和财务处理方式上有许多相似之处。

（1）费率的计算依据与财产保险相同，即以保险金额损失率为基础。

（2）责任准备金提取与财产保险相同，即一般按照当年保费收入的一定比例提存。

（3）多为短期保险，又以一年期为多。

（4）保险赔付金额往往根据实际发生费用或收入损失而定。

（5）存在重复保险和代位求偿问题。

2. 承保风险的复杂性

健康保险承保的风险估测、保险费的确定较其他险种复杂。这是因为：一是其风险规律很难把握，医疗条件的变化、人们健康状况的变化医疗支出不断增加；二是有人为因素发挥作用，医疗支出中，哪些是合理的哪些是不合理的很难区分。

3. 健康保险合同具有特殊性

健康保险合同除使用人寿保险合同的不可抗辩条款、宽限期条款、不丧失价值条款等条款外，由于健康保险中逆选择和道德风险的高发性，其合同中有为专门防范这些风险需要而设计的条款，如观察期条款、等待期条款、体检条款等。

三、健康保险合同的特殊条款

1. 体检条款

它允许保险人指定医生对提出索赔的被保险人进行体格检查，目的是使保险人对索赔的有效性做出鉴定。体检条款适用于疾病保险、收入保障保险。

2. 观察期条款

为防止被保险人带病投保，保险合同中通常规定一个观察期（大多是半年），在此期间，被保险人因疾病支出的医疗费用或收入损失，保险人不作任何给付，以防止逆选择。也就是说，观察期内发作的疾病都假定投保之前就患有，保险人可以根据最大诚信原则拒绝承担保险责任。如果在观察期内因免责事由造成保险标的灭失的（如被保险人因病死亡），则保险合同终止，保险人在扣除手续费后退还保险费；如果保险标的没有灭失的，则由保险人根据被保险人的身体状况决定是否续保，也可以危险增加为由解除保险合同。

3. 等待期条款

所谓等待期，也称免赔期，是指健康保险中从被保险人患病起至获得保险金之日的这段时间，即由疾病、生育及其导致的病、残、死发生后到保险金给付之前的这段期间。在此期间，保险人对被保险人不给付保险金。等待期可短至几天，也可长至几十天，这是保险当事人在签订保险合同时约定的。被保险人患病以后，必须等到约定的等待期满后，才能获得保险金。这样规定的目的：一是控制被保险人借轻微疾病获得保险金，同时防止道德风险发生引起严重的自伤行为；二是使保险人可以获得一定的时间，对被保险人的患病情况进行调查，杜绝不良现象发生。

4. 免赔额条款

免赔额也称自负责任额、扣除额，是指由保险公司在承保时规定的、对发生保险事故所致的医疗费用由被保险人自行负担的金额，即在免赔额内的医疗费用保险人不予赔付。免赔额包括绝对免赔额和相对免赔额。绝对免赔额是指被保险人支出的医疗费用只有超过免赔额才能得到赔付，赔付的金额为超过免赔额部分与除外医疗费用的差额，用公式表示为

赔付金额＝（实际医疗费用支出额－除外医疗费用支出）－免赔额

相对免赔额是指保险人支出的医疗费用只要超过免赔额，保险人就给予全部赔付，如果没有超过免赔额，保险人就不履行赔付责任。赔付的金额为医疗费用实际发生额与除外医疗费用支出的差额，用公式表示为

赔付金额＝实际医疗费用支出额－除外医疗费用支出

健康保险中规定免赔额条款，一方面可以促使被保险人加强自我保护、自我控制意识，减少由疏忽等因素导致的保险事故的发生和损失的扩大，控制道德风险，减少医疗

资源的浪费；另一方面可以减少对轻微疾病所致的小额医疗费用的赔付，减少保险人的理赔支出和成本，从而降低保险费，这对保险人和被保险人都是有利的。

5. 比例给付条款

比例给付条款也称共保比例条款，比例给付即保险人按照被保险人实际医疗费用的一定比例给付保险金，相当于保险人与被保险人共同分摊医疗费用。大多数医疗保险合同中，对超过免赔额以上的医疗费用，采用按比例给付的方式，以分摊医疗成本。从国外情况看，被保险人自负比例一般为20%。该费用的分摊特点是被保险人与保险人各方始终都承担一定比例的医疗费用，其总费用越低，自负比例越高。比例给付条款既保障了被保险人的经济利益，也促使被保险人节约医疗费用，有助于被保险人精打细算。

6. 限额给付条款

限额给付条款即在保险合同中规定保险人最高给付金额，如单项疾病给付限额、住院费用给付限额、手术费用给付限额、门诊费用给付限额等，医疗费用支出超过最高限额部分，由被保险人自己负担。健康保险的被保险人个体差异很大，由此导致其医疗费用支出的高低相差悬殊，为保护绝大部分被保险人的利益，保险人通常采用这种办法以控制总支出水平。

四、健康保险的主要险种

(一) 医疗费用保险

医疗费用保险是提供医疗费用保障的保险，它是健康保险的主要内容之一。医疗费用是病人为了治病而发生的各种费用，它不仅包括医生的医疗费和手术费用，还包括住院、护理、医疗设备使用等费用。医疗费用保险简称医疗保险。

医疗费用保险常见的险种有五种。

(1) 普通医疗保险。普通医疗保险为被保险人提供治疗疾病相关的一般性医疗费用。其主要包括门诊费用、医药费用、检查费用，适用于一般公众。这种保单一般有免赔额和比例给付规定，保险人支付免赔额以上部分的一定百分比（如80%），每次疾病所发生的费用累积超过保险金额时，保险人不再负责。

(2) 住院保险。由于住院发生的费用是相当可观的，所以将住院的费用作为一项单独的保险。住院保险的费用项目包括每天住院的床位费、住院期间医生费用、使用医院设备的费用、手术费用、医药费用等。为了控制无必要的长时间住院，保险人一般负责所需费用的一定百分比。

(3) 手术保险。手术保险是补偿被保险人的手术费用的保险。因此，一般只负责手术费用。

(4) 综合医疗保险。综合医疗保险是为被保险人提供全面的医疗费用保障的医疗保险。包括医疗和住院、手术等一切费用。由于保险责任较广，所以保险费较高。其具有免赔额和比例分担条款。

(5) 重大疾病保险。重大疾病保险是为某些发生医疗费用重大的疾病提供保障的医疗保险，如癌症、心脏病。给付方式是一旦确诊为特种疾病，保险人立即一次性支付保险金额。

（二）残疾收入补偿保险

残疾收入补偿保险是对被保险人因疾病、意外伤害事故致残而不能工作时（包括暂时和永久），补偿被保险人由此发生的收入损失的保险。残疾收入保险的主要目的是为被保险人因丧失工作能力导致收入方面的丧失或减少提供经济上的保障，它并不承保被保险人因疾病或意外伤害所发生的医疗费用。其给付方式有三种，即按月或按周给付；按给付期限给付；按推迟期给付。

（三）长期护理保险

长期护理保险是指为那些因年老、疾病或意外伤残需要长期照顾的被保险人提供护理费用补偿的保险，是一种主要负担老年人专业护理、家庭护理及其他相关服务费用支出的健康保险产品，一般的医疗保险或其他的老年医疗保险则不提供这种保障。

长期护理保险一般要求被保险人不能完成下述活动中的两项，即可领取保险金，即①吃；②沐浴；③穿衣；④如厕；⑤移动。除此之外，目前所有长期护理保险已将患有老年痴呆等认知能力障碍的人包括在申请保险金范围之内。长期护理保险的给付期限包括一年、数年和终身等不同的选择，同时也规定有 20 天、30 天、60 天、90 天等多种免责期。

长期护理保险的常见险种如下。

1. 按补偿方式划分

（1）实际费用补偿型保单。保险根据被保险人长期护理发生的实际费用支出进行补偿，补偿的金额以保单所约定的保险金额为限。

（2）定额给付型保单。保险人按照保单约定的保险金额进行给付，即被保险人实际发生的护理费用对给付金额不产生影响。

（3）直接提供长期护理服务型的保单。保险人以直接向被保险人提供长期护理服务作为保险补偿的方式。

2. 按保额是否变动划分

（1）保额固定型长期护理保险。保险人按照保单约定的固定金额进行给付，固定不变。

（2）保额递增型长期护理保险。保险人给付的保险金额随着生活费用或护理机构费用指数的增加，逐年变化。

3. 按保险责任划分

（1）单一责任护理保险。该险种除非附加附约，否则仅承担长期护理责任，即在保险期限内被保险人接收符合条件的护理服务，保险公司按规定给付保险金。

（2）综合责任护理保险。保险人在承担长期护理责任的基础上，增加生存或死亡给付责任，生存给付可采取一次性给付或年金给付的形式。

关键词

人寿保险 定期死亡保险 终身死亡保险 年金保险 两全保险 变额人寿保险
万能寿险 分红寿险 意外伤害保险 健康保险 等待期 观察期 现金价值

复习思考题

1. 简述人身保险的分类。

2. 人身保险与财产保险相比具有哪些特征？

3. 传统型人寿保险与创新型人寿保险产品有何区别？

4. 比较不同人寿保险产品的特点。

5. 简述意外伤害保险的含义及特点。

6. 如何界定意外伤害保险的"意外伤害"？

7. 简述健康保险的含义及特点。

8. 健康保险主要有哪些险种？

第十章

再保险

【学习目的】

1. 明确再保险的性质及其作用。

2. 掌握再保险的方式和安排方法。

3. 了解再保险市场的形成及概况和发展趋势。

再保险是现代保险经营活动中不可缺少的重要环节，是保险人分散风险、均衡业务、达到稳定经营的一种有效手段。保险业作为集合与分散风险的专业机构，通过聚集大量的风险单位，根据风险在大数中分散的原则，向被保险人提供风险保障。但是社会经济和科学的发展，社会财富的日益增大，导致巨额保险标的的出现，如数亿美元保险金额的卫星、钻井平台、核电站等，以及巨灾损失的频繁发生。例如，1995 年日本阪神大地震和美国"9·11"恐怖事件，造成了上百亿美元的损失，使保险企业的经营对象及经营中出现的问题难以符合大数法则的要求。对巨额保险标的和巨额保险标的的索赔，由于保险责任十分集中，超过保险公司的承保能力，对保险企业财务稳定性的影响将是致命的，可能导致保险公司失去偿付能力甚至破产，这就促使保险企业通过其他途径转嫁自身的经营风险。再保险就是一种极为有效的手段，它赋予大数法则新的意义，使大数法则跨越风险单位的限制，在更广泛的意义上分散风险，提高了保险企业的经营能力，从而有力地保障了保险企业经营的稳定性，成为现代保险业的重要支柱。

■第一节 再保险概述

一、再保险的基本概念

再保险（reinsurance）又称为分保，是保险人为了减轻自己承担的风险责任，将自己承担的风险责任向其他保险人再进行保险的行为，即保险人在原保险（原保险是发生在投保人和保险人之间的业务活动，也称为直接保险）合同的基础上，通过签订再保险合同，支付规定的分保费，将其所承担的风险责任全部或部分转移给另一个保险人的保险。《中华人民共和国保险法》第二十八条指出："保险人将其承保的保险业务，以分保的形式，部分转移给其他保险人的，为再保险。"德国《商法》第七十九节对再保险的定义是："对保险人分担危险的保险。"美国保险监管国民协会的定义是：从分出公司转移危险损失给再保险接受人。国际上称再保险是"保险的保险"。

在再保险业务中，将自己承担的风险和责任转移出去的一方称为原保险人（original insurer）或分出公司（ceding company），接受转让责任的一方为再保险人（reinsurer）或分入公司（ceded company）、分保接受人。

与直接保险业务转嫁风险一样，分出公司为转嫁风险责任相应地要向分入公司支付的保险费称为再保险费（reinsurance premium）或分保费，同时由于分出公司在招揽业务时支出了一定费用，分入公司为弥补其业务中的开支，分出公司要向分入公司收取一定的费用，这种费用为再保险佣金（reinsurance commission）或分保手续费。如果分入公司将接受的再保险业务，通过订立保险合同的形式，将其再分保给另一个保险人，这种行为称为转分保（retrocession），双方当事人称为转分保分出公司和转分保分入公司。

再保险可以在本国范围内进行，也可在世界范围内进行。对于大额业务，在超过本国保险市场承受能力时，可以跨越国界，在世界范围内进行分保，这叫做国际再保险。通过再保险与转分保，巨大的损失风险就可以在世界范围众多的再保险人中得到分散。

二、再保险与原保险的区别

再保险和原保险实质上都是对风险损失的承担、分散和转嫁。原保险是投保人以缴纳保险费为代价，将风险和损失转嫁给保险人，实质上是被保险人之间分散风险损失，互助共济。再保险是原保险人以缴纳保险费为代价将风险和损失转嫁给再保险人，在保险人之间进一步分散风险。再保险是风险的进一步分散，是原保险的进一步延伸。原保险是再保险的基础和前提，再保险反过来对原保险起到了支持和促进作用。二者是相辅相成的相互促进的关系，但二者也有区别。

1. 合同当事人不同

原保险合同的当事人是投保人（除保险公司外的其他单位和个人）和保险人；而再保险合同当事人双方都是保险人，即原保险人与再保险人。

2. 保险标的不同

原保险合同的保险标的是被保险人的财产、人身、责任、信用及有关利益。而再保险人合同的保险标的是分出人所承担的风险责任，当保险事故发生时，再保险人对原保险人承担的责任给予补偿，不直接对物质的损失给予补偿。

3. 合同性质不同

原保险合同中的财产保险合同属于补偿性合同，人身保险合同属于给付性合同。而再保险合同全部属于补偿性合同，再保险人根据合同规定的限额和自己承担的比例，对分出公司所支付的赔款或保险金给予分摊、补偿。

三、再保险的特征

再保险除了具有原保险的一些特征，如分散风险之外，还有其本身的特征。

1. 国际性

原保险多在国内承保（个别情况例外，如水险、航空险），而再保险一般都在世界范围内办理。因为一国的保险公司的承保能力是有限的，巨额风险仅在本国分散是不够的，必须在广泛的范围内分散（分保和转分保）。例如，美国"9·11"事件后，有100多家保险公司宣布涉及"9·11"赔款，其中包括众多的再保险公司，前四大损失承受者都是再保险公司，如世界著名的慕尼黑再保险公司、瑞士再保险公司等。

2. 共同利害关系性

再保险人与原保险人具有共同利害关系即共同命运关系，利益共享，损失共担，双方同一命运。共同利害关系表现在三个方面：第一，原保险人支付分保费给再保险人，再保险人支付给原保险人佣金；第二，原保险人发生赔款，再保险人根据再保险责任分摊原保险人的赔款，即原保险人发生的损失多少与再保险人分摊损失的大小有直接联系；第三，原保险经营有利润，反映在再保险上也呈利润。再保险人将利润的一部分，以纯益佣金的形式返还原保险人。但如果原保险业务经营发生亏损，再保险业务也会出现亏损。

3. 技术性

技术性是指与原保险相比，再保险经营中所需要的技术比原保险复杂、深入、广泛。例如，如何恰当地确定自留额，如何选择分保方式，如何选择国际保险市场中的合作伙伴及如何避免利率损失等。

四、再保险对原保险的作用

再保险作为保险的一种特殊形态，其基本职能就是分散风险，是将原保险人所承担的风险在国际范围内的同业间进行分散，以补偿可能遭遇的巨灾损失和巨额损失。这一职能体现在再保险对原保险人的作用。

1. 扩大原保险人的承保能力

为了限制保险人的承保风险，防止保险人因其偿付能力不足而破产倒闭，无论是政府规章还是行业惯例，都限制保险人在自有资金数额下可以承保的最大保险金额。因此，任何一家保险公司，无论规模多大，技术力量多雄厚，保险人的承保能力都要受到其财务状况限制，其自身承保风险的能力都是有限的。随着高科技的发展和应用，出现了一些巨额保险标的，其保额都在几亿元、几十亿元以上，保险人为了扩大保险市场占有份额，提高竞争力，实现规模经营，对巨额保险标的十分青睐。而在现有财务能力下扩大承保金额的唯一途径就是再保险。保险人通过再保险，将超过自身财力部分的业务分保出去，这样可以在不增加资本金的前提下，使原本无力承保的风险也可以承保，扩大承保能力，同时又保证保险人具有足够的偿付能力，最终达到转移经营风险的作用。

2. 均衡原保险人的业务结构，分散风险

保险业务的科学经营是建立在概率论的大数法则基础上，根据大数法则，保险经营的稳定性取决于风险单位的数量和保险金额的均衡。但事实上要求同质风险单位数量足够多且所有风险单位的保险金额均衡是很难做到的。为了不使风险过分集中而影响保险人的经营，通过再保险，可使同类风险单位扩大到最大范围，使原来在一个或几个保险人中不可能实现的大数法则，在保险同业之间或国际大范围内得以实现。与此同时，通过再保险，保险人能够把同类业务中超过平均保额水平的业务分给其他保险人，使每个风险单位的保险金额相对均衡，从而让大数法则发挥稳定保险人财务的作用。总之，再保险具有分散原保险人承保的风险和确保原保险人稳健经营的功能。

3. 控制原保险人的责任，稳定业务经营

保险企业是经营风险的企业，当其承保的当年业务赔款和费用之和超过当年的保费收入时就出现亏损；当当年保费出现剩余时才有赢利。由于承保风险的偶然性，各年损失率必然呈现一定的波动性，这就会造成保险业的经营不稳定。再保险作为一种稳定机制，在损失率高的年度通过分保摊回减少亏损，从而使保险公司每年获得均衡利润。而当发生难以预料的巨大灾害时，或者在保险事故发生异常频繁的年度中，就可以避免巨额的损失积累，保证分出人不受异常冲击。

4. 形成巨额联合保险基金，增强抵御巨灾风险能力

保险基金本来是分散地存在于各个保险公司，对于每个保险公司来说，保险基金总是有限的。但保险公司通过再保险业务却可以把这些分散的、有限的保险基金调动起来，形成巨额的联合保险基金，即通过再保险可以使不同保险公司的保险基金用于同一保险标的的损失赔偿，起到了联合保险基金的作用。

■第二节 再保险的种类

再保险可以从两个角度进行分类，从再保险的安排方式上，可以分为临时再保险、合约再保险和预约再保险；从保险的责任分配方式上，可以分为比例再保险和非比例再保险。

一、从安排方式上分类

安排方式是指分出公司与分入公司建立再保险关系的方法和过程。根据目前国际再保险业发展的实践，分出公司可以采取的分保安排方式包括临时再保险、合约再保险和预约再保险，它们之间的区别在于对分出公司和分入公司的约束力不同。再保险的安排是否合理，直接影响到再保险的分散风险、稳定财务的功能。

（一）临时再保险

临时再保险（facultative reinsurance）是指原保险人根据自身业务的需要，与再保险人临时达成再保险协议，逐笔将有关风险和责任进行分保安排方式。临时再保险的特征是：

第一，对于临时分保业务的分出和接受，分出公司和分入公司均可以灵活、自由地选择，即分出公司可以根据风险程度和自留能力决定是否分出、分出多少。同样分入公司可以根据业务质量的好坏和自身的承受能力决定是否接受。

第二，临时分保是以个别保单或风险单位为基础。因为并不是所有保单和风险单位

都需要临时分保，所以临时分保往往是分出公司对个别风险单位采取的一种临时性风险处理措施。

第三，临时分保业务条件清楚。分出公司在安排临时分保时，必须将分出业务的具体情况和分保条件如实告知分入公司，便于分入公司明确业务性质，决定是否接受，因此对分出公司的业务竞争不利。

第四，临时分保手续烦琐，容易贻误时机而失去已到手的业务。临时再保险是逐笔安排分保的，虽然保费支付迅速，有利于分入公司的资金运用，但是手续烦琐，影响业务的争取。

临时再保险适用于新开办的或不稳定的业务，也可作为合约再保险的补充。

（二）合约再保险

合约再保险（treaty reinsurance）也称合同再保险，是指原保险人和再保险人预先订立分保合同，以约束分出公司和分入公司自动履行再保险的权利和义务，即分出公司与分入公司事先规定分保业务的范围和分保条件（包括业务范围、地区范围、自留额、除外责任、分保佣金、合同最高限额、再保险费等），双方当事人在以后的经营中就依据事先商定的条件进行分保，即凡属合同规定范围内的业务，原保险人必须分出，再保险人必须接受，双方均没有选择的余地。合约再保险区别于临时再保险的特点是有两个。

第一，合约再保险是以分出公司的某种险种的全部业务为基础的。合约再保险针对整个风险组合而不是单个危险单位，也就是说，原保险人将某险别业务放入合同，就必须将某一险种的全部业务放入合同，如火险业务，或者是汽车险业务等。不能有所选择，以避免逆选择。

第二，合约再保险对原保险人和再保险人均有约束力，原保险人和再保险人都必须按照合同中规定的分保条件接受合同规定的全部风险，双方没有选择权。

第三，由于合约再保险采用事先订立合同的方式，凡属合同规定范围内的业务，都自动地分保，从而大大地简化了再保险手续，降低了再保险成本，并且双方关系稳定，有利于再保险的顺利开展，因此是国际市场上普遍采用的分保方式，适合于各种形式的比例再保险和非比例再保险。

（三）预约再保险

预约再保险（open cover）又称临时固定再保险（facultative obligatory reinsurance），是介于临时再保险和合约再保险之间的一种再保险安排。预约再保险是指分保双方预先签订分保合同，原保险人对合同规定范围的业务可以选择是否分保及分出多少；而再保险人则没有选择的自由，凡合同规定范围内的业务，只要原保险人决定分出，再保险人就必须接受，无选择的余地。因此预约再保险对分出公司具有临时再保险的性质，对再保险人具有合约再保险的性质。预约再保险的特点有两个。

第一，对原保险人具有灵活性，原保险人可视业务的好坏决定是否办理分保，而对于再保险人具有强制性，在划定的范围内，再保险人只能被动地接受，不能够主动选择。由于预约再保险预先规定合同的业务范围，对于一些特殊的业务，如超过合约再保险合同限额的业务，原保险人不必安排临时再保险，只要把业务放入预约再保险，再保险人就必须接受，可以作为合约再保险的补充。

第二，比起临时再保险，预约再保险手续简便，费用低，原保险人能及时获得再保险保障。但对于再保险人来说，预约再保险的业务质量很难把握。

关于三种方式的选择，合约再保险下原保险人与再保险人双方的关系是固定的，通过合约再保险，既可以实现原保险人的风险及时转移，保证业务经营的稳定，又可以使再保险人获得数量较多较为均衡的业务来源，因此是一种占主导地位的再保险。比例和非比例再保险都可以采取合约再保险。临时再保险适用于新开办的业务量较小、损失状况不稳定的业务，也可以作为合约再保险的补充，用于合约再保险中除外的业务或超过合同限额的业务。预约再保险则用于火灾保险和海上保险中的某些业务，如保额较大的业务，原保险人预先订立预约再保险合同，作为合约再保险的补充。

二、从保险的责任分配方式上分类

保险的责任分配方式，是指再保险双方分配责任限额的基础，即确定原保险人的自留额（自负责任额）和再保险人的分保额（分保责任额）的基础。根据再保险双方确定风险责任限额的基础不同，再保险分为比例再保险和非比例再保险。比例再保险是以保险金额为基础来确定分出公司自留额和分入公司分保额的再保险方式，非比例再保险是以赔款金额为基础来确定分出公司自负责任额和分入公司分保责任额的再保险方式。

自留额和分保额是以一个危险单位为基础确定的。危险单位是保险标的发生一次保险事故可能波及的最大损失范围。不同的保险标的和保险险别危险单位的划分也不同。例如，汽车保险以每一辆汽车为一个危险单位；海上货物运输保险以每艘船的每次航行为一个危险单位；火灾保险以一座独立的建筑为一个危险单位。自留额又称自负责任额，是指对每一危险单位的责任或损失，分出公司根据本身承保能力确定的所能承担的责任限额。分保额又称分保接受额或分保责任额，是指分保接受人对每一危险单位所能承担的分保责任的最高限额。自留额和分保额可以以一个危险单位的保险金额来表示，也可以以赔款金额表示，前者为比例再保险，后者为非比例再保险。再保险的方式不同，对再保险的分散风险和稳定财务的作用发挥也有差别，因此，原保险人必须科学地抉择再保险方式。

（一）比例再保险

比例再保险（proportional reinsurance）也称保额再保险，是指按照保险金额的一定比例确定原保险人的自留额和再保险人的分保额，双方也按照同一比例确定保费和赔款的再保险方式。比例再保险分为成数再保险和溢额再保险两种方式。

1. 成数再保险

成数再保险（quota share reinsurance）是指原保险人将每一危险单位的保险金额，按照约定的比例分给再保险人的方式。按照成数再保险方式，不论分出公司承保的每一危险单位的保险金额大小，只要在合同规定的限额之内，都按双方约定的比例进行分摊。为了在遇到巨额保险责任时使分入公司承担的责任有一定限制，每份成数再保险合同都按每一危险单位或每张保单规定一个最高责任限额，分出公司和分入公司各自在这个最高责任限额内承担一定的份额。

假设有一成数再保险合同，每一危险单位的最高限额规定为 500 万元，自留部分为 45%，分出部分为 55%（即为 55% 的成数再保险合同），则合同双方的责任分配如表 10-1 所示。

表 10-1　成数分保责任分配表　　　　　　　　　　（单位：元）

保险金额	自留部分 45%	分出部分 55%	其　他
800 000	360 000	440 000	0
2 000 000	900 000	1 100 000	0
5 000 000	2 250 000	2 750 000	0
6 000 000	2 250 000	2 750 000	1 000 000

本例中，原保险金额为 600 万元时，原保险自留及再保险接受部分与原保险金额为 500 万元时相同，但还剩下 100 万元的责任需寻找其他方式处理。否则，这 100 万元的责任将复归原保险人承担。

在成数再保险下，再保险双方的保费和赔款也必须按照约定的比例进行分摊。例如，分出公司组织一份海洋货物运输保险合同，确定每一危险单位的最高责任限额为 1000 万美元，自留额为 40%，分保额为 60%，此合同为 60% 分保合同。现有三笔海洋货物运输保险业务，则责任额、保费、赔款计算见表 10-2。

表 10-2　成数分保计算表　　　　　　　　　　（单位：万美元）

危险单位	总　额			自留 40%			分出 60%		
	保额	保费	赔款	保额	保费	赔款	保额	保费	赔款
A	100	1	0	40	0.4	0	60	0.6	0
B	400	4	10	160	1.6	4	240	2.4	6
C	1 000	10	500	400	4	200	600	6	300

成数再保险的优点有两个。

（1）手续简单，节约成本。采用成数再保险方式，无论保险责任的分担，还是保费和赔款的分配都按照同一比例计算，因此，账务处理省时省力。

（2）双方利害关系一致。无论业务的大小、质量的好坏、经营结果的盈亏，原保险人和再保险人都按照事先约定的固定比例分摊，双方共担风险，共享利益。因此，成数再保险是原保险人与再保险人双方利益完全一致的唯一再保险方式。

成数再保险的不足之处有两点。

（1）缺乏灵活性和选择性。对原保险人不论业务保额大小、质量好坏，都要按照一定比例分出，使其优良的业务不能多留，较差的业务不能少留，所以原保险人的分保费流失较多，利益减少。

（2）当原保险人遇到保额较大的业务时，也按同一比例分摊，不能减少自留额，保险责任难以均衡，不能达到分散风险的目的。因此，成数再保险需要其他再保险形式作补充，才能彻底分散风险。

成数再保险适用于小公司、新公司或新业务，很受分入公司欢迎。

2. 溢额再保险

溢额再保险（surplus reinsurance）是指原保险人将每一危险单位的保险金额，超过约定自留额的部分（即溢额部分）分给再保险人的再保险方式。按照溢额再保险方式，原保险人事先确定一个自留额，再保险人以自留额的一定倍数（也称线数）确定分保额。如果某一危险单位的保险金额在约定的自留额以内，分出公司不需办理再保险，而当保险金额超过约定的自留额时，分出公司将超出部分分给再保险人。

在溢额再保险中，再保险人的分保额和原保险人的自留额与总保险金额存在一定的比例关系，这是溢额再保险归属于比例再保险的原因所在。但溢额再保险的比例关系随着保险金额的大小而变动，这与成数再保险的固定比例是不同的。

溢额再保险的保费与赔款也是按照这一比例关系分摊。自留额与保险金额之比称为溢额再保险的自留比例，原保险人分摊的保费和赔款即为实际保费或实际发生赔款与自留比例的乘积；分保额与保险金额之比称为溢额再保险的分保比例，再保险人分摊的保费和赔款即为实际保费或实际发生赔款与分保比例的乘积。

在溢额再保险中，合同的限额就是再保险人约定的分保限额，通常以自留额的一定倍数（或称线数）计算，合同的容量是自留额与分保限额之和。

例如，有一份火险溢额再保险合同，原保险人的自留额为 400 万美元，分保责任额为自留额的 4 倍，该合同成为 4 线火险溢额分保合同，合同总容量为 2000 万美元，溢额合同关于双方的责任、保费、赔款计算，现以保额不等的三笔火险业务为例，见表 10-3。

表 10-3　溢额分保计算表　　　　　　　　　　（单位：万美元）

危险单位	总额			自留额：400				分出额		
	保额	保费	赔款	保额		保费	赔款	保额		保费	赔款
A	400	4	10	400	100%	4	10	0		0	0
B	1 000	10	500	400	40%	4	200	600	60%	6	300
C	2 000	20	600	400	20%	4	120	1 600	80%	16	480

从上例看出，溢额再保险与成数再保险的区别在于，原保险人并不是每笔保险业务都必须分出，如某一危险单位的保险金额小于或等于自留额，原保险人则不必分出；只有在某一危险单位的保险金额超过自留额时，原保险人才将超过部分分给再保险人，并且原保险人的承保比例随保险金额的变化而变化。

在溢额再保险中，原保险人可以根据业务发展的需要，针对一些偶发性的或高额保险业务，在原有溢额的基础上，设置多层次的溢额，分为第一溢额、第二溢额等。使风险责任均衡化，进一步分散风险。

假定某一保险人与再保险人分别签订了两份货运险溢额再保险合同，危险单位按照每一船每一次航次划分。分出公司自留额为 10 万美元，第一溢额合同限额为 10 条线（即 100 万美元），第二溢额限额为 15 条线（即 150 万美元），则分出公司和各再保险人之间有关保险责任和保险费及赔款的分摊计算如表 10-4。

表 10-4　分层溢额再保险计算表

	船　名	A	B	C	D	合　计
总额	保险金额/美元	50 000	500 000	2 000 000	2 500 000	5 050 000
	保险费/美元	500	5 000	20 000	25 000	50 500
	赔额/美元	0	10 000	20 000	100 000	130 000
自留部分	自留额/美元	50 000	100 000	100 000	100 000	350 000
	自留比例/%	100	20	5	4	
	自留保费/美元	500	1 000	1 000	1 000	3 500
	自负赔款/美元	0	2 000	1 000	4 000	7 000
第一溢额	分保额/美元	0	400 000	1 000 000	1 000 000	2 400 000
	分保比例/%	0	80	50	40	
	分保费/美元	0	4 000	10 000	10 000	24 000
	分摊赔款/美元	0	8 000	10 000	40 000	58 000
第二溢额	分保额/美元	0	0	900 000	1 400 000	2 300 000
	分保比例/%	0	0	45	56	
	分保费/美元	0	0	9 000	14 000	23 000
	分摊赔款/美元	0	0	9 000	56 000	65 000

溢额再保险相对于成数再保险来说，具有许多特点。

（1）可以灵活确定自留额。分出公司人可以根据业务种类、业务性质与质量来确定不同的自留额，凡在自留额以内的业务，全部由分出公司自留，则不必分出，因此可以避免保费的流失，可以保留较多利润。与成数再保险相比，分出公司具有更多的选择性。

（2）溢额再保险弹性较大。对一些大额业务，分出公司在安排第一溢额再保险合同以外，可以安排第二、第三溢额再保险合同，分出公司不必为遇到超额风险的分保而担忧，因此比成数再保险更具有分散风险的功效和容量。

（3）业务处理比较烦琐、费时。由于各个危险单位的保险金额不同会导致其分保比例不同，所以不同的危险单位要计算不同的分保比例，并以此逐笔计算赔款和保费。

（4）分出公司与分入公司利益不一致。分出公司和分入公司的经营成果随保险金额不同、承担责任不同及损失情况的不同而产生差异。如果风险大多发生在自留额以内的保险业务，分出公司支付赔款很大；如果风险大多发生在大额业务，分入可能亏损，而分出公司则无大碍，所以保险合同双方的利益可能完全不一致。

溢额再保险是比例再保险中应用最广泛的再保险方式，适用于各类业务。一般来说，对危险较小，风险较为分散的业务，原保险人多采用于溢额再保方式，以利于尽可能多地自留保费。对业务质量不一、保险金额不均匀的业务，原保险人也往往采取溢额再保险方式来均衡保险责任，如火险与船舶险等，因为这种分保可以根据风险程度的不同而规定不同的自留额。对保险金额较大的业务，原保险人发挥溢额再保险分层消纳风险的技能来分散风险。另外，在国际分保交换中，溢额再保险也是常见和乐于接受的分保方式之一。

(二) 非比例再保险

非比例再保险 (non-proportional reinsurance) 又称超额损失再保险 (excess of loss reinsurance)，它是以赔款为基础来确定原保险人的自负责任额和再保险人的分保责任额的再保险方式。当分出公司的赔款超过约定的额度或标准时，其超出部分由分入公司在一定额度或标准内负责。为此，非比例再保险合同有两个赔偿责任限额：一个是分出公司的自负责任额，也就是非比例再保险的起赔点；另一个是分入公司承担的最高责任限额。这两个责任限额通常由原保险人与再保险人在保险合同中约定，一旦发生保险事故造成损失，双方就按合同规定的限额进行赔付。

在非比例再保险业务中，保险费率不是按照原保险费率计算，而是采取单独的费率。再保险费率的厘定过程类似于原保险费率的厘定过程，也是由纯费率和附加费率构成。纯费率根据赔款成本与净保费收入的比例确定。赔款成本是根据分出人以往业务年度内超过起赔点至最高限额间的各项赔款统计。而非比例再保险的附加费率设计也是为支付接受公司的营业费用、税金和预期利润，非比例再保险习惯将附加费率和纯费率用分数表示，如 100/80 ，即附加费率为纯费率的 20/80，当纯费率确定后，乘以 100/80，即可得出再保险费率。非比例再保险有三种形式：险位超赔再保险、事故超赔再保险和赔付率超赔再保险。

1. 险位超赔再保险

险位超赔再保险 (excess of loss basis) 是以每一危险单位所发生的赔款为基础来确定原保险人的自负责任额与再保险人的分保责任额的再保险方式。合同双方约定，对每一危险单位所发生的赔款，分出公司自负一定金额，分入公司负责超过部分的一定金额。如果发生的赔款在自负责任额之内，由分出公司负责；如果发生的赔款超过自负责任额，对超过部分由分入公司在一定的限额内赔付。

当发生一次危险事故时，可能有不止一个危险单位遭受损失，险位超赔再保险对赔款的偿付分两种情况：一是按危险单位分别计算，对每一个危险单位赔款的超额部分都由分入公司承担，没有总额限制；二是设定事故限额，即对一次危险事故的赔偿规定一个最高额，如果在限额之内仍不能满足对各危险单位的赔偿总和，多出部分由分出公司负责。一般事故限额为分出公司自负责任额即险位限额的 2~3 倍。

例如，有一笔超过 50 万元以后的 500 万元的险位超赔再保险合同，当危险事故发生后无事故限额和有事故限额（假设为 150 万元）时的赔款责任的分配如表 10-5、表 10-6 所示。

表 10-5　　（无限额）险位超赔的赔款分摊　　　　（单位：万元）

危险单位	发生赔款	分出公司承担赔款	分入公司承担赔款
Ⅰ	100	50	50
Ⅱ	150	50	100
Ⅲ	80	50	30
共　计	330	150	180

表 10-6　　（有限额）险位超赔的赔款分摊　　　　（单位：万元）

危险单位	发生赔款	分出公司承担赔款	分入公司承担赔款
Ⅰ	100	50	50
Ⅱ	150	50	100
Ⅲ	80	80	0
共　计	330	180	150

由于对每次事故有 150 万元赔款限额的限制，所以分入公司只承担前两个单位（150 万元）的超赔责任，而对第三个单位的损失只能由分出公司自己负责。

运用险位超赔再保险可以控制分出公司对每一危险单位的自负责任，使每次赔款成本得到限制。但险位超赔再保险方式通常只适用于一般性保险业务，对一般性的损失提供保证，分出公司自负责任额大多偏低。所以险位超赔再保险又称普通超赔保险（working cover）。

2. 事故超赔再保险

事故超赔再保险（excess of loss per event/occurrence basis）又称异常灾害再保险，它是以一次事故中所发生的总赔款为基础来确定分出公司的自负责任额和分入公司的分保责任额的再保险方式，是险位超赔再保险在空间上的扩展。在事故超赔再保险中，不论一次事故涉及多少危险单位，也不管保险金额有多高，只要总赔款在原保险人的自负责任额之内，由分出公司赔付，总额超过自负责任额时，对超过部分在规定限额内由分入公司赔付。例如，有一份超过 1000 万元以后的 1000 万元的事故超赔再保险合同，一次洪水持续了 6 天，共造成损失 5000 万元。

如果按照一次事故计算，全部赔款 5000 万元根据合同进行分摊，分出公司先负担 1000 万元，分入公司再负担 1000 万元，剩下的 3000 万元归分出公司负担，即分出公司负担了 4000 万元的赔款，分入公司承担了 1000 万元的赔偿。

如果以三天为标准划分为两次事故计算，假定两次事故的损失分别为 2000 万元和 3000 万元，分别根据合同划分责任。对第一次事故造成的损失，分出公司承担 1000 万元，分入公司承担 1000 万元；对第二次事故，分出公司承担 2000 万元，分入公司承担 1000 万元。分出公司一共承担了 3000 万元赔款，分入公司承担了 2000 万元赔款。

可见，事故次数划分不同会造成责任分担的不同。因此在合同中如何划分事故次数有详细的规定。划分多以时间为标准，有时还有地区限制。常见自然灾害，如风暴、暴风雨、飓风，或者意外事故，如森林、草原大火一般达72连续小时为一次事故。

在事故超赔再保险中，也有类似于分层溢额再保险的安排方式。第一层的起赔点为原保险人的自负责任额，第二层的起赔点是第一层的自负责任额和再保险人的责任额的合计，第三层的起赔点是第二层的起赔点与再保险责任额的合计等，各层的累计额度可以达到相当高的金额，既达到分散巨灾风险的目的，又不至于使各层再保险人的责任过重。如在事故超赔再保险合同中规定，分出公司自赔额为500万元，甲分入公司负责赔付超过500万元以后的200万元，乙分入公司负责赔付超过700万元以后的300万元。若在一次火灾事故中，累积责任为900万元，则分出公司负责赔付500万元，甲分入公司负责赔付200万元，乙分入公司负责赔付200万元。

事故超赔再保险在火灾保险、海上保险、责任保险、汽车保险和意外伤害保险等方面都有广泛的运用，主要是作为比例再保险的补充，防备异常灾害损失。

3. 赔付率超赔再保险

赔付率超赔再保险（excess of loss ratio）也称停止损失再保险，它是以某一业务在一段时期（一般为一年）的赔付率为基础，来确定分出公司的自负责任和分入公司的分保责任的再保险方式。它是险位超赔再保险在时间上的延续。

在赔付率超赔再保险中，只有在分出公司因赔付率太高而受损时，分入公司才负责赔偿。因此，正确确定赔付率限额极为重要。

赔付率是指已决赔款与已赚保费的比率。已决赔款是指保险公司已经支付给被保险人的赔款。已赚保费是指保险人所预收的保费中已经履行了保险责任，因此可以作为保险人收入的保费，它是净承保保费中的一个部分。净承保保费中的另一部分为未赚保费，它是指保险合同的责任尚未期满，保险人还将履行其保险责任的那一部分保费。例如，某投保人在某年的7月1日预缴全年保费600元，保险责任期从当年的7月1日到次年的7月1日。在从当年的7月1日到12月31日的这段时间里，全部600元可以称为净承保保费，但只有300元可以称为已赚保费，而另外的300元则为未赚保费。到了第二个会计年度末（假定保单没有续保），净承保保费为0，已赚保费为300元，未赚保费为0。如果是同样一份保费为600元的保单生效期为12月1日，则当年会计年度的净承保保费仍为600元，已赚保费为50元，未赚保费为550元。到了第二个会计年度末（假定保单没有续保），净承保保费为0，已赚保费为550元，未赚保费为0。

一般来说，在已赚保费中，25%是保险人的营业费，75%是用于支付赔款的纯保险费，因此划分分出公司和分入公司的责任通常以75%的赔付率为标准。当分出公司的赔付率在75%以下时，由分出公司自赔；当赔付率超过75%时，超出部分由分入公司负责赔偿。分入公司也有接受分入责任的限额，这个限额通常为营业费的2倍，即50%（25%×2）。也就是说，分入公司仅对超过75%以后的50%，即75%～125%（75%＋50%）限度内的赔款负责，同时还有金额限制，并在两者中以低者为限。如果赔付率定为80%，分入公司的责任额为60%，同时规定分入公司的责任额以100万元为限，两者以较小者为准。则赔款分配见表10-7。

表 10-7　赔付率超额再保险赔款分摊表

赔款额	赔付率/%	分出分摊额/万元	分入分摊额/万元
50	50	50	0
120	120	80	40
150	150	90	60

由于运用此种再保险方式将原保险人的某一年度的赔付率控制在一定标准之内,所以称为停止损失再保险。

■第三节　再保险合同

一、再保险合同与原保险合同的关系

再保险合同又称为分保合同。它是分出人和接受人为达到一定经济目的而订立的一种具有法律约束力的协议。

再保险合同是以原保险合同为基础的合同,同时又是区别于原保险合同的独立的合同。

再保险合同是以原保险合同的存在为前提的,这主要表现在以下几个方面。

(1) 再保险人的责任、保险金额和有效期限均以原保险合同为准。

(2) 再保险合同的责任随原保险合同的解除、失效、终止而停止。

(3) 原保险合同的基本原则亦适用于再保险合同。

再保险合同并非原保险合同的从属合同,而是与原保险合同分离的独立合同,这主要表现在以下几个方面。

(1) 它具有自己独立的当事人即原保险人和再保险人,而原保险合同中的被保险人不再是再保险合同中的当事人。

(2) 再保险人不得向原投保人请求缴纳保险费。

(3) 原保险的被保险人不得向再保险人提出赔偿请求。

(4) 不论再保险人是否履行再保险赔偿义务,原保险人都应对原被保险人履行赔偿义务。

(5) 再保险人不能因原保险人破产或其他原因未履行赔偿原被保险人的义务而免除应对原保险人履行的再保险赔偿义务。

二、再保险合同当事人的权利与义务

再保险合同当事人的权利义务关系在再保险合同的条款中予以载明,由法律确认并保证其实现。

(一) 分出人的权利和义务

1. 分出人的权利

分出人一般具有以下权利。

（1）依照再保险合同，在约定的赔偿责任产生时，向接受人领取保险赔款。

（2）向接受人收取再保险手续费。

（3）根据合同的约定，凡是有关承保风险的选择、向原被保险人收取保险费、赔款处理、支付合理的施救和整理费用、损余处理、向第三者责任方进行追偿、法律诉讼或申请仲裁等事宜，分出人在维护合同双方共同利益的前提下有权单独处理，因此而产生的一切费用，分出人可以要求接受人按约定比例分担。

对比例再保险，分出人有权要求接受人提存保费准备金和赔款准备金。

2. 分出人的义务

分出人主要有以下义务。

（1）按照接受人的要求，将接受人有关决定是否接受承保或据以考核再保险费率所需了解的主要风险等重要事实如实告知接受人，并提供分保条件。

（2）按照约定的期限缴付再保险费。

（3）在达成再保险协议后，向接受人发送正式分保条，并定期编送业务账单、业务更改报表、赔款通知书、已决和未决赔款报表。

（4）对保险标的的安全情况进行检查，及时提出消除不安全因素的建议。

（5）在保险事故发生后，采取合理的施救、整理措施，避免损失扩大。

（6）在归还保费准备金或赔款准备金时，应同时向接受人支付议定的利息。

（7）如有损余收回或向第三者责任方追回款项时，分出人应按接受人的分保比例予以退回。

（8）应接受人的合理要求向其提供有关账册、单据和文件。

（二）接受人的权利和义务

1. 接受人的权利

接受人一般享有以下权利。

（1）向分出人收取再保险费。

（2）要求分出人履行保险合同中为其规定的义务。

（3）当分出人不履行法定或约定义务时，接受人有权根据具体情况提出解除或终止再保险。

（4）有损余收回或向第三者责任方追回款项时，接受人可以向分出人要求按分保比例摊回有关款项。

（5）在必要时，接受人可以向分出人要求检查账册、单据和分保记录。

2. 接受人的义务

接受人主要有以下七类义务。

（1）在约定的保险责任产生时，按照再保险合同的规定履行赔偿责任。

（2）按时支付再保险手续费或纯益手续费。

（3）在比例再保险中，接受人应在收到的分保费中扣存合同规定的保费准备金和赔款准备金。

（4）分出人为维护合同双方共同利益而支出的一切合理费用，接受人应按分保比例予以分担。

（5）分出人的赔偿责任超过约定数额时，接受人应按照再保险合同规定进行现金摊赔。

（6）再保险合同成立后，除非法律或合同另有规定，接受人不得在保险有效期内终止合同。

（7）接受人应分担分出人因列入合同的业务所发生的税款。

三、再保险合同的基本内容

再保险合同的格式和订立程序，目前在国际上尚无统一格式的标准文本。这不仅因为保险人要求不同，再保险方式各异，也因为各个国家保险管理方式和外汇管理规章不同。尽管如此，各种再保险合同都具有一些基本的内容。这些基本内容一般包括 11 个方面。

（1）缔约双方的名称。

（2）合同开始日期（比例再保险合同一般是不定期的，非比例再保险合同一般以 1 年为期）。

（3）执行条款，规定了再保险方式，即成数、溢额或超赔、业务范围、地区范围及责任范围（自负责任、分保责任和合同限额）。

（4）除外责任，列明合同中不保的风险和责任。

（5）保费条款，说明计算再保险费的基础和方法（固定保费或调整保费）以及再保险人需要支付给原保险人的税款和其他费用。

（6）手续费条款，规定再保险人向分出人支付手续费和计算手续费的方法（固定百分率或累进百分率计算），如果规定再保险人需支付给原保险人纯益手续费率，则应说明纯益手续费计算方法。

（7）赔款条款，规定分出人处理赔款的权利和赔款发生后及时通知再保险人的义务，如果发生巨额赔款，规定分出人可以要求再保险人作现金摊赔。

（8）账务条款，规定关于账单编送及账务结算的事宜。

（9）仲裁条款，规定再保险合同仲裁范围、地点、机构、程序和效力等。

（10）合同终止条款，规定终止合同的通知，定明特殊条件下终止合同的情形。

（11）货币条款，规定自负责任额、分保责任额、保费和赔款使用的货币，以及结付应用的汇率。

四、再保险合同的基本条款

再保险合同种类繁多，其条款根据不同的再保险方式和业务类别也多有差异。但是再保险合同有一些国际上通用的基本条款，此条款在保险界为人们所熟知，所以不用事先约定，而只需在合同中列明这些基本条款的名称即可。

（一）共命运条款

共命运条款通常表述如下：凡属本合同约定之任何事宜，再保险人在其利害关系范围内，与原保险人同一命运。

再保险人与原保险人在利益和义务上共命运是出于再保险业务的特点而形成的。原保险人与再保险人往往处在不同国家或地区，尽管再保险人承担的是原保险合同的赔偿责任，但实际上难以介入原保险业务。所以根据条款约定将有关承保对象选择、费率制定、保费收取、赔款处理、对受损标的之施救和采取措施、损余收回、向第三者追偿、法律诉讼或仲裁等事宜授权原保险人单独处理，只要原保险人是为了维护双方的共同利益而产生的一切权利和义务都由双方按协议规定共同分享和分担。这就使原保险人能够在合同约定的范围内积极灵活地开展业务，正确合理地制定费率，恰当谨慎地处理赔款，从而获得更多的经营利润。

但是，再保险人与原保险人的"共命运"并非没有限制。原保险人为单方面利益而产生的费用，再保险人无须分摊。同时，再保险人所跟随的命运是保险经营上的命运，而非商业上的命运。保险上的命运指原保险人按照原保险合同约定所承担的保险责任，再保险人因接受其责任之转移，所以必须与其同一命运；商业上的命运指原保险人本身财务上的问题，诸如原保险人因员工或经纪人侵吞保险费，原被保险人不缴付保险费等所致的损失，对原保险人这些商业上的损失，再保险人不承担责任，这就是说，原保险人不能以原被保险人不缴付保险费为由而拒绝向再保险人缴付再保险费。另外，再保险人对超过合同限定之责任赔款也不负责，除非再保险合同中制定有优惠赔款条款，约定由原保险人全权处理赔款，包括通融赔付。

（二）过失或疏忽条款

由于再保险手续颇为繁琐，在再保险协商、账单编制、再保险费缴付等具体工作中难免有错误、遗漏及延迟等情况发生。如果因此而构成违反合同，容易影响再保险关系的建立，所以，在再保险合同中普遍制定有过失或疏忽条款。条款规定，订约双方不能因一方在工作中发生错误、遗漏和延迟而推卸其对另一方原应承担的责任。错误、遗漏和延迟只要不是故意过失或疏忽造成的，就不影响合同的有效性。

合同双方应本着"同一命运"的精神，负责到底。但是，错误或遗漏等一经发现，就应当立即采取相应措施予以更正。

在实务中，发生错误、遗漏或延迟常常有下列情形：①应办理再保险而未办理；②办理有错误；③应办再保险账目未办理或办理有错误；④应记入业务或赔款明细表内而未记入或记载错误；⑤赔款发生，应通知而未通知或未及时通知；⑥合同内容已发生变更，但在执行中未予变更或执行错误。

本条款主要是对分出人在办理再保险实务中因非故意的过失或疏忽造成的错误、遗漏或延迟给予纠正的机会，以利再保险的实现和发展。但这也更要求原保险人具有最高诚信，否则会滋生侥幸和依赖心理，给再保险带来损失。

（三）保护缔约双方权利条款

再保险合同赋予缔约双方不同的权利，这些权利用条款形式加以明确，以保护双方权利的实现。再保险人给予原保险人选择承保对象、制定费率和处理赔款等权利；原保险人给予再保险人查阅其账册、单据和文件的权利。再保险人给予保险人独立处理原保险合同等诸多经营方面的权利，主要是出于对原保险人的充分信任，避免双方之间的反复周折，使再保险交易顺利地进行；原保险人给予再保险人检查的权利，主要出于公平交易的需要，既然保险标的是处在原保险人控制下，由原保险人全权处理，再保险人就有了解其承保风险、经营管理、赔款处理等情况的权利，防止产生对再保险人不利的结果。但是，在再保险实务中，再保险人一般不使用这种权利，特别是在关系比较固定的原保险人和再保险人之间，只有在双方发生争执并可能付诸诉讼时才运用这一条款。

关键词

再保险 原保险 原保险人 再保险人 转分保 分保佣金 临时再保险
合约再保险 预约再保险 危险单位 自留额 分保额 比例再保险 成数再保险
溢额再保险 非比例再保险 险位超赔再保险 事故超赔再保险 赔付率超赔再保险

复习思考题

1. 试分析原保险与再保险的关系。

2. 试述再保险的特征。

3. 阐述再保险的作用。

4. 比较临时再保险、合约再保险和预约再保险的不同。

5. 比较比例再保险与非比例再保险的特点。

6. 试计算在比例再保险条件下，分出公司和分入公司如何进行责任、保费和赔款的分配。

第三篇

保险业的经营管理

第十一章

保险经营

【学习目的】

1. 掌握保险的经营特征及经营原则。

2. 明确保险承保和理赔的内容。

3. 了解保险险种开发的原则和步骤。

第一节　保险经营的特征与原则

保险经营是一种商品经营，但是保险商品是一种特殊形态的商品，因此，保险经营除遵循商品经营的一般原则外，还必须遵循保险经营的特殊原则和方法及步骤。

一、保险经营的特点

保险经营的对象是一种特殊的商品，保险经营的特点在很大程度上取决于保险商品的特点。

（一）保险商品的特点

保险商品也和其他商品一样，必须符合消费者的购买意愿，才会产生需求。但是保险商品又与其他商品不同，它是一种特殊的服务形态商品，其特殊性主要表现在以下三个方面。

1. 保险商品的无形性

保险商品并不是一种直观的、可以直接感觉到的客体，它既没有独立存在的实物形态，也不能以某种物理属性直接满足人们生活上或生产上的需要。因此，保险消费者无法通过所看到的保险商品来激发自己的购买欲望，或对这些商品进行检查、评价。保险商品的抽象性和无法预知购买效用的特点，消费者在购买保险商品时，实际上是在购买保险公司的信誉、承诺及专业服务。因此，保险经营的首要任务就是将这种无形的保险商品增加有形的成分，即通过保险服务和保险宣传等各种有形方式，让社会大众认识、感知并判断保险商品的质量及效用，从而作出购买决策。

2. 保险需求的潜在性

所谓保险需求的潜在性，是指在通常情况下，消费者对保险商品的需求不像对一般商品那样的迫切或现实，因此不会主动去购买保险商品。保险商品给予消费者的是在风险事故发生后的经济补偿，而对于每一个特定消费者来说，这些风险是否会发生、何时发生、发生的方式、造成损失的严重程度都是不确定的，因此，很多人虽然也有得到风险保障的需求，但在侥幸心理的驱使下，不会主动去购买保险商品，除非身边发生了某种灾害事故或法律有强制性的规定。由此可见，保险人要把这种潜在需求变为现实的、有效的需求，就要付出远比其他商品经营更多的人力、物力与财力。而保险代理人、经纪人作为保险公司与保险消费者之间的纽带和桥梁，就承担着这一重任。

3. 保险商品的可替代性

从财务的角度看，保险是风险融资手段，人们通过购买保险，实现风险保障和理财计划的目标。但这些目标并不一定通过保险来实现。例如，人寿保险的作用是为人们提供养老保障，健康保险的作用在于为人们提供医疗保障，而社会保障制度同样也可以满足这些保障需求。因此，社会保障制度覆盖面越广，提供的养老金、医疗保障越高，该国国民对商业养老保险、健康保险的需求就越低。同时，理财的一个重要功能就是准备未来之需。为未来不确定的需求作财务准备。人们可以既通过储蓄，也可以通过保险或其他投资来实现理财。因此，不同理财工具之间必然存在着激烈的竞争。所以，要将大多数消费者的钱吸引到保险商品上来，是一项极富挑战性的工作。

（二）保险经营的特征

保险企业作为保险市场的经营主体，与其他行业相比，其经营具有很大的不同，这些经营特征在很大程度上取决于保险商品的特点。

1. 经营资产的负债性

一般企业经营的资产来自自有资本的比重较大，这是因为一般企业的经营受自有资本的约束，所以必须有雄厚的资本作为后盾。而在保险企业的经营的资产中，保险企业外来的资金所占比例较大。保险企业的经营资产来自于两部分：资本金和投保人按照保险合同向保险人缴纳的保险费组成的保险基金，后者占保险企业经营资产的比重远远大于前者。因此，保险企业经营资产的相当一部分是保险企业对被保险人的负债，保险基金最终都要用于对被保险人的赔偿或给付。所以，保险企业必须提留充足的准备金并通过有效的资金运作来保障保险基金的及时足额返还。保险经营的这一特征是基于保险企业是通过将面临共同风险的人们组织起来，千家万户帮一家，来实现其风险保障作用的。

2. 是一种特殊的劳务活动

保险公司的经营活动是一种特殊的劳务活动，而不是一般的物质生产和一般的商品交换。保险公司经营劳务活动表现在两个方面。首先，保险公司是通过向投保人收取保险费，建立保险基金来保障被保险人的，被保险人的损失通过保险公司分摊给所有未遭受损失的被保险人。因此，保险公司充当着风险融资人的作用。其次，保险公司的经营劳务活动集中体现在保险产品的设计和服务上，保险产品的设计包括设计保险条款、规定保证责任、厘定保险费率、制定保险险种，保险服务包括承保、理赔及防灾防损等。

3. 商品定价和利润核算的特殊性

一般商品定价，是在商品生产出来之后，根据实际成本测算而成的。保险产品的定价具有预估性，即保险商品定价格是发生在实际成本之前。保险公司根据以往的同类风险的损失和赔款的经验资料来确定，因而实际的损失和支付发生在保险价格确定之后。但是由于影响未来保险事故发生的因素很多，未来风险的发生及其损失发生的频率和幅度事前都是无法确定的，实际风险发生总是与预期存在一定的差异，这就是保险经营成本的不确定性。在此基础上，保险公司的经营成果必然表现出一定的不确定性。保险公司为了保证足够的偿付能力，其利润的计算也与一般企业不同，保险公司经营利润核算，不仅要从保费收入中减去赔款、经营费用和税金外，还必须减去各项准备金和其他未来责任的准备金。

4. 社会公众性

在现代社会，保险已成为社会生产和生活中必不可少的一环，保险公司承保的风险范围之大，经营的保险产品之丰富，涉及的社会公众之广，是一般企业无法比拟的。特别是人寿保险，它涉及被保险人多年甚至终身的利益。因此，保险公司在财务上一旦陷入困境，被保险人的利益将无从保障，就会威胁到社会的安定，后果难以估量。

二、保险经营的特殊原则

保险经营原则是保险公司从事保险经营活动的准则。由于保险经营是一种商品经营，它既有一般商品经营的共性，遵守一般商品的经营原则，即经济核算原则、随行就市原则、薄利多销原则，又遵循保险经营的特殊原则，即风险大量原则、风险选择原则和风险分散原则。

(一) 风险大量原则

风险大量原则是指保险人在可保风险的范畴内，根据自己的承保能力，争取承保尽可能多的风险和标的。它是保险经营的基本原则，原因有三个方面。

首先，保险经营的过程实际上就是风险管理的过程，而风险的发生是偶然的、不确定的。只有承保尽可能多的风险单位，才能建立起雄厚的保险基金，并保证保险经济补偿职能的履行，更好地体现保险经营"取之于面，用之于点"的特点。

其次，概率论的大数法则是保险人赖以计算保险费率的基础，只有承保大量的风险和标的，才能使实际保险责任事故发生的概率接近于损失期望值，确保保险经营的稳定性。

最后，扩大承保数量，实行规模经营是保险企业提高经济效益的一个重要途径。承保的风险单位越多，保费收入就越多，而营业费用则随之相对减少，从而可以降低保险成本，提高经济效益。

(二) 风险选择原则

保险经营的稳健不仅必须有大量风险的集合，更需要风险适度，即保险标的的风险损失频率和强度都要在保险人精算预计的范围内，便于大数法则发生作用，使风险得到平均分散。风险选择原则是指保险人要充分认识和准确评价承保标的的风险种类与风险程度、投保金额是否恰当，从而决定是否承保。

风险选择的内容包括：在承保前要尽量选择同质风险的标的承保，同质风险即风险的种类、大小与金额具有相当的一致性，从而使风险能从量上得以测定，实现风险的平均分散。在承保后要对保险标的物超出核保标准的保险合同作出淘汰：一是保险合同期满后不再续保；二是按照保险合同约定的事项予以注销，如我国远洋船舶战争险条款规定，保险人有权在任何时候向被保险人发出注销战争险责任的通知，通知在发出后 7 天期满时生效；三是若发现被保险人的欺诈行为，中途解除保险合同。

（三）风险分散原则

风险分散原则，是指保险人对所承保的风险尽可能地加以分散，并使之平均化，避免风险的集中。保险经营实践证明，如果保险人承担的风险过于集中，那么一旦发生较大的风险事件，将导致保险公司偿付能力不足，不仅损害被保险人的利益，也威胁保险人自身的生存和发展。因此，为了确保保险经营的稳定性，保险人应将承担的风险尽可能地分散。保险人对风险的分散包括核保时的风险分散和承保后的风险分散。

1. 核保时的风险分散

（1）控制保险金额。保险人在核保时要科学地划分危险单位，按照每个危险单位的最大可能损失确定保险金额，对超过自身承受能力以外的部分不予承保，使保险人所承担的风险责任控制在可接受的范围内。

（2）规定免赔额。通过规定免赔额来规避被保险人的道德风险和心理风险，以对保险人承保的风险责任加以控制。

（3）实行共同保险。对一些不易控制的风险责任，如种植业、养殖业，采取共同保险，由保险人和被保险各自承担一定比例的风险责任。

2. 承保后的风险分散

（1）再保险。保险人将所承保的业务中超出自己承受能力以外的风险转移给再保险人，以实现财务稳定。

（2）保险风险证券化。保险风险证券化是指以未来保险期间或再保险期间所产生的现金流量为标的所发行的证券。目的在于通过证券化将既定的保险风险通过资本市场规范的证券化程序，转移到国内资本市场上，以进一步分散风险，增强保险业的抗风险能力。

■ 第二节　保险险种的开发

保险经营是由险种开发、展业与承保、防灾防损和理赔等一系列环节构成的。险种开发是保险公司经营的起点，也是保持保险公司实现经营目标的重要手段。

一、险种开发的含义和意义

保险险种作为保险企业为社会提供的特殊商品，是由保险人设计并向广大客户提供的保险项目。它以保险单为载体，以保险条款为基本内容，如家庭财产保险、企业财产保险、机动车辆保险、核电站保险等即是保险险种。所谓险种开发，是指保险人根据标的市场的需求和保险经营的性质和特点，对保险项目的种类、内容及规则进行设计和规定的过程。险种开发最为关键的内容是保险条款的设计和保险费率的厘定（费率的厘定在第十二章专门阐述）。

险种开发方式有两种：一种是外延型的方式，即用新险种的形式承保原来不承保的风险，以满足消费者新的保险需求，如卫星发射保险、核电站保险等；另一种是内涵型的方式，即通过对原有险种的变革或变异，衍生出新的险种，如扩大原有险种的保险责任或对原有险种重新组合。

险种开发对保险经营具有十分重要的意义。

（1）险种开发是保险公司其他经营活动的基础。保险是经营风险的行业，但并非所有风险保险都可经营，这要受营利目的的限制。在有利可图的前提下，对何种标的提供经济保障，承保哪些风险，不承保哪些风险，承保多大程度的风险，保险费率如何测算与制定，如何规定保险期限等有关保险的重要内容都有赖于险种设计。因此，险种设计是保险展业、承保等其他经营活动的前提条件。

（2）险种开发能够增强保险公司竞争能力，提高保险公司的经营效益。在保险市场上，保险的供给者通常不是唯一的而是多数并存，在这种条件下，竞争是保险经营者不可避免的经营环境。为了在竞争中获得有利的地位，保险经营者就要面对需求市场，千方百计地研究人们的需求动向，从而开发设计最大限度满足消费者需求的险种，以提高自身业务在保险市场的占有率。保险商品生命周期有开发期、成长期、成熟期和衰退期。保险公司只有不断地进行险种开发、创新，才能满足客户不断变化的保险需求，保险经营者就可以把握市场，从而在竞争中居于优势。可见，险种开发是保险经营者在竞争环境中，谋求生存的重要战略和手段。

二、险种开发的原则

1. 市场性原则

市场性原则，是指要按照市场需求为导向开发新险种。保险公司要提高自身业务在整个保险市场的占有率，就必须开发适合市场需求的新险种。保险商品应能满足一定客户群体的特定保险需求，即险种开发应有特定的目标市场，以最大限度地满足消费者的需求。这就要求保险公司必须明确所服务的目标市场，了解目标市场上的消费者的保险需求、购买习惯和偏好，认识新险种的市场潜力，在此基础上开发满足消费者需求的保险商品。

2. 技术性原则

技术性原则，是指险种的开发要从保险人处理风险的客观能力出发，保证业务经营的财务稳定性。保险新险种开发最为关键的内容是条款的设计和费率的厘定。如果条款设计不合理、费率厘定不准确，将导致保险公司的经营风险。根据大数法则，保险公司只有掌握保险标的风险性及其发生的规律性，才能保证定价的准确性，这就要求在开发新险种时掌握大量风险事故资料。与此同时，影响险种开发的因素还涉及保险公司的支付能力和管理水平，如资本金规模、核保技术、资金运用水平、销售体系和营销队伍素质、客户服务手段及服务质量等。保险公司只有建立适应支付能力和管理水平险种优势，树立公司品牌形象，才能有效占领市场和赢得竞争。

3. 社会性原则

保险公司作为社会经济体系中的一员，有责任和义务支持和促进政府的经济政策的贯彻与执行。这就要在遵守经济原则和技术原则的基础上，克服缺乏远见的狭隘的部门利益观念，设计和开发一些政策性的保险业务，并且充分认识到政策性保险业务本身可能由于多种因素会在经营过程中出现负效益的情况，明确政策性保险业务也可能由于其业务面广泛和社会影响力大的优势，使其成为宣传保险公司的广告性业务。同时，让社会大众通过政策性保险业务认识现代商业保险的社会意义，从而促进和带动其他非政策性保险业务的开展，扩大保险公司的社会效益和企业效益。

4. 超前性原则

超前性原则，是指新险种开发要具有超前的产品开发意识，适应保险市场需求的变化，适时进行产品创新。

一个国家或地区的保险需求，受其社会保障制度、宏观经济环境、居民收入水平、保险法规政策、历史文化背景和保险消费习惯等多种因素的影响，这些动态变化的因素又导致保险市场需求不断变化和发展，使老的保险产品逐步退出市场的同时，不断创造出新的市场需求。保险公司要想在不断变化和竞争激烈的保险市场中保持产品竞争优势，必须具有超前的产品开发意识，适应保险市场需求的变化，善于发现和捕捉新的市场机会，遵循产品生命周期和销售方式的周期规律，适时进行产品创新。另外，同产品生命周期一样，保险产品的销售方式也存在生命周期。随着电子信息技术的发展，传统的保险营销方式也正在发生深刻的变革。例如，保险电子商务已初露端倪，通过因特网开展网上营销正处于发展阶段。保险产品开发应适应国际保险市场发展趋势，不断拓展新的销售方式和业务领域，如发展电话销售、网上营销、银行保险等新的业务。

5. 赢利性原则

赢利性原则，是指险种开发应关注公司的长期赢利能力。商业性保险公司无论是否以利润最大化为目的，要实现企业的可持续发展，其经营最终都必须赢利，因为收不抵支的亏损公司是无法长期生存下去的，这就要求保险公司的新险种开发必须进行产品成本收益分析。

险种开发的成本主要是在险种开发过程中所投入的人力、物力和财力，除此之外，还应考虑到险种开发的机会成本，以及因新险种的推出而可能导致的传统业务销售及利润下降的替代成本。保险公司还可能出于完善其产品系列或增强市场竞争力等方面的原因，开发一些成本较高且业务规模较小的不赢利甚至亏损的险种，这也是一种险种开发的无形成本。

三、险种开发的步骤

尽管各国保险公司甚至各个保险公司的险种开发均有自己的特色，但就其基本程序而言，不外乎包括下列步骤。

1. 市场调查和构思

市场调查是险种开发的第一步，保险公司必须了解保险客户对新的风险保障的需求及其市场潜力，调查原有的经营状况，从中寻找险种开发的方向和设计点。新险种的构思方法主要有四种。①完全创新法，指保险人研制出来的能满足消费者新需求的产品，如卫星发射保险、核电站保险等；②模仿新险种法，指保险人借鉴外国或外地的险种，在本地区进行推广的新险种；③改进老险种法，指对原有险种的某些方面进行改进，如扩大保险责任所形成的险种；④换代险种法，是指针对老险种突出的某一特点重新进行包装，并冠以新的名称而形成的新险种。

2. 确定雏形

经过风险评估并确定属于保险公司可保的风险后，可以进入险种开发的立项设计阶段。这一阶段只是对保险标的、对象及市场规模的大致规定。它对保险责任和除外责任并没有详细规定。具体工作如下：确定保险标的；确定保险对象（如确定保险财产和不保财产）；确定保险责任和除外责任；确定保险金额和赔付计算方法；确定保险期限；确定保险费等。

3. 可行性分析

可行性分析即保险公司对险种雏形，在市场调查的基础上对其进行可行性及销售前景的分析，重点对目标市场规模、赔付水平等指标进行定性和定量分析，在此基础上进行取舍，将新险种雏形设计成新险种。

4. 确定保险条款、保险单

由于保险条款是保险险种的主要内容，条款设计便成了险种开发的关键环节。设计保险条款时要注意的问题有两个。①适法性，即保险条款的内容必须符合有关经济法和保险法的规定；②缜密性，在指定保险条款时必须慎重、周密，措辞用句必须准确地表示和反映保险人的设计意图。保险单是保险险种的载体，要采取标准格式。

5. 险种命名

随着市场需求和同业竞争的发展，险种命名显得越来越重要。一般来说，险种命名应注意以下事项：险种命名应依据保险标的和保险责任，如企业财产保险、机动车辆保险等；险种名称应简短，容易记忆；险种名称要有特色，避免雷同；险种名称要相对稳定，不能轻易改变；险种名称应及时申请注册，以求法律保护。

6. 确定市场营销策略

新险种设计出来后，可在一定范围内试销，以求得到关于潜在客户、营销人员、市场潜力等方面的信息。在新险种试销的基础上，保险公司应根据市场反馈的情况，修改或重新制定营销策略，将新险种推向市场。

7. 上市销售

新险种上市前，要处理好上市时机、上市地域、预期目标市场占领及导入市场的方法等问题。

■ 第三节　保险展业与承保

展业是现代保险经营中的重要一环，通过展业，保险公司可以争取到大量的准客户，为保险企业的经营与管理奠定重要的客户基础。但是，保险人通过展业所争取到的业务源，并不是它的实际业务量，保险人还要通过承保，对风险进行选择、核定，以剔除不可保风险，防止道德风险和逆选择，还要对已决定接受投保的标的确定与其风险程度相应的保险价格和保险条件，以保证业务经营的稳定性。

一、展　业

保险展业，即争取客户、推销保险单，不少国家又称为"保险招揽"。保险展业是由保险商品的特殊性所决定的。保险企业经营的对象是看不见摸不着的风险，其商品仅是对消费者的一种在特定风险事故发生时即获得经济补偿或给付的承诺。此外，保险商品过于抽象，保险单过于复杂，使人们对保险商品了解甚少，一般不容易主动购买保险。因此，通过保险展业激发人们购买保险商品的欲望，是保险经营成功的关键。

保险展业的渠道很多，但主要可以归纳为两大渠道：直接展业和间接展业，间接展业即通过保险代理人和经纪人展业。

（一）直接展业

直接展业，是指保险公司依靠自身的业务人员直接推销保险单，招揽业务。常采用普遍设立分支机构和销售网点，或借助于电话通信、网上销售或外勤人员展业的方式销售保险单。它适合于那些经营规模大、实力雄厚、分支机构健全及金额巨大的险种。企业财产保险等巨额险种一般都适合于直接展业。

直接展业能够充分发挥专职人员的熟练业务水平和经营技巧，并把展业、核保、理赔、防灾等几个环节紧密结合起来，保证业务质量。但是，仅靠直接展业难以争取到更多的保险业务，且在经济上也是不合算的。因为直接展业需要配备大量的业务人员，增设机构，而且由于季节性的因素，在业务旺季时，人员可能显得不够，而在淡季时，人员显得过多，这势必增加经营费用开支，提高业务成本，影响保险的经济效益。因此，国外大的保险公司既有自己的推销人员，又广泛地运用代理人展业，一般保险公司则主要依靠代理人展业。

（二）保险代理人展业

代理人展业是指保险公司与代理人签订代理合同，委托代理人在职权范围内为保险人招揽业务，保险人按照保险费收入的一定比例向其支付佣金（或手续费）。保险代理人可以是各种组织机构，也可以是个人，对象广泛，它们可凭借其广泛的社会联系，将保险业务推广到社会的各个层次、各个角落，特别是对开展分散性的保险业务更为有利。同时，代理制度还可使保险人大大节省设置机构和雇佣人员的费用。佣金按保费收入的一定比例支付，无须固定的工资开支。因此，对于保险人来说，代理制度是一种合理的展业方式，被世界各国的保险业广泛采用。

保险代理分为专职代理和兼职代理，前者专门从事保险代理业务，后者则由运输公司、旅行社、银行等机构代理保险公司的一些业务。在保险业发达的国家，专职代理得到了广泛发展，有独立代理人、专属代理人、地区代理人、总代理人等多种形式。美国和日本是代理制为主要经营方式的保险市场，约90％的财产保险业务来自于代理人。在欧洲，银行代理保险已发展到更高层次，称为银行保险。2000年法国银行保险所取得的保险费占全部寿险保费收入的35％，储蓄类保费的65％，财产保险费的7％以及个人储蓄收入的69％。银行保险在西班牙占据65％的寿险市场份额，在比利时、意大利占据50％。

（三）保险经纪人展业

保险经纪人可受投保人之托，代办投保、缴费、索赔等事项，实际上是投保人的代理人，但向保险公司收取佣金。保险经纪人必须具有保险专业知识，了解保险市场的发展情况，熟悉各家保险公司的经营专长，并富有风险管理的经验，能为大企业制定风险管理和投保方案，并选择适当的保险人，实际上相当于企业的风险管理和保险的顾问。

经纪人介绍的业务也是保险公司的重要业务来源。欧洲盛行经纪人制度，尤其是英国，3000多家独立的保险经纪公司，近8万名保险经纪人。著名的劳合社市场的100％的业务都来自于指定的经纪人，英国保险市场近三分之二的财产保险业务来源于保险经纪人。

二、承保

承保就是保险合同的签订过程或保险商品的交换过程，是保险公司的承保人员根据投保单及其他方面关于保险标的的信息，对投保申请进行审核，决定是否接受其投保并签发保险单的过程。实际上，承保是展业的继续，是在展业基础上进入保险合同双方就保险条件进行实质性谈判的阶段。

承保是保险公司整个经营中重要的环节，承保质量关系到保险企业经营的稳定性和经济效益的好坏，同时也是反映保险企业经营管理水平高低的一个重要标志，承保的前提是核保，核保是承保的核心。

（一）核保

所谓核保，是指保险人在承保前，对投保人或保险标的的风险程度进行评估，以确定是否为可保风险，并对可保风险赋予相应承保条件及保险费率的过程。核保是承保中最重要的环节，它直接关系到承保的质量。核保内容一般包括审核投保人、审核保险标的和审核保险费率等。

1. 核保的内容

1）审核投保人、被保险人

投保人对保险标的是否具有保险利益、投保人管理保险财产的状况、投保人的品格、行为等都会直接影响到保险事故发生的可能性和损失的大小，因此必须进行审核。

（1）投保人对保险标的是否具有保险利益，是保险申请人最终能否成为投保人的首要条件，也是防止道德风险的重要方面，因此，审核投保人是否对保险标的具有保险利益是对投保人资格的审核。

（2）对投保人、被保险人管理投保财产状况的选择。投保人、被保险人对保险财产管理水平的高低、标的保管状况的好坏、防损措施是否到位，直接影响保险事故的发生和保险财产遭受损失的程度，因此对投保人管理财产状况的审核也是核保的重要内容。

（3）对投保人、被保险人品格、行为的审核。对投保人品格行为的审核包括以往保险索赔情况、有无诉讼情况、财务运转情况等，如驾驶员的驾驶技术、以往的肇事记录及索赔情况，这些都与风险程度有关。如在人身保险中，投保人或受益人是保险金的受领者，其道德品质将影响被保险人的安危。

2）审核保险标的

保险标的是投保风险的载体，它的状况如何直接关系到保险人承保风险的大小。在财产保险中，选择的重点集中在保险标的本身所发生的损失的可能性大小上。例如，火灾保险对保险标的的选择包括保险标的的坐落地点、建筑结构、险位、防护、占有性质等；船舶保险包括对船舶是否适航、船龄、船舶的航行区域等。人身保险的标的是被保险人的寿命和身体，保险人要对被保险人的健康状况、年龄、体质、个人病史、家庭病史、职业、生活习惯和嗜好、经济状况等进行审核。通过上述审核，确定保险标的的风险程度。

3）审核保险费率

保险费率是保险商品的价格，审核保险费率是指确定保险人收取的保险费率与保险标的的风险程度是否适当。保险标的的风险程度高，保险人就应收取较高的费率；反之若风险程度低，就应收取较低的费率。

2. 核保要素

1）财产保险的核保要素

（1）环境，就是指投保财产所处的环境。例如，对投保的房屋，要检验所处的环境是工业区、商业区还是居民区，附近有无易燃易爆的危险源，附近救火水源及与消防队的距离如何，房屋是否属于高层建筑、周围是否畅通、消防车能否开近等。

（2）标的状况，主要指投保标的的主要风险隐患、关键防护部位及预防措施状况。这是对投保财产自身风险的检验，即要检查投保财产可能发生风险损失的各种主客观原因。例如，投保财产是否属于易燃、易爆品或易受损品，对温度湿度的灵敏度如何，机器设备是否超负荷运转，使用的电压是否稳定，建筑物结构状况等。对投保财产的关键部位要重点检查。例如，建筑物的承重墙体是否牢固；船舶、车辆的发动机保养是否良好。对投保财产的防护情况也是核保的一项内容。例如，有无防火设施、报警系统、排水排风设施，机器有无过载保护、降温保护措施，货物运输的包装是否符合标准，运载方式是否符合标准等。

（3）有无处于危险状态中的财产。正处于危险状态中的财产意味着该项财产必然或即将发生风险损失，对这样的风险保险人一般不予承保。

（4）检查各种安全管理制度的制定和实施情况。健全的安全管理制度是预防和降低风险发生的保证。核保人应检查投保方的各项安全管理制度，检查是否有专人负责该制度的执行和管理。

2）人身保险的核保要素

（1）年龄和性别。年龄是最重要的核保要素，死亡率一般随年龄的增加而增加，各种死亡原因在不同年龄组人群的分布是不同的，不同年龄组人群的疾病发生率也是不同的。因此，保险金给付的频数与程度是有差异的。另外，有关统计资料表明，女性寿命要长于男性4～6岁，各国生命表中的死亡概率计算也充分反映了这一点。因此，性别因素也关系着保险人承担给付义务的不同。

（2）职业和习惯嗜好。有些职业意外事故死亡或感染某些疾病的风险的可能性高于一般职业的平均风险，如高空作业人员、矿工及接触有毒物质的工作人员。如果被保险人有酗酒、吸烟嗜好或赛车、跳伞、冲浪等业余爱好等。对于上述人员或风险，核保人员可以提高费率承保或列为除外责任。

（3）体格和健康情况。体格是遗传所致的先天性体质和后天各种因素的综合表现。体格即身体的外形，通常以身高、胸围、腹围之间的数量关系来表示人的身体素质。体格与死亡率密切相关。在寿险实务中，常以体格死亡指数作为基础评分标准。健康状况的良好与否至关重要，如神经、消化、心血管、呼吸、泌尿、内分泌系统失常会引起较高的死亡率。健康状况与死亡率有极为密切的关系。在不同时期引起死亡的疾病排列顺序是不同的，目前癌症和心血管疾病是引起死亡的最主要因素。

（4）个人病史和家族病史。个人病史一般包括现病史和既往病史两项内容。现病史为被保险人存在于身体器官上的疾病或症状。既往病史为被保险人过去曾经患过的某种疾病或者外伤史。既往病史和现病史一样，都会对被保险人的死亡概率具有一定影响，因此，都是核保中的重要因素。对既往病史和现病史情况的获取，一是通过体格检查，二是通过询问或者查看住院记录。家族病史主要是了解家族成员中有无可能影响后代的遗传性或传染性疾病，如高血压、糖尿病等。

3．核保的意义

1）防止逆选择和道德风险，稳定保险经营

逆选择称为不利选择或不利于保险公司的选择，是指遭受损失可能性大于平均概率的人寻求保险保障的倾向。例如，年老或体弱者愿意投保人寿保险，健康恶化的人比健康状况良好的人以更高的续保率续保。道德风险有两种情况：一是投保人基于欺诈目的而订立保险合同；二是在保险合同订立后，被保险人蓄意制造保险事故以骗取赔款。无论是道德风险还是逆选择，都会使保险公司的赔付率超出预定的赔付率，对保险公司的经营活动产生致命的影响。而通过严格的核保，把好保险业务的质量关，以保证保险事件发生率控制在预定的范围之内，有利于保险经营的稳定。

2）提高保险经营的承保利润

以营利为目的是商业保险公司的基本经营特征，保险公司的经营利润主要来源于两个方面：承保利润和投资利润。保险公司的承保利润，在很大程度上是精算师确立的费率结构的组成部分。但是其利润能否实现，则取决于核保。因为通过核保对承保风险的选择和控制，能使总体的损失率或死亡率等于或低于预定的损失率或死亡率，保险人可以获得稳定的承保利润。

3）体现费率的公平性

保险费计算与收取的公平合理是保险经营的原则之一。保险费的公平合理包括两个方面：一方面是保险费率的制定合理；另一方面是保险费率的运用合理。核保是评估客户风险程度并依此确定适当的费率的过程，费率可以根据客户风险程度在标准费率基础上进行修正。通过核保，使每一张保险单收取的保险费能反映被保险人的风险程度，以体现对客户的公平。

（二）承保

承保是指签订保险合同的过程，即保险人对投保人所提出的投保申请经过审核同意接受并签发保险单的行为。保险人同意承保后，就要根据保险合同约定的时间开始承担保险责任。

1. 承保抉择

经过对投保人、被保险人和保险标的的审核后，保险人对投保标的的处理方式有三种：无条件承保、有条件承保或拒保。

（1）无条件承保。对符合保险公司的承保条件的保险标的，即属于常规风险，保险公司按照规定的标准费率进行承保。但是有些保险业务的风险情况不固定，如海上保险，因航程不同、运输工具不同、风险变化不同，承保每笔业务都需要保险人根据以往的经验，结合风险的特性，制定单独的费率。

（2）有条件承保。对风险程度较高的保险标的，保险公司通过承保控制，即增加限制性条件或加收保费的方式予以承保，以控制道德风险和逆选择。

（3）拒保。保险标的的风险程度超过保险公司所能接受的承保限度，保险公司拒绝接受其投保。

2. 承保控制

承保控制是指保险人在承保时，应用风险管理技术控制道德风险的发生的过程。承保控制的内容包括两个方面。

（1）控制逆选择。对不符合承保条件者不予承保，或者有条件承保。例如，投保人就自己经常出现事故的车辆投保机动车辆保险，保险人就会提高保险费率承保；又如，投保人患有超出正常范围的疾病，保险人就不会同意他投保定期死亡保险，而劝他改为投保两全保险。这样一来，保险人既接受了投保，又在一定程度上抑制了投保人的逆选择。

（2）控制人为风险。人为风险包括防止道德风险、心理风险。控制道德风险的最好办法是将保险金额控制在适当额度内。保险金额是保险人确定的其可以承担的最高责任限额。保险金额的确定依据标的的价值及投保方所具有的保险利益额度。任何背离这两个依据的保险金额都可能诱发道德风险。因此一定要避免超额承保。对人身保险的高额投保，保险人要注意保险金额大小应与投保人的收入水平和实际需求相一致。

心理风险是指由于人们粗心大意和漠不关心，以至于增加了风险事故发生机会并扩大损失程度的风险。保险人控制心理风险的手段如下。第一，实行限额承保。对某些风险，保险人采取低额或不足承保的保险方式，规定被保险人自己承担一部分风险。第二，规定免赔额（率）。保险人规定免赔额（率）条款，可以激发被保险人克服心理风险，加强对保险标的的安全防护。第三，规定按比例赔偿。

（三）签发保险单

签发保险单是保险公司与那些通过核保确认可以承保的投保人签订正式保险合同的过程。保单的签发意味着保险经济关系的确立，保险双方将各自履行义务、行使权利。

第四节　保险防灾防损

一、保险防灾防损的意义

（一）保险防灾防损的含义

保险防灾防损，是指保险人对所承保的保险标的采取措施，以减少其保险事故的发生的可能性及后果的严重性，进而减少风险成本，增加经济效益的一种经营活动。

（二）保险防灾防损的意义

保险防灾防损是保险经营活动的重要内容，保险防灾防损并不只是一种权利义务对等的契约行为，即根据保险合同条款规定的义务开展防灾防损，更多的则是保险公司提供社会公益服务，参与社会风险管理，尽可能地减少社会财富的损失。当然，保险公司防灾防损的最终目的是减少保险事故的发生，以减少赔款金额，提高经济效益。保险防灾防损的意义包括以下几方面。

1. 保障社会财富的安全和社会经济活动的正常进行

保险防灾防损的直接后果是避免和减少了保险财产的损失，保障了社会财富的安全，保证了社会经济活动的正常进行。

2. 促进投保企业加强风险管理

根据有关法律和保险条款规定，投保企业在参加保险后，有遵守安全规定、接受有关部门提出的防灾防损建议和作好防灾防损工作的义务。保险企业在业务经营中，通过对投保企业的防灾防损检查、提出防灾防损建议和整改措施等，促使投保企业加强风险管理，提高风险管理水平。

3. 有利于降低保险产品的价格

保险费率是保险产品的价格，保险公司确定保险费率的主要依据是保险标的的出险概率和损失率。通过开展防灾防损活动，防止和减少灾害事故损失，相应地减少了赔款支出，为保险公司降低保险费率，减少被保险人保费支付负担提供了可能。

4. 提高保险业务的经营水平

通过开展防灾防损工作，保险企业可以随时了解保险标的的安全管理状况，并根据保险标的风险程度的变化，及时调整保险费率，对保险合同的有关事项作出相应的规定，从而提高保险业务质量。

二、保险防灾防损的内容

（1）加强同各防灾部门的联系与合作。保险公司作为经营风险的部门，经过长期的业务运作，掌握了大量关于风险损失的资料，对灾害原因也有确切的分析和结论，从而积累了大量防灾防损工作经验。因此，保险人一方面通过支持与加强与各专业防灾部门的联系，派人参加各种专业防灾部门的活动，如公安消防部门对危险建筑的防灾检查，防汛指挥部对防汛措施落实的检查，商检部门对进出口货物的商品检验等进行防灾防损；另一方面充分利用保险公司的信息和技术优势，向社会提供各项防灾防损服务，如防灾技术咨询服务、风险评估服务、社会协调服务、事故调查服务、灾情信息服务和安全技术成果推广服务等进行防灾防损。

（2）开展防灾防损的宣传教育。保险公司利用自身的信息和技术优势，运用各种宣传方式，向投保人和被保险人宣传防灾防损的重要性，提高安全意识，普及防灾防损知识。使广大投保人和被保险人了解灾害事故的性质及危害，学会识别风险隐患，分析事故原因，掌握风险管理和处置措施（如灭火、抗洪、防震等技术措施），以提高全社会的防灾减损能力。

（3）及时处理灾害因素和事故隐患。保险企业通过售后服务开展防灾防损检查，及时发现不安全因素和事故隐患，向被保险人提出整改意见，并在技术上予以指导和帮助，将事故隐患消灭在萌芽状态。

（4）参与抢险救灾。保险公司在接到重大保险事故通知时立即赶赴事故现场，直接参与抢险救灾：一是在灾害正在蔓延时，与被保险人一道组织抢救保险财产，防止灾害蔓延；二是在灾害发生之后，同被保险人一道，对受灾财产进行整理、保护，妥善处理残余物资。为做好抢险救灾工作，保险企业要对全体员工进行抢险救灾技术培训，使其掌握在危险环境中的各种救灾技术，并且能够在救灾过程中有效地保护各种财产和个人生命安全，减少不必要的人员伤亡。

（5）提取防灾费用，建立防灾基金。保险公司每年要从保险费收入中提取一定比例的费用作为防灾专项费用，建立防灾基金，主要用于增强社会防灾设施和保险公司应付突发性的重大灾害时的急用。例如，用于资助地方消防、交通、航运、医疗卫生部门，帮助其添置公共防灾设备，奖励防灾部门和人员。这一内容充分体现了保险公司积极参与社会防灾工作。

（6）开展灾情调查，积累灾情资料。保险人除了搞好防灾工作以外，还要经常对各种灾情进行调查研究并积累丰富的灾情资料，掌握灾害发生的规律性，提高防灾工作的效果。例如，有的保险公司要求对资产在 500 万元以上的投保人建立防灾档案。此外，保险人还应开展防灾技术服务活动，帮助事故发生频繁、损失额度大的投保人开展防灾技术研究。

三、保险防灾防损的方法

1. 法律方法

法律方法是指通过国家颁布有关的法律来实施保险防灾管理。国际上，许多国家的法律规定，投保人如不加强防灾措施，保险人不仅不承担赔偿责任，而且还要追究其法律责任。《保险法》第三十六条规定，投保人、被保险人必须按约定履行其对保险标的的安全应尽的责任，否则，保险人有权要求增加保险费或者解除合同。

2. 经济方法

经济方法是当今世界普遍运用于保险防灾的重要方法。保险人在承保时，通常根据投保人采取的防灾措施情况而决定保险费率的高低，从而达到实施保险防灾管理的目的。

3. 技术方法

保险防灾的技术方法可以从两个角度来理解：一是通过制定保险条款和保险责任等技术来体现保险防灾精神，二是运用科学技术成果从事保险防灾活动。前者表现在三方面。首先，在设计保险条款时明确被保险人防灾防损的义务。例如，我国现行的许多险种的保险条款中均规定被保险人必须保证保险财产的安全。其次，在保险责任的制定上也有防止道德风险的规定。例如，现行的保险条款中都订有凡属被保险人的故意行为所造成的损失，保险人不负赔偿责任。最后，在保险理赔上提出了抢救和保护受灾财产的要求。例如，财产保险合同中规定，如果灾害事故发生在保险责任范围内，被保险人应尽可能采取必要的措施进行抢救，防止灾害蔓延，对未被破坏和损害的财产进行保护和妥善处理。对因没有履行这一义务而加重损失的部分，保险人不负赔偿责任。后者通常是指保险公司专门设立从事防灾技术研究的部门，对防灾进行有关的技术研究的方法。防灾部门运用有关的技术和设备对承保风险进行预测，对保险标的进行监测，研制各种防灾技术和设备，以及制定有关的安全技术标准。这些防灾活动不仅使保险公司获得良好的经济效益，而且在社会上也获得了良好的声誉。这些保险防灾技术领先于社会防灾技术，从而又促进了社会防灾技术的发展。

第五节　理赔

一、理赔的含义及其意义

（一）理赔的含义

理赔即处理赔案，是指保险人在保险标的发生保险事故后，对被保险人、受益人提出的索赔要求，以保险合同为依据，核定保险责任并进行保险赔偿或支付保险金的行为。

保险理赔有两种方式：赔偿与给付。赔偿与财产保险相对应，根据保险财产出险时的受损情况，在保险金额基础上对被保险人的损失进行赔偿。保险赔偿是补偿性质的，即它只对实际损失的部分进行赔偿，最多与受损财产的价值相当，永远不会多于其价值。而人身保险是以人的生命或身体作为保险标的的，因人的生命和身体不能用金钱衡量其价值，所以人身保险出险而使生命或身体受到损害，是不能用金钱赔偿得了的。故在出险时，保险公司只能在保单约定的额度内对被保险人或受益人给付保险金。即人身保险是以给付方式支付保险金的。

理赔是保险经营的核心环节，是保险经济补偿职能的体现，也是检验保险公司服务质量高低的标志。

（二）理赔的意义

1. 理赔是保险经济补偿职能最直接的体现

保险理赔的直观表现为赔付保险金，是将来源于每一个客户的保险费所建立的保险基金，支付给发生了保险责任范围内的事故而遭受损失的被保险人。显示了保险作为风险转移和损失融资手段，通过集合众多保险客户的力量来抵御单个被保险人所遭遇风险的功能。因此，保险理赔是保险经营的主要环节之一，是保险经济补偿职能的最直接的体现。

2. 理赔直接影响到保险人的经济效益

理赔的直接结果就是赔付，是保险人向被保险人或受益人支付一笔款项。因此，从短期看，一旦理赔增多，保险人的经济效益就会下降，然而从长远看，也正是由于理赔保障了被保险人共同经济利益，才刺激了人们投保的积极性，保险事业才会不断发展壮大。因此，高效准确的理赔同样对保险公司的经济效益起到促进作用。

3. 理赔是保险公司信誉的集中体现

投保人购买了保险商品，实质是买到了保险公司的一纸承诺，理赔就是保险人履行其承诺的行为。理赔是否迅速合理，集中体现了保险公司的信誉。

二、理赔的原则

1. 以保险合同为依据的原则

保险事故发生后，保险人履行赔偿责任，这属于保险人的合同义务，是一种履约赔偿，与其他合同因违约产生的赔偿有着本质的区别。

保险理赔必须以合同的规定为依据，保险合同是保险人、被保险人双方履行义务、享受权利的基础。一个事故发生后，是否属于保险责任范围、是否在保险期限内、保险赔偿金额的多少、免赔额的确定、被保险人自负责任的多少等，均依保险合同为准。凡应承担的责任，保险人不能拒绝，凡不应承担的责任，保险人在拒绝时也应努力解释清楚，以树立保险公司的良好形象。以保险合同为依据的原则是保险理赔过程中最重要、最基本的原则。

2. 遵守我国法律和国际公约的原则

保险理赔应遵循《保险法》、《民法通则》、《合同法》等法律法规。另外海上保险具有国际性，海上保险的理赔往往涉及国际公约以及有关的国际惯例。对此，保险人在遵守国内立法的同时，还应遵守国际上公认的有关规定。例如，1974 年的《约克·特卫普规则》、1976 年的《海事索赔责任限制公约》、1910 年的《布鲁塞尔救助公约》、1910 年的《布鲁塞尔统一船舶碰撞若干法律规定的国际公约》等。

3. 事实求是的原则

保险合同条款对赔偿责任作了原则性的规定，但实际发生的情况是错综复杂的。在许多情况下，必须按照合同条款的规定结合具体案情确定责任的归属。既要坚持原则，也要有一定的灵活性，合理处理保险赔案。

4. 准确及时的原则

准确是指确定损失和赔款合理准确，及时是指应及时查勘现场，迅速赔偿损失。不发生错赔和滥赔的现象，同时分清责任，严格按照合同约定和保险法规的有关条款处理赔案。

三、理赔的程序

（一）损失通知

当发生保险事故或保险责任范围内的损失时，被保险人应立即通知保险公司，损失通知是保险理赔的第一项程序，也是被保险人的法律义务。发出损失通常有时限要求，《保险法》第二十二条第一款规定："投保人、被保险人或者受益人知道保险事故发生后，应当及时通知保险人。"有些保险合同还明确规定了投保人知悉保险事故发生后通知损失的时间，索赔人应在规定的时间内履行通知义务。

（二）审核保险责任

保险人收到损失通知后，应立即审核该索赔案件是否属于保险人的责任，为以后确定赔偿责任和范围奠定基础。审核的内容如下。

1. 保险单是否仍有效力

保险单是保险合同的正式法律文本，是保险人履行赔偿和给付义务的依据。保险合同是否有效力，是保险人确定保险责任的前提。影响保险合同效力的原因很多，如投保人故意隐瞒事实，未履行如实告知义务；在财产保险合同有效期内，保险标的危险程度增加，被保险人未按照保险合同规定履行通知义务；人身保险合同采用分期交纳保险费的，合同效力中止超过 2 年的等。

2. 损失是否由所承保的风险引起

造成损失的原因是否属于保险承保的风险？造成损失的原因是多种的，保险人是否承担赔偿责任，就要看造成损失的原因是否属于保险人承保的风险。也就是说，保险人须承担赔偿责任的损失必须与它所承保的风险有因果关系。如果造成损失的单一原因属于承保风险，保险人必须对保险标的的损失承担赔偿责任。例如，海上货运保险中，货物出现腐烂现象而致损。这就要分析损失是恶劣气候导致海水浸泡造成的，还是装货前货物本身的温度过高引起的。前者属保险责任，后者不属保险责任。如果造成损失的多种原因同属于保险责任，保险人必须对保险标的的损失给予赔偿。如果造成损失的多种原因中既有保险责任，又有责任免除项目，则要根据造成保险标的损失的第一原因是否属于保险责任范围进行分析，科学地判断近因。

3. 保险事故是否发生在保险标的上

主要是弄清受损标的有无未保、漏保的情况。现实生活中常有这样的情况，被保险人会提出全部损失的清单，要求保险人全部赔偿。实际上，有许多损失并非属于保险人赔偿的范围。

4. 保险事故是否发生在保险单所载明的地点

例如，运输险或船舶险赔案中，出险地点一定要受保险单载明的航线和行驶区域约束。如果被保险人擅自更改航线造成损失，保险人不予赔偿。遇有特殊情况变更航线者，被保险人应提出变更的依据，并要得到保险人的同意或认可。保险人接到被保险人变更航线的通知而还没有答复，即发生保险事故的，保险应结合实际情况给予合理的解决。

5. 保险事故是否发生在保险合同的有效期限内

有些保险事故发生在保险有效期限以前，而损失则出现在保险有效期内；也有些保险事故发生在保险有效期限内，而损失则出现在保险有效期以外。这里，只能以保险事故发生的时间为准，因损失发生的时间同保险人的责任没有关系。

6. 要求赔偿的人是否具有保险利益

就人身保险合同而言，索赔人员不一定是投保人或被保险人，而是保单内所指明的受益人。因此必须查明受益人的身份。另外，在人身保险中，保险人还要特别查明被保险人与发生保险事故的是否为同一人；被保险人属于正常死亡，还是自杀或其他原因；索赔人的伤残是否符合合同规定的条件等。再如房屋火灾保险，被保险人葬身火海中，由第三人要求房屋损失的赔偿时，就要审查其是否为合法继承人。

7. 保险事故的发生的结果，是否可以构成要求赔偿的条件

例如，在货物运输中，虽然发生的保险事故造成了货物的损失，但只要损失程度不大，没有超出保险单所规定的免赔额限度，则不构成索赔条件。

（三）进行损失调查

保险人在作好上述工作的基础上，进入案情检验与核实阶段，以便最终确定保险责任。保险人应做好以下工作。

（1）判断保险标的损失发生原因，以明确其是否属于保险人承保的责任范围。

（2）确定损失程度，保险人要根据被保险人提出的索赔清单逐项查证，以确定保险标的的实际损失，为保险人确定赔偿数额提供依据。

（3）认定被保险人的求偿权利。保险合同规定，如果被保险人违反合同要求履行的义务，保险人有权拒绝赔偿。被保险人违约情形主要包括：投保人不履行事故隐患整改义务，投保人不履行危险程度增加通知义务，投保人的不诚行为如欺诈、隐匿或伪造行为等。

（四）损失核算

保险案件经过审核，确定属于保险责任以后，保险人要进一步核定应赔数额。人身保险是采取定额保险的形式，保险金额事先已经确定，所以不会发生灾害事故以后重新估价的问题。财产保险则不然，其大量损失属于部分损失，它是在保险金额限度以内，依据实际损失进行赔偿。因此，在赔偿以前，必须确定其实际损失，按实际损失进行赔付。

保险人给付保险金包括实际损失和用于施救、诉讼等合理费用。在核算给付保险金时，实际损失和合理费用应分别计算，每项金额不得超过合同规定的保险金额。

1. 保险标的实际损失计算

首先，要核算实际损失时应分清哪些是保险标的的损失，哪些不是保险标的的损失；哪些是直接损失，哪些是间接损失。对不属于赔付金额范围内的损失应予剔除。

其次，要看受损标的的损失程度，因为赔偿数额要根据损失程度来确定。损失的程度及数额要根据查勘报告辅之以各项单证和专业部门及专家的意见确定。

最后，实际损失的计算，应以保险事故发生时，保险标的的实际现金价值为准。换言之，即以损失时的市场价值为准。

2. 直接费用的计算

直接费用是指发生保险事故时，被保险人为了抢救、保护保险财产所支付的合理费用，被保险人的诉讼费用，以及对受损标的的检验、鉴定、估损和整理的费用。对直接费用，依照我国现行法规规定，应由保险人负责偿还，但施救、保护、整理费用的赔付与保险财产的损失赔偿金额，应分别计算。直接费用不包括在保险财产赔偿金额之内，即施救、保护和整理费用与保险财产的损失金额，可以分别选用两个保险金额，但均以不超过合同约定的保险金额为限。属于未足额保险按比例赔偿的保险财产，其施救、保护和整理费用也应按比例计算赔偿。

保险人对直接费用的支出并不是随意的，而是有一定条件的。第一，它必须以发生保险责任范围内的灾害事故为前提。第二，这种费用支出的唯一目的，在于减少保险财产的损失。第三，费用支出必须是合理的。实践证明，这是衡量施救、保护、整理费用支出是否必要的依据。尽管如此，在现实生活中，究竟哪些费用是必需的、合理的，仍难以把握。为此，要分清以下几个问题的界限。

（1）已经发生和尚未发生的灾害事故的界限。按保险赔偿原则，凡是为了对付已经发生或必将发生的灾害事故而支出的费用，保险人应该负责赔偿；反之，灾害事故尚未发生或只有可能发生的情况下所支出的费用，保险人不负责赔偿。

（2）必要的和非必要的抢救措施。所谓必要的抢救措施，是指在一些紧急情况下，为了防止和减少保险财产的损失而必须采取的抢救措施。例如，某被保险人的邻居发生火灾，根据保险财产的可燃性，以及当时的风力、风向等，证明确有波及保险财产的可能，被保险人为保护保险财产而采取的搬运、转移的措施，即为必要的抢救措施，所支出的费用，由保险人承担。相反，远处失火，根据当时各方面的情况判断，不会波及保险财产，被保险人自行搬迁所支出的费用，保险人不负责赔偿，因为它是一种非必要的抢救措施。

（3）被保险人的正常支付与额外支付。保险理赔中所说的施救、保护、整理费用，是指被保险人用于这方面的额外支出，而不是正常支出。例如，在洪水期间，投保单位的职工正在奋力抢救，用时2天，洪水退去，清理受灾现场，又用时1天。这3天的工资，属于单位的正常开支，保险人不予支付。然而，若因抢救保险财产而增加了夜餐补助费，保险人应支付标准夜餐补助费用。还有，在灾害中参加抢救保险财产的人员，包括前来支援的群众，如发生了人身伤亡事故，其医疗费、丧葬费、抚恤费，也由保险人承担。

（4）是否具有减少损失的实际效果。被保险人考虑并采取施救措施的出发点是减少灾害事故的损失。如果进行的施救措施不能挽救保险财产的经济损失，那就是不必要的支付，从而，应从实际出发，决定其施救措施的取舍。

总之，直接费用的赔付，要在符合保险条款规定的前提下，尽可能鼓励被保险人积极抢救财产。因此，其支付不宜过紧。

（五）赔偿给付保险金

1. 付款的时间

经过核算确定给付金额后，保险人应按合同约定或法律规定的时间，给予赔偿或给付保险金。否则，将承担法律责任。《保险法》第二十三条第一、二款规定："保险人收到被保险人或者受益人的赔偿或者给付保险金的请求后，应当及时作出核定；对属于保险责任的，在与被保险人或者受益人达成有关赔偿或者给付保险金额的协议后十日内，履行赔偿或给付保险金义务。保险合同对保险金额及赔偿或者给付期限有约定的，保险人应当依照保险合同的约定履行赔偿或者给付保险金义务。"保险人未及时履行前款规定义务的，除支付保险金外，应当赔偿被保险人或者受益人因此受到的损失。

2. 付款的方法

给付保险金的方法，以一次性给付为主，也可分期给付。根据订立保险合同时有无特约而定。给付的种类，可以金钱给付，也可以实物给付。例如，汽车保险对损毁的汽车的修理，玻璃保险的原物赔偿，伤害及医疗保险的负责医疗等。

3. 先予给付

《保险法》第二十五条规定："保险人自收到赔偿或者给付保险金的请求和有关证明、资料之日起六十日内，对其赔偿或者给付保险金的数额不能确定的，应当根据已有证明和资料可以确定的最低数额先予支付；保险人最终确定赔偿或者给付保险金的数额后，应当支付相应的差额。"这是对先予支付作出的规定。保险人在收到索赔请示后，应立即开始理赔程序，及时、准确地确定赔偿或给付保险金的数额。然而，在保险事故发生的原因复杂、有关证明和资料不足等情况下，保险人审核保险责任一时难以确定，有的甚至要耗费许多时日，这便使得被保险人的合法权益不能及时地得到相应的补偿。为了督促保险人抓紧时间搞好理赔工作，维护被保险人的合法权益，规定在一定期限内，即使保险人难以确定赔偿或者给付保险金的数额，也要先支付一定的数额。

先予给付并不是在任何情况下都存在，而是有其法定条件的，即保险人自收到有关证明和资料之日起六十日内不能确定赔偿或给付保险金的数额。先予给付的最低数额，只是应当给付被保险人或者受益人的一部分，甚至是一小部分。先予给付后，保险人并没有解除继续履行的义务，而是要抓紧理赔工作，支付确定应赔付的数额。最终确定的数额高于先予支付的最低数额的，保险人有义务补足相应的差额。

（六）代位求偿

保险财产发生保险责任范围内的损失是由第三者的行为所致，保险人先代为赔付后，由被保险人将追偿权转移给保险人，并有责任协助保险人向第三者积极追偿。

关键词

风险大量原则   风险分散原则   风险选择原则   保险险种开发   保险展业
保险承保   承保控制   索赔   理赔

复习思考题

1. 保险经营要遵循哪些原则?

2. 试述保险险种开发的原则和步骤。

3. 比较直接展业与间接展业的优势、劣势及适用范围。

4. 保险人为什么要进行核保?

5. 核保的内容包括哪些?

6. 保险人如何进行承保控制?

7. 保险公司如何进行防灾防损?

8. 简述保险理赔的原则和程序。

第十二章

保险产品的定价

【学习目的】

1. 明确大数定律的实质及其保险学意义。
2. 掌握保险费率的构成及其厘定的基本原则。
3. 了解保险费率厘定的依据及方法。

保险产品定价，也称保险费率的厘定，是保险经营的基础，也是保险险种开发中的一项重要工作。它以保险事故出险概率为主要依据，考虑保险公司的经营费用和保险资金回报率及其变动，根据保险种类、保险金额、保险期限、保险金给付方式、保险费缴纳方式等因素，制定出与投保人未来损失和费用相适应的费率，保证保险基金能够满足未来支付保险赔款或给付保险金的需要，确保经营的稳定性和赢利水平。由于保险对象与保险期限的不同，财产保险与人身保险业务保险费率厘定方法存在着差异。

■ 第一节 保险费率厘定的理论依据——概率论和大数定律

保险事故出险概率是厘定保险费率主要依据，对于财产保险而言，即确定某类保险标的的损失概率，进而确定损失期望值；对于人身保险而言，预计其死亡概率、发病概率及意外伤害概率等，是厘定保险费率的先决条件。而要确切估计上述因素，需要运用概率论与大数定律。因此，现代保险学是建立在概率论和大数定律基础之上的。

一、随机事件与概率

自然界和人类社会发生的现象是各种各样的。有一类现象，在一定条件下必然发生，可以事先准确地预言其结果。我们把这类现象称为确定性现象。在我们周围还存在着另一类现象，例如，在相同条件下抛同一枚硬币，其结果可能是正面朝上，也可能是反面朝上，并且在每次抛掷之前无法肯定抛掷的结果是什么。这类现象，在一定的条件下，可能出现这样的结果，也可能出现那样的结果，而在试验或观察之前不能预知确切的结果。但人们经过长期实践并深入研究之后，发现这类现象在大量重复试验或观察下，它们的结果都呈现出某种规律性。例如，多次重复抛掷一枚硬币，得到正面朝上的次数大致有一半。这种在大量重复试验或观察中所呈现出的固有的规律性，就是统计规律性。这种在个别试验中其结果呈现出不确定性，在大量重复试验中其结果又具有统计规律性的现象，我们称之为随机现象。

概率论是通过随机试验来研究随机现象的。所谓随机试验就是符合以下特征的事件：①可以在相同的条件下重复地进行；②每次试验的可能结果不止一个，并且能事先明确试验的所有可能结果；③进行一次试验之前不能确定哪一个结果会出现。对随机试验，尽管在每次试验之前不能预知试验的结果，但试验的所有可能结果组成的集合是已知的。我们将随机试验的所有可能结果组成的集合称为随机试验的样本空间。样本空间的元素，即随机试验的每个结果，称为样本点。样本空间的子集称为随机试验的随机事件。

在保险的经营中，风险的普遍性、复杂性决定了如果保险人不加选择地对各种要求风险转嫁的客户都承保，就可能使自己陷入经营困境中。因此，保险人通常将风险划分为可保风险和不可保风险，其中可保风险才是保险人可以承保的风险。而作为可保风险，其发生必须是偶然的，即所承保的保险事故必须是随机事件。风险发生的偶然性是针对单个风险主体来讲的，风险的发生与损失程度是不可知的、偶然的。对必然会发生的事件，如机器设备的折旧和自然损耗，保险人是不予承保的。从前述的知识我们可知，对单个主体无法预知的危险的发生及损失的大小，保险人可通过对大量统计资料的分析，找出其发生的规律性。从而将偶然的、不可知的危险损失转化为可预知的费用支出，顺利实现保险经营的全过程。

如果 A 是一随机事件，那么它在一次试验中可能发生，也可能不发生。但仅仅知道这一点对我们的实际工作是没有多大帮助的。实际中，人们不仅想知道某一事件的发生是否确定，而更为关心的是，如其可能发生，发生的可能性究竟有多大。例如，把一枚硬币抛掷 1 万次，仅仅知道正面朝上可能发生也可能不发生是远远不够的，更为重要的是应知道这 1 万次中正面朝上的次数可能是多少。为此，需要引进概率的概念。

概率表示随机事件发生的可能性的大小，概率大就表示某种随机事件出现的可能性就大；反之，概率小则表示某种随机事件出现的可能性就小。概率是不确定性事件的确定性程度，即衡量随机事件出现的可能性大小的尺度。假定以 $P(A)$ 表示随机事件 A 发生的概率，由于必然事件 E 是肯定会发生的，可以约定 $P(E)=1$，同时，由于不可能事件 ϕ 肯定不会发生，可以约定 $P(\phi)=0$，这样，对一般的事件 A，应有 $0 \leqslant P(A) \leqslant 1$。

在实际应用中，要准确地确定随机事件发生的概率并不是一件容易的事情。于是，在实际中，一种有效的确定随机事件概率的方法是概率的频率解释。

在相同的条件下，重复进行 n 次某一随机试验，在这 n 次试验中，事件 A 发生的次数称为事件 A 发生的频数，以 k 表示。比值 k/n 为事件 A 发生的频率。由于事件 A 发生的频率是它发生的次数与试验次数之比，其大小表示 A 发生的频率程度。频率越大，事件 A 发生越频繁，这意味着 A 在一次试验中发生的可能性越大。且当试验次数 n 逐渐增大时，频率 k/n 逐渐稳定于某个常数 P。对每一个随机事件都有这样一个客观存在的常数与之对应。这种"频率稳定性"即通常所说的统计规律性，并不断地为人们的实践所证实。这样，就可以用这个常数 P 直观地表示一次试验中事件 A 的发生概率。

在保险实务中，我们常用频率来解释计算风险事件的损失概率。例如，可以用一定时期内汽车发生交通事故的频率来估计交通事故的发生概率；再如某地区根据历年资料观察得知，该地区 40～50 岁年龄组的男性每 10 万人中一年内死于结核病的有 60 人，则该地区的这个年龄组死于结核病的概率可以估计为 0.06%。也只有比较精确地确定了保险事故发生与造成损失大小的概率，才能确定经营成本并合理厘定保险费率，实现正常业务运行，并在此基础上获取满意的利润水平。

二、大数定律及其在保险中的应用

大数定律（law of large numbers），也称大数法则，它是统计学中的一个重要定律，是用来说明大量随机现象由于偶然性相互抵消所呈现的必然数量规律的一系列定理的统称，是保险经营的数理基础。保险公司通过保险手段分散风险，是基于统计学上的大数定律。保险所承保的风险具有偶然性，以个别风险而言，很难预测发生的规律。但是对同类事物经过长期的观察，或者说对于一个风险集来讲，可以找出接近正确的风险发生概率。因此，大数定律是保险存在的前提，也是保险定价的实现基础。

根据大数定律，随着样本数量的不断增加，实际观察结果与客观存在结果之间的差异将越来越小，最后将趋向于零。因此随着样本数量的增加，估计也会越来越准确。大数定律在保险经营中的运用可用下述公式表示：

$$\left(\frac{x}{n} - P\right) \to 0，当 n \to \infty 时$$

式中，n 表示保险标的的数量；x 表示实际观察到的损失；x/n 表示实际观察到的损失率；P 表示客观存在的损失率。当保险标的数量趋向无穷大时，实际观察到的损失和客观存在的损失之间的差额将趋向于零。因此，要估计 P，只需要选择尽可能多的样本 n，然后就可以用 x/n 来估计 P。如果知道 P 的话，也可以用 nP 来求得 x。

大数定律应用于保险时得出的最有意义的结论如下。

第一，要准确估计风险事件的发生概率，保险公司必须掌握大量的经验数据。经验数据越多，风险事件的发生概率的估计就越准确，即通过以往统计数据计算出的估计损失概率与实际概率的误差将很小。

保险经营就是利用大数定律把不确定的数量关系转化为确定的数量关系，即某一风险是否发生对某一个具体的保险标的是不确定的，可能发生也可能不发生，但当保险标的的数量很大时，我们可以有把握地计算出其中遭受风险事故的保险标的会是多少，并据以厘定保险费率并依此收取保险费足以支付赔款，保证业务经营的稳定性。因此，为准确估计风险发生的概率，保险公司必须掌握大量的经验数据。经验数据越多，对风险发生概率的估计就越准确。只有在能够准确预测损失时，保险体系才能成功运作。

例如，房屋失火、人的死亡，对某一房屋或某一人而言，是无法预测其发生的，但尽可能地汇集更多的房屋或人，观察一定期间，则可测出失火件数或死亡人数发生的或然率。如果观察的房屋或人数越多，其发生的概率越接近于一个常数，即越准确、越规范。

第二，一旦估计出了事件发生的概率，必须将此概率估计值运用到大量的危险单位中才能将对未来损失有比较准确的估计。

在运用经验数据对未来风险预测时，保险公司往往假设：过去事件发生的概率与未来事件发生的概率相同，并且对过去事件发生的概率的估计是准确的。但过去事件发生的概率与未来事件发生的概率往往不一样，事实上，由于各种条件的变化，事件发生的概率是不断变化的，另外也不能从过去的经验数据得出完全准确的概率。所有这些都导致实际结果与预期结果之间必然存在偏差，保险公司的经营风险也是由这种偏差所造成的，保险公司只有承保尽可能多的保险标的，才能使实际保险责任事故发生概率接近于损失期望值，使业务经营趋于稳定。例如，根据过去损失资料，预期每万栋楼房中，平均有十栋楼失火，其损失概率为千分之一。然而，这个数字每年会有些变化，如果保险公司某年承保的房屋是 10 000 栋，实际失火的房屋可能是 13 栋，也可能为 7 栋，其变化范围是从 7～13 栋房屋，与平均数的变差是 3，风险程度为万分之三表示。当把承保的房屋增加至 100 万栋时，其或然率仍为千分之一，但是房屋失火的变化范围会相对减少许多，可能只是 970～1030，变差为 30，风险程度是一百万分之三，不确定性明显减少。

■ 第二节　保险费率的构成及厘定的准则

一、保险费率的构成

保险费率即保险价格，是保险人按单位保险金额向投保人收取的保险费，是保险人计收保险费标准。实质上保险费率是每 100 元、每 1000 元的保险金额应缴的保险费，通常以％或‰表示，例如，某险种的保险费率为 3‰，则表示每 1000 元保险金额收取的保险费为 3 元。保险费率作为保险商品的价格，与一般普通商品的价格相类似，它反映保险商品的成本。保险费率的高低是根据保险标的的风险状况和经营费用等因素确定的，即保险费率由纯费率和附加费率构成。

（一）纯费率

纯费率是保险费率的基本部分，以其为基础收取的保险费形成赔偿基金，用于保险赔偿或给付。

在保险定价中，纯费率的估算过程以保险事故出险概率为主要依据，但在寿险与非寿险领域中，保险事故出险概率的含义又具有一定的差别。在非寿险领域，保险事故出险概率表现在保险事故的损失率上，因而非寿险定价一直将损失发生频率、损失发生的规模以及对损失的控制作为其研究重心。而在寿险领域，保险事故出险概率表现为被保险人的死亡率，且风险时限较长，因而，寿险定价将死亡率和利率的测算作为两个基本要素。

（二）附加费率

保险人经营保险业务时，必然要支出各种费用，同时要取得合理利润，因此，作为风险集聚与分散功能的承担者，其费用和利润都必须由全体投保人分摊，即除纯费率外，还必须通过附加费率来反映保险人的营业成本和利润。附加费率是保险人经营保险业务的各项费用和合理利润与纯保费的比率。按附加费率计收的保费即附加保费，对应于员工工资、业务费、管理费、代理手续费、税金、利润、意外准备金等项目。附加费率的计算公式为

$$附加费率＝（附加费用＋预期利润＋意外准备金）÷保险金额总和×1000‰。$$

附加费率在保险费率中处于次要地位，但附加费率的高低，对保险企业开展业务，提高竞争能力有很大的影响。综上所述，毛费率可表示如下：

$$毛费率＝纯费率＋附加费率$$

二、费率厘定准则

保险人在厘定费率是要遵循权利与义务平衡的准则，具体包括相关的法律准则和业务准则。

（一）法律准则

（1）费率收取要充分。这是指费率必须足以赔付所有损失和支付所有费用，否则保险公司将会破产和倒闭，投保人在经济上也将蒙受损失。保险费率的厘定必须满足保险人对被保险人进行赔付的货币资金和保险公司的业务费用支出及预期利润。因为依据保险费率所收取的保险费，是补偿保险标的损失的基本来源，如果费率过低，就会导致保险人丧失偿付能力，最终使被保险人因得不到保障而受到严重损害。因此，保险人对某一类别保险业务运行必须要求符合下列公式：

$$\sum 保费收入＝赔款支出＋业务费用支出－其他收入＋保险公司应获得的利润$$

在这一公式中，处于基础位置的是赔款支出，赔款支出的多少，决定了该类别保险业务的费率高低，这是由保险费的实质决定了的，其他三项，都是附属因素，尽管它们处于附属地位，但也是不可缺少的，在保险费的确定中，仍然发挥一定的作用。

（2）费率收取不能过分。这是指费率不应高得使投保人缴付的保费多于他们获得的实际价值，过高的费率不符合公众的利益。这一规定旨在保护被保险人的利益，防止保险公司在保险交易中获取过高的利润。

（3）费率收取要公平合理。这是指保险人向投保人收取的保险费，应当与保险标的的危险程度相适应。要按照危险性的大小，相应地分担保险的损失与费用。对危险程度较高的保险标的，按较高的保险费率收取保险费；对危险程度较低的保险标的，则按较低的保险费率收取保险费。风险性质相同的被保险人承担相同的保险费率，风险性质不同的被保险人，则应承担有差别的保险费率。

（二）业务准则

（1）简明。这是指费率制度应该容易被人理解，推销人员只要花很少时间报出保险费。这对个人保险市场尤为重要，因为小额保险费不允许在准备保费报价上花费大量时

间和开支。此外,也应该使企业保险的投保人懂得其保险费是如何确定的,以便他们在减少保险费用上采取积极措施。

(2)稳定。费率应该保持相对稳定,如果费率经常波动,会诱发投保人的投机心理,从而与保险宗旨相悖;也使投保人难以确定保险预算,增加其对保险公司的反感,影响保险公司的信誉,终将导致保险业务量的减少。

(3)反应灵敏。这是指费率也应该随着风险的变化、保险责任的变化和市场需求等因素的变化而调整。例如,当城市规模扩大,汽车保险的费率应该提高,以反映交通事故增多的事实。

(4)促进防损。这是指保险费率的厘定要促进被保险人防灾防损。一方面,费率要反映被保险人的风险防范措施。例如,配备自动喷水灭火系统可以减少火灾损失,安装监控系统有助于减少盗窃风险,因而对采取以上措施的企业的收费可适当降低。另一方面,保险公司也应积极参与防灾防损活动,其所需经费也应在厘定费率时加以考虑。

(5)意外准备金。费率厘定是根据过去的损失数据估计将来的索赔和费用支出,即使使用完整的数据和先进的计算方法也不能保证这种估计完全正确。首先,许多因素会影响到损失频数和程度,有些是无法预料的,如通货膨胀、法律变化。其次,虽然大数法则是费率厘定的基础,但没有足够多的风险单位数目使实际损失与预期损失相等。最后,保险人掌握的统计数据经常不足以预测将来。因此,费率计算中一般要包括一个意外准备金,以便对付未预料到的损失,这个附加一般占总保险费的 5%～20%。

三、保险费率厘定的一般方法

(一)判断法

判断法(judgement rating)也称个案法(individual rating),是一种通过对保险标的的观察或判断来厘定费率的方法。也就是说,在承保过程中,业务人员采取个案分析法,根据每笔业务承保标的的风险情况和个人经验,直接判断出险频率和损失,进而制定适合特定情况的个别费率。当然,用判断法厘定费率时,通常也要利用相关统计资料,只是较为粗略而已。

在实际操作中,当损失风险形式多样且多变,不能使用分类法时,或者当不能取得可信的损失统计资料时,就会采用这种方法。例如,在海上运输保险和一些内陆运输保险中广泛使用判断法,这是因为各种船舶、港口、货物和危险水域的情况错综复杂,各不相同。另外,正在发展的某些险种,由于没有以往可信的损失统计资料而不能使用分类法,就只能根据个人的主观判断确定费率。例如,卫星保险、核电站保险等,开始时由于缺乏统计资料,又无可比情况,只好使用判断法。

(二)分类法

分类法(class rating)是现代保险经营中最常用的费率厘定方法,就是根据若干重要而明显的保险标志,将不同的保险标的进行分类,再根据各个类别发生风险的可能性大小制定不同的保险费率。收取的费率反映该类别的平均损失经验数据。分类法应用范围较广，人寿保险、火灾保险及大多数意外保险通常使用分类法，如我国的企业财产保险，按标的的使用性质分为若干类别，每一类又分为若干等级，不同等级，费率水平各异。再如，在人寿保险中，基本的分类因素是年龄、性别和健康状况。因此，年龄和性别相同的健康者被置入同一承保类别，使用相同的人寿保险费率。分类法是基于这种假设：被保险人将来的损失在很大程度上是由一系列相同因素决定的。以分类法制定的费率须结合费率规章（或分类规则）使用，实践中往往将两者统一载入费率手册，故分类法又称为手册法（manual rating）。其主要优点是便于应用，费率在手册中能很快查到。正因为如此，分类法对个人保险业务尤为适合。但分类法的缺陷在于忽略了被归为同一类标的的每一个体风险因素的实质差异，因而有可能违背公正性原则的要求。优良风险单位的保险费将超过被保险人应负担的标准，而劣质风险单位可能有相反的情形。

（三）增减法

增减法（merit rating）又称修正法，是在分类费率的基础上，结合个别标的的风险状况加以计算，确定费率的方法。采用增加法确定费率时，一方面凭借分类法确定基本费率，另一方面依据实际经验加以补充和修正，即对分类的费率作向上或向下的调整。增减法因其结合了风险程度的差异，所以具有防灾、防损的作用。其费率更能反映个别标的的风险情况，从而坚持了公平负担保费的原则。

增减法是基于这种假设：一个特定的被保险人的损失经验数据会与其他被保险人的损失经验数据明显不同。增减法费率计算方法有以下几种。

1. 表定法

表定法（schedule rating）是以每一风险单位为计算依据，在对每一风险单位确定一个基本费率的基础上，根据个别标的的风险状况增减修正，即当投保人投保时，核保人员以实际投保标的所具有的风险与原定标准相比较，再根据客体特征作增减修正。

表定法是基于这种假设：被保险人某些经营和操作的客体特征将影响到被保险人将来的损失。对大的厂房、商业办公大楼和公寓的火灾保险普遍使用表定法，每栋建筑物按下列因素分别计算费率。

（1）建筑结构（construction）：一栋建筑物可用木板、砖或耐火的材料建造，对木屋收取的费率自然要高于砖屋和防火的建筑物。对高层建筑物也要收取较高费率，这是灭火困难所致。

（2）占用（occupancy）：火灾的概率在很大程度上受其占用情况影响。例如，焊接发出的火星能迅速酿成火灾，建筑物内堆放的易燃品使火势难以控制。

（3）消防（protection）：城市供水和消防的质量，也包括建筑物内安装的消防设施。美国保险事务所拟订了一份市政防火的分类表，根据城市供水和消防的质量把市镇分为一到十级，级别数越高，消防质量越差。表定法也考虑了私人或单位的消防设施，对安装火灾报警器、灭火器、自动喷水灭火系统和配备看管人员的保户给予费率优惠。

（4）周围环境风险（exposure）：又称险位，是指被保险的建筑物受邻近建筑物着火而遭殃的可能性。来自周围建筑物的火灾损失风险越大，收取的费率也就越高。

（5）保养（maintenance）：建筑物的管理和保养。如果油腻的破布散满地上，就要提高费率。

表定法的优点在于能够切实反映标的的风险状况，并有助于防灾防损。表定法的缺点是，制定费率的费用较高，不利于保险人降低经营成本；同时表定法在同业竞争导致的费率优惠情况下，可能失效。

2. 经验法

经验法（experiment rating）是指根据被保险人以往的损失经验数据，对分类费率进行增减变动的方法。一般是根据以往三年的损失经验数据确定下一个保险期的保险费率，故又称预期经验法。假如被保险人的损失经验数据低于同类别的平均数字，就降低对被保险人收取的分类费率；反之就提高费率。经验法与表定法相比较，其最大优点在于制定费率时，由于采用了保险标的过去的实际损失的经验数据，即已考虑到所有影响风险发生的因素（表定法在制定时仅仅考虑了少数实质风险因素），所以经验法相对更合理、科学。该方法适用于大企业和普通责任保险、意外伤害保险等。经验法的计算公式如下：

$$M = \frac{(A-E)}{E} \cdot C \cdot T$$

式中，M 代表保险费率调整的百分率；A 代表经验期被保险人的实际损失；E 代表被保险人适用某分类费率时的预期损失；C 代表信赖因数；T 代表趋势因数。

例如，某被保险人，依分类费率，其总保险费为 10 万元，其中 60％即 6 万元为纯保险费，如其实际损失为 8 万元，则其费率调整的百分率应为（假定信赖因数为 54％，趋势因数为 1）

$$\frac{(80\,000 - 60\,000)}{60\,000} \times 0.54 \times 1 = 17.982\%$$

在上例中，保险费应增加的百分率为 17.982％，即依经验法调整后的保险费应为 117 982 元。

采用经验法以调整费率，其调整百分率的大小，还须考虑所能获得被保险人损失经验资料的多少，而所获经验资料的多少，也就是损失经验信赖因数的大小。因此在计算时，须加入考虑信赖因数。其次，保险费率调整时，为获得数量较多的损失经验资料，通常必须依据较长期间的损失经验。但如果期间过长，该期间足以影响损失频率及损失额度的各种条件常常会发生变动，那么在计算调整费率时，也需要将此种变动趋势加以考虑。通常处理的方法为：对信赖度采用加权方法，较近年份的经验加权较多，较早年份的经验加权较少。对变动趋势采用趋势因数，依照平均补偿金额支出趋势、物价指数变动趋势等资料，由统计计算其乘数，用以修正费率调整的幅度。各项趋势的考虑应以延伸至调整费率将来适用期间的终点为准。

经验费率通常适用于企业厂商有较大的规模或有多种形式的作业部门，具有相当大量的危险单位，且被保险人对若干风险因素具有一定的控制能力，因此，如果经验显示被保险人确曾努力减少损失，则保险人就可以减低其未来年度的保险费。采用经验法的险种，主要在意外保险方面，如汽车责任保险、公共责任保险、劳工补偿保险、盗窃保险等。团体人寿保险与团体健康保险也采用这种方法。

3. 追溯法

追溯法（retrospective rating）与经验法相对，经验费率是以过去一段时期保险标的平均损失为基础，而追溯法则是依据保险期间内保险标的的实际损失来确定当期保险费。由于保险标的当期损失的实际数额须到保险单期满后才能计算出来，所以，在使用追溯法时，要先在保险期限开始前，以分类费率确定预缴保险费，然后在保险期满以后，根据实际损失对已缴保险费进行增减变动。一般在期初预缴保险费时会规定保险期间的最高和最低保险费，如果实际损失小，那么调整后保费低于最低保险费，则按最低保险费收取；如果实际损失大，调整后保费高于最高保险费，则按最高保险费收取实际保险费。可见追溯法对促进防损具有较大促进作用。

由于追溯法的制定程序要比其他任何费率的制定程序都要烦琐，不利于保险人大规模地发展业务，所以，这种方法很少为人们采用。只有规模极大的企业，才用此法代替自保，并用以避免自保中可能遇到的巨大损失的风险。现今除健康保险外，只有在大量危险单位的责任保险、汽车保险及劳工补偿保险方面才采用追溯法来计算、调整保险费。

第三节　财产保险费率的厘定

在保险经营中，无论运用前述介绍的何种费率厘定的方法，都必须确定各个风险大类的基础费率，当基础费率确定以后，再根据各个保险标的的具体情况采用不同的方法进行适当的调整。因此，基础费率的确定是保险费率确定的中心问题。

一、保额损失率

损失率是指财产价值遭受损失的比率，它是计算纯费率的关键。在保险定价中损失率用保额损失率来表示，保额损失率是指一定内期内保险赔付总额与总保险金额的比率。其中，赔偿多少反映损失状况，保险金额反映财产价值，保额损失率即说明了保险财产价值受到了多大损失。影响保额损失率的主要有以下四个因素。

（1）保险事故发生频率，即保险标的发生保险事故的次数与全部承保标的的件数之比。

（2）保险事故损毁率，即受损保险标的的件数与保险标的发生保险事故的次数之比。

（3）保险标的的损毁程度，即保险赔付总额与受损保险标的的总保险金额之比。

（4）受损保险标的的平均保险金额与全部保险标的的平均保险金额之比。

将以上四项指标相乘，即可得出保额损失率。保险人正是根据历年的大量统计资料，计算出一定时期（至少5年）内的平均保额损失率，以估计未来单位保险金额的有效索赔额，进而确定纯费率水平。

需要指出的是，保额损失率是计算财产保险费率的基础，但保额损失率不能以一次或某一时期保额损失率来确定，这是由于：①保额损失率是根据以往的历史资料计算的，而保险标的的未来的风险状况可能会发生变化，预计的保额损失率有偏离实际水平的可能；②以相对有限的空间和时间范围的历史资料作出的统计估计，可能会存在误差；③历史数据中不一定反映了巨灾损失情况，若未来发生巨灾，则依平均保额损失率得出的费率计收的保费，就难以保证赔付需要。因此，为保障保险人有足够的偿付能力，在实际业务中，保险公司一般选取业务相对稳定的一定年份，分别计算每年的保额损失率，然后求其平均值，得到平均保额损失率，再加上一定程度的安全附加，即稳定系数就可以作为纯费率了。

二、稳定系数

稳定系数，也称安全附加，是衡量期望值与实际结果的密切程度，即平均保额损失率对各实际保额损失率的代表程度。由保险赔款总额和保险总金额的比率确定的保额损失率，是过去若干年保额损失率的算术平均数。由于它具有不稳定的特点，所以保险人不能直接将它作为纯费率。因为就未来某一年度而言，实际保额损失率与这一算术平均数一般并不相等。保额损失较大的年份，实际发生的保额损失率将高于预计保额损失率；反之，损失较小的年份，实际保额损失率将低于预计的保额损失率。实际发生的保额损失率与预计保额损失率相等的这种情况只是个别的巧合，而对于保险人来说，弄清各年度实际保额损失率对保额损失率的算术平均数的背离程度大小则具有重要意义。特别是在个别年度，因发生巨灾损失而引起实际保额损失率远远高于预计保额损失率，这有可能严重影响保险业务的财务稳定性。所以，保险人有必要在测算实际保额损失率对预计保额损失率背离程度的基础上，在纯费率上适当添加某一稳定的系数，以保证所收保险费在大多数情况下都能够满足保险赔偿需要。

稳定系数即安全附加一般以若干单位的标准差表示。附加的标准差倍数越大，则实际损失超过修正保额损失率（考虑了安全附加）的概率越小。假定保额损失率服从正态分布，则有安全附加与保险人赔付风险的关系如表 12-1 所示。

表 12-1　安全附加与保险人赔付风险的关系

安全附加（N 倍标准差）	赔款超过纯保费的概率
$N=1$	0.158 66
$N=2$	0.022 75
$N=3$	0.001 35
$N=4$	0.000 03

可见，附加标准差次数越多，赔款超过纯保费的可能性越小，保险人的经营越安全，但这也意味着投保人的负担越重。为此，确定安全附加时，必须兼顾保险人和投保人双方的利益。因此，一般认为，在纯费率的基础上附加 3 倍的均方差作为稳定系数，就能够保障保险人的财务稳定性。在保险实践中为方便起见，安全附加多取平均保额损失率的 10%～20%。

在开发新险种时，保险人没有自己的经验数据，可通过对社会平均损失资料的利用和调整计算纯费率，或通过判断法估算纯费率。财产保险费率计算公式为

财产保险费率＝纯费率＋附加费率

＝平均保额损失率×（1＋安全附加系数）＋附加费率

三、费率的构成

以上我们从一般的角度讨论了费率的问题。纯费率加附加费率构成毛费率，但这种毛费率只是财产保险中某一大类险种的毛费率，它没有特别考虑分项业务的需要，因此在实践中，还必须根据级差费率对分项业务的费率进行调整。级差费率是指在同类风险范围内，保险人用于核算不同风险程度和损失率的差别费率。例如，房屋建筑有不同的结构，可以分为一等建筑、二等建筑和三等建筑等；货物运输有不同的运输工具、不同的航线和不同的货物等，它们的风险程度都各不相同。保险人在承保业务时，应当运用级差费率对之进行适当调整，使风险大的业务费率高一些，风险小的业务费率低一些。这样做，一方面能够适应各分项业务的客观实际需要；另一方面，也使投保人有很大的选择性，由此体现公平合理的原则。

四、财产保险纯费率厘定实例

1. 保额损失率的确定

例如，假设某保险公司过去 10 年的保险赔款总额为 200 万元，总保额为100 000万元，则该类保险的保额损失率为

$$\frac{200}{100\,000} \times 1000‰ = 2‰$$

例如，假设某保险公司过去 10 年的保额损失率（单位:‰）分别为 6.1、5.7、5.4、6.4、5.8、6.3、6.0、6.2、5.9、6.2，如表 12-2 所示，则该类保险的平均保额损失率为

$$平均保额损失率\ M = \frac{\sum X}{N} = (6.1 + 5.7 + 5.4 + 6.4 + 5.8 + 6.3 + 6.0 + 6.2 + 5.9$$
$$+ 6.2) \div 10 = 6$$

2. 稳定系数的确定

某保险公司某类保险业务以往 10 年中各年的保额损失率如表 12-2 所示。

表 12-2　1980～1989 年某保险公司某类保险业务各年的保额损失率

年　度	保额损失率 X（‰）	离差（X－M）	离差的平方（X－M）^{2}
1980	6.1	＋0.1	0.01
1981	5.7	－0.3	0.09
1982	5.4	－0.6	0.36

续表

年　度	保额损失率 X（‰）	离差（X－M）	离差的平方（X－M）²
1983	6.4	+0.4	0.16
1984	5.8	－0.2	0.04
1985	6.3	+0.3	0.09
1986	6.0	0	0
1987	6.2	+0.2	0.04
1988	5.9	－0.1	0.01
1989	6.2	+0.2	0.04

$$平均保额损失率\ M = \frac{\sum X}{N} = 6‰$$

$$均方差\ \sigma = \sqrt{\frac{\sum (X-M)^2}{N}} = 0.29‰$$

$$稳定系数\ K = \sigma \div M = 0.29 \div 6 = 4.833‰$$

　　稳定系数是衡量期望值与实际结果的密切程度，即平均保额损失率对各实际保额损失率的代表程度。稳定系数越高，保险经营稳定程度就越低；反之，稳定系数越低，保险经营稳定程度就越高。一般在10％～20％较为合适。在上例中，稳定系数为4.833‰，说明保险经营稳定程度较高，也就是说，如果保险人以平均保额损失率6‰作为纯费率时，那么对未来个年度保额实际损失率的估计是基本正确的，其所收取的纯保费可以满足以后各年度支付赔款的需要。但是，这种稳定性仅仅是相对而言的，是以未来年度危险发生的条件和以往各年度的情况大体相符为条件，如果危险发生条件有实质性的变化，则实际保额损失率对平均保额损失率变动的程度也将发生变化。

　　保险公司为了保证保险经营的安全性与稳定性，必须尽量减少实际保额损失率超过根据以往一定年度的平均保额损失率而确定的纯费率的可能性。为了达到这一目的，通常采用在纯费率的基础上附加2～3个均方差作为稳定系数的方法。如在上例中，可以在平均保额损失率的基础上附加3倍的均方差，将纯费率定为6‰＋0.29‰×3。

第四节　人寿保险费率的厘定

一、人寿保险纯费率厘定的依据

　　人寿保险的费率与财产保险费率厘定的原理相同。但由于人寿保险以人为保险标的，被保险人的死亡率和生存率对寿险公司的给付成本有直接影响；加之人寿保险期限长，一般采用均衡保险费方式，所以人寿保险费率的计算还必须考虑利息因素。与此同时，由于人寿保险事故的独立性很强，可以假设其均方差为零。这样，人寿保险在厘定纯费率时，保额损失率的计算一般只考虑死亡率或生存率及利息因素。

(一) 死亡率或生存率

1. 死亡率或生存率的概念

死亡率或生存率,是指一组被保险人的预计死亡率或生存率。由于人寿保险是以被保险人的寿命作为保险标的,保险事故是被保险人的生存或死亡,所以保险费率计算时必须依据被保险人的生存率和死亡率。生存率与死亡率来自于生命表,生命表是以一定时期、一定国家或地区、一定的人口群体的有关生命统计资料为基础,计算出某一人群中各种年龄的人的生存和死亡概率,并将其汇编而成的一种表格。在人寿保险中,不管以生存作为给付条件的年金保险,还是以死亡作为给付条件的定期寿险,都与生命表中的生存率和死亡率密切相关,因此生命表中所记载的生存率和死亡率是人寿保险费率厘定的重要依据。

2. 生命表的概念及种类

生命表一般分为国民生命表和经验生命表。国民生命表是以全体国民或特定地区人口统计资料综合而成的生命表,又称普通生命表;经验生命表是根据人寿保险公司承保的被保险人的实际经验的死亡统计资料编制的统计表。为了保证费率计算的合理性和准确性,保险公司必须根据业务性质选择合适的生命表。例如,经营人寿保险业务应选用经验生命表而不是国民生命表,因为国民生命表是没有经过保险公司的风险选择,它的死亡率要高于经验生命表的死亡率。又如,年金保险的生命表应有别于死亡保险的生命表,因为年金保险与死亡保险的死差损益(即预期死亡率与实际死亡率之间的差异产生的损益)正好相反,年金保险费率计算时采用年金生命表,年金生命表的死亡率要比死亡保险使用的生命表的死亡率低。因此在人寿保险费率厘定选用生命表时应遵循三个基本原则。一是现在承保的被保险人的生命状况应与生命表反映群体的生命规律尽量接近。因为生命表是群体统计规律的概括,表中反映的生死概率并非一个人真实发生的生死概率,只有使实际生死概率与生命表所反映的偏差非常小,才能保证费率厘定的准确。二是承保的被保险人足够多,满足大样本的要求。因为生命表是建立在大样本的基础上的,只有选择的被保险人足够多,才能充分体现生命表所固有的应用性,减少实际生死概率与预期生死概率的偏差。三是根据科技进步,医疗保健水平提高,人的平均寿命的延长,定期对生命表进行修正,以减少误差。

3. 生命表的内容

生命表是以死亡为纲分年龄编制的,通常假设以 10 万人、100 万人或 1000 万人为一个单位群体,从 0 岁开始逐步放映当年的生存人数、死亡人数、生存概率和死亡概率,直至全部死亡为止。现以中国人寿保险公司的经验生命表中的非养老金业务男表(部分)(表 12-3)举例说明。

(1) x 为被观察人口的年龄,从 0 岁开始直至极限年龄 105 岁。极限年龄一般用 w 表示,假设该年生存的人全部死亡。

(2) q_x 为死亡率,表示 x 岁的人当年死亡的概率,即 x 岁的人在到达 $x+1$ 岁前的死亡概率,为年内死亡人数与年初生存人数的比值。

表 12-3 中国人寿保险业经验生命表

非养老金业务男表（部分）CL1（1990～1993 年）

年龄	死亡率	生存人数	死亡人数	生存人年数		平均余命
x	q_x	l_x	d_x	L_x	T_x	$\overset{o}{e}_x$
21	0.001 048	980 111	1 027	979 597	52 890 558	53.96
22	0.001 030	979 084	1 008	978 579	51 910 961	53.02
23	0.001 003	978 075	981	977 585	50 932 381	52.07
24	0.000 972	977 094	950	976 619	49 954 797	51.13
25	0.000 945	976 144	922	975 683	48 978 178	50.18
26	0.000 925	975 222	902	974 771	48 002 494	49.22
27	0.000 915	974 320	892	973 874	47 027 723	48.27
28	0.000 918	973 428	894	972 982	46 053 849	47.31
29	0.000 933	972 535	907	972 081	45 080 868	46.35
30	0.000 963	971 627	936	971 160	44 108 787	45.40
31	0.001 007	970 692	977	970 203	43 137 627	44.44
32	0.001 064	969 714	1 032	969 198	42 167 424	43.48
33	0.001 136	968 682	1 100	968 132	41 198 226	42.53
34	0.001 222	967 582	1 182	966 991	40 230 094	41.58
35	0.001 321	966 400	1 277	965 761	39 263 103	40.63
36	0.001 436	965 123	1 386	964 430	38 297 341	39.68
37	0.001 565	963 737	1 508	962 983	37 332 911	38.74
38	0.001 710	962 229	1 645	961 406	36 369 928	37.80
39	0.001 872	960 583	1 798	959 684	35 408 522	36.86
40	0.002 051	958 785	1 966	957 802	34 448 838	35.93
41	0.002 250	956 819	2 153	955 742	33 491 036	35.00
42	0.002 470	954 666	2 358	953 487	32 535 294	34.08
43	0.002 713	952 308	2 584	951 016	31 581 807	33.16
44	0.002 981	949 724	2 831	948 309	30 630 791	32.25
45	0.003 276	946 893	3 162	945 342	29 682 482	31.35
46	0.003 601	943 791	3 399	942 092	28 737 140	30.45
47	0.003 958	940 393	3 722	938 532	27 795 048	29.56
48	0.004 352	936 670	4 076	934 632	26 856 516	28.67
49	0.004 784	932 594	4 462	930 363	25 921 884	27.80
50	0.005 260	928 133	4 882	925 692	24 991 521	26.93

（3）l_x 为生存人数，表示以一定的出生数（本表为 100 万）为基数，生存至 x 岁的人数，亦即当年之初的生存人数。

（4）d_x 为死亡人数，表示 x 岁的人在年内死亡的人数。

（5）L_x 为经过调整后的生存人数，是假设每一年中各死亡者的死亡日期均匀地分布于一年内的各个月内，因而各死亡者在其死亡的当年，每人尚能平均生存半年。故 $L_x = l_x - \dfrac{1}{2} d_x$。

（6）T_x 为生存人年数，表示所有 x 岁的人以后生存的总年数。

（7）$\overset{\circ}{e}_x$ 为平均余命，表示 x 岁的人以后可能生存的平均年数。

生命表中各项生命函数的关系如下：

（1）$d_x = l_x - l_{x+1}$

（2）$d_x + d_{x+1} + \cdots + d_{x+n-1} = l_x - l_{x+n}$

（3）$p_x = \dfrac{l_{x+1}}{l_x}$

$$_n p_x = \dfrac{l_{x+n}}{l_x} \quad (_n p_x \text{ 表示 } x \text{ 岁的人生存 } n \text{ 年的概率})$$

（4）$q_x = \dfrac{d_x}{l_x}$

$$_n q_x = \dfrac{l_x - l_{x+n}}{l_x} = \dfrac{d_x + d_{x+1} + \cdots + d_{x+n-1}}{l_x} \quad (_n q_x \text{ 表示 } x \text{ 岁的人在 } n \text{ 年内死}$$

亡的概率）

（5）$p_x + q_x = \dfrac{l_{x+1}}{l_x} + \dfrac{d_x}{l_x} = 1$

（6）$T_x = L_x + L_{x+1} + L_{x+2} + \cdots + L_w$

（7）$\overset{\circ}{e}_x = \dfrac{T_x}{l_x}$

例如，根据 CL1（1990～1993）表，现年 35 岁的男子生存到 40 岁的概率为

$$_5 p_{35} = \dfrac{l_{40}}{l_{35}} = \dfrac{958\ 785}{966\ 400} = 0.992$$

而现年 35 岁的男子在 5 年内死亡的概率为

$$_5 q_{35} = \dfrac{l_{35} - l_{40}}{l_{35}} = \dfrac{966\ 400 - 958\ 785}{966\ 400} = 0.008$$

（二）利息

利息是一定的本金在一定的时间内，按照一定的利率计算而得的收益。决定利息大小的因素有三个：本金、利率和期间。所借入的资金称为本金；运用本金的一定时间称为期间；利率是在一定时期内（月或年）利息额与本金的比率，它是在单位时期内单位本金所获的利息，常以％、‰表示。利息的数额与本金的数量、利率的高低、存放期间的长短成正比。

由于人寿保险一般是长期性质的，所以人寿保险费的计算必须考虑利息因素。投保人缴纳的保险费，留存保险公司内部作为未来给付保险金的责任准备金，在缴费期与给

付期的时间差内保险公司可利用责任准备金进行投资和运用,其收益由保险公司在厘定保险费时按照预定的利率算给被保险人。因而,人寿保险期限越长,利息的作用就显得越为重要,对保险费率的影响就越大。利息的计算方法有单利和复利两种。

1. 单利

单利是在结算利息时,只在原本金上计利息。在单利计算方法下,利息数额等于本金乘以计息期数乘以利率。现以 P 表示本金,i 表示利率,n 表示计息期数,I 表示利息额,S 表示本利和(即本金和利息之和),则

$$I = P \times n \times i$$
$$S = P + I = P + P \times n \times i = P(1 + n \times i)$$

例如,本金 500 元,年利率 5%,期间 3 年,求利息及本利和。

$$I = 500 \times 5\% \times 3 = 75(元)$$
$$S = 500 \times (1 + 5\% \times 3) = 575(元)$$

2. 复利

复利的计算是每经过一次结息时间就把前期利息并入本金,在下次结息时,并入本金的利息亦同本金一起计息,即不仅本金生利,而且利上生利。在人寿保险计算中,一般采用复利,以年为计息期,称年复利。现以 P 表示本金,i 表示利率,n 表示计息期数,I 表示利息额,S 表示本利和,则以复利计算的本利和及利息为

$$S = P(1 + i)^n$$
$$I = P(1 + i)^n - P = P \times [(1 + i)^n - 1]$$

例如,年初存本金 1000 元,年利率 3%,存期 3 年,每年计复利一次,则本利和为

$$S = 1000 \times (1 + 3\%)^3 = 1092.73(元)$$

3. 现值和终值

在人寿保险费的计算中,用的现值和终值都是按复利法计算的,并且编制成现值表和终值表,作为计算工具。

(1)现值。现值是按一定利率,经过一定期间积累到一定数额所需的本金,即为未来某一时刻积累一定数额而现在所需要的货币量。

(2)终值。终值是一定的本金拿一定的利率经过一定时期生息后的本利和。

如上例,我们用 S 表示本利和,P 表示本金,求 P 与 S 之间的关系,即现值与终值的关系。从上述公式可知复利本利和的现值为

$$P = \frac{S}{(1 + i)^n}$$

令 $V = \dfrac{1}{1+i}$,则 V 即是 1 年后每 1 元的现值,V^n 则是 n 年后 1 元的现值,由此可得

$$P = S \cdot V^n$$

现列举复利现值表和复利终值表,见表 12-4、表 12-5。

表 12-4　复利现值表（部分）

1 元的现值（符号：V^n）

$$V^n = (1+i)^{-n} = \frac{1}{(1+i)^n}$$

年数 n	年利率 i			
	$2\frac{1}{2}\%$	3%	4%	5%
1	0.975 610	0.970 874	0.961 539	0.952 381
2	0.951 814	0.942 596	0.924 556	0.907 092
3	0.928 599	0.915 142	0.888 996	0.863 838
4	0.905 951	0.888 487	0.854 804	0.822 702
5	0.883 854	0.862 609	0.821 927	0.783 526
6	0.862 297	0.837 484	0.790 315	0.746 215
7	0.841 265	0.813 092	0.759 918	0.710 681
8	0.820 747	0.789 409	0.730 690	0.676 839
9	0.800 728	0.766 417	0.792 587	0.644 609
10	0.781 198	0.744 094	0.675 564	0.613 913
11	0.762 145	0.722 421	0.649 581	0.584 679
12	0.743 556	0.701 380	0.624 597	0.556 837
13	0.725 420	0.680 951	0.600 574	0.530 321
14	0.707 727	0.661 118	0.577 475	0.505 068
15	0.690 466	0.641 862	0.555 265	0.481 017
16	0.673 625	0.623 167	0.533 908	0.458 112
17	0.657 195	0.605 016	0.513 373	0.436 297
18	0.641 166	0.587 395	0.493 628	0.415 521
19	0.625 528	0.570 286	0.474 642	0.395 734
20	0.610 271	0.553 676	0.456 387	0.376 889

表 12-5　复利终值表（部分）

$$S = (1+i)^n$$

年数 n	年利率 i			
	$2\frac{1}{2}\%$	3%	4%	5%
1	1.025 000	1.030 000	1.040 000	1.050 000
2	1.050 625	1.060 900	1.081 600	1.102 500
3	1.076 891	1.092 727	1.124 864	1.157 625
4	1.103 813	1.125 509	1.169 859	1.215 506
5	1.131 408	1.159 274	1.216 653	1.276 282

年数 n	年利率 i			
	$2\frac{1}{2}\%$	3%	4%	5%
6	1.159 693	1.194 052	1.265 320	1.340 096
7	1.188 686	1.229 874	1.315 932	1.407 100
8	1.218 403	1.266 770	1.368 570	1.477 455
9	1.248 863	1.304 773	1.423 312	1.551 328
10	1.280 085	1.343 916	1.480 245	1.628 895
11	1.312 087	1.384 234	1.539 455	1.710 339
12	1.344 889	1.425 761	1.601 033	1.795 856
13	1.378 511	1.468 534	1.665 074	1.885 649
14	1.412 974	1.512 590	1.731 677	1.979 932
15	1.448 298	1.557 967	1.800 944	2.078 928
16	1.481 506	1.604 706	1.872 982	2.182 875
17	1.521 618	1.652 848	1.947 901	2.292 018
18	1.559 659	1.702 433	2.025 817	2.406 619
19	1.598 650	1.753 506	2.106 850	2.526 950
20	1.638 616	1.806 111	2.191 124	2.653 298

二、人寿保险纯保险费厘定实例[①]

人寿保险费的缴费方式有趸缴和分期缴付两种。趸缴纯保费是投保人在投保时一次缴清纯保费；分期缴付纯保费则是投保人按年、季或月缴付纯保费。人寿保险纯保费的计算适用收支平衡的原则，即保险人收取的纯保费现值应等于未来给付的保险金现值。

(一) 趸缴纯保费的计算

1. 生存保险趸缴纯保费的计算

生存保险是保险人对期满生存的被保险人给付约定的保险金，对保险期内死亡的被保险人则不负给付责任，其趸缴纯保费的计算符号为 $A_x:\frac{1}{n|}$，$\frac{1}{n|}$ 表示 x 岁的人投保 n 年期的生存险，保额为 1 元应趸缴的纯保费。按收支平衡原则，可得

$$l_x \cdot A_x : \frac{1}{n|} = V^n \cdot l_{x+n}$$

从而得公式

$$A_x : \frac{1}{n|} = \frac{V^n \cdot l_{x+n}}{l_x}$$

例如，35 岁的男子投保 5 年期的生存保险，保额为 10 000 元，求趸缴纯保费（假

---

① 杜娟. 保险学基础. 上海：上海财经大学出版社，2000：228～230

设预定年复利 3%，采用我国 CL1 生命表）。

$$10\,000A_{35}:\frac{1}{5|} = 10\,000 \times \frac{V^5 \cdot l_{40}}{l_{35}} = 10\,000 \times \frac{0.862\,609 \times 958\,785}{966\,400}$$

$$= 8558.12(\text{元})$$

2. 定期死亡保险趸缴纯保费的计算

定期死亡保险是保险人仅对保险期内因保险事故死亡的被保险人给付保险金，而对生存的保险人则不负给付责任，常称定期寿险。其趸缴纯保费的计算符号为 $A_x^1:\overline{n}|$，表示 x 岁的人投保 n 年期死亡保险，保额 1 元应趸缴的纯保险费。根据收支平衡的原则，可得

$$l_x \cdot A_x^1:\overline{n}| = d_x \cdot V + d_{x+1} \cdot V^2 + \cdots + d_{x+n-1} \cdot V^n$$

从而得公式

$$A_x^1:\overline{n}| = \frac{d_x \cdot V + d_{x+1} \cdot V^2 + d_{x+2} \cdot V^3 + \cdots + d_{x+n-1} \cdot V^n}{l_x}$$

例如，同上例条件，35 岁男子投保 5 年期的死亡保险保额为 10 000 元，求趸缴纯保费（假设每年应给付的保险金于年末给付）。

$$10\,000 \times A_{35}^1:\overline{5}| = 10\,000 \times \frac{d_{35} \cdot V + d_{36} \cdot V^2 + d_{37} \cdot V^3 + \cdots + d_{39} \cdot V^5}{l_{35}}$$

$$= 10\,000 \times \left(\frac{1277 \times 0.970\,874 + 1386 \times 0.942\,596 + 1508 \times 0.915\,142}{966\,400} \right.$$

$$\left. + \frac{1645 \times 0.888\,487 + 1748 \times 0.862\,609}{966\,400} \right)$$

$$= 10\,000 \times \frac{1239.81 + 1306.44 + 1380.03 + 1461.56 + 1507.84}{966\,400}$$

$$= 10\,000 \times 0.007\,18 = 71.8(\text{元})$$

3. 两全保险趸缴纯保费的计算

两全保险是保险人对被保险人生存至保险期限届满或保险期内死亡都给付约定的保险金，其趸缴纯保费计算符号为 $A_x:\overline{n}|$，表示 x 岁的人投保 n 年期的两全保险，保额 1 元应趸缴的纯保费。因两全保险中保险人承担给付生存保险金和死亡保险金的义务，故两全保险的趸缴纯保费为生存保险与死亡保险趸缴纯保费之和。其计算公式为

$$A_x:\overline{n}| = A_x:\frac{1}{n|} + A_x^1:\overline{n}|$$

例如，35 岁男子投保保额 10 000 元，5 年期两全保险的趸缴纯保费为

$$10\,000A_{35}:\overline{5}| = 10\,000A_{35}:\frac{1}{5|} + 10\,000A_{35}^1:\overline{5}| = 8558.12 + 71.8 = 8629.92(\text{元})$$

（二）年缴纯保费的计算

趸缴保费的方式要求投保人一次缴纳数目很大的一笔保费，因而一般情况下投保人难以负担，所以，在实际业务中绝大多数的寿险业务采用分期缴费的方式。分期缴费可以按年交、季交或月交的方式缴纳。寿险业务中多采用年均衡纯保费，即每年均衡地缴

纳一次纯保费。采用年缴均衡纯保费,根据收支平衡原则,投保人所缴纳的年缴纯保费的现值的总和应当等同于保险金给付的现值的总和,也应等同于趸缴纯保费。

三、人寿保险附加费率的计算

由于寿险公司业务经营过程中的各项费用开支都由被保险人来负担,所以在附加费率计算时就要考虑营业费用率。

人寿保险中附加费率的计算主要考虑下列费用。

1. 新单费用

新单费用,又称发行费,是指是寿险公司签订新保单的支出的有关费用,即为招揽新业务,于第一年度所必须支出的一切费用,包括销售费用(佣金、广告费等)、风险分类费(包括健康检查费等)、准备新合同费(各种单证印刷、保险单的送达等)费用。

2. 保单维持费用

保单维持费用,使指契约自开始至终了为止,整个保险期间为使合同维持保全所必需的一切费用,包括寄送催缴保费的通知单、合同内容的变更、保单质押贷款、固定资产折旧等为维护保单保全工作的各项费用。

3. 收费费用

收费费用即保单收缴费用,包括收费员的工资,对与公司订有合约代收保费的团体所支付的手续费,以及其他与收费事务有关的支出费用。

实际上,保险公司在各年发生的费用是不均匀的。一般来说,初年要发生的费用很高,如支付给代理人的佣金在第一年往往为保费的50%或更高,以后提取佣金的比例逐渐减少,一定期限后停止支付佣金。因此,第一年后,后续各年的费用相对较少。附加费率的计算一般是根据保费的一定比例计算,至于附加费率占保费的具体比例,不同的保险公司和不同险种、不同险别都不相同,没有统一的规定。

关键词

大数定律　纯费率　稳定系数　分类法　增减法　生命表　复利　终值　现值

复习思考题

1. 试述大数定律的基本内容和保险学意义。
2. 简述财产保险费率厘定的基本方法。
3. 财产保险费率厘定中为什么要添加稳定系数?
4. 影响厘定人寿保险费率的主要因素是什么?

第十三章

保险投资

【学习目的】

1. 明确保险投资的重要性。

2. 掌握保险投资的来源及投资的原则和渠道。

3. 了解保险投资的发展现状。

现代保险业的重要特征是承保业务与投资业务并重，现代保险业已从一个简单地履行赔付功能的行业，演变为既具有补偿职能又具有重要融资职能的综合性金融机构，融资职能成为保险业特别是人寿保险业的基本业务，支撑保险公司的经营和发展。据统计，1997年，美国资本市场上，寿险公司是仅次于商业银行和共同基金的第三大机构投资者，1997年向资本市场提供了990亿美元的资金，占资本市场总资金的13.8%。1997年英国保险公司拥有英国公司四分之一的股权和近三分之二的英国政府发行的金边债券。日本寿险投资的地位更加突出，日本寿险公司在该国金融市场上的资金实力已超过城市银行而居第一。如何进行保险投资，控制投资风险、提高保险投资的收益，已成为关系到保险市场发展和兴衰的关键问题。

■第一节 保险投资概述

一、保险投资的含义

保险投资是指保险公司将其暂时闲置的保险基金，包括自有资金和外来资金（主要为责任准备金）进行合理运用，以其获得收益的一种融资行为。保险投资的主体是保险公司，投资客体即投资对象，具有多样性。一般来说，保险投资的主要形式分为直接投资和间接投资两大类。直接投资就是将资金投向生产经营活动，其主要形式有合资入股、直接经商办厂、购置不动产等。由于这种投资风险较大，变现能力差，所以它在保险资产总额中所占比重不大，通常在 5%～10%。间接投资就是购买国家、银行、企业等发行的债券和股票，以及向企业和个人发放贷款，其投资收益的形式是利息、股息等。由于间接投资方式的流动性、赢利性较高，保险公司十分注重间接投资。

二、保险投资的必要性

从保险业自身的发展看，保险投资的必要性有以下几点：

1. 提高保险公司经营效益

保险投资对保险公司的经营效益具有决定意义。从世界各国的情况看，承保利润都有下降的趋势，保险公司的效益主要靠投资收益来实现。以寿险为例，承保业务上的费率下降或给付增加是寿险业务发展到一定阶段后的客观趋势，必须依靠资金的有效运用收益保证承保业务的发展。在承保业务因为竞争等因素的影响出现全面亏损之时，西方发达国家保险业务之所以仍然展现出勃勃生机，与其较高的保险投资收益率是分不开的。如表 13-1 所示，保险投资不仅弥补了其承保业务的亏损，进而实现了公司利润。由此可见，保险投资效益已经成为保险公司经营效益的决定因素。

表 13-1　　1975～1992 年海外六国保险业的收益状况　　　　（单位：%）

	美国	日本	德国	法国	英国	瑞士
承保盈亏率	−8.02	0.33	0.51	−11.62	−8.72	−8.48
投资收益率	14.44	8.48	8.72	13.01	13.29	11.55

资料来源：瑞士杂志 *Sigma*，1997 年第 1 期

2. 增强保险企业的竞争能力

高效的保险投资效益，还可以促使保险费率的下降，从而提高保险市场竞争力。孤立地看，保险费率下降，似乎会削弱保险责任准备金的积累，进而不利于保险补偿或给付的实现。但全面地看，在保险费率下降，其余条件不变的条件下，会进一步刺激保险需求，投保的人数也随之增多，促进了经营的规模化，从而在整体和总量上，较之于费率高时的情形更为有利，大数定律的作用能更充分发挥作用，经营的稳定性也更有把握。从保险基金的规模看，随着投保人群的增加，保险基金规模不断扩大，保险公司可运用资金更有保证，使保险资金运用进入新的循环，相应的带来更多的资金回报，这一良性循环过程，使保险资金对保险公司财务稳定性具有积极意义。

3. 壮大保险公司的偿付能力

良好的保险投资收益还可以壮大保险公司的偿付能力。偿付能力，具体表现为企业是否具有足够的资产来抵偿其负债。对于一般企业来说，只要资产能够完全偿还债务，即具有了偿付能力。保险企业偿付能力是指保险企业对所承担的风险在发生超过正常年景的赔偿或给付数额时的经济补偿能力。随着保险资金收益的增加、利润基数的扩大，税后利润固定比例的公积金计提，也会不断扩大，所以保险投资收益是保险公积金积累的间接的重要来源，这也就为保险公司的偿付能力壮大提供了资金准备。

4. 使人寿保险的储蓄和投资功能得以实现

传统人寿保险的特点是长期性和储蓄性，储蓄性表现为必须返还本金并支付利息。储蓄性与均衡保费密切相关。被保险人或受益人得到的保险金不仅包括交纳的保险费，而且包括这些保险费所生的利息。因此投保人在投保时，保险公司承诺其预定利率，而预定利率制定的基础是投资收益率，它是靠保险公司今后的投资收益率去实现的。创新型保险产品的一个重要特征是凸现了保险的投资功能，寿险公司通过更加有效的投资运作，使寿险保单更具投资价值，所以，寿险产品与投资联系更加密切。

■第二节　保险投资的资金运用的来源

一、保险投资的资金运用的来源

保险公司拥有一定数量的闲置资金是保险投资的必要条件。由于投资是一种垫付行为，而且垫付时间较长，所以，在经营过程中，如无闲置资金，或者抽走资金后已经影响到正常的经营活动，那么这时投资也就无法进行。因此，各国保险法律与政策规定，保险公司只能动用其总额货币资金的一部分，包括资本金的绝大部分、保险总准备金与各种责任准备金。除资本金属于所有者权益外，其他各种准备金均为保险公司的负债。

（一）资本金

资本金是指成立保险公司时由股东认缴的股金或由政府拨款的金额及个人拥有的实际资本。资本金既是保险公司的开业资金，也是保险公司开业初期的资金来源和业务备用资金。各国保险法一般都对开业资本金规定最低数额要求，而且要求在公司经营过程中这一最低资本要求一直得到满足。例如，加拿大产险公司资本金为150万加元，寿险公司为200万加元。《保险法》第三十九条规定，设立保险公司注册资本的最低限额为人民币2亿元，须为实缴货币资本。保险公司的资本金，除按规定上缴部分保证金和用于破产清算外，绝大部分时间处于闲置状态，因而是一种可运用的资金，一般可用于长期投资。

（二）责任准备金

责任准备金是保险人为履行保险责任，从收取的保险费中按期或按照一定比例提留的资金。与资本金性质不同，责任准备金一般是保险人的负债（总准备金除外），是保险公司未来某一时期赔偿或给付被保险人的资金。保险公司的准备金有多种形式，如未到期责任准备金、未决赔款准备金、总准备金等。这些准备金是保险资金运用的重要来源。

1. 总准备金

总准备金是指保险公司为满足年度超常赔付及巨灾赔付的需要而提取的准备金。通常从保险公司的税后利润中提取，逐年积累而成。总准备金不用于平时的小额赔付，而只有在当年保险业务经营发生亏损并且当年投资利润不足以弥补该业务亏损时才可以动用。在正常情况下，总准备金是长期沉淀的，并且不断积累，数量十分可观。同时总准备金既不受企业年度预算、决算的影响，也不像银行存款那样受存款期限的制约，是保险公司长期投资的一项主要资金来源。

2. 未到期责任准备金

未到期责任准备金又称保费准备金，是保险人为了保证未来时期的保险给付责任而提取的准备金，是保险公司对被保险人的负债。按保险业务性质可分为非寿险未到期责任准备金和寿险未到期责任准备金。由于寿险业务具有长期性和储蓄性，寿险未到期责任准备金是把投保人历年交纳的纯保险费和利息收入累积起来，作为将来保险给付或退保给付的责任准备金。所以寿险未到期责任准备金是一种不断积累、长期稳定的资金。非寿险业务绝大部分是一年期或更短期业务，非寿险未到期责任准备金在会计年度末都需要转回作为次年收入，一般按保费收入的一定比例提存。因财产保险公司持续经营，保险公司始终拥有一笔未到期责任准备金。

3. 未决赔款准备金

未决赔款准备金也称赔款准备金，是指保险人在会计年度结算时，为该年度已经发生保险事故应付而未付赔款所提存的一种准备金。保险人尚未赔付包括以下几种情况：一是被保险人已经提出索赔，但在索赔人与保险人之间，尚未对这些案件是否属于保险责任、保险赔付应为多少达成协议；二是对索赔案件已处理完毕，应付金额也已确定，但尚未赔付，或者尚未支付全部赔款，称为已决未付赔案；三是有些损失是在年内发生的，但索赔要在下一年才可能提出。因为这些赔案发生在本年度，仍属于本年度的支出，保险人必须提取赔款准备金，其估算一般有逐案估算或赔案平均估算。

（三）保险保障基金

保险保障基金是保险人为应付巨灾和巨损而引起的特大赔款而从保费收入中提存的准备金。只有在当年业务收入和其他准备金不足以赔付时方能运用。

（四）储金

储金是一种返还性的保险资金，它由保户以存入资金的利息充缴保费，在保险期间若发生保险事故，保险公司给予赔付；若未发生保险事故，则到期偿还本金。这时，这笔存入的资金就可作为一项可运用资金。

（五）其他资金

其他资金指除以上介绍的资本金、准备金之外的其他可运用资金。这部分资金随保险人业务规模的不同而有所差异，通常包括保留盈余、结算中形成的短期负债等。保留盈余指平时的保费收支结余。这一部分资金随保险经营的科学化和合理化，在一般情况下是稳步增长的。它除了抵补某些年度的保费不足赔付外，一般可长期运用。通常，大的保险公司运用的比例较高。结算中形成的短期负债是指资产负债表中流动负债项下的应付账款、拟派股息等。这笔资金虽然数额不大，且需在短期内归还，但仍可作为一种补充的资金来源。保险公司在运用这笔资金的过程中，应注意它们的变现性和风险性，以避免因投资活动而损害保险公司的信誉。

其他还有企业债券、借入资金、信托资金和其他融入资金等，这些资金一般都是在经营中为某些目的而有偿借人的，也是一种补充资金来源，在投资运用时必然受到期限和收益率的约束。

二、保险资金来源对保险投资的约束

1. 保险资金的来源决定了保险投资的策略

从保险资金的来源结构看，可分为所有者权益和负债两类，其中负债是主要部分，主要形式是各种准备金，通常准备金要占到保险公司总资产的 $80\%\sim90\%$，而各种准备金正是保险公司对广大被保险人的负债，需要随时用于对被保险人的经济补偿和给付。这一特点决定了保险投资的原则不仅要符合一般投资的要求，而且还要符合保险投资的特殊要求，即把安全性作为保险投资的首要原则。同时，投资规模一般占到保险基金的 70%。

2. 保险资金的来源决定了保险投资的期限

保险资金的来源不同，其负债的期限也不同，由此决定了保险投资的投资结构和方式不同。一般来说，寿险公司发售的保险险种多为 $10\sim30$ 年的长期保险合同，由此决定了其负债主要是长期的。从而决定了寿险公司有相当部分的资金被沉淀下来长期处于闲置状态。同时，由于寿险公司因个人的保险金额有限，不像财产与责任保险的风险那样集中，发生危及保险公司生存的巨灾的概率几乎为零，因此寿险资金具有长期性和稳定性的特点，可以用于长期投资，从而获得长期的投资收入。财产保险合同通常为一年甚至一年以内的短期合同，其负债多为短期的，同时财产保险事故的发生不规则，并缺乏稳定性，由此决定财产保险资金具有短期性和流动性特点，绝大部分只能用于短期投资。

3. 保险资金的来源决定了保险投资的收益率

保险企业的资金与其他类型企业资金的一个重要区别就在于其收益率的要求是不同的。自有资金是为获取利润而作为资本金投入企业的，对收益率没有固定的要求，而各种外部来源的资金对收益率的要求则有很大的差别，一般来说，人们对人寿保险资金的期望收益率要高于财产保险的投资。传统型人寿保险具有储蓄性，而创新型寿险产品则具有储蓄和投资双重功能，因而更加强调对投资收益率的要求，如果保险投资收益低于保险公司向保险客户承诺的预定利率，保险公司就会出现利差损，危及保险公司的财务稳定性。财产保险是一种补偿性的契约安排，一般不存在储蓄性和投资性，因此，其投资不存在对收益率的具体要求，但对单个被保险人所受到的风险损失的赔款超过其所缴纳的保费，保险企业要弥补其保费收入与赔款之间的差额只能有两种途径：一是由其他投保人所缴纳的保费来填补；二是通过保险投资运用使保险资金增值来补充。

■第三节　保险投资的原则

投资原则通常包括安全性、收益性、流动性、多样性等。由于保险具有公共信托性，保险资金必须随时能够承担保险责任。因此，保险投资不仅要符合一般的投资原则，还要符合保险经营的特殊性，即要把安全性作为保险投资的首要原则。

一、安全性原则

所谓安全性，是指要保证保险投资资金的安全返还。由于保险投资的主要资金是各种准备金，是保险人的负债，保险公司只有使用权而没有所有权，最终要返还被保险人，所以保险投资中最首要的原则就是安全性原则，以确保保险公司的偿付能力。需要指出的是不仅是垫付本金的返还，而且包括一定的投资收益，否则就会造成保险基金的贬值。为保证保险投资的安全性，防止保险投资的盲目性和投机行为的发生，各国的保险监管机构一般都通过立法的形式，对保险投资方式、投资于某类资产的百分比、单项投资的比例等进行严格的限制。如多数国家禁止或限制对流通性差、风险性较高的非上市公司的股票和非抵押或非担保的信用贷款进行投资；美国（新泽西州）寿险公司投资于不动产的最高比例为 10%，大多数国家规定单项证券投资比例在 5%～10%。[①]

二、收益性原则

所谓收益性，是指保险投资在保障安全性的前提下，应该获得尽可能高的投资收益。保险投资的最直接目的是实现保险资金的保值、增值，保险公司在定价时已对保险基金的投资收益作了假设。为了保证履行未来的保险给付责任，保险投资必须为保险公司带来超过收益率假设的赢利，才能保证在预期赔付率下的保险偿付，从而壮大保险公司的偿付能力和竞争实力。但是，保险收益性原则与安全性原则之间往往呈负相关，即提高安全性要求，投资收益则易下降；反之，投资收益上升。如何兼顾安全性和收益性，是投资技术的重要课题。

三、流动性原则

所谓流动性，是指投资项目应具有迅速变现能力，企业能在需要时及时收回投资的资金，用以进行保险赔付。由于保险公司承担的保险金赔付责任具有不确定性特点，保险公司并不能确定任意时刻所需要的保险赔付数额。因此，要求保险基金在运用时保持一定的流动性，即在需要时能够立即低成本兑现。在保险投资的流动性要求上，非寿险与寿险由于业务性质不同，对流动性的要求也不同，一般地说，非寿险投资比寿险投资对流动性的要求高一些。因为非寿险的保险期限短，且其承保的保险事故随时会发生，保险人要随时抽回资金以对被保险人进行补偿。大多数人身保险合同是长期的，因而具有储蓄性，保险金给付可以事先作出比较准确的估计，一次性巨额给付的情况比较少

---

①　刘妍芳. 寿险投资及其监管. 北京：中国轻工业出版社，2001

见，人寿保险公司可将主要资金放在长期投资上。但人身保险的个别险种，如短期意外伤害保险、健康保险，对投资的流动性的要求仍然很高。流动性原则要求保险企业资产和企业负债的期限相匹配。

在保险企业经营的实务中，以上 3 个原则是互相制约的，收益性是保险投资的目标，但又往往与安全性、流动性发生矛盾。由于保险投资的负债性，保险资金是公众资金，涉及被保险人多年甚至终身的利益，其安全性是非常重要的。所以保险投资在保证其安全性和流动性的前提下，追求其收益性以增加利润。

第四节　保险投资的形式

从理论上讲，保险公司可以选择资本市场上的任何投资形式。但具体的保险公司在实践中并不是不加选择地进行投资，而是要选择那些收益性、风险水平及流动性与保险公司要求相适合的投资工具。

一、保险投资的一般形式

保险投资形式，是指保险投资可以选择的资本市场上的投资工具。从理论上说，保险投资可以选择资本市场上的任何投资工具，但综观世界各国保险公司的投资发展状况，其投资形式可以概括为以下几种。

（一）债券

债券是一种借款凭证，或者说是一种负债凭证。债券一向被认为是最适合保险公司投资的工具，事实上也一直是保险公司首选的投资工具。债券的特点如下。首先是具有返还性，投资者可以如期收回本金的利息。所以，债券的安全性较高。其次是收益固定，投资者可以按事先规定的利率领取利息收入。最后是流动性，公开发行的债券一般都可以在二级市场上交易，流动性也较强。债券按发行主体来划分，大体可以分为政府债券、企业债券和金融债券。

1. 政府债券

政府债券是国家或地方政府发行的公债。定期偿还本金和支付预定利息，其信用等级较高。政府债券收益虽然高于同期银行存款的收益，但比其他债券要低。投资政府债券的另一个好处是，对于有些政府债券所得到的利息收入，投资者可以享受免税优惠。

2. 企业债券

企业债券是企业为筹措资金而发行的债权凭证。企业债券的信用程度低于政府债券，但与同类股票相比，企业债券的风险还是小一些。因为债券持有人获得利息要有先于股东分红，在公司破产清偿股本与债务时，也必须先偿还债务，后归还股本。因此企业债券收益率比其他债券高，但通常低于股票。

3. 金融债券

金融债券通常是由信用度较高的金融机构发行的债券。一般来说，其信用度比政府债券低，比企业债券高，因此收益率也是介于两者之间。由于其由金融机构担保，所以用程度较高。

（二）股票

股票是股份制企业为筹集资金发给投资者的凭证。持有股票既有权利分享公司的收益，同时也承担公司的责任与风险。股票的价格是由市场利率和股票的预期收入之比确定的。

股票的特点如下。首先是收益性较高。股票收入的大小不仅取决于公司的经营状况和赢利水平，而且还表现在持有者利用股票的买卖可以获得价差收入和实现货币保值。其次是风险性高。股票的价格波动不仅受到公司经营状况、赢利水平的影响，还与经济、政治、社会及投资者心理有关，因此，不确定因素较多。最后股票的流动性较强。可以作为买卖对象随时转让而变现。

股票的种类，一般按享有的权利不同分为普通股和优先股两种。普通股股票是股息随上市公司的利润大小和公司的派送政策的松紧而变化的股票，其特点是价格波动幅度大，投资风险大于优先股，但能享受公司利润增长的利益。优先股股票是由股份公司发行的在分配公司收益和剩余资产方面比普通股股票具有优先权的股票。其特点是风险较小，在发行时即已确定了固定的股息且不受公司经营状况和赢利水平的影响，但不能分享公司利润增长的利益。对于投资者而言，优先股股票的优势在于投资收益有保障，收益率一般会高于公司债券及其他债券的收益率。

保险公司投资一方面以安全性为基本原则，同时又要尽其所能提高投资收益，所以第二次世界大战后，各国对股票投资的法律限制逐步放宽，近年来，股票投资在西方国家保险投资中的比重也在不断增加。特别是利率敏感型产品的开发和金融机构间竞争的加剧，寿险公司对流动性强和收益性高的资产需求增强，所以寿险公司对股票的投资比例不断上升。

（三）贷款

贷款，是保险公司作为信用机构将资金贷放给单位或个人，按照一定的期限收取货币资金及获取利息的一种投资活动。贷款的特点是：首先，可以获得稳定的利息收入，对于保险公司无价格波动的风险；其次，有利于保险公司与贷款对象建立良好的客户关系，有业务保全和拓展的作用；再次，通过和贷款者协商贷款利率、期限等还可以进行资产和负债的匹配；最后，充分体现保险投资的社会性，提高企业知名度，树立良好的企业形象。由于寿险资金的长期性，贷款是较适合寿险公司的投资方式。保险贷款作为保险公司资金运用的主要形式之一，按不同的分类标准有不同的种类，这里我们按贷款条件将其划分为信用贷款、经济担保贷款、抵押贷款、寿险保单贷款。

1. 信用贷款

信用贷款是完全凭借款人信用而无需提供经济担保、财产抵押的一种放款方式。

2. 经济担保贷款

经济担保贷款是指要求借款人以第三方经济信誉或财产担保作为还款保证而发放贷

款的一种方式。担保方负有监督借款人按时如数还款和代借款人偿还逾期贷款本息的责任。担保方一般是经济实力雄厚、具有法人资格的经济单位。

3. 抵押贷款

抵押贷款是借款人在法律上把自己的财产所有权作为抵押而取得贷款的一种方式。借款人提供的抵押物必须所有权无争议，具有价值和使用价值，易于保管和变卖的金融资产或实物财产。保险人对抵押物全面估价，确定抵押折扣率。借款人不能按时还款，保险人有权处理抵押物并优先受偿。

4. 寿险保单贷款

寿险保单贷款是在寿险保单具有现金价值的基础上，根据保险合同规定，寿险公司应保单持有人的申请而发放的贷款。从严格意义上说，它属于抵押贷款的一种，其贷款以寿险保单为抵押，到期归还本金并附带利息。实际上它是在保险给付金请求权上设立抵押权，一般按保单现金价值的一定比例贷款。这种贷款十分安全，既可作为一种竞争手段，加强保险人的竞争能力，保全保险业务，又可以用活资金、增加收益，是寿险公司资金运用的常见形式。

（四）不动产投资

不动产投资，是指保险资金用于直接投资建造、购买并自行经营的房地产。国外保险公司的不动产投资项目主要是房地产投资，其投资方法一般有两种：一种是保险公司从事开发性房地产投资，即以独资或合资入股的形式进行土地改良与开发或进行大型建筑物的买卖；另一种是保险公司通过收取租金取得长期收益。

不动产投资的特点如下。首先，有利于抵御通货膨胀。鉴于保险资金的负债性，资产的保值、增值非常重要，为防止通货膨胀产生的资产价值的减少，投资不动产，如以出租人的身份收取租金，其资金可以依据物价上升进行调整，能有效地抵御通货膨胀。其次，实现保险投资的社会性，促进地方经济的发展。最后，其流动性在几类投资方式中是最差的，且效益性在一定程度上也会遭受宏观经济变化的影响。因此必须控制不动产投资的比例，保证保险公司的偿付能力。

经合组织国家保险投资工具及比例见表13-2所示。

表 13-2　经合组织国家保险投资工具及比例（1996 年）　（单位：%）

国家	房地产	抵押贷款	股票	债券	贷款	其他投资	总计 I
澳大利亚	4.96	0.44	27.89	25.40	5.21	36.11	100
奥地利	8.55	2.61	13.23	31.23	36.67	7.70	100
比利时	4.84	4.55	9.92	53.50	23.06	4.12	100
加拿大	4.84	4.55	9.92	53.50	23.06	4.12	100
捷　克	6.59	N. A.	18.81	28.77	11.12	34.71	100
丹　麦	2.81	0.80	30.84	64.24	0.42	0.89	100
芬　兰	19.17	3.12	20.95	N. A.	44.96	11.81	100
法　国	9.46	N. A.	21.08	61.12	2.72	5.62	100

续表

国家	房地产	抵押贷款	股票	债券	贷款	其他投资	总计 I
德 国	4.47	10.99	6.59	13.80	49.37	14.77	100
希 腊	28.29	1.03	10.67	58.17	1.84	N. A.	100
匈牙利	2.41	N. A.	5.65	87.37	1.27	3.30	100
冰 岛	8.41	19.23	15.97	41.48	13.36	1.56	100
爱尔兰	5.14	N. A.	33.22	39.40	11.59	10.66	100
意大利	10.06	1.75	15.24	70.78	N. A.	2.18	100
日 本	5.40	3.66	24.73	23.88	30.78	11.56	100
韩 国	8.02	0.22	13.47	14.08	45.47	18.75	100
卢森堡	0.64	0.02	5.04	84.56	0.34	9.39	100
荷 兰	4.71	12.25	19.12	29.84	24.8	69.24	100
挪 威	6.64	12.99	15.12	47.70	4.17	13.38	100
波 兰	4.40	0.81	19.85	60.43	0.02	14.49	100
葡萄牙	11.46	0.20	7.97	54.46	0.01	25.81	100
西班牙	15.38	2.99	13.68	50.02	0.52	17.41	100
瑞 典	5.81	1.22	38.16	49.64	0.93	4.24	100
瑞 士	11.58	11.03	20.91	39.19	15.80	1.50	100
土耳其	9.99	N. A.	8.82	76.70	0.07	4.42	100
英 国	6.79	0.30	60.28	28.62	1.15	2.85	100
美 国	1.97	8.63	10.60	69.78	4.02	5.00	100

资料来源：Insurance Statistics（1996），OECD

二、主要国家保险投资形式的比较

由于保险资金的特殊性，为了保证保险投资的安全有效，防止保险公司在保险投资上的盲目性和投机行为的发生，各国都对保险投资的方式、数额、比例等作出严格规定。由于各国政府在保险投资监管上存在一定差别，所以各国在保险投资的操作上也存在差异，具体情况见表 13-3、表 13-4。

表 13-3　美国寿险公司资产分布状况　　　　　（单位：%）

年份	债券		股票	抵押贷款	不动产	保单贷款	其他资产
	政府债券	公司债券					
1975	5.25	36.58	9.7	30.82	3.33	8.46	5.87
1980	6.89	37.48	9.88	27.35	3.14	8.64	6.62
1985	15.09	35.94	9.38	20.8	3.49	6.58	8.71
1990	17.97	41.37	9.12	19.18	3.08	4.45	7.83
1995	19.09	40.55	17.35	9.88	2.45	4.48	6.21
1998	13.42	40.32	26.82	7.65	1.46	3.7	6.63
1999	11.78	38.75	32.23	7.48	1.24	3.22	5.29
2000	11.45	39	31.35	7.44	1.13	3.21	6.43

续表

年份	债券		股票	抵押贷款	不动产	保单贷款	其他资产
	政府债券	公司债券					
2001	11.55	41.43	27.81	7.45	0.99	3.19	7.59
2002	14.23	43.63	23.42	7.41	0.97	3.11	7.23
2003	13.83	42.3	26.3	6.92	0.79	2.75	7.11
2004	13.23	41.97	27.74	6.64	0.73	2.55	7.14
2005	13.16	41.28	28.68	6.58	0.73	2.44	7.12
2006	12.01	39.03	31.74	6.51	0.69	2.34	7.69

资料来源：转引自：徐景峰，李冰清. 中外保险资金运用的比较及启示. 经济社会体制比较，2009，（5）

表 13-4 英国保险公司资产持有状况 （单位：%）

年份	政府债券	海外政府债券	普通股	其他公司证券	海外普通股	其他海外公司证券	单位信托	固定资产	现金和其他投资
2003	15.51	5.06	23.41	11.57	10.63	8.42	7.18	7.34	10.87
2004	15.65	4.90	22.48	11.74	11.16	8.34	7.98	6.95	10.80
2005	14.84	3.69	22.82	11.37	12.45	8.50	10.47	6.89	8.97
2006	14.20	3.25	23.34	9.63	12.60	9.55	11.68	7.11	8.64
2007	13.27	3.58	21.50	10.10	14.19	9.02	12.44	6.60	9.29

资料来源：转引自：徐景峰，李冰清. 中外保险资金运用的比较及启示. 经济社会体制比较，2009，（5）

表 13-5 日本寿险公司资产分布状况 （单位：%）

年份	国内证券			国外证券			贷款		现金储备	房地产
	国债	公司债	股票	国债	公司债	股票	保单质押贷款	金融贷款		
1960	0.03	1.33	22.74	0.00	0.00	0.00	7.45	0.00	2.53	9.97
1970	0.56	1.45	19.56	0.00	0.00	0.00	6.71	0.00	1.61	8.81
1980	2.30	5.42	17.21	1.62	0.66	0.11	4.25	0.00	2.51	6.27
1990	3.77	3.99	21.97	4.92	3.77	2.86	2.45	0.00	6.20	5.46
2000	16.57	9.29	15.37	3.40	4.45	2.16	2.53	17.24	5.35	4.25
2001	17.81	9.72	13.40	3.96	6.66	1.97	2.54	22.98	3.42	4.38
2002	19.36	10.69	9.58	4.79	7.96	1.49	2.54	22.19	3.00	4.22
2003	19.27	10.24	11.59	6.48	8.39	1.51	2.36	20.27	2.67	4.12
2004	21.89	9.54	11.52	5.61	9.48	1.53	2.18	17.85	2.26	3.83
2005	21.34	8.74	17.74	4.96	9.32	1.72	7.92	15.58	2.61	3.26
2006	22.13	8.69	14.70	4.46	9.61	2.03	1.77	14.16	2.57	3.03

资料来源：转引自：徐景峰，李冰清. 中外保险资金运用的比较及启示. 经济社会体制比较，2009，（5）

（一）债券

美国各州保险法对债券投资各有不同规定，如美国纽约州保险法规定，人寿保险公司投资的公司债券必须是依法设立并具有完全清偿能力的公司发行、担保债券，而且该公司从未有过延迟支付债券本息的记录。人寿保险业对每一公司债券的投资不得超过其认可资产的 5%。路易斯安那州保险法规定，保险业投资于公用事业的债券，对每一公司债券的投资不得超过保险业认可资产的 2%，对公用事业债券的投资总额不得超过保险业认可资产的 33.33%。得克萨斯州保险法规定，人寿保险业投资购买公债的总额不得超过寿险业认可资产的 5%。日本保险法规定，保险公司购买同一公司债券和股票以及以此为抵押的放款占总资产的比重为 20%。英国对保险投资的管理相对较宽松，英国保险法规定，在同一公司的债券投资不得超过保险公司总资产的 5%（特定条件下为 10%）。对所有未上市公司股票和公司债券的投资不得超过保险公司总资产的 10%。

（二）股票

20 世纪 50 年代后，美国各州陆续允许保险公司对普通股投资，但均对普通股的发行者严格规定。例如，路易斯安那州保险法规定，保险业投资的普通股必须按《证券交易法》注册登记，其发行公司在人寿保险业投资前 5 年中任何 3 年，每年对其股份所分配的股息不得少于股票面额的 20%。纽约州保险法规定，普通股的发行者，除必须按照《证券交易法》的规定注册登记外，该公司在寿险业投资取得股票前 10 年，其盈余净利足以对其全部股份按年分配一定的股息，人寿保险公司方能投资。人寿保险公司对于每一企业普通股的投资金额，路易斯安那州规定为不得超过其认可资产的 5%，纽约州规定为不得超过 19%，也不得超过该企业发行股票总额的 5%。各州对普通股的全部投资额，规定为不得超过其资产的 10%～20%。优先股由于其风险相对较小，所以各州对优先股的投资限制要比普通股少。纽约州规定，只要优先股的发行公司，在保险业取得该股票前 5 年，平均每年的净利须超过固定费用的 1.5 倍，并且在此段期间的两年之中的任何一年，其平均净利不得低于固定费用，或有利润及该年度优先股固定股息等的 1.5 倍。但每一人寿保险公司对每一企业的优先股的投资不得超过该企业发行股票总额的 20% 或保险业认可资产的 2%。日本保险法规定，保险公司对股票的投资总额不得超过其总资产的 30%。英国保险法规定，对同一公司的上市股票投资不得超过保险公司总资产的 5%，对同一公司的未上市股票投资不得超过保险公司总资产的 1%。

（三）不动产投资

不动产投资具有风险大、周期长的特点，这与保险投资的安全性和流动性原则不相符，各国立法均有限制性规定。美国保险业对不动产的投资包括两部分：一部分是因营业所需或其他原因所取得的不动产，包括办公楼、因实行抵押权或受领债务清偿而取得的不动产等，对此各州均无限制；另一部分是为了取得收益而投资所取得的不动产，如投资于房地产开发、土地开发等，对这些不动产投资，各州保险法都有一定的限制。如纽约州保险法规定：一笔对土地的投资，包括改良和开发在内，不得超过保险人资产的

1%；对这类土地的总投资，连同改良费或开发费，不得超过保险人资产的 10%。日本保险法规定，保险公司购买不动产占总资产的比重不得超过 20%。英国保险法规定，对土地的投资不得超过保险公司总资产的 5%。

（四）贷款

保险人所发放的贷款多为抵押贷款，即以不动产、有价证券或寿险保单为抵押的放款，有时也有其他担保形式的放款。但有时一个不动产抵押物上可能设定其他担保物权，影响保险人的权益行使，所以美国纽约州保险法规定：①贷款的担保必须是不动产第一顺位抵押；②不动产没有任何负担；③贷款额不能超过不动产价值的 2/3。对有价证券及保单抵押贷款的限制较小，因为这两种贷款具有较强的安全性。日本保险法要求保险人对同一人的贷款不能超过总资产的 10%，以同一物件为抵押的贷款不得超过总资产的 5%。英国保险法规定，对同一公司的抵押贷款不得超过保险公司总资产的 5%。对公司或个人的其他放款不得超过保险公司总资产的 5%，其中对同一个公司或个人的其他放款不得超过保险公司总资产的 1%。

表 13-6　2001～2006 年我国保险业可运用资金渠道分配（单位：亿元，%）

年份	银行存款		债券		基金		股票		其他	
	规模/亿元	比例/%	规模/亿元	比例/%	规模/亿元	比例/%	规模/亿元	比例/%	规模/亿元	比例/%
2001	1940.26	52.4	1344.1	36.3	203.65	5.5	—	—	214.76	5.8
2002	3019.75	52.07	1667.6	28.76	313.37	5.4	—	—	798.55	13.77
2003	4550	52.06	2228	25.58	457	5.23	—	—	1497	17.13
2004	4916.16	43.7	3750.7	33.34	673.16	5.98	—	—	997.49	8.87
2005	5329.77	37.23	7487.2	52.3	1285.56	8.98	—	—	213.3	1.49
2006	5989	33.67	9452	53.14	913	5.13	929	5.22	502	2.84

注：①2005 年权益性投资占 8.98%，没有区分股票和基金的具体比例；②2005 年之前由于监管规定，所以股票的投资比例为 0

资料来源：转引自：徐景峰，李冰清. 中外保险资金运用的比较及启示. 经济社会体制比较，2009，（5）

第五节　保险投资的组织模式

一国保险投资的组织模式取决于多个因素，一般来说，主要取决于市场成熟程度、金融保险的法规制度及保险公司的组织模式。合适的投资模式，不仅能够保证保险投资的高回报，而且是防止保险投资风险的有效手段。

国际上保险投资的模式主要有四种：专业化控股投资模式、内设投资部投资模式、集中统一投资模式和外部委托投资模式。

一、专业化控股投资模式

专业化控股投资模式是指在一个集团或控股公司之下设保险子公司和投资子公司。

保险子公司经营日常的保险业务，保险投资的职能完全由集团或控股公司下设的投资子公司来完成。而集团或控股公司主要负责资金运营的计划、协调和风险控制。专业化控股投资模式如图 13-1 所示。

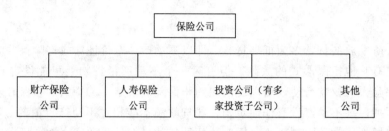

图 13-1　专业化控股投资模式

专业化控股投资模式是目前世界各国大型保险集团普遍采用的一种组织模式，其优点是：既能有效地防范投资风险，又在投资经营上具有较高的透明性，资金进出速度快，能够取得较好的投资收益。缺点是：要求集团或控股公司有较强的控制力度，且保险子公司与投资子公司之间的关系比较松散。

二、内设投资部投资模式

内设投资部投资模式是指在保险公司内部设立专门的部门，由此部门履行保险公司的投资职能，保险公司最高管理层应设立保险投资决策委员会，对保险投资做总体规划及重大投资方案进行决策。内设投资部投资模式如图 13-2 所示。

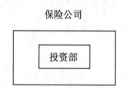

图 13-2　内设投资部门投资模式

这种模式的优点在于加强了保险公司对保险投资的控制。缺点是内设投资部投资模式容易产生黑箱作业，导致较大的风险。这种组织模式是保险公司传统上通用的做法，但因其不能适应管理专业化和服务多样化的要求，逐渐由专业化控股投资模式取代。

三、集中统一投资模式

集中统一投资模式是指在一个保险集团或控股公司下设产险子公司、寿险子公司和投资子公司，其中产险子公司和寿险子公司均将保险资金统一上划到集团或控股公司，在由集团或控股公司将保险资金下拨到专业投资子公司，专业投资子公司将产险、寿险子公司的资金分别设立账户，独立进行投资。其组织模式如图 13-3 所示。

这种模式的优点与专业化控股投资模式有相似之处，且有利于形成较大的投资规模，利于稳健经营，提高规模效益，更重要的还在于对不可控风险的防范。缺点是对技能、人才等的要求较高，还要求有优秀的计算机咨询系统等。

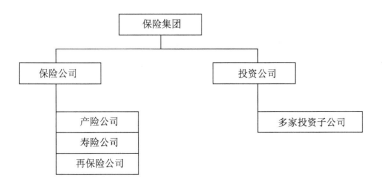

图 13-3　集中统一投资模式

四、外部委托投资模式

外部委托投资模式是指保险公司将全部的保险资金委托给外部的专业投资公司进行投资和管理，保险公司按照保险资金的规模向其委托的投资公司支付相应的管理费用。外部委托投资模式如图 13-4 所示。

这种投资模式的优点是提高了保险投资的专业性，并使得保险公司能够集中力量从事险种的开发及保险服务。但是这种模式下保险公司对于保险资金的控制是三种模式中最弱的，保险公司承担的风险较大不仅要承担投资失败

图 13-4　外部委托投资模式

的风险，还要承担外部投资机构的操作风险，如交易作弊、非法挪用资金等。一些财险公司、再保险公司和部分中小保险公司采用这种模式进行投资，以减少公司在资金管理中的技术、人才和管理费用支出。

关键词

保险投资　资本金　总准备金　未到期责任准备金　未决赔款准备金　保险保障基金　储金

复习思考题

1. 试述保险公司为什么要进行保险投资活动。
2. 保险公司可投资的资金主要由哪些部分构成，它们各自具有哪些特征？
3. 什么是责任准备金，保险公司提取的目的何在？
4. 保险投资的原则及方式有哪些？
5. 简述产寿险投资策略的区别。
6. 比较保险投资的组织模式。

第十四章

保险市场

【学习目的】

1. 明确影响保险需求与保险供给的因素。

2. 掌握保险和保险中介人的各种组织形式。

3. 了解国际保险市场的概况。

保险市场是金融市场的一个重要组成部分，在经济发展和社会福利提高过程中起着非常重要的作用。保险市场是保险商品交换关系的总和，保险市场的基本功能，是将社会再生产过程中独立的单位或个人为应付意外事件的货币资金，在它们之间进行融通，以满足遭受风险损失的单位或个人在经济上获得补偿和恢复的需要，即把少数不幸者的损失在所有交纳保险费的成员之间进行再分配，以保证人民生活安定和社会再生产的顺利进行。

保险市场作为保险商品市场，同样具有完整的市场要素，体现市场供求关系，遵循市场供求规律。但由于保险市场的特殊性质，保险市场构成更加多元化，保险交换关系更加复杂化，具有更大的风险性。

第一节 保险市场的构成及特征

一、保险市场的概念

（一）保险市场的内涵

从狭义上讲，保险市场是指进行保险交易的场所或领域；从广义上讲，保险市场是指包括保险商品、保险资本、保险技术、保险劳务等各种交换关系的总和。

（二）保险市场的构成要素

国际保险市场的构成要素包括保险市场的主体、保险市场的客体和保险市场的价格。

1. 保险市场的主体

保险市场的主体是指保险市场交易活动的参与者，包括保险商品的供给方、保险商品的需求方和保险市场的中介。保险市场就是由这些参与者缔结的各种交换关系的总和。

早期的保险交易活动只要具备了保险商品的供给方和需求方及交易的对象就可以完成。随着保险业的不断发展，一次保险交易活动的完成，除了保险供给方和保险需求方之外，为了促进保险交易，往往还有保险中介的介入，因而保险中介也渐渐成为保险市场不可或缺的要素之一。

（1）保险市场的供给方。保险市场的供给方是指在保险市场上提供各种保险商品，承担、分散和转移他人风险的各类保险人，即保险业务的经营者。在各国保险市场上，由于法律制度、经营方式及文化传统上的不同，保险人的组织有多种不同的形态，如国有保险人、私营保险人、个人保险人等。

（2）保险市场需求方。保险市场需求方是指保险市场上所有现实的和潜在的保险商品的购买者，即各类投保人。他们可能是企业、事业单位或个人。

（3）保险市场中介。保险市场的中介是指在保险市场上充当交易媒介、从事交易或促使交易完成的机构或个人。保险市场中介既包括活动于保险人与投保人之间，充当保险供需双方的媒介，促成保险合同订立的人，也包括独立于保险人与投保人之外，以第三者身份处理保险当事人委托办理的有关保险业务的公正、鉴定、理算、精算等事项的人。保险市场中介主要包括保险代理人、保险经纪人、保险公估人、保险精算师等。

2. 保险市场客体

保险市场客体是指保险市场上供需双方交易的具体对象，即保险商品。保险商品的表现形式是包含约定内容的保险合同。不同权益和责任的保险合同即为保险产品。

3. 保险市场的价格

保险市场的价格即保险费率。这是保险市场运行的条件，是实现市场均衡和效率的机制。

二、保险市场的特征

保险市场的特征是由保险市场的交易对象的特殊性所决定的。保险市场的交易对象是一种特殊形态的商品——保险经济保障，因此，保险市场表现出其独有特征。

（1）保险市场是直接的风险市场。这里所说的直接风险市场，是就交易对象与风险的关系而言的。尽管任何市场都存在风险，交易双方都可能因市场风险的存在而遭受经济上的损失。但是，一般的商品市场所交易的对象，其本身并不是风险，而保险企业的经营对象就是风险，保险商品为投保人提供的是经济保障，即对投保人转嫁于保险人的各类风险提供保险经济保障，所以本身就直接与风险相关联。保险商品的交易过程，本质上就是保险人聚集与分散风险的过程。所以，保险市场是一个直接的风险市场。

（2）保险市场是非即时结清市场。所谓即时结清的市场是指市场交易一旦结束，供需双方立刻就能够确切知道交易结果的市场。无论是商品市场，还是一般的金融市场，都是能够即时结清的市场。即使银行存款，由于利率是事前确定，交易双方当事人在交易完成时立即确切知道交易结果。保险交易活动，因风险的不确定性和保险的射幸性使得交易双方都不可能确切知道交易结果，所以不能立刻结清。相反，还需通过订立保险合同来确立双方当事人的保险关系，并且依据保险合同履行各自义务，享受权利。因此，保险单的签发看似保险交易的完成，实则是保险保障的刚刚开始，最终的交易结果则要看双方约定的保险事件是否发生。所以，保险市场是非即时结清市场。

（3）保险市场是特殊的期权交易市场。由于保险的射幸性，保险市场所成交的任何一笔交易都依赖于未来导致经济损失的风险事件发生与否。被保险人能否按合同约定获得经济补偿，也取决于在约定时间内是否发生约定的风险事件以及这种风险事件造成的损失是否达到保险合同约定的补偿条件。实际上保险产品就可看做是一种针对被保险人财富的"看跌期权"，只不过这里的期权价格成了保险费，被保险人是期权的买方。因此，保险市场是一种特殊的"期权"市场。

第二节　保险市场的组织形式

一、保险人的组织形式

保险人是保险业务的经营者，在市场经济条件下，保险被看做是一种商品，保险人就是保险商品的经营者，所以习惯上又被称为保险商。

在各国保险市场上，由于法律制度、经营方式及文化传统上的不同，保险人的组织可以有多种不同的形态。

（一）股份保险公司

股份保险公司（stock insurance company）又称保险股份有限公司，它是将公司的全部资本分成等额股份，股东以其所持股份对公司承担责任，公司以其全部资产对公司债务承担责任的法人。其性质是以营利为目的的专业保险企业。它与相互保险公司一起，构成西方民营人寿保险机构的两种主要法定形式。

与其他形式的保险公司相比，股份保险公司具有如下主要特点。

（1）资本证券化。股份保险公司的全部资本分为等额股份，以股票形式公开发行并允许自由转让，是典型的合资公司。任何出资人都可以成为股东，其股东可以是自然人也可以是法人。

（2）股份制保险公司的经营目的是为股东赢利。股份制保险公司通过销售投保单和进行投资活动来获得利润，公司的经营收入在扣除营业费用、准备金、保险金赔偿给付以及保单红利后，全部由股东享有。

（3）股东财产与公司财产相分离。股东对公司债务仅以出资额为限承担责任，而不以私人的全部财产承担无限责任。股份制保险公司一旦破产或解散进行清算时，公司的债权人只能对公司的资产提出要求，而无权直接向股东起诉。

（4）所有权与经营权相分离。股东大会为公司最高权力机构，股东大会选举产生的董事会是公司的决策机构，公司的日常业务活动由经理主持。

（5）股份制保险公司的财务状况要公开。由于股票在社会公开发行并可以随意转让买卖，为了使股东了解公司的经营情况与财务状况，各国的公司法一般都规定股份制保险公司必须在每个财政年度终了时公布公司的年度报告,其中包括资产负债表和公司损益表,以供众多股东和债权人查询。

股份保险公司是当今保险业的主要形态,其发展速度很快。其原因是股份保险公司比其他类型的保险公司具有明显的优势。这些优势主要体现在以下几方面。

1. 资本聚集优势

股份有限公司是集中资本的一种最有效的公司形式,资金来源广泛且每股金额较小,能更广泛地吸收社会小额分散资金而募集到巨额资金,为此其经营规模大,有利于在更广泛的范围内分散风险,且偿付能力较强。

2. 科学管理优势

股份保险公司不可能让每个股东都直接参加管理,所有权与经营权的分离客观上需要独立的管理阶层,适合保险公司经营专业性强的特点。其次,公司决策权、管理权、监督权分别归属相对独立的股东会、董事会和监事会,符合现代大型企业科学民主管理的要求。

3. 竞争优势

股份保险公司有明确的企业经营机制。在企业经营机制的作用下,企业的竞争目标以赢利为中心,并不断降低经营成本,进行保险创新,增强市场的竞争能力。

(二) 相互保险公司

相互保险公司 (mutual company) 为人寿保险的独特经营组织形态,在西方国家的寿险业中占有重要的地位。它是在互助共济的思想基础上产生和发展起来的保险业特有的公司组织形式,即所有参加保险者为自己办理保险而共同合作设立的法人组织。具体讲,相互保险公司是由消费者,而非投资者所拥有和控制公司的一种合作社组织。

相互保险公司的社员,必为保险加入者,一方发生社员关系,另一方面又发生保险关系。社员与保险合同当事人为同一人,但当保险关系终止时,社员资格也宣告消灭。

相互公司的最高权力机关为社员大会或社员代表大会,而其理事并不以社员为限,可以利用非社员理事的各种社会关系,方便业务的发展。

相互保险公司的组织形式适合于以长期合同为主且社员之间的相互性较持久的人寿保险业务。因此,人寿保险企业采取相互保险公司组织形式的比较多。

相互保险公司与股份保险公司相比具有以下特点。

1. 相互保险公司的保单持有人也是公司的"股东"

在相互保险公司,所有保单持有人与保险公司不仅建立保险关系,同时也是公司的成员,成员在公司的法律地位类似于股份有限公司的股东,对公司资产享有一定的所有权和在董事会或受托人选举时有投票权,并且凭借该所有权分享公司经营的成果。成员分享公司经营盈余的比例,依据成员——保单持有人交纳保险费金额确定,从制度上保证了保单持有人的利益。

2. 相互保险公司没有资本金

相互保险公司的经营方式是在成立之时必须拥有一定数量以上的成员,这些成员在初期交纳的保险费,就成为相互保险公司全体"股东"交纳的资金,加上募集的借款,共同形成相互保险公司创立的基金，用于支付初期的创建费用、经营开支和保证金。基金是相互保险公司的负债而非资本，需要偿还并要付息。所以，与股份有限公司相同，对维持各种经营风险的支付能力而需要的财务准备，也是相互保险公司经营所必备的、不可缺少的条件。只不过为达此财务确保目的，基本上是以成员所缴纳的保险费作为剩余金内部留存的来源。

3. 相互保险公司是一种非营利性的保险组织

由于相互保险公司的保单持有人也是公司的所有权者，所以相互保险公司的经营带有一种"互助互济"的特色。如果公司经营出现亏损，则由全体成员补交保险费或削减成员的保险金额做弥补。

4. 相互保险公司的产品多为分红保单

在一般情况下，相互保险公司仅签发分红保单，通过分红的方式将公司的盈余分配给成员。但相互保险公司有时也签发不分红保单，这些保单的持有人同股份公司或国有独资公司的保单持有人一样，只是公司的客户而已。

相互保险公司与股份保险公司相比，其优势表现在以下三方面。

1. 可以有效降低经营成本

人寿保险的经营并不真正需要大量的资本金，相互保险公司没有资本金，相应降低了公司经营的成本。

2. 有稳定的投保人群体

相互保险公司的保户，既是公司保单持有人，又是公司的股东，这种保障权与所有权的一致性，决定投保人群体具有相对的稳定性。

3. 可以缓解保险公司与保单持有人之间的利益冲突

保险公司最容易出现的冲突有两种：保单持有人与公司所有者之间的冲突，公司所有者与公司管理者之间的冲突。由于相互保险公司的保单持有人就是公司的"股东"，公司经营的赢利为全部保单持有人所有，所以它比股份公司具有天然的优势，能够更有力地缓解公司与保单持有人之间的冲突。

（三）个人保险组织

个人保险组织是指以自然人为保险人的保险组织。个人保险组织的历史与保险的起源同步，其原因在于最初的保险业务都是由个人承保，且仅限于对海上保险等少数险种的承保。个人保险商在英国最为流行，美国仅在得克萨斯州、纽约州和新墨西哥州三个州有个人保险商，其地位不像英国那样重要。另外，纽约州保险条例规定，不再接受个人保险商登记。因而，如今除英国劳合社社员仍然保持相当承保能力外，其他国家个人保险商逐渐减少，呈现出被淘汰的趋势。

个人保险组织的重要代表是英国的劳埃德合作社（Lloyd of London），简称劳合社，是英国保险业的鼻祖，至今仍在世界海上保险中占有特殊的地位。劳合社本身不是保险公司，它是个人承保人的集合体。"分则为保险商，合则为劳合社"，这就是该组织在结构上的特点。劳合社组织的活动与个人保险商的经营完全分离。它本身并不从事保险交易，只是向承保人和要保人提供交易场所和交易技术的服务，订立交易程序和规定，维护承保人的清偿能力，侧重于管理机能。

据统计，劳合社约有 18 000 个个人保险商，分别组成约 170 个辛迪加（syndicates），作为劳合社成员，以独立法人实体的身份分别签发保险合同，实行单独的自主经营。各辛迪加具有承保和确定费率的自主权。

劳合社的最大特点是实行独立责任和无限责任，即它们各自独立，自负盈亏，对自己承保的份额负责任，并且它们个人的全部财产也作为所负责任的抵押。因此每个社员在参加时都经过严格挑选，只允许具有相当财力的人作为社员。社员通过保险经纪人承揽保险业务。劳合社的保险业务有直接保险业务和再保险业务两大类，业务面遍及全世界。

（四）合作保险组织

合作保险是由需要保险保障的人或单位组织起来，采取合作的方法集资共同经营保险，满足其成员对保险保障的需要。合作保险应属于非营利性的保险组织。合作保险与公司保险的一个重要区别在于前者不是一个法人组织，而后者则是一个法人组织。合作保险主要包括相互保险社和保险合作社两种形式。

1. 相互保险社（mutual）

相互保险社是保险组织的原始形态，当今欧美各国仍较普遍。它是由一群对某种风险有共同保障要求的人组成的一个集体，集体内的成员遭到约定风险损失时，由全体成员共同分担。相互保险社的社员事先缴付一部分类似保险费的费用，用来作为损失赔偿金和经营费用。如果实际赔偿额或费用超过预缴的保险费，则由各社员补缴应分摊的金额；如果赔偿损失后有结余，可以全部或部分退还给所有社员。

相互保险社的组织管理方式比较简单，其社员也就是保险的参加者。最高管理机构是由社员选举出来的管理委员会，在通常情况下，委员会往往指定一个有法人资格的代理人主持社务，处理有关保险和社内财务等一切事务。

相互保险社的适用领域很广。例如，人寿保险方面，有英国的友爱社（Friendly Society）、美国的兄弟社（Fraternal Orders）；火灾保险方面，有美国的 Local Mutual Country or Town Mutual、Factory Mutual；海上保险方面，有英国的 protection and indemnity association P & I Association 等。

2. 保险合作社（cooperative insurance society）

保险合作社也是由社员自己组织、共同经营并共同享有利益的一种相互保险组织。虽然在性质上，保险合作社和相互保险社并没有多大差别，但内容上颇有不同。

第一，相互保险社并无股本，其经营资金的来源仅为社员缴纳的分担额。而保险合作社经营资金的来源是社员股金和向社员或非社员借入的基金，其盈亏按股分摊。

第二，相互保险社的社员之间是为了一时的目的而结合，如果保险契约终止，保险社与社员间即自动解约。保险合作社与社员的关系则比较长久，社员认缴股本后，也可以不利用合作社的服务，但仍与合作社保持联系。

第三，相互保险社社员应缴的保险费依实际需要或实际损失分担，事先并不确定，而保险合作社则采取确定保险费制，事后不再补缴。

二、保险中介人的组织形式

保险中介人是介于保险双方当事人之间，起到沟通双方保险供需信息，提供保险专业技术支持，促成保险买卖成功，协助解决保险纠纷的单位或个人。保险中介人主要由保险代理人、保险经纪人和保险公估人三种形式构成，广义上也包括与保险有关的律师、理算师和精算师等。

（一）保险代理人及其组织形式

保险代理是代理行为的一种，所谓代理，是指代理人根据被代理人的委托，在被代理人的授权范围内以被代理人的名义向第三方所进行的民事法律行为。保险代理人（insurance agent）是指受保险人的委托，根据代理合同在保险人授权的范围内代为办理保险业务，并向保险人收取代理手续费的单位或个人。保险代理人可以分为以下几种形式。

1. 根据保险代理人的主营业务不同分为专业代理人和兼业代理人

专业代理人是指专门从事代理保险业务，并以代理业务手续费为主营业务；兼业代理人是指因业务特点和便利在主营业务之外兼营代理保险业务的部门，如银行、邮政部门、旅行社、机场等。专业代理人按其法律特征分为专业代理公司和个人代理人。保险代理公司经授权后，可代理销售保单，代理收取保险费，进行保险和风险管理咨询服务，代理损失勘察和理赔等业务。

2. 根据保险代理人的业务性质不同分为寿险代理人和非寿险代理人

寿险代理人是指专门为保险公司代理寿险业务的保险代理人；非寿险代理人是指专门为保险公司代理非寿险业务，如财产保险、责任保险、信用保险等的保险代理人。

3. 根据保险代理人的职权范围不同分为专属代理人和独立代理人

专属代理人是指仅为一家保险公司或一个保险集团代理保险业务的代理人，由保险人保留其占有、使用和控制保险单记录的权利。独立代理人是指同时为多家保险公司代理保险业务的代理人。独立代理人的代理权限一般为签发保险单、收取保险费、招揽续保的独占权等，酬金一般比专属代理人低。

（二）保险经纪人及其组织形式

经纪人是在交易中为交易双方沟通信息、达成交易提供各种相关服务的个人和组织。保险经纪人（insurance broker）是基于投保人（包括原保险和再保险的投保人）的利益，以促成保险或再保险合同订立为目的，为客户提供各种保险信息及保险咨询等中介服务，并依法收取佣金的个人或组织。在我国，保险经纪人的存在形式是保险经纪公司。保险经纪人的职能主要表现在为客户进行风险评估，提出风险管理计划，"量身定做"保险方案，以至办理投保手续、代交保险费、代办索赔、给付赔款等一系列保险服务。保险经纪人可以分为以下几种形式。

1. 根据委托方的不同分为原保险经纪人和再保险经纪人

原保险经纪人，即狭义的保险经纪人，是指介于投保人与保险人之间，直接接受投保人委托的保险经纪人。按照业务性质的不同，又可分为寿险经纪人和非寿险经纪人。

寿险经纪人是指在人寿保险市场上代表投保人选择保险人、代办保险手续并从保险人或客户那里收取佣金的保险经纪人。

非寿险经纪人是指为投保人安排各种财产保险或责任保险，在保险双方之间斡旋，促成保险合同订立并从保险人处收取佣金的保险经纪人。

再保险经纪人是指促成再保险分出公司与分入公司建立再保险关系的保险经纪人。他把分出公司视为自己的客户，为分出公司提供再保险服务，包括：帮助分出公司确定再保险需求，安排再保险计划，寻找再保险市场，商议再保险条款，管理再保险合同，安排合同续转、修改、终止等。

2. 根据组织形式划分，保险经纪人分为个人保险经纪人、合伙保险经纪组织和保险经纪公司

（1）个人保险经纪人。大多数国家允许个人从事保险经纪业务活动，个人保险经纪人是保险经纪行业中的重要组成部分。但目前我国的《保险经纪公司管理规定》和《保险法》只认可法人形式的保险经纪人。

（2）合伙保险经纪组织。合伙保险经纪组织是由各合伙人订立合伙协议，共同出资、合伙经营、共享收益、共担风险，并对合伙企业债务承担无限连带责任的营利性组织。

（3）保险经纪公司。保险经纪公司一般是有限责任公司和股份有限公司形式，这是所有国家都认可的保险经纪人组织形式，也是我国《保险经纪公司管理规定》认可的形式。

保险经纪人与保险代理人同属保险中介范畴，均凭借自身的保险专业知识和优势活跃于保险人与被保险人之间，成为保险市场的重要组成部分，都应当具备金融监督管理部门规定的资格条件，并取得金融监督管理部门颁发的许可证，向工商行政管理机关办理登记，领取营业执照，方可从事保险中介服务。但是二者也具有明显区别，表现在以下方面。

（1）保险代理人是保险人的代表。保险代理人是受保险人的委托，代表保险人的利益办理保险业务；保险经纪人则是基于被保险人的利益从事保险经纪业务，为被保险人提供各种保险咨询服务，进行风险评估，选择保险公司、保险险别和承保条件等。

（2）保险代理人代销售的产品为保险人自己指定。保险代理人通常是代理销售保险人授权的保险服务品种；保险经纪人则接受被保险人的委托为其提供保险服务，包括选择保险公司、推荐保险商品等。

（3）保险代理人的代理佣金由保险人支付，保险代理人按代理合同的规定向保险人收取代理手续费；保险经纪人则向接受其推荐业务的保险公司或再保险公司收取佣金，或向接受其风险管理咨询的客户收取咨询报酬。

（三）保险公估人

1. 保险公估人的概念和特征

保险公估人又称保险公证人（insurance surveyor），是指接受保险合同当事人的委

托，为其办理保险标的的勘查、鉴定、估损及赔款的理算等业务，并给予证明的专门机构。保险公估人的具体名称有保险公证行、公估行、理算人等。

保险公估人和保险代理人、保险经纪人虽然都同属保险中介人，但他的业务与代理人和经纪人不同，他活动所要达成的结果并非是促成保险合同的订立，而主要是在已经成立的保险合同发生保险责任事故时解决保险合同双方当事人及合同关系人之间的纠纷和分歧。保险公估人的主要特征有两点。

（1）独立开展保险公估业务。保险公估人是独立的市场主体，与保险合同双方都没有利害关系，其业务开展主要是根据保险人或被保险人的委托，客观、公正地对保险责任事故进行查勘和鉴定，以居间人的身份、实事求是的原则和专业化的技术出具事故公估文书，达成保险双方满意的效果。

（2）以技术专家身份介入保险事务。保险公估人因其与保险有关的各项技术专长而具有权威性。保险公估机构拥有金融、保险、财务、法律、机械、工程、船舶、飞机等各方面的专家，能够出具科学、公正的公估证明。

2. 保险公估人与保险经纪人及代理人的区别

保险公估人与保险经纪人、代理人一起构成了完整的保险中介，他们三者的分工不同，执行不同的职能，发挥各自的作用，不可或缺，无法相互替代。

（1）利益关系不同。保险代理人代表保险人的利益，在保险人授权的范围内从事代理业务；保险经纪人代表投保人和被保险人的利益，为其设计和安排合理的保险计划；保险公估人独立于保险合同双方当事人之外，其"独立、公正"的身份和以科学为依据出具评估报告有利于切实维护双方当事人的权益。

（2）从事业务活动的名义和行为产生的法律后果不同。保险代理人以保险人名义从事保险代理业务，其代理行为产生的法律后果由保险人承担；保险经纪人和保险公估人则以自己的名义进行业务活动，其行为产生的法律后果由自己承担。

（3）组织形式不同。从各国惯例来看，保险代理人可以是单位或个人，保险经纪人也可以是单位或个人，而保险公估人的组织形式一般为公司。

3. 保险公估人的分类

1）按组织形式分类

按照保险公估人的组织形式分类，保险公估人可分为保险公估有限责任公司、合伙制保险公估行和合作制保险公估行三种。

（1）保险公估有限责任公司。保险公估有限责任公司，是指以其股东出资额为限对公司承担责任，公司以其全部资产对公司的债务承担责任，以从事保险公估业务的法人。

（2）合伙制保险公估行。合伙制保险公估行是指由合伙人订立合伙协议，共同出资、合伙经营、共享收益、共担风险，并对合伙企业承担无限连带责任，以营利为目的的保险公估组织。

（3）合作制保险公估行。合作制保险公估行是指以两个以上投资者以合作企业方式开展保险公估业务的营利性组织。合作制保险公估行具有以下特征。第一，合作制保险公估行是契约式企业。契约式企业是以合同为确定投资者各方之间权利义务关系基础的企业。合作方的投资一般不以货币单位进行计算，也不把投资折算成股份，而是按照所持股份比例分享利润和承担风险。合作双方的权利义务由当事人在合同中自由约定。第二，合作制保险公估行具有国际性。合作制保险公估行的投资主体拥有不同国籍，拥有同一国籍的个人或法人不能成为合作制保险公估行的主体。正是由于它的国际性，可以吸引外商投资者进入本国保险公估市场。第三，合作制保险公估行的经营管理方式具有很大的灵活性。合作制保险公估行可以设立董事会和联合管理机构，依照合作企业合同或章程的规定决定重大问题。此外，还可以委托合作双方之外的第三者经营管理。

在国际上，英国、澳大利亚、中国香港及许多英联邦国家，保险公估人采取登记制，其组织形式比较灵活，申请人可以在有限责任公司或无限责任的合股公司两种形式中选择其一，公估机构只要完成商业登记和注册手续即可开业。美国保险公估人的组织形式没有特别限制，申请人可以自由选择。但在法国、德国，保险公估人则大多采取有限责任公司。

2）按业务活动分类

按其业务活动的不同，保险公估人可以分为承保公估人和理赔公估人两类。

（1）承保公估人。承保公估人对保险标的作现时价值评估和承保风险评估，保险人依据承保公估人提供的公估报告，评估保险标的的风险，并根据其自身承保能力确定是否接受投保。

（2）理赔公估人。理赔公估人是在保险事故发生后，受托处理保险标的的检验、估损及理算的专业公估人。保险理赔公估人包括损失理算师、损失鉴定人和损失评估人。损失理算师指在保险事故发生后，计算损失赔偿金额，确定分担赔偿责任的理算师，主要确定保险财产的实际价值。损失鉴定人是在保险事故发生后判断事故发生的原因和责任归属的公估人。损失评估人是指办理保险标的的损失查勘、计算的人，他们通常只接受被保险人单方面的委托，代表被保险人的利益。

3）按业务范围分类

根据保险公估人处理的业务险种、从事业务活动的范围的不同，可以分为海上保险公估人、汽车保险公估人、火灾及特种保险公估人、责任保险公估人四类。

（1）海上保险公估人。海上保险公估人主要从事海上、航空运输保险等方面的业务。海上保险与航空运输保险均为国际性保险。船舶保险中的船身价值或其修理规模和费用的确定均与船舶的种类、吨位、用途直接相关，船上设备、机器、引擎、发动机等的评估都需要具有相关的专业技术知识，保险人必须请船舶公估公司处理；航空货物运输保险中的货运检验涉及发货人、收货人、承运人和保险人各方的利益和责任，各方当事人难以达成一致意见，保险人通常委托处于独立地位的海上保险公估人处理。

（2）汽车保险公估人。汽车保险公估人主要处理与汽车保险理赔业务有关的业务。他们熟悉各类汽车的结构、车价、零件价格和修理费用等，其业务范围一般仅限于受保汽车的损毁事项，而不包括第三者责任损失事项。

（3）火灾及特种保险公估人。火灾及特种保险公估人主要处理火灾保险等特种保险方面的业务。随着经济的发展和科技进步，财产保险的承保范围日益扩大，保险理赔的技术含量不断提高，保险人自行处理理赔的难度加大，急需求助于具有专业技术的保险公估人来满足火灾和特种保险的需要。

（4）责任保险公估人。责任保险公估人主要处理各类责任保险领域的公估业务。

■第三节 保险的需求与供给

一、保险需求

（一）保险需求的概念

保险需求是指在特定的时期内，在一定价格水平下，社会和各类经济单位对保险保障的需要量。保险需求是保险供给的前提，它与保险业的发展及保险市场本身都有十分密切的关系。从根本上来说，保险需求的产生是由于客观世界存在损失的不确定性，以及人们对风险事故造成经济损失承担能力的局限性。人们期望安全，需要保险这种手段来避免或应付风险。

保险需求的表现形式，在物质方面，体现在人们遭遇灾害或意外事故时，对经济损失要求及时补偿；在精神方面，体现为需要转移风险，获得安全保障，在心理上感到安全，以维持正常的经济与社会生活。

保险需求包括质和量两个方面。保险需求的"质"是指对各种不同保险商品所提供的经济保障及其服务质量的需求，在一定经济条件下，人们对保险经济保障的种类和质量的需求是有其客观规定性的。保险需求的"量"是指对各种不同保险种类所提供的经济保障量的需求。在一定经济条件下，人们对保险经济保障需求的量是一定的。因此，我们不仅要注重保险需求的质的规定性，还要考虑保险需求量的限度。

（二）需求动机理论

美国心理学家马斯洛在《人类动机的理论》一书中提出了需求层次理论，他提出的5个层次分别是：生理需求、安全需求、社交需求、尊重需求、自我实现需求。其中生理需求是基础，自我实现需求是需求的最高层次。当低层次的需求满足之后，便进入更高层次的需求，这五种需求由低到高排列成阶梯。保险所满足的是人们的第二层次的需求，即安全需求。同时也包括第一层次的需求。当基本的生理需求即衣、食、住等得到满足后，人们要先考虑安全的需求。它包括两个方面：一是防备生、老、病、死、残废等；二是防备因突发事故造成的经济损失。

（三）影响保险需求的因素

保险需求是一个综合的经济现象，众多的经济、社会因素都会对它产生影响。保险需求函数就是描述保险商品需求量与影响保险需求的诸多影响因素之间关系的主要工具，用公式表示为

$$q = Q_d(w, L, p, \pi) \tag{14-1}$$

式中，p 表示价格即保险费率；w 表示收入；损失幅度 L 和损失概率 π 表示风险。显然风险越高，投保人对保险需求越迫切，越希望全额保险；风险越低，则投保人对保险

需求迫切程度越低。

在损失概率和损失幅度一定的情况下，保险需求量随价格的上升而下降，随收入的增加而上升。除上述因素外，保险需求还受到其他因素的影响，概括如下。

1. 风险因素

保险承保的是风险，风险的存在是保险需求存在的前提。保险需求总量与风险程度成正相关关系：风险程度越高，范围越广，保险需求的总量就越大；反之，保险需求量就小。

2. 经济发展水平

保险是社会生产力发展到一定阶段的产物，并随生产力的发展而发展。生产力发展水平越高，生产结构越复杂，风险就越多、越大，保险需求也就越大。首先，科学技术的进步及其在经济生活中的广泛应用，会不断开拓新的生产领域，扩大原有的生产领域，从而产生新的风险，增加新的保险需求。其次，随着经济的发展，人们的消费结构发生变化。消费结构指个人消费资料的种类及其构成，表现为人们对各类消费（包括生存需要、发展需要、享受需要和安全需要的消费）支出在总消费支出中所占的比重。生产力的发展使社会财富和个人收入日益增多，人们用于消费的部分不断增加，全社会生活水平提高，使以生存需要为主的单一消费方式向多样性消费发展。在总消费中，生存资料的比重逐步下降，发展资料和享受资料的比重逐步上升，安全的需求成为人们日常消费中不可缺少的部分，并在消费结构中占有越来越重要的地位，这就从根本上扩大了保险需求。

3. 价格因素

价格因素是影响保险需求的一个决定因素。保险商品的价格即保险费率越高，保险需求者需支付的保险费就越多。人们总是希望以较少的保险费支出获得较大的保险保障。保险费率低，将刺激保险需求量的增大；反之，保险费率上升，则保险需求量将出现下降。保险需求量与保险价格成反比关系。

4. 人口因素

保险业发展与社会环境有着密切的联系。其中，人口状况是影响保险需求的一个重要因素，对人身保险需求的影响尤为重要。人口因素在下述几方面产生对保险需求的影响。

第一，人口总量对保险需求的影响。一个国家的人口总量是保险潜在的需求市场。在保险需求其他影响因素既定的条件下，人口总量越大，保险需求的总量就越多。

第二，人口结构对保险需求的影响。人口结构包括年龄结构、职业结构、文化程度结构三个方面。年龄结构对保险需求的影响，体现在随人口不断老化，老年人口越来越多，老年人的特点是生理机能不断下降，迫切希望得到保险保障，人口老龄化趋势刺激了保险需求的扩大。职业结构对保险需求的影响，主要体现在有职业者或从事现代职业者在总人口的构成中所占的比例越大，保险需求量就越大；反之，无职业者或从事传统农业的人口越多，就不容易接受保险的方式，对保险需求总量会造成一定的影响。在职业结构中，从事危险职业的人越多，保险保障的需求量就会越大。总人口的文化程度结构对保险需求的影响，主要体现在人口文化程度的构成，体现着人口素质的高低。人口素质不同,人们的消费心理、消费习惯及消费偏好就有所不同。人口素质高,比较容易接受保险保障这种消费方式,客观上刺激了保险需求的增长。

5. 强制保险及社会保障的实施

强制保险是国家和政府以法律或行政的手段强制实施的保险保障方式。强制保险的实施,人为地扩大了保险需求。由于福利刚性,社会保障在一定程度上抑制保险需求,各国对社会保障制度的改革将会有利于保险需求的增长。

6. 文化和宗教

保险需求相当程度上是由人们的风险和保险意识决定的,而这又不可避免地受到传统文化和宗教的影响。例如,在我国,人们长期受封建意识的影响和封建迷信的束缚,认为保险就是与灾难事故联系着的,买保险是不吉利的,而应该"养儿"来防老。在这种传统文化的影响下,风险和保险意识较弱,也就抑制了人们的保险需求。

二、保险供给

(一) 保险供给的概念

有保险需求就有保险供给,它们构成保险市场上两个重要方面,并体现了复杂的经济关系。

保险供给是指在一定时期、一定价格条件下,保险市场上各家保险企业愿意并能够提供的保险种类和保险总量。

保险供给形式体现为两种:一是"可见"的形式,即保险人对遭受损失的被保险人,按保险合同的规定给予一定数量的经济补偿和给付,这是保险供给的有形形态;二是心理形态,即对被保险人提供心理上的安全保障。

保险供给的内容包括质和量两个方面。保险供给的质是指保险供给者提供的各种不同险种及服务的质量;保险供给的量是指所有保险人对社会经济所担负的风险责任的总量(所有承保标的的保险金额之和)。

(二) 制约保险供给的因素

影响保险供给的因素很多,而保险供给函数就是描述保险供给量与影响保险供给量的诸多因素之间关系的主要工具。式(14-2)描述的就是一个标准化的保险人的保险供给函数,反映的是保险人的保险供给量与资本、价格和损失概率之间的关系。

$$q = Q_s(s, p, \pi) \tag{14-2}$$

式中,p 表示价格,显然价格上升,保险商品的供给量也将随之增加;s 表示资本总量,现任资本量的增加将提高保险业的承保能力,使保险商品供给量增加;损失概率 π 表示风险。显然风险越高,投保人对保险需求越迫切,越希望全额保险,保险供给量也越高。

保险供给是适应保险需求产生的,因此保险需求是制约保险供给的最基本因素。在保险需求既定情况下,保险供给的增大或减少受其他多种因素的制约。

1. 保险资本量

保险供给是由全社会的保险人和其他保险组织提供的。保险人经营保险业务必须有一定数量的经营资本。因为保险人经营保险，需要一定的物质条件，包括基本建设费用，购买各种设备费用和营业费用、行政费用等，还需要一定数量的资金作为责任准备金。在一定时期内，社会总资本量是一定的，能用于经营保险的资本量在客观上也是一定的。因此，有限的资本量在客观上制约着保险供给的总规模。一般情况下，可用于经营保险的资本量与保险供给成正比关系。保险需求大，业务利润大，会吸引一部分资本投入保险业；反之，会使资本转移到社会其他部门去，保险需求影响保险资本的总量。

2. 经营管理水平

保险经营者的专业水平和技术水平要求较高。保险经营管理中的风险管理、险种设计、业务选择、再保险分出分入、准备金提取、费率计算和法律知识等方面都要具有较高的水平，其中每一项水平的高低，都会影响保险的供给。

3. 保险市场竞争程度

保险市场竞争会引起保险人在数量上的增加或减少。如果保险市场上保险人数量增加，在总量上就扩大了保险供给；如果保险人数量减少，若是合并引起，并不减少保险的供给总量；若是破产或退出保险市场引起，则会减少保险的供给总量。保险市场的竞争还可能促使保险企业改善经营管理，提高服务质量，开辟新险种，从而扩大保险供给。

4. 保险成本

保险成本指在承保过程中的一切实际和隐含的货币支出，一般指实际货币支出，即保险过程中的一切支出，包括赔款、佣金、工资、房屋的租金、管理费用等。影响保险成本的因素很多，包括业务结构、业务来源、劳动力结构、推销方式、服务标准、准备金规模、通货膨胀等。保险成本是保险经营中的重要问题，保险成本高，保险费率就高，对于投保人来说，会影响其投保要求；对于保险人来说，成本高则所获利润就少，会影响保险供给。所以，保险成本的高低与保险供给有直接关系。一般情况下，保险成本高，保险供给少；反之，保险供给就大。

5. 保险利润率

保险利润率是制约保险供给的诸因素中最重要的因素。需求的动力是消费，供给的动力是利润。在市场经济条件下，平均利润率规律支配着一切经济活动，保险资本也受平均利润率规律支配。平均利润率规律是制约保险供给的基本因素，如果保险企业平均利润率高，就会诱导人们投资保险业，从而扩大保险供给；反之，会导致保险人退出保险业，这样就缩小了保险供给。

6. 国家政策

国家政策在很大程度上决定了保险业的发展，决定了保险经营企业的性质，也决定了保险企业的发展方向和经营管理模式，从而直接影响保险供给。

■第四节　世界主要保险市场概况

当前，世界保险市场 90% 的业务汇集在日本、北美及欧洲经济发达国家和地区，其中，2004 年美国和日本两国的保险费年收入分别占世界市场份额的 33.84% 和 15.18% 左右，美国和欧洲国家的保险公司基本控制了国际保险业务的大局。但世界保险市场的发展毕竟依赖于各国保险业的发展，而各国保险市场的规模水平又必然是该国经济发展程度的体现，归根结底受制于该国经济制度、经济政策及生产力发展水平等诸多因素的影响。由于世界各国经济整体趋势的发展及总体联动效应的作用，尽管各国各地区的经济发展会此起彼落，然而全世界保险业还是呈不断发展的态势。

据瑞士再保险公司研究性杂志《西格马》的统计显示，2004 年全球保险费收入达 32 440 亿美元，比上一年增长了 2.3%。其中，寿险保费收入 18 490 亿美元，非寿险保费收入 13 950 亿美元。工业国家的寿险和非寿险保费收入增长率均为 1.7%，新兴国家的寿险和非寿险保费收入增长率分别为 7.4% 和 7.7%。

2004 年，我国保费总收入达到了 52 171 百万美元，同比增长 7.1%，世界排名 11 位。其中，寿险保费收入为 35 407 百万美元，非寿险保费收入为 16 765 百万美元。2004 年我国保费总收入、寿险保费收入、非寿险保费收入在世界该项总收入中所占的百分比分别是 1.61%、1.92% 和 1.2%。

人均保费额亦称保险密度，是根据一国总人口计算的平均一人在一年内所支付的保险费水平，显示一国保险的普及程度。2004 年，人均保费居首位的仍是瑞士，达 5716.4 美元；英国排名第二，为 4508.4 美元；爱尔兰获季军，为 4091.2 美元；再次是日本，为 3874.8 美元。经济发达国家人均保费大多超过 1000 美元，而发展中国家较低，2004 年，我国的保险密度为 40.2 美元（其中寿险为 27.3 美元，非寿险为 12.9 美元），世界排名第 72 位。

保险深度指标用以显示一国保险费收入占国内生产总值的比率，反映该国或地区保险业在整个国民经济中的地位。2004 年的保险深度指标，南非称冠，达 14.38%；中国台湾居其二，为 14.13%；排名第三位的是英国，为 12.6%；再次是瑞士，为 11.75%。从全世界看，发达国家或地区该指标大多超过 9%，而发展中国家或地区较多处于 2% 左右的水平，2004 年中国内地的保险深度为 3.26%，居世界第 42 位。

下面简要介绍国际保险市场几个具有代表性的保险市场。

一、英国保险市场

英国是世界上第一个实现工业化的国家，也是保险历史悠久、承保技术高超的保险强国。保险业在英国的国民收入中占有非常重要的地位。2002 年，英国保险费总收入占全球保险市场总收入的 9.1%。

英国是近代海上保险、火灾保险、人身保险、农业保险、保证及责任保险诞生并走向成熟的第一国。英国保险业发展的经验对世界保险业的发展产生了深刻而又久远的影响。至今，英国劳合社缮制的 SC 保单已成为世界公认的标准保险单和范本；英国的海上保险法律和承保技术经验，乃至保险条款都具有国际权威性，不仅为世界保险业提供了相应的法律规范，也为日后保险案例的正确处理奠定了基础，与此同时，英国保险协会的 A、B、C 货物运输和船舶保险条款成为世界各国典范。

英国也是现代发达的保险大国。20 世纪之初，英国首开世界航空保险之先河。目前，英国保险市场为国际航空提供的保险业务量占世界航空市场的 28%。英国劳合社最早承担起"国际卫星通讯组织"所有卫星 1A 的发射保险。此举表明，英国又是最先涉足太空保险的国家，并且至今在高技术保险方面仍保持着世界领先地位。

英国保险市场上的保险人主要由劳合社、保险公司和保赔协会三大类型的体系组成，并以平行存在、共同发展为特点。英国的劳合社市场历史悠久，声誉卓著，既接纳各种原保险业务，又积极开拓再保险业务，成为世界著名的再保险中心。劳合社吸引了来自 70 多个国家的代表云集社团内，其业务范围遍及全球，而且劳合社的长期创新，成为世界保险业公认的险种开发和条款设计的先驱。劳合社业务比重最大的属再保险，再保险费收入占其全部保费收入的 35%～45%，劳合社再保险业务占世界市场的份额为 7%。劳合社市场业务比重居第二位的是国际性大型企业财产保险的直接承保，约占劳合社全部保费收入的 30%～35%，在全世界市场的占有率为 3%。此外，比重较大的险种为海上保险、航空保险和运输保险，占其全部保费收入的 16%～18%，其次是中小企业财产保险的直接业务及家庭财产保险（大多为汽车保险）。

另一市场体系是保险公司。据统计，2000 年英国共有 822 家保险公司，其中 450 家保险公司为英国保险家协会注册会员，其中不乏世界著名的大公司，被载入世界最大 50 家保险公司排名榜的就有 6 家。20 世纪 90 年代，英国最大的保险集团公司是谨慎保险公司，排名世界第 12 位，拥有净资产达 1163 亿美元。长期以来英国的保险经纪人一直是推销保险产品的主力军，英国保险市场现有 3000 多家保险经纪公司，充当着保险供需双方的媒介，同时也使英国与世界各地保险市场保持着广泛的联系。

英国的保赔协会（Protection and Indemnity Clubs）闻名于世。英国有 40 多家保赔协会，主要承担船东责任风险。这些保赔协会处理国际海事案件以及诉讼抗辩能力为国际航运界和保险界注目。

2000 年，英国包括保险经纪公司、劳合社和伦敦公司市场的海外保费收入已达 500 亿英镑。因而，英国仍是世界最大的航空保险、海上保险、运输保险、出口信用保险和再保险的国际中心，保险王国的称号当之无愧。

二、德国保险市场

德国保险市场是欧盟中最重要的保险市场。德国的保险市场在保费收入规模上仅次于英国，位居欧洲第二，即使在世界各国之中也排名第四。1999 年德国保险市场的保费收入达 1388.29 亿美元，占欧洲保险市场保费收入的 18.25%，占世界保险市场保费收入的份额达 5.97%。

德国拥有世界著名的保险公司，至 1995 年，安联保险集团成为当时世界最大的跨国经营保险巨人，也是世界上最大的工业风险保险人。另外，德国也是世界上再保险实力最强的国家，拥有著名的慕尼黑再保险公司和科隆再保险公司等。德国至今仍能保持再保险大国地位，世界前 20 名再保险人排名榜中，德国独占四家，而且均名列前茅。慕尼黑再保险公司在海外设立有近 70 家子公司，其保费的 50％以上来自于国外公司，该公司经营范围覆盖全球，积累了几百亿美元的基金。

三、法国保险市场

法国也是世界上保险业较为发达的国家。法国的保险市场在保费收入规模上位居欧洲第三，在世界各国中排名第五。20 世纪末 21 世纪初，法国的保险市场持续保持每年 4％的增速，超出其国内生产总值每年平均 2.3％的增速。2002 年，法国的国内生产总值已达 14 320 亿美元，保费收入占全球总量的 5.17％。法国是欧洲寿险市场最重要的国家，也是银行保险业务发展最早的国家。寿险业务的年增长速度为 8％，寿险保费收入占其保险费总收入的 75％，而寿险业务营业额的 60％是通过银行和邮局网络实现的。

在法国保险市场上营业的保险公司分为国营保险公司、股份有限公司和互助保险公司三大类型。国营保险公司资产雄厚，经营规模宏大，在承保巨额工业火险方面独占鳌头；互助保险公司因无须通过保险经纪人开展业务，承保业务的成本相对低廉，因而在私人财产险和汽车险方面颇具优势。法国保险市场上活跃着一些大保险集团，实力强大的 10 家保险集团，诸如安盛、安盟、国家人寿、SCOR 再保险公司等。1996 年法国安盛（AXA）并购巴黎联合（UAP），曾成为世界第一大股份制公司，占有法国保险市场四分之一的份额。法国在境外的保险业务发展迅速，早在欧洲统一保险市场诞生之时，法国已在 70 个国家设立了保险据点，已成为国际保险业大兼并中最活跃的国家。如今，法国国际业务的保费收入已超过保费总额的四分之一。令法国保险界引以为豪的是法国保险公司的偿付能力超过欧盟规定的标准，寿险超过最低偿付能力标准两倍以上，损害保险则超过三倍半以上。可见，法国保险业经营的稳定性以及可靠程度都很高，在世界保险市场的地位在稳步上升。

四、美国保险市场

美国的保险业起步大约 200 年，而且其保险业的兴起是由英国人在北美开发时传入的，然而，在第二次世界大战后美国的保险业依托其发达的社会经济基础，迅速跃居世界之首，成为世界第一保险强国。1991～2002 年，美国全部保险业务的保险费收入均为世界第一。2002 年美国的保险费收入为 10 003.10 亿美元，突破 1 万亿美元，占全球保费收入的 38.08％。

美国是世界上最大的保险市场，无论是公司数量、业务种类，还是业务量以及经营形式的多样化在世界上都首屈一指。截至 1997 年年底，美国有 7900 家保险公司，保险业从业人员 230 万，另有代理人、经纪人 120 万，保险业总资产 34 000 亿美元。1998 年，全美的保费收入达 7364.7 亿美元，居世界首位。庞大的保险体系，众多的保险人，通过保险服务对美国经济发展起了极大的推动作用。

美国拥有不少闻名于世、资本雄厚的大公司，在 1995 年世界最大的 50 家保险公司排名榜上，美国独占 20 家，占 40％，属于所占比例最高的国家。

美国保险市场竞争十分激烈，表现在银行、一些金融机构及国外公司都纷纷进入美国市场。激烈的竞争使从业者努力通过信息技术的应用、降低成本、提供特色服务等手段来保持市场份额。

美国保险业创新不断，美国公平公司首创的变额人寿保险已在美国寿险市场上占有最大的市场份额。近年来美国保险市场推出的新险种可谓五花八门，从"婚礼意外保险"、"收养失败保险"、"勒索及绑架保险"、"解聘下属职工报复保险"到"宠物医疗保险"，凡是消费者需要的，多数保险公司都乐意推出适合的保险。

未来美国保险业的增长将主要来自海外市场。美国的保险公司不断增加对保险市场增长较快的国家和地区的投资。国际保险市场的不断开放，为美国的保险公司提供了本国高度成熟市场不能提供的发展机遇。同样，欧洲等地的保险公司通过兼并等手段进入美国保险市场，与美国的从业者进行竞争。

五、日本保险市场

日本是保险业最发达的国家之一，保险业为日本第二次世界大战后经济的高速发展立下了汗马功劳，成为支撑日本国民经济的主要支柱之一。日本保险业在 20 世纪 90 年代出现了大飞跃，1994 年，日本保险费收入总数、寿险业务量、人均保费和保险深度指标均力挫群雄，获得世界第一。1995 年，日本保费规模、寿险业务量和人均保费三项指标仍称雄于世界。日本寿险业务收入长期位居世界首位，财产保险业务收入仅次于美国，位居第二。

日本也是世界上保险监管最严格的国家之一，其显著特征是保险人数量较少。这主要是因为保险业主管机构大藏省对保险开业实行认可制。通过控制保险人数量来达到限制竞争的目的。20 世纪 90 年代初，日本国内保险市场上有 49 家本国保险公司，其中寿险公司 25 家，非寿险公司 24 家，还有遍及全国的健全的承保、代理网络。此外，还有数十家外国财产保险公司和人寿保险公司。日本的保险公司实力非常雄厚，在 1995 年世界最大 50 家保险公司排行榜上，日本有 9 家，占 18%，而且排名前十位的有 5 家。2002 年，日本仍有 9 家保险公司位世界最大 50 强之列。

日本寿险业在世界上堪称一流，从展业、理赔、险种设计、经营管理到计算机普及应用等方面都已形成独特的体系。日本保险公司展业有两种主要途径：一种是保险公司职员进行的直接展业；另一种是通过代理店进行的间接展业，其中后者的保险费收入占绝大部分，达到 90% 以上。代理店根据委托合同代理保险人与投保人签订保险合同，并帮助投保人选择合适的投保项目，接受保险费并负责售后服务。20 世纪 90 年代中期，日本共有代理店 47 万余家。

在日本，寿险收入占其全部保费收入的大部分，一般都在 70% 以上，全国寿险的普及率达 90%，是世界上寿险普及率最高的国家。日本寿险具体险种众多，经营者根据经济的发展与社会需求的变化，不断推出新险种。

然而 20 世纪 90 年代后期，日本经济萧条给全球第二大保险市场带来了严重的负面影响。1999 年，日本 GDP 下降 2.2%，保费收入为 4948.85 亿美元，下降 4.9%。2002 年，日本的保费持续下滑，保费收入为 4455 亿美元。市场萎缩的深层原因是：金融部门放松管制导致非寿险保费下降；寿险保险人受到金融危机的冲击，不良贷款增多，房地产泡沫破灭，使其资产严重缩水，这大大降低了消费者对寿险业的信任，引发退保潮。剔除通货膨胀的因素，2002年日本市场保费总额已退回到1990年的水平，日本保险业陷入困境。目前日本保险业正在进行改革和重组，可以相信，日本保险业会重新振作起来。

关键词

保险市场　保险供给　保险需求　保险代理人　保险经纪人　保险公估人

复习思考题

1. 影响保险需求的因素有哪些？
2. 影响保险供给的因素有哪些？
3. 试述保险股份有限公司与相互保险公司各自的特点和优势。
4. 试述保险代理人的特征及权利和义务。
5. 比较保险代理人与保险经纪人的异同。
6. 保险经纪人的权利和义务是什么？
7. 保险公估人的特征和作用是什么？
8. 简要分析中国保险市场的基本状况及存在的问题与对策。

第十五章

保险监管

【学习目的】

1. 明确保险监管的重要性和目的。

2. 掌握保险监管体系的构成和监管的内容。

3. 理解偿付能力监管是保险监管的核心。

■第一节　保险监管概述

基于保险企业在经营中面临的风险性，世界各国都建立了比较完善的保险监管制度，以保证保险制度的正常运行。在西方发达国家流行这样的说法，"保险是法律的产儿"，即没有法律监管，就没有保险业。

一、保险监管的含义

保险监管（insurance regulation），是指政府对保险业监督管理的简称。广义的保险监管，是指一个国家为实现一定目标，从国家（其代表是政府有关部门）、社会、保险行业、保险企业自身多个层面上对保险企业、保险经营活动及保险市场的监督与管理。狭义的保险监管则仅指国家对保险企业、保险经营活动及保险市场的监督与管理。

二、保险监管的必要性

1. 保险业的公共性

保险业是一种具有"公共性"的产业。其公共性主要体现在保险经营具有负债性、保障性和广泛性三大特征上。所谓负债性，是指保险公司资产中自有资本比例很小，大部分资产是保险公司通过向投保人收取保险费建立的保险基金，而保险基金是对被保险人的负债。所谓保障性，是指保险公司承担着在约定的保险事故发生后，履行损失补偿和保险金给付的责任，并通过这种补偿或给付保证社会再生产和人民生活在遭受灾害事故造成损失时，能够得到及时恢复。如果保险公司经营不善而不能履行其补偿和给付职能，将会影响社会再生产的顺利进行和人民生活的安定。所谓广泛性，是指保险业对整个社会有较大的影响和渗透。从范围上看，一家保险公司可能会涉及众多企业和家庭的安全问题，一张保单可能涉及投保人的终生保障。如果保险公司经营失败，将影响千家万户，并对整个金融体系和社会经济稳定造成冲击。保险业的公共性质，需要国家对其经营活动进行有效的监管，以维护被保险人的合法权益。

2. 保险业内在的不稳定性

保险业作为经营风险的行业，其自身的特点决定了在业务经营过程中面临的风险大于其他企业，不仅存在着与其他金融企业相同的风险，还存在着与保险活动相关的众多风险，如定价不准、准备金不足、投资收益率太低、再保险安排不善、巨灾风险发生等，这些风险对保险业经营稳定性的影响是巨大的。保险业的高风险性和内在的不稳定性，客观上需要保险监管机构进行严格监管，以确保保险人的经营安全，保护被保险人的利益。

3. 保险产品是信用产品

保险产品本质上是一种信用产品，投保人在缴纳保险费后得到的只是保险公司对未来不确定事件发生时按照合同进行赔付的承诺。被保险人能否得到赔偿，在一定意义上取决于保险公司履行合同的愿望和能力。实际上，保险关系是在保险合同双方当事人在信息不对称、交易力量不相等的基础上建立起来的。由于保险技术的复杂性，投保人无法正确评价保险产品，也无法充分了解保险公司的财务状况，投保人只能凭借信心作出选择。投保人信心的缺失，将对行业构成毁灭性打击。因此，保险监管的必要性在于确保保险交易的公平合理和确实履行，以维护消费者信心。

三、保险监管的目标

保险监管一般说来主要有以下三个目标。

1. 保证保险公司的偿付能力

偿付能力是指企业在债务到期时的偿还能力。保险公司以风险为经营对象，考察其偿付能力时不仅要求其资产能够完全偿还负债，还要求超过负债一定程度，即保险公司的偿付能力是在发生超过预期的赔偿或给付时应具有的补偿能力。保险企业作为履行补偿和给付职能的经济组织，其偿付能力是保险公司的灵魂，没有充足的偿付能力就不能从根本上保障被保险人的利益和保险公司的稳定健康发展。因此，保证保险企业具有足够的偿付能力是保险监管的核心。保险监管机构通过对保险公司资产和负债的有效评估，制定及履行相关原则和制度，及时发现保险企业经营上的隐患，敦促其改正，这样就可以最大限度避免出现保险企业偿付能力不足的现象，以维护保险业的安全和稳定。

2. 保护被保险人的合法权益

保护被保险人的合法权益是保险监管的最根本出发点。由于保险经营的特殊性，保险合同本身带有射幸性，其合同的条款和保险费率都是由保险公司事先拟订的，投保人只有选择的权利，普通投保人很难分辨保险价格——保险费率的合理性，政府监管部门有责任确保财务实力良好的保险公司以公平的价格提供公平的保险合同，维护被保险人的合法权益。这也是中国保险监管的首要职责。

3. 维护保险业公平和有效竞争

竞争是市场经济条件下的一条基本规律，也是保护先进、淘汰落后的一种有效机制。各国保险监管当局无不追求一个适度的竞争环境，这种适度的竞争环境既可以经常保持保险经营活跃，从而使企业公众获取价格低廉的保险产品和优质的服务，同时又不至于因不正当竞争引起保险业经营失败而破产倒闭，导致经济波动。为此，保险监管应创造一个公平、高效、有序的市场竞争环境。

四、保险监管体系

保险监管体系由保险监管法规、保险监管机构、保险行业自律和保险信用评级四个部分组成。

1. 保险监管法规

保险监管法规，又称保险业法，是指调整国家对保险业进行管理过程中所形成的权利与义务关系的一种法律规范。其具体内容可以分为两部分：一是对保险监管对象的规定；二是对保险监管机构授权的规定。保险监管法规作为保险体系的一部分，一般均以单独法规形式出现。有些国家按照保险监管的不同内容分别立法，构成保险监管的法规体系，如英国、日本等；有些国家和地区则将保险监管法与保险合同法合并立法，如中国、美国的纽约州。

各国保险监管当局均重视通过建立保险法规，使本国保险业朝规范化方向发展。保险监管法规的主要内容包括：①保险业务许可；②保险企业组织形式；③保险准备金；④再保险安排；⑤最低偿付能力；⑥保险资金运用；⑦保险企业的资产评估；⑧保险会计制度；⑨审计制度；⑩财务报表；⑪破产和清算管理；⑫保险中介人管理等法律规定。

2. 保险监管机构

为使监管有力，需要设立专门机构实施监管职能。综观国外保险监管机构的设置，大致分为两种情况。一种是直属政府的保险监管机构，如美国保险市场的监管机构主要有各州的州政府负责，一般在州政府内设立专门的保险管理局实施对保险公司的监督管理。我国于1998年11月8日在北京正式成立了中国保险监督管理委员会，是全国商业保险的主管部门，为国务院直属行政单位。另一种是在直属政府的机构，如财政部、商业部、中央银行、金融管理局等下设保险监管机构。例如，英国的保险监管机构是工贸部下设的保险局；日本的保险业由大藏省负责管理，大藏省银行局下设保险课。

3. 保险行业自律

保险同业公会作为保险行业的自律组织，是协助国家保险监管机构协调各家保险公司，使其依法经营、规范运作的社团组织，是保险人或保险中介人自己的社团组织，具有非官方性。保险行业自律组织发挥着政府保险监管机构不具备的平行或横向的协调作用。保险行业的自律组织的作用，主要代表保险人与政府对话或代表民族保险业的利益与世界贸易组织对话；制定行业规则，实行行业自律；根据整个国家的各种灾害、意外事故的损失资料，制定保险费率，为各公司提供定价服务，加强各保险公司的联系与合作；政府授予一定的管理权，如接受保险投诉，维护投保人、被保险人合法权益等。保险自律组织对弥补政府对保险管理的不足，协调保险市场各方面的关系，促进保险业的发展起到了积极作用。

4. 保险信用评级

保险信用评级是由独立于保险人及政府机构之外的评级机构对保险人的财务状况进行分析，并为保险公司的客户及投资者提供相关信息。

保险信用评级机构的功能在于对把保险公司的财务信息转换成易于理解的各种等级以反映保险公司的实力，并公之于众。根据保险公司的法定财务报表、公认的会计准则基础的财务报表、保险公司内部管理的财务报表以及监管者的检查报告、注册会计师的审计报告和相关的精算报告等方面的信息，对保险公司的财务状况进行定量和定性的分析并作出评级以公之于众。保险信用评级克服了保险监管资源不足的缺陷，降低了保险监管的成本，提高了保险监管效率。此外保险信用评级作为风险信息的预警系统，向保险监管机构提供了客观的预警信号，减少了保险监管机构因信息不充分而引起的监管失误。同时保险信用评级还会影响投保人的投保决策和保险公司的经营状况，从而对保险公司的业务经营产生积极的推动作用。

第二节 保险监管的内容

在不同的国家、不同的经济模式和社会背景下，保险监管的侧重点有所不同，但从保险行业经营特点来看保险监管的内容主要包括以下五个方面。

一、对保险机构的监管

对保险机构的监管，是指对保险机构市场准入与退出的监管。主要是通过保险业法来进行规定的。不同的国家由于立法习惯不同，所以保险业法的内容不同。一般包括以下三方面。

（1）规定保险公司的组织形式和组织体系。保险公司的组织形式，各国要求不同，如要求保险公司采取股份有限公司形式，还是有限责任公司形式，是否允许相互公司存在等。对保险公司机构体系的构成，有的采取单一公司制，有的采取总分公司制。

（2）规定了保险公司设立的条件，包括对最低开业资本金的要求，对从业人员的要求等。

（3）对保险市场退出的规定，包括对解散原因的限制，解散清算的具体程序及方式等，以确保被保险人及其受益人的合法权益，最大限度减少保险公司破产的负面影响。

二、对保险经营的监管

对保险经营的监管，主要包括对经营范围的限制、对保险条款和保险费率的监管。

（1）对经营范围的监管。经营范围是指政府通过法律或行政命令，规定保险企业所能经营的业务种类和范围。其内容包括两个方面：一是兼业问题，即保险人可否兼营保险以外的其他业务，非保险人可否兼营保险或类似保险的业务，如绝大多数国家非保险业不得经营商业保险或类似商业保险的业务，保险公司不得经营其他业务（保险资金运用除外）；二是兼营问题，即同一保险企业可否经营性质不同的数种保险业务，如绝大多数国家都禁止兼营财产保险和人寿保险。20世纪90年代以来，美国和西欧等国家和地区的金融一体化趋势，使银行保险联姻的步伐越迈越大，分业监管的规定有较大放松。例如，美国已有数千家银行依据州法律进入保险领域，且允许保险公司以设立子公司的形式经营除银行、储蓄等金融机构以外的业务。英国的法律规定，在保险财务会计保持独立核算的前提下，从事其他商业业务为主的公司，经过批准也可从事其有关保险业务，作为其对顾客提供的额外服务。

（2）对保险条款和保险费率的监管。对于保险公司而言，保险条款是保险公司的产品（因为保险条款是保险人和投保人关于权利与义务的约定），保险费率是保险产品的价格。保险条款和保险费率的制定不仅关系到保险公司的生存，更关系到被保险人的合法权益。一般各国保险监管部门都对保险条款的内容加以规范。在新兴市场经济国家，由于缺乏保险管理经验，缺少损失频率和损失程度等基本统计资料，所以很难根据实际风险程度确定适当的保险费率。不少保险公司因定价过低而破产，被保险人也因此而受到损失。在新兴市场国家中，由于信息披露不够，承保人和消费者之间的信息不对称情况更为严重。有的保险公司为了争夺市场份额而收取低成本的保费，经营谨慎的保险公司如果实力不是很强，就很难与其展开竞争。因此，在初始阶段，新兴市场国家可以要求保险公司向保险监管机构报批费率，主要是审检保险费率过低的问题。同样，在保险产品出售之前，先由保险监管机构审查，以防投保人因保险条件不合适而受到损失。

三、对保险财务的监管

对保险财务的监管，是指对保险公司资产及其负债进行监管。

（1）资本金监管。保险公司申请开业必须具有一定数量的开业资本金，达不到法定最低资本金限额者，不得开业。对资本金进行严格监管的目的在于：增加保险公司承保、再保险及投资能力；避免偿付能力不足的情况发生；增加承保及投资预期与非预期损失的弥补能力；调节责任准备金、投资准备金或资金变动的影响，维护被保险人的权益，促进保险公司社会责任的履行。

（2）责任准备金监管。提留充足的保险准备金，特别是技术准备金，保证随时能够履行其向被保险人承诺的赔付义务，这是保险业稳定的核心所在。技术准备金的不足通常会给保险公司带来财务上的困难或者丧失偿付能力。为此，保险监管机构通常规定提取准备金的种类和数额，其具体内容因险种而异。

（3）偿付能力监管。保险公司的偿付能力是指保险公司对所承担的风险在发生超出预计的赔偿和给付数额时的应具有的经济补偿能力。由于保险公司承担着广大被保险人可能发生保险事故而引致的赔偿或给付责任，所以保险公司本身具有足够的偿付能力，才能保障被保险人，增进投保人的信心。因此，偿付能力监管是国家对保险业监管的核心。尽管各国保险监管的侧重点、方式和方法不同，但监管的核心都是确保保险公司的偿付能力。

四、对保险投资运用的监管

保险资金来源于自有资金和外来资金两个方面，保险公司对资金的运用关系到保险金的赔偿和给付，关系到社会公众的切身利益。因而出于保护保单所有人的利益，各国一般对保险投资实施了不同程度的监管。其目的是限制对特定投资对象的过度依赖，引导资产适当分散，并限制对无担保贷款或非上市公司等高风险项目的投资或低流动性项目的投资，以确保资产的安全性、收益性及流动性，监管的主要内容包括：保险投资方式的准入、资产类别的最高比例、单个投资项目的最高比例限制、资产与负债的匹配、衍生金融产品的投资限制以及资产评估方法等。

五、对保险中介人的监管

由于保险产品的特殊性，保险中介人对保险关系的形成和实现起着越来越重要的作用。保险中介人包括保险代理人、保险经纪人和保险公估人。鉴于保险中介人的特殊地位和特殊作用，各国保险监管部门在保险中介行业自律的基础上，都通过立法对其实施监管，以规范竞争秩序，充分发挥其对保险业的推动作用。

第三节　保险监管的方式与手段

在不同的国家不同的历史时期，由于其经济基础、市场条件或者监管目标的不同，分别选择采用不同的保险监管的方式和手段，而监管的方式与手段在保险业的发展过程中不断地变化和完善。

一、监管方式

（1）公示方式，即国家对保险业的实体不加以任何直接监管，而仅把保险业的资产负债、营业结果以及其他有关事项予以公布。至于业务的实质及经营优劣由被保险人及一般公众自己判断。关于保险业的组织、保险合同格式的设计、资本金的运用由保险公司自主决定，政府不作过多干预，这是国家对保险市场最为宽松的一种管理方式，其优点是通过保险业的自由经营，使保险业在自由竞争的环境中得到充分发展；缺点是一般公众对保险业的优劣的评判标准不易准确掌握，对不正当的经营无能为力。

（2）规范方式，又称准则主义或形式监督主义，是由政府规定保险业经营的一定准则，要求保险业共同遵守的方式。政府对保险经营的重大事项，如最低资本额的要求、资产负债表的审查、法定公布事项的主要内容、管理当局的制裁方式等都有明确规定。这种方式较公示方式对保险业的管理已进一步，但政府对保险业是否真正遵守规定，仅仅在形式上加以审查，不进行深入内部的连续不断的监督检查，不能触及保险业经营管理的实体。

（3）实体方式，又称许可方式，即国家制定有完善的保险监管规则，国家保险监管机关具有较大的权威和权力。在保险组织的创设时，必须经政府审批核准，发放许可证。经营开始后，在财务、业务等方面进行有效的监督和管理。在破产清算时，仍予以监管，这也就是所谓的"全程"监管方式。实体监管方式是从准则监管方式的基础上发展而来的。准则监管方式的基础是立法，实体监管方式的基础除了完备的法律体系外，还包括严格的执法和高素质的行政管理人员。

二、监管手段

在对保险市场监督管理中，监管的手段因监管模式的不同而有差异，一般说来，监管手段有法律手段、经济手段、行政手段三种。

（1）法律手段，一般是指有关经济方面的法律和保险法规。保险法规包括保险法律、规定、法令和条例等多种形式。国家通过保险法规对保险公司的开业资本金、管理人员、保险公司经营范围、保险费率、保险条款等根本性问题作出明确规定。

（2）经济手段，就是根据客观经济规律的要求，国家运用财政、税收、信贷等各种经济杠杆，正确处理各种经济关系来管理保险业的方法。

（3）行政手段，是社会主义国家和许多发展中国家监管保险的又一手段。行政手段就是依靠国家和政府以及企业行政领导机构自上而下的行政隶属关系，采用指示、命令、规定等形式强制干预保险活动。

由于以上每一种监管手段都各有其特点，在实践中应根据不同的市场环境要求灵活加以综合应用，以求达到最佳的监管效果。

关键词

保险监管　偿付能力　保险行业自律　保险信用评级　公示方式　规范方式
实体方式

复习思考题

1. 简述保险监管的原因。
2. 保险监管的目的是什么？
3. 简述保险监管体系的构成。
4. 简述保险监管的内容。
5. 为什么说偿付能力监管是保险监管的核心？
6. 试述我国对偿付能力监管的有关规定。

主要参考文献

杜鹃. 2001. 保险学基础. 上海：上海财经大学出版社

冯文丽，吴古权，杨美雪. 2011. 保险学理论与实务. 北京：清华大学出版社

高秀屏，曾鸣. 2003. 人身保险. 上海：上海财经大学出版社

顾梦迪，雷鹏. 2005. 风险管理. 北京：清华大学出版社

郝演苏. 2002. 财产保险. 北京：中国金融出版社

郝演苏. 2004. 保险学教程. 北京：清华大学出版社

黄明华. 2004. 中外保险案例分析. 北京：首都经济贸易大学出版社

蒋虹. 2010. 人身保险. 北京：对外经济贸易大学出版社

荆涛. 2011. 人寿与健康保险. 北京：北京大学出版社

兰虹. 2010. 财产与责任保险. 成都：西南财经大学出版社

刘冬姣. 2001. 人身保险. 北京：中国金融出版社

刘妍芳. 2001. 寿险投资及其监管. 北京：中国轻工业出版社

陆爱勤. 2003. 国际保险新论. 上海：华东理工大学出版社

蒲成毅，潘晓君. 2003. 保险案例评析与思考. 北京：机械工业出版社

乔林，王绪瑾. 2003. 财产保险. 北京：中国人民大学出版社

申曙光. 2003. 现代保险学教程. 北京：高等教育出版社

沈健. 2001. 保险中介. 上海：上海财经大学出版社

盛和泰. 2005. 保险产品创新. 北京：中国金融出版社

粟芳，许谨良. 2011，保险学（第二版）. 北京：清华大学出版社

孙祁祥. 1996. 保险学. 北京：北京大学出版社

陶阳，刘子操. 2001. 健康保险. 北京：中国金融出版社

庹国柱. 1999. 保险学. 北京：首都经济贸易大学出版社

汪祖杰，等. 2003. 现代保险学导论. 北京：经济科学出版社

王晓群. 2003. 风险管理. 上海：上海财经大学出版社

魏华林，林宝清. 1999. 保险学. 北京：高等教育出版社

魏丽，李朝锋. 2011. 保险学. 大连：东北财经大学出版社

徐景峰，李冰清. 2009. 中外保险资金运用的比较及启示. 经济社会体制比较，(5)

许谨良，等. 2002. 人身保险原理和实务. 上海：上海财经大学出版社

许谨良. 2003. 保险学. 上海：上海财经大学出版社

尹成远，闫屹，等. 2003. 保险学. 北京：人民邮电出版社

袁宗蔚. 2000. 保险学——危险与保险（增订34版）. 北京：首都经济贸易大学出版社

张虹，陈迪红. 2005. 保险学教程. 北京：中国金融出版社

张洪涛，郑功成. 2000. 保险学. 北京：中国人民大学出版社

张洪涛，庄作瑾. 2003. 人身保险. 北京：中国人民大学出版社

钟明. 2003. 再保险. 上海：上海财经大学出版社

周伏平. 2003. 企业风险管理. 沈阳：辽宁教育出版社

周骏，张中华，刘冬姣. 2004. 保险业与资本市场. 北京：中国金融出版社

Dorfman M S. 2002. 当代风险管理与保险教程（第七版）. 北京：清华大学出版社保险研究